Müller
Bußgeldkatalog
Kommentar für die Praxis, 2. Auflage 2022

Müller

# Bußgeldkatalog

Kommentar für die Praxis, 2. Auflage 2022

Prof. Dr. jur. Dieter Müller

Luchterhand Verlag 2022

**Zitiervorschlag:** *Müller*, BKatV, §1 Rdn. 1, Kap. 6 Rdn. 26

**Bibliografische Information der Deutschen Nationalbibliothek**
Die Deutsche Nationalbibliothek verzeichnet diese Publikation in der Deutschen Nationalbibliografie; detaillierte bibliografische Daten sind im Internet über http://dnb.d-nb.de abrufbar.

ISBN 978-3-472-09680-1

**www.wolterskluwer-online.**



Umschlagkonzeption: Martina Busch, Grafikdesign, Homburg Kirrberg
Satz: NewGen Knowledge Works (P) Ltd., Chennai
Druck und Weiterverarbeitung:
Wydawnictwo Diecezjalne i Drukarnia w Sandomierzu, Sandomierz, Polen

Gedruckt auf säurefreiem, alterungsbeständigem und chlorfreiem Papier.

# Vorwort

Die vorliegende zweite Auflage dieses Praktikerkommentars wurde aus zwei Gründen erforderlich. Erstens fand die erste Auflage dank Ihres, liebe Leserinnen und Leser, großen fachlichen Interesses einen so reißenden Absatz, dass sie innerhalb weniger Monate vergriffen war und zweitens wurden im Herbst 2021 die Bußgeldkatalog-Verordnung mit dem Bußgeldkatalog und parallel dazu auch der Bundeseinheitliche Tatbestandskatalog nach lange andauernden verkehrspolitischen Verwerfungen teilreformiert und in Kraft gesetzt, sodass die Erstauflage dringend aktualisiert werden musste. Verlag und Autor freuen sich daher, Ihnen die Neuauflage als aktualisierte Arbeitsgrundlage zur Jahresmitte 2022 präsentieren zu können.

Die Bußgeldkatalog-Verordnung und besonders deren Anlage, der Bußgeldkatalog, beinhalten nach wie vor die wichtigsten juristischen Regelungen für die sachlich korrekte Sanktionierung von Verkehrsordnungswidrigkeiten. Die den Ahndungsvorschriften zugrundeliegenden Verstöße gegen die materiellrechtlichen Ordnungsvorschriften des Verkehrsrechts sind zuvor beweissicher festgestellt worden. Beispielhaft seien hier die zumeist mittels polizeilicher oder kommunaler Messtechnik festgestellten Geschwindigkeits-, Rotlicht- und Abstandsverstöße, die durch Polizeibeamte während einer polizeilichen Verkehrsunfallaufnahme ermittelten Tatsachen für Verstöße gegen Vorfahrt- und Vorrangvorschriften und die durch Mitarbeiter der kommunalen Verkehrsraumüberwachung festgestellten Verstöße im ruhenden Verkehr erwähnt.

Die BKatV ist dabei eingeordnet in das Rechtsgebiet des Ordnungswidrigkeitenrechts, für das insbesondere die Gesetze des OWiG und des StVG grundlegend sind, die mit ihren Vorschriften wie z.B. den Konkurrenzen gem. §§ 19, 20 OWiG oder dem Fahrverbot gem. § 25 StVG den gesetzlichen Rahmen für die Anwendung der BKatV bilden.

Eine weitere Voraussetzung für das Auffinden eines zum Fehlverhalten passenden Ahndungstatbestandes ist die Ermittlung eines Betroffenen sowie dessen Anhörung zum jeweiligen Tatvorwurf, ehe die ausgewählte Sanktion entweder im Verwarnungsverfahren angeboten oder in einem Bußgeldbescheid festgelegt werden kann. Ergänzt wird der BKat durch die zahlreichen zusätzlichen Tatbestände des BT-Kat-OWi, die den Rechtsanwendern noch einen weit größeren Fundus an passenden Sanktionen bieten.

Für Antworten auf die Fragen nach der richtigen materiell-rechtlichen Grundlage eines Verkehrsverstoßes und der nach den Regeln des Verfahrensrechts zu findenden korrekten Sanktionen sind die Mitarbeiterinnen und Mitarbeiter in Bußgeldbehörden und Polizei zuständig. Wenn als Rechtsfolge einer Verkehrsordnungswidrigkeit dann auch noch ein Punkt im Flensburger Fahreignungsregister oder gar ein zusätzliches Fahrverbot drohen, werden im Rahmen eines Einspruchs gegen den Bußgeldbescheid regelmäßig auch Rechtsanwälte und Gerichte um Rechtsbeistand bzw. Rechtsschutz bemüht. Damit sind auch gleich die vier Gruppen von Rechtsanwendern aufgeführt, an die sich diese Kommentierung richtet; denn ihnen soll der Umgang mit den vier praktisch anwendbaren Vorschriften der BKatV durch dieses Buch näher erläutert und erleichtert werden.

Während die Paragraphen der BKatV von allen mit dem Bußgeldrecht beruflich befassten Personen täglich praktisch angewandt werden müssen, interessiert die Autofahrerinnen und Autofahrer und anderen betroffenen Verkehrsteilnehmer eher die Höhe der jeweiligen Bußgelder, die Dauer der Fahrverbote und die mit den Delikten verbundenen Punkte im Fahreignungsregister, die sie bei den in den Bescheiden aufgelisteten Verkehrsverstößen als staatliche Reaktion zu erwarten haben. Dieselben Fragen werden immer wieder auch den Mitarbeiterinnen und Mitarbeitern in den zahlreichen Vereinen und Verbänden gestellt, die sich mit dem Straßenverkehr und der Verkehrssicherheit beschäftigen. Auch diesen Verkehrsfachleuten in den örtlichen Verkehrswachten, Geschäftsstellen der Automobil- und Fahrradclubs und in den zahlreichen anderen kleinen und großen Organisationen, die sich dem Straßenverkehr und den Verkehrsteilnehmern widmen, soll dieser Ratgeber nützliche Informationen liefern.

Insbesondere die enge systematische Verbindung der Verkehrsordnungswidrigkeiten mit den die Fahreignung direkt betreffenden Regelungen im Straßenverkehrsgesetz und der Fahrerlaubnis-Verordnung stellen nicht wenige Rechtsanwender vor Verständnisprobleme. Auch in diese teilweise kaum durchsichtigen, komplexen Zusammenhänge soll dieses Buch einen Zuwachs an Klarheit bringen.

Dieses Buch erklärt auf aktueller gesetzlicher Grundlage die Normen der BKatV und kommentiert deren Zusammenhänge vor dem Hintergrund der aktuellen Rechtsprechung, die zu den §§ 1 – 4 BKatV zugegebenermaßen von der reinen Anzahl her sehr dürftig daherkommt. Auf der Grundlage einer sinnvollen Verknüpfung der Handlungsgrundlagen von Polizei und Bußgeldbehörden mit der dazu ergangenen Rechtsprechung mag die Darstellung dazu beitragen, dass Polizisten und Sachbearbeiter in den Bußgeldbehörden die richtige Sanktion für das festgestellte Fehlverhalten finden. Sicher ist dies aber nicht; denn es ist nicht mehr als ein Wunsch anzunehmen, dass diese beiden Gruppen von Rechtsanwendern unter den Hunderten von möglichen Tatbeständen des BKat und Tausenden möglicher Tatbestände des BT-Kat-OWi mit schlafwandlerischer Sicherheit stets den genau passenden kennen und herausfinden. Rechtsanwender beherrschen lediglich die am meisten vorkommenden Tatbestände zielsicher und haben oftmals Probleme mit Abwandlungen und vor allem mit den alljährlich vorgenommenen Rechtsänderungen. Das sollten auch Rechtsanwälte und Bußgeldrichter wissen, die aber nicht selten ebensolche Lücken in ihrem Wissensschatz aufweisen, weil allenthalben im sich rasant verändernden Bußgeldrecht die so dringend notwendige Fortbildung ausbleibt und es den Rechtsanwender selbst überlassen bleibt, sich auf den aktuellen Stand der Rechtsvorschriften und der dazu ergangenen Rechtsprechung zu bringen.

Am effektivsten erlernt man die grundlegenden Zusammenhänge des Bußgeldrechts bereits im Rahmen der Ausbildung für die Polizei, den Verwaltungsdienst oder im Rahmen der Juristenausbildung, weil gerade dieses in Aus- und Fortbildung zu Unrecht vernachlässigte Rechtsgebiet in allen genannten Bereichen eine große praktische

Bedeutung besitzt. Dieses erworbene systematische Grundwissen bietet auch später, wenn nach Ausbildung oder Studium üblicherweise erst einmal in anderen Bereichen gearbeitet wurde, einen Grundstock an Wissen um die Zusammenhänge der Rechtsanwendung, an den die Rechtsanwender jederzeit wieder anknüpfen können. Vor diesem Hintergrund öffnet sich ein weites Feld für gute und verständliche Fachliteratur, die man sich nebenbei auch finanziell leisten kann. Genau dieses Konzept verfolgt dieses Buch.

Sie, meine Leserinnen und Leser bitte ich herzlich darum, Ihre geschätzte Meinung zu den Inhalten dieses Buches nicht zurückzuhalten, sondern mir über den Verlag mitzuteilen. Ich werde alle Anregungen und Ihre konstruktive Kritik sorgsam prüfen und bei einer weiteren Folgeauflage gerne berücksichtigen Bitte senden Sie hierzu eine E-Mail an carsten.liebold@wolterskluwer.com.

Bad Dürrenberg, im August 2022

Prof. Dr. jur. Dieter Müller

## Inhaltsverzeichnis

# Abkürzungsverzeichnis

| | |
|---|---|
| a. A. | Anderer Auffassung |
| Abs. | Absatz |
| AG | Amtsgericht |
| agO | außerhalb geschlossener Ortschaften |
| Amtsbl. | Amtsblatt |
| Art. | Artikel |
| Aufl. | Auflage |
| BASt | Bundesanstalt für Straßenwesen |
| Beschl. | Beschluss |
| BGBl. | Bundesgesetzblatt |
| BGH | Bundesgerichtshof |
| BKat | Bußgeldkatalog |
| BKatV | Bußgeldkatalog-Verordnung |
| BT | Bundestag |
| BMDV | Bundesministerium für Digitales und Verkehr |
| BT-Kat-OWi | Bundeseinheitlicher Tatbestandskatalog für Verkehrsordnungswidrigkeiten |
| BVerwG | Bundesverwaltungsgericht |
| BVerfG | Bundesverfassungsgericht |
| bzw. | beziehungsweise |
| DAR | Deutsches Autorecht (Zeitschrift) |
| ders. | derselbe |
| DPolBl. | Deutsches Polizeiblatt (Zeitschrift) |
| Drucks. | Drucksache |
| DVR | Deutscher Verkehrssicherheitsrat |
| ebd. | ebendort |
| eKFV | Elektro-Kleinstfahrzeugeverordnung |
| etc. | Et cetera |
| f. | folgende Seite |
| ff. | fortfolgende Seiten |
| FAER | Fahreignungsregister |
| FeV | Fahrerlaubnisverordnung |
| FZV | Fahrzeug-Zulassungsverordnung |
| G | Gesetz |
| GDV | Gesamtverband der Deutschen Versicherungswirtschaft |
| GG | Grundgesetz |
| GGVSEB | Gefahrgutverordnung Straße, Eisenbahn und Binnenschifffahrt |
| i.d.F. | in der Fassung |
| i.d.R. | in der Regel |
| igO | innerhalb geschlossener Ortschaften |
| i.V.m. | in Verbindung mit |
| KBA | Kraftfahrt-Bundesamt |
| KommPrax | KommunalPraxis (Zeitschrift) |
| LG | Landgericht |

| | |
|---|---|
| Lkw | Lastkraftwagen |
| MPU | medizinisch-psychologische Untersuchung |
| NJ | Neue Justiz (Zeitschrift) |
| NJW | Neue Juristische Wochenschrift (Zeitschrift) |
| Nr. | Nummer |
| NStZ | Neue Zeitschrift für Strafrecht |
| NZV | Neue Zeitschrift für Verkehrsrecht |
| OLG | Oberlandesgericht |
| OVG | Oberverwaltungsgericht |
| OWiG | Ordnungswidrigkeitengesetz |
| Pkw | Personenkraftwagen |
| POLIZEI | Die POLIZEI (Zeitschrift) |
| PVT | Polizei, Verkehr + Technik (Zeitschrift) |
| Rn. | Randnummer |
| Rspr. | Rechtsprechung |
| S. | Seite(n) |
| StGB | Strafgesetzbuch |
| StPO | Strafprozessordnung |
| StVG | Straßenverkehrsgesetz |
| StVO | Straßenverkehrsordnung |
| StVZO | Straßenverkehrs-Zulassungsordnung |
| SVR | Straßenverkehrsrecht (Zeitschrift) |
| TBNR | Tatbestandsnummer |
| UDV | Unfallforschung der Deutschen Versicherer |
| Urt. | Urteil |
| VG | Verwaltungsgericht |
| VGH | Verwaltungsgerichtshof |
| v. | vom |
| VerkMitt. | Verkehrsrechtliche Mitteilungen |
| VkBl. | Verkehrsblatt |
| z.B. | zum Beispiel |

# Literaturverzeichnis


| | |
|---|---|
| Albrecht | Die grenzüberschreitende Verfolgung von Verkehrsverstößen – ein Überblick, in: SVR 2007, S. 361 ff. |
| ders. | Die neuen Bußgeldregelungen seit 1.2.2009, in: SVR 2009, S. 81 ff. |
| Bachmeier/Müller/Rebler | Straßenverkehrsordnung, Kommentar, Loseblatt, Stand: Juli 2022 |
| Bachmeier/Müller/Rebler | Verkehrsrecht, Kommentar, 3. Aufl. Köln 2017 |
| Berr/Schäpe/Müller/Rebler | Das Recht des ruhenden Verkehrs, 3. Auflage München 2020 |
| Bode/Winkler | Fahrerlaubnis, 5. Aufl. Bonn 2006 |
| Born | 46. Deutscher Verkehrsgerichtstag in Goslar vom 23. – 25.1.2008, in: NZV 2008, S. 126 ff. |
| Burmann | Höhere Geldbußen – ein geeignetes Steuerungsmittel?, in: DAR 2007, S. 187 ff. |
| Burmann/Heß/Hühnermann/Jahnke | Straßenverkehrsrecht Kommentar, 27. Aufl. München 2022 |
| Deutscher | Die Entwicklung des straßenverkehrsrechtlichen Fahrverbots im Jahr 2019, in: NZV 2020, S. 57 ff. |
| Deutscher Verkehrssicherheitsrat (Hrsg.) | Silent Killer – Wie kann die Unfallgefahr »Ablenkung im Straßenverkehr« verringert werden?, Band 20 in der Schriftenreihe Verkehrssicherheit, Berlin 2017 |
| Fromm | Fahrerermittlungen der Polizei nach Verkehrsordnungswidrigkeiten mit Firmenfahrzeugen, in: PVT 2012 Heft 6, S. 283 ff. |
| ders. | Geschwindigkeitsverstöße vor und nach der StVO-Novelle, in: DAR 2020, S. 527 ff. |
| ders. | Konkurrenzregeln und Bußgeldbemessung bei mehreren Verkehrsordnungswidrigkeiten auf derselben Fahrt, in: DAR 2011, S. 112 ff. |
| Gassner/Seith (Hrsg.) | Ordnungswidrigkeitengesetz Handkommentar, 2. Aufl. 2020, zitiert: Gassner/Seith-Bearbeiter |
| Gehlert | Regelbefolgung und wahrgenommene Verkehrsüberwachung in Deutschland, in: Die POLIZEI 2010, S. 86 ff. |
| Graf (Hrsg.) | Beck´scher Online-Kommentar OWiG, 32. Edition, Stand: 01.10.2021, München 2021 |
| Göhler | Gesetz über Ordnungswidrigkeiten, 18. Aufl., München 2021, zitiert: Göhler/Bearbeiter (1. – 12. Aufl., seither fortgeführt von Gürtler und Seitz) |
| Haus/Zwerger | Das verkehrsrechtliche Mandat, Band 3: Verkehrsverwaltungsrecht einschließlich Verwaltungsprozess, 3. Aufl. Bonn 2017 |
| Heck | Die neue Bußgeldkatalogverordnung und ihre Auswirkung auf die Anordnung von Fahrverboten, in: NZV 1991, S. 173 ff. |
| Hentschel/König/Dauer | Straßenverkehrsrecht Kommentar, 46. Aufl. München 2021 |

| | |
|---|---|
| Huppertz | Bußgeldkatalog für Radfahrer, in: SVR 2016, S. 121 ff. |
| ders. | E-Skateboards und E-Longboards im öffentlichen Straßenverkehr, in: NZV 2021, S. 393 ff. |
| Ipsen | Fahrverbot – verfassungswidrig?, in: NVwZ 2020, S. 1326 ff. |
| Jagow | Bußgeldkatalog, Verwarnungsgeldkatalog und Mehrfachtäter-Punktsystem, in: NZV 1990, S. 13 ff. |
| Janiszewski | Die neue Bußgeldkatalog-Verordnung, in: NJW 1989, S. 3113 ff. |
| Janker | Straf- und Ordnungswidrigkeitenrecht in 50 Jahren Deutscher Verkehrsgerichtstag, in: DAR 2012, S. 5 ff. |
| Jescheck | Lehrbuch des Strafrechts, Allgemeiner Teil, 3. Aufl. 1982 (Nachdruck 1978) |
| Kehr/Lempp/Krumm | Punktsystem und Bußgeldkatalog, 1. Aufl. Baden-Baden 2014 |
| Koehl | Chaos um die StVO-Novelle, in: NJ 2020, S. 394 ff. |
| König | Aktuelle obergerichtliche Rechtsprechung zum Verkehrsstraf- und -ordnungswidrigkeitenrecht, in: DAR 2021, S. 362 ff. |
| Krenberger/Krumm | Ordnungswidrigkeitengesetz Kommentar, 7. Aufl. München 2022, begründet von Joachim Bohnert, fortgeführt ab der 4. Aufl. von Benjamin Krenberger und Carsten Krumm |
| Kroll | StVO-Novelle, die Zweite: Die nun vereinbarten Neuregelungen, in: DAR 2021, S. 587 ff. |
| Krumm | Arbeitshilfe: Fahrverbot nach Geschwindigkeitsverstoß trotz Augenblicksversagens?, in: NZV 2013, S. 428 ff. |
| ders. | Beschränkung des Fahrverbots, in: SVR 2010, S. 52 ff. |
| ders. | Fahrverbot bei Ärzten?, in: NJ 2020, S. 433 ff. |
| ders. | Sonstige/Persönliche Härten: Absehen vom Regelfahrverbot?, in: SVR 2021, S. 215 ff. |
| ders. | StVO-Novelle 2020: »Kommando zurück! Und dann?!«, in: DAR 2020, S. 476 ff. |
| ders. | Verschiebung der Regelahndung in den Tatbestandskatalog, in: DAR 2006, S. 493 ff. |
| ders. | Vorsatzfeststellung bei Geschwindigkeitsverstößen, in: NZV 2007, S. 501 ff. |
| Kupsch | Das neue Ordnungswidrigkeitenrecht, in: NJW 1987, S. 352 ff. |
| Lütkes/Bachmeier/Müller/Rebler (Hrsg.) | Straßenverkehr Kommentar, Loseblatt, Stand: Juli 2022 |
| Metz | Anpassung der Regelgeldbuße bei Verkehrsordnungswidrigkeiten an die wirtschaftlichen Verhältnisse des Betroffenen, in: NZV 2020, S. 563 ff. |
| Mitsch (Hrsg.) | Karlsruher Kommentar zum Gesetz über Ordnungswidrigkeiten, 5. Aufl. 2018, zitiert: KKOWi/Bearbeiter |
| Müller | Ablenkung im System des deutschen Verkehrsrechts, in: DVR, Silent Killer, S. 31 ff. |

| | |
|---|---|
| ders. | Anhalten von Kraftfahrzeugführern und Radfahrern, in: NJ 2021, S. 381 ff. |
| ders. | Ausdehnung der Kostentragungspflicht des § 25a StVG auf den fließenden Verkehr, Heft M 250 aus der Reihe »Mensch und Sicherheit« der Berichte der Bundesanstalt für Straßenwesen, Bergisch Gladbach 2014 |
| ders. | BT-KAT-OWi – Leitfaden für Rechtsanwender, 2007 |
| ders. | Der Bundeseinheitliche Tatbestandskatalog – eine kritische Einführung, in: DPolBl 2008, S. 13 ff. |
| ders. | Die StVO-Reform als Aufgabe der polizeilichen Verkehrsüberwachung, in: SVR 2020, S. 321 ff. |
| ders. | Grundlagen der Verkehrsüberwachung und Ahndung von Verkehrsdelikten, in: KommunalPraxis spezial, Heft 1/2011, S. 33 ff. |
| ders. | »Knöllchen« als notwendiger Prüfungsgegenstand der Verwarnung ohne Verwarnungsgeld, in: NZV 2021, S. 177 ff. |
| ders. | Ordnungswidrigkeitengesetz Kommentar, Loseblatt, Stand: Juni 2022 |
| ders. | Probleme des Fahreignungsrechts und die Pflichtmitteilungen der Polizei gem. § 2 Abs. 12 StVG, in: DAR 2013, S. 69 ff. |
| ders. | Rechtsgrundlagen der staatlichen Verkehrsüberwachung, in: NZV 2015, S. 254 ff. |
| ders. | Strengere Bestrafung von Verkehrsverstößen?, in: DAR 2018, S. 1. |
| Müller/Rebler | Die Klärung von Eignungszweifeln im Fahrerlaubnisrecht, 2. Aufl. Köln 2016 |
| Niehaus | Sanktionen bei Verkehrsordnungswidrigkeiten, in: NZV 2007, S. 18 ff. |
| Pfeifer/Hautzinger | Auswirkungen der Verkehrsüberwachung auf die Befolgung von Verkehrsvorschriften, Heft M 126 in der Reihe »Mensch und Sicherheit« der Bundesanstalt für Straßenwesen, Bergisch Gladbach 2001 |
| Rebler | Die Sanktionierung eines Verstoßes gegen das qualifizierte Durchfahrtsverbot nach Nr. 250 a BKat als einschneidende Folge für Berufskraftfahrer, in: NZV 2020, S. 570 ff. |
| Rößger/Schade/Schlag/Gehlert | Verkehrsregelakzeptanz und Enforcement, Forschungsbericht VV 06 der Unfallforschung der Versicherer, Berlin 2011 |
| Schall | Die richterliche Zumessung der Geldbuße bei Verkehrsordnungswidrigkeiten, in: NStZ 1986, S. 1 ff. |
| Schubert | Höhere Bußgelder für Verkehrsverstöße, in: DAR 2009, S. 74 ff. |
| Seier | Zur Reform des Ordnungswidrigkeitenrechts, in: NZV 1996, S. 17 ff. |
| Ternig | Die Neuerungen im Verkehrsrecht aufgrund der StVO-Novelle vom 28.4.2020, in: NZV 2020, S. 329 ff. |

| | |
|---|---|
| ders. | StVO-Novelle – Fahrverbot – Grobe Verstöße?, in: NZV 2020, S. 454 ff. |
| Wieser | Handbuch des Bußgeldverfahrens, 7. Aufl., Stuttgart 2015 |
| Will | Teilnichtigkeit der Straßenverkehrsrechts-Novelle-2020, in: NZV 2020, S. 601 ff. |
| Wissenschaftliche Dienste Dt. Bundestag | Mögliche Nichtigkeit der geänderten Bußgeldkatalog-Verordnung, Berlin 2020 |

# Verordnung über die Erteilung einer Verwarnung, Regelsätze für Geldbußen und die Anordnung eines Fahrverbotes wegen Ordnungswidrigkeiten im Straßenverkehr (Bußgeldkatalog-Verordnung – BKatV)

Bußgeldkatalog-Verordnung vom 14. März 2013 (BGBl. I S. 498), zuletzt geändert durch Artikel 1 der Verordnung vom 13. Oktober 2021 (BGBl. I S. 4688)

### Eingangsformel

Auf Grund des § 26a des Straßenverkehrsgesetzes in der Fassung der Bekanntmachung vom 5. März 2003 (BGBl. I S. 310, 919), der zuletzt durch Artikel 1 Nummer 3 des Gesetzes vom 19. Juli 2007 (BGBl. I S. 1460) geändert worden ist, verordnet das Bundesministerium für Verkehr, Bau und Stadtentwicklung:

## § 1 Bußgeldkatalog

(1) Bei Ordnungswidrigkeiten nach den §§ 24, 24a und 24c des Straßenverkehrsgesetzes, die in der Anlage zu dieser Verordnung (Bußgeldkatalog – BKat) aufgeführt sind, ist eine Geldbuße nach den dort bestimmten Beträgen festzusetzen. Bei Ordnungswidrigkeiten nach § 24 des Straßenverkehrsgesetzes, bei denen im Bußgeldkatalog ein Regelsatz von bis zu 55 Euro bestimmt ist, ist ein entsprechendes Verwarnungsgeld zu erheben.

(2) Die im Bußgeldkatalog bestimmten Beträge sind Regelsätze. Sie gehen von gewöhnlichen Tatumständen sowie in Abschnitt I des Bußgeldkatalogs von fahrlässiger und in Abschnitt II des Bußgeldkatalogs von vorsätzlicher Begehung aus.

## § 2 Verwarnung

(1) Die Verwarnung muss mit einem Hinweis auf die Verkehrszuwiderhandlung verbunden sein.

(2) Bei unbedeutenden Ordnungswidrigkeiten nach § 24 des Straßenverkehrsgesetzes kommt eine Verwarnung ohne Verwarnungsgeld in Betracht.

(3) Das Verwarnungsgeld wird in Höhe von 5, 10, 15, 20, 25, 30, 35, 40, 45, 50 und 55 Euro erhoben.

(4) Bei Fußgängern soll das Verwarnungsgeld in der Regel 5 Euro, bei Radfahrern in der Regel 15 Euro betragen, sofern der Bußgeldkatalog nichts anderes bestimmt.

(5) Ist im Bußgeldkatalog ein Regelsatz für das Verwarnungsgeld von mehr als 20 Euro vorgesehen, so kann er bei offenkundig außergewöhnlich schlechten wirtschaftlichen Verhältnissen des Betroffenen bis auf 20 Euro ermäßigt werden.

(6) Hat der Betroffene durch dieselbe Handlung mehrere geringfügige Ordnungswidrigkeiten begangen, für die jeweils eine Verwarnung mit Verwarnungsgeld in Betracht kommt, so wird nur ein Verwarnungsgeld, und zwar das höchste der in Betracht kommenden Verwarnungsgelder, erhoben.

(7) Hat der Betroffene durch mehrere Handlungen geringfügige Ordnungswidrigkeiten begangen oder gegen dieselbe Vorschrift mehrfach verstoßen, so sind die einzelnen Verstöße getrennt zu verwarnen.

(8) In den Fällen der Absätze 6 und 7 ist jedoch zu prüfen, ob die Handlung oder die Handlungen insgesamt noch geringfügig sind.

## § 3 BKatV Bußgeldregelsätze

(1) Etwaige Eintragungen des Betroffenen im Fahreignungsregister sind im Bußgeldkatalog nicht berücksichtigt, soweit nicht in den Nummern 152.1, 241.1, 241.2, 242.1 und 242.2 des Bußgeldkatalogs etwas anderes bestimmt ist.

(2) Wird ein Tatbestand der Nummer 119, der Nummer 198.1 in Verbindung mit Tabelle 3 des Anhangs oder der Nummern 212, 214.1, 214.2 oder 223 des Bußgeldkatalogs, für den ein Regelsatz von mehr als 55 Euro vorgesehen ist, vom Halter eines Kraftfahrzeugs verwirklicht, so ist derjenige Regelsatz anzuwenden, der in diesen Fällen für das Anordnen oder Zulassen der Inbetriebnahme eines Kraftfahrzeugs durch den Halter vorgesehen ist.

(3) Die Regelsätze, die einen Betrag von mehr als 55 Euro vorsehen, erhöhen sich bei Vorliegen einer Gefährdung oder Sachbeschädigung nach Tabelle 4 des Anhangs, soweit diese Merkmale oder eines dieser Merkmale nicht bereits im Tatbestand des Bußgeldkatalogs enthalten sind.

(4) Wird von dem Führer eines kennzeichnungspflichtigen Kraftfahrzeugs mit gefährlichen Gütern oder eines Kraftomnibusses mit Fahrgästen ein Tatbestand

1. der Nummern 8.1, 8.2, 15, 19, 19.1, 19.1.1, 19.1.2, 21, 21.1, 21.2, 212, 214.1, 214.2, 223,
2. der Nummern 12.5, 12.6 oder 12.7, jeweils in Verbindung mit Tabelle 2 des Anhangs, oder
3. der Nummern 198.1 oder 198.2, jeweils in Verbindung mit Tabelle 3 des Anhangs,

des Bußgeldkatalogs verwirklicht, so erhöht sich der dort genannte Regelsatz, sofern dieser einen Betrag von mehr als 55 Euro vorsieht, auch in den Fällen des Absatzes 3, jeweils um die Hälfte. Der nach Satz 1 erhöhte Regelsatz ist auch anzuwenden, wenn der Halter die Inbetriebnahme eines kennzeichnungspflichtigen Kraftfahrzeugs mit gefährlichen Gütern oder eines Kraftomnibusses mit Fahrgästen in den Fällen

1. der Nummern 189.1.1, 189.1.2, 189.2.1, 189.2.2, 189.3.1, 189.3.2, 213 oder
2. der Nummern 199.1, 199.2, jeweils in Verbindung mit der Tabelle 3 des Anhangs, oder 224

des Bußgeldkatalogs anordnet oder zulässt.

(4a) Wird ein Tatbestand des Abschnitts I des Bußgeldkatalogs vorsätzlich verwirklicht, für den ein Regelsatz von mehr als 55 Euro vorgesehen ist, so ist der dort genannte Regelsatz zu verdoppeln, auch in den Fällen, in denen eine Erhöhung nach den Absätzen 2, 3 oder 4 vorgenommen worden ist. Der ermittelte Betrag wird auf den nächsten vollen Euro-Betrag abgerundet.

(5) Werden durch eine Handlung mehrere Tatbestände des Bußgeldkatalogs verwirklicht, die jeweils einen Bußgeldregelsatz von mehr als 55 Euro vorsehen, so ist nur ein Regelsatz anzuwenden; bei unterschiedlichen Regelsätzen ist der höchste anzuwenden. Der Regelsatz kann angemessen erhöht werden.

(6) Bei Ordnungswidrigkeiten nach § 24 des Straßenverkehrsgesetzes, die von nicht motorisierten Verkehrsteilnehmern begangen werden, ist, sofern der Bußgeldregelsatz mehr als 55 Euro beträgt und der Bußgeldkatalog nicht besondere Tatbestände für diese Verkehrsteilnehmer enthält, der Regelsatz um die Hälfte zu ermäßigen. Beträgt der nach Satz 1 ermäßigte Regelsatz weniger als 60 Euro, so soll eine Geldbuße nur festgesetzt werden, wenn eine Verwarnung mit Verwarnungsgeld nicht erteilt werden kann.

## § 4 BKatV Regelfahrverbot

(1) Bei Ordnungswidrigkeiten nach § 24 des Straßenverkehrsgesetzes kommt die Anordnung eines Fahrverbots (§ 25 Absatz 1 Satz 1 des Straßenverkehrsgesetzes) wegen grober Verletzung der Pflichten eines Kraftfahrzeugführers in der Regel in Betracht, wenn ein Tatbestand

1. der Nummern 9.1 bis 9.3, der Nummern 11.1 bis 11.3, jeweils in Verbindung mit Tabelle 1 des Anhangs,
2. der Nummern 12.6.3, 12.6.4, 12.6.5, 12.7.3, 12.7.4 oder 12.7.5 der Tabelle 2 des Anhangs,
3. der Nummern 19.1.1, 19.1.2, 21.1, 21.2, 39.1, 41, 50, 50.1, 50.2, 50.3, 50a, 50a.1, 50a.2, 50a.3, 83.3, 89b.2, 132.1, 132.2, 132.3, 132.3.1, 132.3.2, 135, 135.1, 135.2, 152.1 oder
4. der Nummern 244, 246.2, 246.3 oder 250a

des Bußgeldkatalogs verwirklicht wird. Wird in diesen Fällen ein Fahrverbot angeordnet, so ist in der Regel die dort bestimmte Dauer festzusetzen.

(2) Wird ein Fahrverbot wegen beharrlicher Verletzung der Pflichten eines Kraftfahrzeugführers zum ersten Mal angeordnet, so ist seine Dauer in der Regel auf einen Monat festzusetzen. Ein Fahrverbot kommt in der Regel in Betracht, wenn gegen den Führer eines Kraftfahrzeugs wegen einer Geschwindigkeitsüberschreitung von mindestens 26 km/h bereits eine Geldbuße rechtskräftig festgesetzt worden ist und er innerhalb eines Jahres seit Rechtskraft der Entscheidung eine weitere Geschwindigkeitsüberschreitung von mindestens 26 km/h begeht.

(3) Bei Ordnungswidrigkeiten nach § 24a des Straßenverkehrsgesetzes ist ein Fahrverbot (§ 25 Absatz 1 Satz 2 des Straßenverkehrsgesetzes) in der Regel mit der in den Nummern 241, 241.1, 241.2, 242, 242.1 und 242.2 des Bußgeldkatalogs vorgesehenen Dauer anzuordnen.

(4) Wird von der Anordnung eines Fahrverbots ausnahmsweise abgesehen, so soll das für den betreffenden Tatbestand als Regelsatz vorgesehene Bußgeld angemessen erhöht werden.

## § 5 BkatV Inkrafttreten, Außerkrafttreten

Diese Verordnung tritt am 1. April 2013 in Kraft. Gleichzeitig tritt die Bußgeldkatalog-Verordnung vom 13. November 2001 (BGBl. I S. 3033), die zuletzt durch Artikel 3 der Verordnung vom 19. Oktober 2012 (BGBl. I S. 2232) geändert worden ist, außer Kraft.

**Aus der amtlichen Begründung (BR-Drucks. 769/12 S. 117 ff.)**

B. Besonderer Teil

Zu den §§ 1 bis 4

In § 2 Absatz 4 wird klargestellt, dass das Verwarnungsgeld für Radfahrer ebenso wie bei Fußgängern »in der Regel« in der angegebenen Höhe festzusetzen ist. Die übrigen Änderungen sind rein sprachlicher Natur.

Zu Anlage (zu § 1 Absatz 1)

Lfd. Nr. 1 BKat

Der Text in der Spalte »Tatbestand« wird dem Text in § 1 Absatz 2 StVO angepasst. Dort wird das Wort »Anderer« groß geschrieben, womit zum Ausdruck gebracht werden soll, dass nicht nur andere Verkehrsteilnehmer, sondern auch sonstige Dritte, die nicht Verkehrsteilnehmer sind, vom Schutzbereich des § 1 Absatz 2 StVO umfasst werden. Konsequenterweise erfolgt die Anpassung auch bei allen anderen im Bußgeldkatalog aufgelisteten Verstößen gegen die StVO, bei denen auf § 1 Absatz 2 StVO Bezug genommen wird.

Lfd. Nr. 3.3 BKat

Das Gebot, von zwei (getrennten) Fahrbahnen die rechte Fahrbahn zu benutzen, ist in § 2 Absatz 1 Satz 1 2. Halbsatz StVO und nicht in § 2 Absatz 2 StVO geregelt. Dies ergibt sich auch aus der Allgemeinen Verwaltungsvorschrift zur StVO (VwV-StVO) zu § 2 Randnummer 1, wonach zwei Fahrbahnen nur dann vorhanden sind, wenn die Fahrstreifen für beide Fahrtrichtungen getrennt sind.

Lfd. Nr. 6 und 7 BKat

Durch die Änderung wird den Anforderungen an eine geschlechtsneutrale Sprache Rechnung getragen.

Lfd. Nr. 7.1, 7.1.1 BKat

Redaktionelle Anpassung an den Neuerlass der StVO.

Lfd. Nr. 10 BKat

Durch die Änderung wird den Anforderungen an eine geschlechtsneutrale Sprache Rechnung getragen.

Lfd. Nr. 11 BKat

In der Spalte »StVO« werden die Änderungen in § 41 StVO nachvollzogen. Außerdem werden die für die diversen zulässigen Höchstgeschwindigkeiten geltenden Sanktionsregeln auf die für das Fahren in Fahrradstraßen (Zeichen 244.1 StVO) neu eingeführte zulässige Höchstgeschwindigkeit von 30 km/h erstreckt.

Lfd. Nr. 13 BKat

Durch die Änderung wird den Anforderungen an eine geschlechtsneutrale Sprache Rechnung getragen.

Lfd. Nr. 15 BKat

Die Änderung des Wortes »Gesamtgewicht« in »Gesamtmasse« vollzieht eine entsprechende Änderung in § 4 Absatz 3 StVO nach.

Lfd. Nr. 19.1, 19.1.1 BKat

Ein Verstoß nach Lfd. Nr. 19.1 BKatV setzt neben den in Lfd. Nr. 19 BKatV genannten Verstößen zusätzlich auch ein Nichtbeachten der Verkehrszeichen 276, 277, ein Überqueren/Überfahren der Fahrstreifenbegrenzung (Zeichen 295, 296) oder ein Nichtbefolgen der durch Pfeile vorgeschriebenen Fahrtrichtung (Zeichen 297) voraus. Diese Verstöße spiegeln sich aber nicht vollständig in der Spalte »StVO« in Lfd. Nr. 19.1 BKatV wider. Dort ist nur das Nichtbeachten der Verkehrszeichen 276, 277 genannt. Die entsprechenden Ge- und Verbote in der StVO bezüglich Überqueren/Überfahren der Fahrstreifenbegrenzung (Zeichen 295, 296) oder Nichtbefolgen der durch Pfeile vorgeschriebenen Fahrtrichtung (Zeichen 297) sind daher zu ergänzen.

Außerdem ist die Aufnahme des neuen generellen Überholverbots an Bahnübergängen notwendig, da diese Verstöße bislang unter die in Lfd. Nr. 19.1 genannten Varianten gefallen sind (Verstoß gg. Zeichen 276, 277, 295, 296 und 297). Dies ist nun regelmäßig nicht mehr der Fall, weil eine Anordnung von Überholverboten an Bahnübergängen mit Verkehrszeichen nicht mehr notwendig ist. An der Gefährlichkeit eines solchen Verstoßes ändert das aber nichts. Es ist daher nicht zu begründen, warum künftig bei Überholverstöße an Bahnübergängen nicht mehr die Möglichkeit bestehen soll, die erhöhte Geldbuße der lfd Nrn. 19.1, 19.1.1 und 19.1.2 festzusetzen, wenn die entsprechenden Voraussetzungen vorliegen.

Lfd. Nr. 19.1.2 BKat

Auf die Nennung der einschlägigen Paragrafen in der Spalte »StVO« kann bei Qualifikationstatbeständen, die sich auf die gleiche Paragrafenkette stützen wie die vorherige laufende Nummer in der BKat, verzichtet werden.

Lfd. Nr. 20 BKat

Das Überholen unter Nichtbeachtung von Verkehrszeichen (276, 277) nach § 5 Absatz 3 Nummer 2 StVO stellt gemäß § 49 StVO keine Ordnungswidrigkeit mehr dar. Ordnungswidrig ist allein der Verstoß gegen § 41 Absatz 1 i.V.m. Anlage 2 zu lfd. Nr. 53 und 54 Spalte 3 (siehe § 49 Absatz 3 Nummer 4 StVO). Der Tatbestand wird daher in den Abschnitt »Vorschriftzeichen« als neue Lfd. Nr. 153a verschoben.

Lfd. Nr. 21 BKat

Die Änderung des Wortes »Gesamtgewicht« in »Gesamtmasse« vollzieht eine entsprechende Änderung in § 5 Absatz 3a StVO nach.

Lfd. Nr. 21.2 BKat

Auf die Nennung der einschlägigen Paragrafen in der Spalte »StVO« kann bei Qualifikationstatbeständen, die sich auf die gleiche Paragrafenkette stützen wie die vorherige laufende Nummer in der BKat, verzichtet werden.

Lfd. Nr. 23 BKat

Redaktionelle Anpassung an den Text des § 5 Absatz 4 Satz 2 StVO.

Lfd. Nr. 25 BKat

Redaktionelle Anpassung an den Text des § 5 Absatz 4 Satz 4 StVO.

Lfd. Nr. 27 BKat

Durch die Änderung wird den Anforderungen an eine geschlechtsneutrale Sprache Rechnung getragen.

Lfd. Nr. 29 BKat

Die Pflicht, den Fahrtrichtungsanzeiger zu benutzen, ist in § 6 Satz 3 StVO und nicht in § 6 Satz 2 StVO geregelt. Außerdem wird die Spalte »StVO« an den Neuerlass der StVO angepasst.

Lfd. Nr. 30 BKat

Anpassung der Spalte »Tatbestand« an die Neufassung des § 6 Satz 1 StVO.

Lfd. Nr. 31 BKat

Redaktionelle Anpassung an den Text des § 7 Absatz 5 Satz 1 StVO.

Lfd. Nr. 31a und b BKat

Die Tatbestände entsprechen inhaltlich den bisherigen Lfd. Nr. 160, 161, 161.1 und 162 BKat. Die Neueinordnung folgt den systematischen Änderungen in der StVO (Übernahme der bislang zu Zeichen 340 StVO ergangenen Bestimmung in § 7 Absatz 3a, Absatz 3b und Absatz 3c StVO).

Lfd. Nr. 32 bis 34 und 36 BKat

Durch die Änderung wird den Anforderungen an eine geschlechtsneutrale Sprache Rechnung getragen.

Lfd. Nr. 37 bis 37.3 BKat

Die den bisherigen Tatbeständen der Lfd. Nr. 37 bis 37.3 BKat zu Grunde liegenden Pflichten sind durch den Neuerlass der StVO entfallen. Die Lfd. Nr. 37 bis 37.3 BKat können daher aufgehoben werden.

Lfd. Nr. 38 bis 38.3 BKat

Die Tatbestände werden an die Änderung des § 9 Absatz 2 StVO angepasst. Die Missachtung der jetzt für das »indirekte Linksabbiegen« der Radfahrer vorgesehenen Pflicht, bei der Fahrbahnquerung den Fahrzeugverkehr zu beachten, ist hinsichtlich ihrer Bedeutung für die Verkehrssicherheit identisch mit dem bisherigen Verstoß gegen das Gebot, vom Fahrrad abzusteigen, wenn es die Verkehrslage erfordert hat. Die bislang vorgesehenen Regelsanktionen werden daher übernommen.

Lfd. Nr. 39.1 und 40 BKat

Der Gefährdungstatbestand ist ein reiner Qualifizierungstatbestand zu Lfd. Nr. 39. In der Spalte »Lfd. Nr.« ist daher die Nummerierung von »40« in »39.1“ zu ändern.

Lfd. Nr. 42.1 und 43 BKat

Der Gefährdungstatbestand ist ein reiner Qualifizierungstatbestand zu Lfd. Nr. 42. In der Spalte »Lfd. Nr.« ist daher die Nummerierung von »43« in »42.1“ zu ändern.

Lfd. Nr. 45 und 46 BKat

§ 9a StVO, auf den die Lfd. Nr. 45 und 46 BKat Bezug nehmen, ist mit dem Neuerlass der StVO aufgehoben worden. Die Lfd. Nr. 45 und 46 BKat können daher ebenfalls aufgehoben werden.

Lfd. Nr. 47 BKat

Anpassung an die neue Nummerierung der Verkehrszeichen in den Anlagen 2 und 3 der StVO. Außerdem erfolgt eine redaktionelle Anpassung an den Text des § 10 Satz 1 StVO.

Lfd. Nr. 49 BKat

§ 11 Absatz 1 StVO besteht nur aus einem Satz. Die Angabe »Satz 1“ in der Spalte »StVO« kann daher gestrichen werden.

Lfd. Nr. 50 BKat

Im Sinne der Bürgerfreundlichkeit wurde in der Spalte »Tatbestand« der Text geringfügig verändert. Er soll dadurch lesbarer werden. Materielle Änderungen sind damit nicht verbunden.

Lfd. Nr. 51 und 51.1 BKat

Anpassung an die Neuregelungen in § 12 StVO und in der Anlage 2 der StVO. Materielle Änderungen sind damit nicht verbunden.

Lfd. Nr. 51a und 51b BKat

Die neue Nummerierung ist eine Folgeänderung, die sich aus den Anpassungen in den Lfd. Nr. 51 und 51.1 ergibt.

Lfd. Nr. 52, 52.1, 52.2, 52.2.1 BKat

Formale Anpassung an die Neuregelungen in § 12 StVO und in der Anlage 2 der StVO.

Lfd. Nr. 53, 53.1 BKat

Anpassung an die Neufassung von § 12 Absatz 1 StVO. Materielle Änderungen sind damit nicht verbunden.

Lfd. Nr. 54, 54.1, 54.2 und 54.2.1 BKat

Anpassung an die Neuregelungen in § 12 Absatz 3 StVO und in den Anlagen 2 und 3 der StVO. Zudem wurde das nun in der StVO normierte Parkverbot auf Schutzstreifen für den Radverkehr (§ 42 Absatz 2 i.V.m. Anlage 2, Zeichen 340, Spalte 3 Nummer 3) aufgenommen.

Lfd. Nr. 55 BKat

Formale Anpassung an die Neufassung von § 12 Absatz 3 StVO und die Anlage 3 der StVO. Materielle Änderungen sind damit nicht verbunden.

Lfd. Nr. 56 BKat

Die Änderung des Wortes »Gesamtgewicht« in »Gesamtmasse« vollzieht eine entsprechende Änderung in § 12 Absatz 3a Satz 1 StVO nach.

Lfd. Nr. 58, 58.1, 58.2 und 58.2.1 BKat

In der Spalte »StVO« ist die Bezugnahme auf § 12 Absatz 4 Satz 2 Halbsatz 2 StVO zu streichen, da Satz 2 nur das Halten regelt. In den Lfd. Nr. 58, 58.1, 58.2 und 58.2.1 BKat wird aber nur das Parken sanktioniert.

Lfd. Nr. 63 BKat

Die Verwarnungsgelder für diese Verstöße sind seit dem Jahr 1990 nicht mehr erhöht worden. Dagegen haben sich bis 2010 die Bruttolöhne um etwa 47 %, die Verbraucherpreise um ca. 42 % und das für die Betroffenen verfügbare Einkommen um etwa 59 % erhöht (Quelle: Statistisches Bundesamt, Statistisches Jahrbuch 2011, Wiesbaden). Vor diesem Hintergrund hat nach den Erfahrungen der Länder und Kommunen die präventive Wirkung der Verwarnungsgelder spürbar gelitten. In vielen Fällen steht das Verwarnungsgeld in keinem Verhältnis zur Parkgebühr, mit der Folge, dass die Verkehrsteilnehmer bewusst auf die Zahlung der Parkgebühr verzichten und stattdessen das geringe eventuell zu erwartende Verwarnungsgeld in Kauf nehmen. Die Erhöhung um 5 Euro fügt sich auch in das Sanktionsgefüge des Bußgeldkatalogs für Verstöße im ruhenden Verkehr ein. Der Verwarnungsgeldhöchstsatz von 35 Euro ist weiterhin den im ruhenden Verkehr bedeutenden Ordnungswidrigkeiten vorbehalten (z.B. Zuparken von Feuerwehrzufahrten oder das Parken auf Behindertenparkplätzen). Die Erhöhung um 5 Euro ist mithin auch verhältnismäßig.

Lfd. Nr. 65.1 BKat

Hierbei handelt es sich um einen Qualifikationstatbestand zu Lfd. Nr. 65. Deshalb muss in der Spalte »StVO« auf § 14 Absatz 2 Satz 1 StVO und nicht auf § 14 Absatz 2 Satz 2 StVO Bezug genommen werden.

Lfd. Nr. 71 BKat

Durch die Änderung wird den Anforderungen an eine geschlechtsneutrale Sprache Rechnung getragen.

Lfd. Nr. 74 BKat

Formale Anpassung an den neuen Text des § 17 Absatz 2a Satz 1 StVO (Tagfahrleuchten).

Lfd. Nr. 80.1 und 81 BKat

Der Gefährdungstatbestand ist ein reiner Qualifizierungstatbestand zu Lfd. Nr. 80. In der Spalte »Lfd. Nr.« ist daher die Nummerierung von »81« in »80.1“ zu ändern.

Lfd. Nr. 86 BKat

Redaktionelle Anpassung an den Text des § 18 Absatz 9 StVO.

Lfd. Nr. 87a BKat

Die Änderung des Wortes »Gesamtgewicht« in »Gesamtmasse« vollzieht eine entsprechende Änderung in § 18 Absatz 11 StVO nach.

Lfd. Nr. 89a BKat

In § 19 Absatz 1 Satz 3 StVO ist ein generelles Überholverbot an Bahnübergängen eingeführt worden. Bislang wurde hier grundsätzlich ein Überholverbot mit dem Verkehrszeichen 276 angeordnet und entsprechend der Lfd. Nr. 20 (70 Euro) geahndet. Um auch künftig eine bundeseinheitliche Ahndung sicherzustellen, wird ein entsprechender Tatbestand in die BKatV aufgenommen. Da sich an den die Höhe der Geldbuße begründenden Umständen durch die Einführung des § 19 Absatz 1 Satz 3 StVO nichts ändert, wird auch die Regelgeldbuße auf 70 Euro festgesetzt.

Lfd. -Nr. 89b.2 BKat

Die Wartepflicht vor dem Andreaskreuz gilt nun auch, wenn ein hörbares Signal, wie das Pfeifsignal eines herannahenden Zuges ertönt (vgl. § 19 Absatz 2 Satz 1 Nummer 5 StVO). Diese Ergänzung wird in der BKatV nachvollzogen.

Lfd. Nr. 90 BKat

Formale Anpassung an die neue Nummerierung der Absätze in § 19 StVO.

Lfd. Nr. 91, 92, 93, 94 und 95 BKat

Im Sinne der Bürgerfreundlichkeit wurde in der Spalte »Tatbestand« der Text neu gefasst. Er soll dadurch lesbarer werden. Materielle Änderungen sind damit nicht verbunden.

Lfd. Nr. 92.1 und 95.1 BKat

Da alle drei Sätze des § 20 Absatz 2 StVO vom Tatbestand umfasst sind, reicht es aus, in der Spalte »StVO« § 20 Absatz 2 StVO ohne Angabe der einzelnen Sätze zu zitieren.

Lfd. Nr. 92.2 BKat

In der Spalte »StVO« muss – wie auch in der vergleichbaren Lfd. Nr. 95.2 BKat – § 1 Absatz 2 StVO zitiert werden, da sich die Gefährdung in § 20 Absatz 2 Satz 1 StVO nur auf den nicht eingehaltenen Abstand bezieht. Eine Gefährdung kann aber auch durch das unterlassene Warten oder den Verstoß gegen das Gebot mit Schrittgeschwindigkeit zu fahren herrühren.

Lfd. Nr. 95.2 BKat

Die doppelte Nennung des § 20 Absatz 4 in der Spalte »StVO« ist unnötig.

Lfd. Nr. 98 und 99 BKat

Durch die Änderung wird den Anforderungen an eine geschlechtsneutrale Sprache Rechnung getragen. Das Wort »jede« in der Spalte »Tatbestand« der Lfd. Nr. 99 BKat ist überflüssig und kann daher gestrichen werden.

Lfd. Nr. 102 und 103 BKat

Anpassung an den Text in § 22 Absatz 1 Satz 1 StVO.

Lfd. Nr. 102.1 und 102.2 BKat

Auch bei Anhängern müssen nach § 22 Absatz 1 StVO die Ladungssicherungsvorschriften eingehalten werden. Durch deren Ergänzung in der Spalte »Tatbestand« wird dies nun klargestellt.

Lfd. Nr. 107, 107.1, 107.2, 107.3, 108 und 110 BKat

Anpassung an den Text des § 23 Absatz 1 und 2 StVO.

Lfd. Nr. 113 BKat

Anpassung an den Text des § 26 Absatz 1 StVO.

Lfd. Nr. 115 BKat

Durch die Änderung wird den Anforderungen an eine geschlechtsneutrale Sprache Rechnung getragen.

Lfd. Nr. 116 BKat

Anpassung an den Text des § 29 Absatz 3 StVO.

Lfd. Nr. 118 BKat

Anpassung an den Text des § 30 Absatz 1 Satz 3 StVO.

Lfd. Nr. 120a, 120a.1 und 120a.2 BKat

Die neuen Tatbestände bestimmen Verwarnungsgeldregelsätze für die missbräuchliche Benutzung der Fahrbahn, eines Seitenstreifens oder eines Radweges durch Inline-Skater oder Rollschuhfahrer, wenn diese nicht durch Zusatzzeichen freigegeben sind sowie für die Missachtung der mit der Benutzung verbundenen Sorgfaltspflichten. Die Höhe des Verwarnungsgeldes orientiert sich an derjenigen für Verstöße der Fußgänger

(§ 2 Absatz 4 BKatV). Wegen der im Vergleich zu den Verstößen des gewöhnlichen Fußgängerverkehrs größeren Gefahren, die von den Zuwiderhandlungen von Inline-Skatern und Benutzern von Rollschuhen ausgehen, wird der Regelsatz jedoch um 5 Euro angehoben. Für die Fälle der Behinderung und Gefährdung werden höhere Regelsätze vorgesehen.

Lfd. Nr. 127 BKat

Im Sinne der Bürgerfreundlichkeit wurde in der Spalte »Tatbestand« der Text geringfügig verändert. Er soll dadurch lesbarer werden. Materielle Änderungen sind damit nicht verbunden.

Lfd. Nr. 130 und 132 BKat

Durch die Änderung wird den Anforderungen an eine geschlechtsneutrale Sprache Rechnung getragen.

Lfd. Nr. 132.2 und 132.3.2 BKat

Auf die Nennung der einschlägigen Paragrafen in der Spalte »StVO« kann bei Qualifikationstatbeständen, die sich auf die gleiche Paragrafenkette stützen wie die vorherige laufende Nummer in der BKat, verzichtet werden.

Lfd. Nr. 133.1 BKat

Die Wörter »mit Grünpfeil« werden schon in Lfd. Nr. 133 BKat genannt. Deren Wiederholung in Lfd. Nr. 133.1 BKat ist daher überflüssig.

Lfd. Nr. 136 bis 163 BKat

Durch die Neustrukturierung der StVO wurden die Verkehrszeichen und Verkehrseinrichtungen in die Anlagen 1 bis 4 der StVO verschoben. Dies führt dazu, dass die mit den Verkehrszeichen verbundenen Ge- und Verbote neu zitiert werden müssen. Die einschlägigen Vorschriften in der Spalte »StVO« müssen daher entsprechend angepasst werden.

Lfd. Nr. 137 BKat

Im Sinne der Bürgerfreundlichkeit wurde in der Spalte »Tatbestand« der Text geringfügig verändert. Er soll dadurch lesbarer werden. Materielle Änderungen sind damit nicht verbunden.

Lfd. Nr. 139a BKat

Dieser Tatbestand war bisher in der Lfd. Nr. 46 BKat angesiedelt. Durch die Aufhebung des § 9a StVO musste aber auch die Lfd. Nr. 46 BKat aufgehoben werden. Das Überfahren der Mittelinsel im Kreisverkehr ist nun beim Zeichen 215 StVO geregelt. Der Tatbestand wird daher in einer neuen Lfd. Nr. 139a Bkat übernommen. Materielle Änderungen sind damit nicht verbunden.

Lfd. Nr. 140 BKat

Durch die Änderung wird den Anforderungen an eine geschlechtsneutrale Sprache Rechnung getragen.

Lfd. Nr. 141 BKat

Durch die Änderung wird einerseits den Anforderungen an eine geschlechtsneutrale Sprache Rechnung getragen. Andererseits wird durch die Aufnahme des Zeichens 242.2 StVO in der Spalte »Tatbestand« die einheitliche Systematik beibehalten, auch das jeweilige Ende-Zeichen mit zu zitieren (vgl. z.B. Lfd. Nr. 47 BKat).

Lfd. Nr. 141.1 BKat

Diese Sanktionserhöhung setzt einen Beschluss der Verkehrsministerkonferenz vom 6./7. April 2011 um. Erfahrungen und konkrete Beobachtungen der Polizeien in den Ländern haben gezeigt, dass die Regelgeldbuße von 20 Euro bei Verstoß gegen ein mit Verkehrszeichen angeordnetes Lkw-Fahrverbot häufig die beabsichtigte abschreckende Wirkung nicht mehr entfaltet. Vielmehr werden gerade im gewerblichen Güterkraftverkehr geringe Geldbußen bewusst in Kauf genommen und in die betriebswirtschaftliche Kalkulation eingerechnet. Dies liegt auch daran, dass die Regelgeldbußen für ein mit Verkehrszeichen angeordnetes Lkw-Fahrverbot seit der ersten bundesweiten Regelung von Verwarnungen im Straßenverkehr im Jahr 1975 (vgl. Bundesanzeiger Nr. 109 vom 20. Juni 1975) nicht mehr erhöht worden sind.

Vor diesem Hintergrund steht diese Erhöhung auch im Zusammenhang mit der Anhebung der Regelgeldbußen zum 1. Februar.2009. In die damalige Erhöhung wurden auch Verstöße einbezogen, aus denen die Betroffenen wirtschaftliche Vorteile ziehen (z.B. Überladung, Verstoß gegen das Sonn- und Feiertagsfahrverbot für Lkw). Damit wurde einerseits dem Umstand Rechnung getragen, dass Betroffene erfahrungsgemäß dann einen geringeren Sorgfaltsmaßstab an die Beachtung der Regeln anlegen, wenn die zu erwartende Geldbuße deutlich hinter den Vorteilen eines sorglosen Verhaltens zurück bleibt. Andererseits wurde so auch eine Anpassung an die allgemeine wirtschaftliche Entwicklung vorgenommen. Diesbezüglich wird auch ergänzend auf die damalige amtliche Begründung zur Verordnung zur Änderung der Bußgeldkatalog-Verordnung vom 5. Januar. 2009 (Verkehrsblatt 2009 Seite 110) Bezug genommen. Verstöße gegen ein mit Verkehrszeichen angeordnetes Lkw-Fahrverbot können mit Verstößen gegen das Sonn- und Feiertagsfahrverbot für Lkw verglichen werden. Deshalb orientiert sich auch die Höhe der Regelgeldbuße an derjenigen für Verstöße gegen das Sonn- und Feiertagsfahrverbot für Lkw.

Lfd. Nr. 141.2 bis 141.4.3 BKat

Diese Änderungen folgen aus der Neufassung der Lfd. Nr. 141.1 BKat.

Lfd. Nr. 142 BKat

Verkehrsverbote nach § 41 Absatz 1 i.V.m. Anlage 2 Abschnitt 6 StVO untersagen nunmehr die Verkehrsteilnahme, also den fließenden und ruhenden Verkehr. Verstöße im ruhenden Verkehr werden vom derzeitigen Wortlaut der Lfd. Nr. 142 aber nicht erfasst. Der Tatbestandstext ist daher entsprechend anzupassen.

Lfd. Nr. 143 BKat

Durch die Änderung wird den Anforderungen an eine geschlechtsneutrale Sprache Rechnung getragen.

Lfd. Nr. 145 bis 145.3 BKat

Das spezielle Rücksichtnahmegebot gegenüber Fußgängern auf gemeinsamen Geh- und Radwegen in der StVO ist entfallen. Vielmehr gilt nun nach der StVO auf allen Sonderwegen für jede durch Zusatzzeichen zugelassene Verkehrsart das Rücksichtnahmegebot (§ 1 StVO). Dieses drückt sich insbesondere in der Anpassung der Geschwindigkeit an die Verkehrsart aus, für die der Sonderweg geschaffen wurde. Für diese Verstöße wurde in Lfd. Nr. 146a ein neuer Tatbestand geschaffen. Die Lfd. Nr. 145 bis 145.3 werden daher aufgehoben.

Lfd. Nr. 146 und 146a BKat

Hier werden die Geschwindigkeitsverstöße auf Sonderwegen, als besondere Ausprägung des bei den Sonderwegen normierten Rücksichtnahmegebotes, geregelt. Die in der StVO vorgenommene Unterscheidung zwischen vorgeschriebener Schrittgeschwindigkeit (auf Gehwegen und in Fußgängerbereichen) und anzupassender Geschwindigkeit (auf Radwegen und getrennten bzw. gemeinsamen Geh- und Radwegen) wurde durch die Einführung einer neuen Lfd. Nr. 146a Rechnung getragen.

Lfd. Nr. 147 BKat

Durch die Änderung wird den Anforderungen an eine geschlechtsneutrale Sprache Rechnung getragen. Zudem ist die offizielle Bezeichnung des Zeichens 245 nun »Bussonderfahrstreifen«. Dies wird in der Spalte »Tatbestand« nachvollzogen. Die Erwähnung, dass der Bussonderfahrstreifen mit Zusatzzeichen auch von Taxen benutzen werden kann, ist überflüssig und kann daher gestrichen werden.

Lfd. Nr. 151 BKat

Durch die Änderung wird einerseits den Anforderungen an eine geschlechtsneutrale Sprache Rechnung getragen. Andererseits wird durch die Aufnahme des Zeichens 242.2 StVO in der Spalte »Tatbestand« die einheitliche Systematik beibehalten, auch das jeweilige Ende-Zeichen mit zu zitieren (vgl. z.B. Lfd. Nr. 47 BKat).

Lfd. Nr. 152.1 BKat

Es wird aus dem bisherigen Text in der Spalte »Tatbestand« nicht deutlich, wo die Eintragung vorgenommen worden sein muss. Die Ergänzung dient der Klarstellung.

Lfd. Nr. 153a BKat

Das Überholen unter Nichtbeachtung von Verkehrszeichen (276, 277) nach § 5 Absatz 3 Nummer 2 StVO stellt gemäß § 49 StVO keine Ordnungswidrigkeit mehr dar. Ordnungswidrig ist allein der Verstoß gegen § 41 Absatz 1 i.V.m. Anlage 2 zu lfd. Nr. 53 und 54 Spalte 3 (siehe § 49 Absatz 3 Nummer 4 StVO). Der Tatbestand wird daher in den Abschnitt »Vorschriftzeichen« als neue Lfd. Nr. 153a verschoben.

Lfd. Nr. 155 BKat

Die Spalte »Tatbestand« wird an den Text der StVO angepasst. Bei den Zeichen 295 und 296 findet sich das Wort »überqueren« nicht wieder. Es kann daher gestrichen werden.

Lfd. Nr. 157 BKat

Durch die Änderung wird den Anforderungen an eine geschlechtsneutrale Sprache Rechnung getragen.

Lfd. Nr. 157 BKat

Anpassung an den Text bei Zeichen 325 StVO.

Lfd. Nr. 157.3 und 158 BKat

Der Gefährdungstatbestand ist ein reiner Qualifizierungstatbestand zu Lfd. Nr. 157 BKat. In der Spalte »Lfd. Nr.« ist daher die Nummerierung von »158« in »157.1“ zu ändern.

Lfd. Nr. 160 bis 162 BKat

Die Regelungen zu Zeichen 340 (Leitlinien) StVO sind zum großen Teil in § 7 StVO überführt worden. Diese Überführung wurde in der BKatV nachvollzogen, so dass die bisherigen Lfd. Nr. 160 bis 162 aufgehoben und in den Lfd. Nr. 31a und 31b verankert werden.

Lfd. Nr. 175 BKat

Für die erloschene Betriebserlaubnis gibt es einen eigenen Tatbestand (vgl. Lfd. Nr. 189a und 214a). Nach § 4 Absatz 1 FZV dürfen zulassungsfreie Fahrzeuge nur in Betrieb genommen werden, wenn sie einem genehmigten Typ entsprechen oder eine Einzelerlaubnis erteilt wurde. Daher ist neben der EG-Typgenehmigung die Einzelgenehmigung aufzunehmen.

Lfd. Nr. 178a BKat

§ 13 Absatz 4 Satz 4 FZV ist nach § 48 FZV nicht bußgeldbewehrt. Die Mitteilungspflichten beim Erwerb eines Fahrzeugs ergeben sich vielmehr aus § 13 Absatz 4 Satz 1 FZV, der nach § 48 Nummer 12 FZV bußgeldbewehrt ist.

Lfd. Nr. 179 BKat

§ 10 Absatz 6 FZV besteht nur aus drei Sätzen. Daher kann auf deren Aufzählung in der Spalte »FZV« verzichtet werden. Das Gebot in § 10 Absatz 9 Satz 1 FZV erstreckt sich über den ganzen Satz. Die Beschränkung auf den 1. Halbsatz in der Spalte »FZV« ist daher zu korrigieren.

Lfd. Nr. 185 BKat

Die Pflicht ist in § 20 Absatz 5 FZV und nicht in § 20 Absatz 4 FZV festgeschrieben.

Lfd. Nr. 186 BKat

Redaktionelle Berichtigung in der Spalte »StVZO«. Statt „2.8“ muss es „2.6“ heißen.

Lfd. Nr. 188, 189, 189.1.2, 189.2.2, 189.3.2 und 214.2 BKat

Anpassung an den Text der StVZO, wo von Fahrzeugen und nicht von Kraftfahrzeugen die Rede ist.

Lfd. Nr. 189.2.1, 189.3.1 und 214.1 BKatV

Da § 30 und § 31 Absatz 2 StVZO von Fahrzeugen sprechen, sind in diesem Begriff die Anhänger mit enthalten. Dies muss sich auch in der Formulierung in der BKatV widerspiegeln. Die jetzt gewählte Formulierung schließt die Anhänger ausdrücklich in den Tatbestand mit ein, so dass dieser Verstoß in der gleichen Weise geahndet werden kann. Ansonsten ist eine Ahndung mit dem für die Kraftfahrzeuge in der BKatV vorgesehenen Ahndungssatz nicht möglich. Dies würde aber dem Unrechtsgehalt des Verstoßes nicht gerecht werden.

Lfd. Nr. 198 und 199 BKat

In § 34 Absatz 8 StVZO ist das Unterschreiten des Achslast auf der Antriebsachse im grenzüberschreitenden Verkehr geregelt. Diese Fälle werden nicht von der Tabelle 3 des BKat abgedeckt. Diese Verstöße treten nur sehr selten auf, so dass auf eine Aufnahme in den BKat verzichtet werden kann.

Lfd. Nr. 220 BKat

§ 69a Absatz 5 Nummer 5c ist aufgehoben worden. § 49 Absatz 4 Satz 1 StVZO ist vielmehr nach § 69a Absatz 5 Nummer 5d StVZO bußgeldbewehrt.

Lfd. Nr. 222a BKat

Die Bußgeldbewehrung für Verstöße gegen § 52 Absatz 6 Satz 3 sind in § 69a Absatz 5 Nummer 5f StVZO und nicht in § 69a Absatz 5 Nummer 5e StVZO geregelt. Außerdem wird aus Gründen der Klarstellung auch das ordnungswidrige Nichtaushändigen in den Tatbestand aufgenommen.

Lfd. Nr. 244, 245, 246.1, 246.2, 247, 248 und 249 BKat

Durch die Änderung wird den Anforderungen an eine geschlechtsneutrale Sprache Rechnung getragen.

Lfd. Nr. 251a BKat

Im Sinne der Bürgerfreundlichkeit wurde in der Spalte »Tatbestand« der Text neu gefasst. Er soll dadurch lesbarer werden. Materielle Änderungen sind damit nicht verbunden.

Anhang zu § 3 Absatz 3, Tabelle 3

Redaktionelle Berichtigung in der Spalte »mit Sachbeschädigung, auf Euro«. Dort wird die Zahl »600« durch die Zahl »700« ersetzt.

Aus der amtlichen Begründung (BR-Drucks. 556/17, S. 36 ff.)

Zu Nummer 2

(Änderung der Anlage zu § 1 Abs. 1 BKatV – Bußgeldkatalog)

Zu Buchstabe a)

Zu laufender Nummer 50 ff.

Seit Jahrzehnten ist in Deutschland beim Stocken des Verkehrs auf Autobahnen und Außerortsstraßen mit mindestens zwei Fahrstreifen für eine Richtung das Bilden der so genannten Rettungsgasse Pflicht. Dennoch kommt es in der Praxis immer wieder zu Problemen bei der Bildung der Rettungsgasse. Mit Änderungsverordnung vom 30.11.2016 (BGBl. I S. 2848) wurde die Regelung des § 11 Absatz 2 StVO vereinfacht. Den Verkehrsteilnehmern wurde eine einprägsame und leicht verständliche Verhaltensregel zur Verfügung gestellt, um ein reibungsloseres Bilden der Rettungsgasse zu ermöglichen. Gleichwohl bildet sich diese Änderung bislang nicht hinreichend im Verkehrsalltag ab. Dies belegen zahlreiche Medienberichte. Beispielhaft wird auf das Busunglück auf der A9 bei Münchberg mit seinen verheerenden Folgen verwiesen, mit dem fürchterliche Folgen und Leid verbunden waren. Dort wurde durch Rettungskräfte geschildert, dass die Rettungsgasse nicht derart gebildet wurde, dass mit den Einsatzfahrzeugen ungehindert zur Unfallstelle gelangt werden konnte. Daher ist es nun angezeigt, die generalpräventive Wirkung der Bußgelder für den Fall des Verstoßes zu verstärken. Im Hinblick auf das Sanktionsgefüge erscheint von dem Gefährdungspotenzial her ein Vergleich mit der Nichtbefolgung eines roten Wechsellichtzeichens oder roten Dauerlichtzeichens bei schon länger als einer Sekunde andauernden Rotphase durch den Kfz-Führer angezeigt, welches mit 200 € für den Grundtatbestand geahndet wird. Gestaffelte Qualifizierungstatbestände der Behinderung, Gefährdung und Sachbeschädigung treten neu hinzu. Dies wird der herausragenden Bedeutung der Rettungsgasse gerecht und erscheint für die Hilfe in Unglücksfällen als angemessen. Damit wird ein Verstoß gegen die Vorschriften zur Bildung einer Rettungsgasse ebenfalls zu einer besonders schweren Ordnungswidrigkeit heraufgestuft.

Zu Buchstabe b)

Zu laufender Nummer 246

Fahrzeugführer

Der Wortlaut des Grundtatbestands der lfd. Nummer 246 BKat wird an den neuen Wortlaut des § 23 Absatz 1a StVO angepasst. Der Regelsatz der lfd. Nummer 246.1 BKat wird auf 100 Euro angehoben. Mit dieser Anpassung wird der Unwert der Tat deutlicher zum Ausdruck gebracht. Der neue Regelsatz soll dazu beitragen in der Bevölkerung die Hemmung zu erhöhen, durch verbotene fahrfremde Tätigkeiten weder menschliches Leben noch die Verkehrssicherheit aller Verkehrsteilnehmer allgemein vorsätzlich zu gefährden. Ziel ist es, den generalpräventiven Charakter der Bewehrung wiederherzustellen. Darüber hinaus werden Qualifikationstatbestände der Gefährdung und der Sachbeschädigung geschaffen, damit eine Bewehrung unabhängig von

Tabelle 4 des Bußgeldkataloges vorgenommen werden kann. Der Regelsatz der lfd. Nummer 246.2 BKat wird auf 150 Euro festgelegt; der Regelsatz für die lfd. Nummer 246.3 BKat beträgt 200 Euro. Die Bewehrung wurde in Abhängigkeit des Eintritts der besonderen Folgen gestaffelt. Das besondere Gefährdungspotential sowohl für den Fahrzeugführer als auch für andere Verkehrsteilnehmer – hervorgerufen durch die vorsätzliche, als besonders leichtsinnig, grob nachlässig und gleichgültig einzuordnende Pflichtverletzung des Fahrzeugführers – dient als Maßstab für diese Staffelung.

Insgesamt wird damit die Bewehrung für einen Verstoß gegen § 23 Absatz 1a StVO als vorsätzlich begangene Ordnungswidrigkeit im Vergleich zu anderen Ordnungswidrigkeiten des Abschnitts II a) des Bußgeldkatalogs angeglichen (z.B. lfd. Nummer 244 BKat oder lfd. Nummer 248 BKat). Die Diskrepanz der Bewehrung zwischen den einzelnen vorsätzlichen begangenen Ordnungswidrigkeiten wird dadurch relativiert und in ein angemessenes Verhältnis gesetzt. Es wird davon ausgegangen, dass diese Anpassung ausreichend ist, um das Vertrauen in die Bestandskraft der Regelung wiederherzustellen und die Rechtstreue der Bevölkerung zu stärken.

Die Dauer des Regelfahrverbotes wird für beide Qualifikationstatbestände auf einen Monat festgelegt. Die Dauer von einem Monat ist im Hinblick auf die grobe und beharrliche Verletzung der Pflichten eines Kraftfahrzeugführers, die objektiv ursächlich für schwere Unfälle ist und subjektiv auf besonders großem Leichtsinn, grober Nachlässigkeit oder Gleichgültigkeit beruht, angemessen.

Radfahrer

Der Tatbestand der lfd. Nummer 246.4 BKat erfordert ebenfalls eine Anpassung, um die Verhältnismäßigkeit zum Verstoß gegenüber anderen Fahrzeugführern in deren Folge wiederherzustellen. Die vorsätzliche Begehung der Tat sowie ihre Gefährlichkeit für die Verkehrssicherheit rechtfertigen die volle Ausschöpfung des bestehenden Verwarnungsgeldrahmens in Höhe von 55 Euro. Die Erhöhungen des Verwarnungsgeldsatzes erfolgt, um wieder eine ausreichende general- und spezialpräventive Wirkung entfalten zu können. Die Anpassung des Tatbestandes für Radfahrer im Nachgang zur Reform des Verkehrszentralregisters und der Punktereform (VZR-Reform) trägt damit auch dem Votum des Vermittlungsausschusses des Deutschen Bundestages aufgrund der entstandenen unterschiedlichen Gewichtung der Zuwiderhandlungen und der Verhältnismäßigkeit dieser Tatbestände untereinander Rechnung.

Zu Buchstabe c)

Zu laufender Nummer 247a

Der Verstoß gegen die Vorschrift kann nur vorsätzlich begangen werden. Deshalb ist die Festlegung eines Regelsatzes im unteren Bußgeldbereich in Höhe von 60 € verhältnismäßig und angemessen infolge der generalpräventiven Wirkung von Maßnahmen zur Verkehrsüberwachung.

Zu Buchstabe d)

Zu laufender Nummer 250a

Orientierungspunkt bei der Höhe der Bebußung ist die Festlegung bei Missachtung einer geschlossenen Schranke bei Bahnübergängen. Die zum Schutz der Infrastruktur an manchen Brücken angeordneten Verkehrsverbote und Verkehrseinrichtungen sind gut sichtbar und werden mit vielen Hinweisen im Zulauf auf solche Strecken rechtzeitig und wiederholt angekündigt. Sie erfahren zudem eine umfangreiche mediale Präsenz. Dennoch nehmen sie viele Lkw-Fahrer einfach bewusst in Kauf, um keinen Umweg fahren zu müssen. Der dadurch erfahrene Zeitverlust schreckt mehr ab, als die bisher vorgesehenen Regelsätze. Soweit sie mit weiteren Verkehrseinrichtungen begleitet werden, die zu einer Verengung der Fahrstreifen oder einer Höhenbeschränkung führen, um auch rein tatsächlich durch Schaffung derartiger körperlicher Hindernisse ein Befahren von großen und damit auch meist schweren Lkw zu verhindern, kommt dies einer baulichen Hürde wie einer Schranke gleich, die mechanisch bereits das Befahren der Straße kaum möglich macht. Portale oder Borde verkleinern den zur Verfügung stehenden Straßenraum. Nur mittels Nichtberücksichtigung oder Überfahren solcher körperlicher Hindernisse vermögen die großen Lkw die Straße noch zu befahren. Sehenden Auges aber körperliche Hindernisse und damit die Gefahr eines früheren Abgangs der Brücke zu missachten, ist vergleichbar mit der Annahme »ich fahre noch schnell über der Bahnübergang, das schaffe ich noch«. Da die unmittelbar durch die Handlung hervorgerufene Gefahr jedoch weniger konkret ist als am Bahnübergang, ist die Bebußung leicht unterhalb dieser Werte anzusetzen.

Im Sinne der Mobilitätssicherung des klassifizierten Straßennetzes ist eine Vollsperrung solcher Straßen unbedingt zu vermeiden. Es muss also gelingen, die Zahl der vorschriftswidrigen Lkw-Überfahrten bis nahe Null zu reduzieren. Dies gewährleistet die abschreckende Wirkung dieses erheblich heraufgesetzten Bußgeldes.

Zu Artikel 4

Bei den neuen qualifizierten Verstößen (mit Gefährdung oder mit Sachbeschädigung) gegen § 23 Absatz 1a StVO sind nach der BKatV jeweils eine eigene laufende Nummer und ein Regelfahrverbot vorgesehen. Dieser Bewertung folgend sind die beiden Verstöße nach der Systematik der Anlage 13 zur FeV jeweils mit 2 Punkten einzustufen. Daher werden die neu geschaffenen Qualifizierungstatbestände der lfd. Nummer 246 (lfd. Nummern 246.2 und 246.3 BKat) in Nummer 2 der Anlage 13 der FeV eingeordnet. Die Qualifizierungstatbestände Gefährdung oder Sachbeschädigung wurden bislang ohne eigenständige laufende Nummer über Tabelle 4 des Bußgeldkatalogs mit einer Erhöhung des Regelsatzes geahndet und waren daher nicht eigenständig in Anlage 13 der FeV aufgeführt. Darüber hinaus werden Verstöße gegen § 23 Absatz 1a StVO neu in den Katalog der Anlage 12 (zu § 34) für die Bewertung der Straftaten und Ordnungswidrigkeiten im Rahmen der Fahrerlaubnis auf Probe aufgenommen. Ein Verstoß gegen »23 Absatz 1a StVO stellt somit künftig einen sogenannten »A-Verstoß« dar. Dies ist gerechtfertigt, da sich junge Fahrzeugführer im Vergleich zu einem häufigeren Hantieren mit dem Smartphone verleiten lassen. Diesem gefährlichen Fehlverhalten besonders bei Fahranfängern gilt es entgegenzuwirken.

Bei den neuen qualifizierten Verstößen (mit Behinderung, Gefährdung oder mit Sachbeschädigung) gegen § 11 Absatz 2 StVO sind nach der BKatV jeweils eine eigene laufende Nummer und ein Regelfahrverbot vorgesehen. Dieser Bewertung folgend sind die Verstöße nach der Systematik der Anlage 13 zur FeV jeweils mit 2 Punkten einzustufen. Daher werden die neu geschaffenen Qualifizierungstatbestände der lfd. Nummer 50.1, 50.2, 50.3 in Nummer 2 der Anlage 13 der FeV eingeordnet. Darüber hinaus werden Verstöße gegen § 11 Absatz 2 StVO in den Katalog der Anlage 12 (zu § 34) für die Bewertung der Straftaten und Ordnungswidrigkeiten im Rahmen der Fahrerlaubnis auf Probe aufgenommen. Ein Verstoß stellt somit künftig einen sogenannten »A-Verstoß« dar. Diesem gefährlichen Fehlverhalten besonders bei Fahranfängern gilt es entgegenzuwirken.

Für die Zwecke des Fahreignungs-Bewertungssystems sind nach § 4 Absatz 1 Satz 2 StVG auch wiederholte Verstöße gegen Vorschriften relevant, die dem Schutz von Maßnahmen zur Rettung aus Gefahren für Leib und Leben von Menschen dienen. Dementsprechend sind die Verstöße gegen das Gebot zur Bildung einer Rettungsgasse mit zwei Punkten zu bewerten. Bei diesen Verstößen geht der Verordnungsgeber von der nach § 28 Abs. 3 Nr. 3 Buchst. a Doppelbuchst. bb StVG erforderlichen Schwere aus, da sie mit einem Regelsatz von jeweils über 60 Euro belegt sein sollen.

Aus der amtlichen Begründung (BR-Drucks. 591/19 Beschluss, S. 28 ff.)

Zu Artikel 3 Absatz 2 Nummer 01 bis 04 – neu – (Anlage (zu § 1 Absatz 1) laufende Nummer 2, 2.1, 2.2 und 2.3 BKatV)

In Artikel 3 Absatz 2 sind der Nummer 1 folgende Nummern 01, 02, 03 und 04 voranzustellen:

01. In der laufenden Nummer 2 wird in der Spalte »Regelsatz in Euro (€), Fahrverbot in Monaten« die Angabe »10 €" durch die Angabe »55 €»ersetzt.

02. In der laufenden Nummer 2.1 wird in der Spalte »Regelsatz in Euro (€), Fahrverbot in Monaten« die Angabe »15 €" durch die Angabe »70 €»ersetzt.

03. In der laufenden Nummer 2.2 wird in der Spalte »Regelsatz in Euro (€), Fahrverbot in Monaten« die Angabe »20 €" durch die Angabe »80 €»ersetzt.

04. In der laufenden Nummer 2.3 wird in der Spalte »Regelsatz in Euro (€), Fahrverbot in Monaten« die Angabe »25 €" durch die Angabe »100 €" ersetzt.'

Begründung:

Die Änderung beinhaltet vor allem im Interesse des Fußgängerschutzes auf Gehwegen eine deutliche Anhebung der Regelsanktionen beim vorschriftswidrigen Befahren von Gehwegen und ebenso im Interesse des Radfahrerschutzes beim vorschriftswidrigen Befahren linksseitig angelegter Radwege. Besonders das weithin verbreitete und – nicht zuletzt wegen der geringfügigen drohenden Sanktion in Höhe von 10 Euro – im Bewusstsein vieler Fahrer von Elektrokleinstfahrzeugen und vieler Rad Fahrenden jeden Alters als nahezu selbstverständlich angesehene Fahren auf Gehwegen ist für Fußgänger jeden Alters nicht weniger störend und gegebenenfalls sogar stärker behindernd oder gefährdend als das unzulässige Parken auf Gehwegen; die Beeinträchtigung der Fußgänger durch Fahrzeugverkehr auf Gehwegen ist keineswegs geringer als die Beeinträchtigung von Radfahrern beim unzulässigen Halten auf Schutzstreifen oder die Beeinträchtigung von Fahrzeugführern beim Halten in »zweiter Reihe«. Die Anhebungen lehnen sich daher eng an die neuen Staffelungen der Regelsanktionen mit 55 Euro/70 Euro/80 Euro/100 Euro der laufenden Nummern 51a – 51a.3 (Halten in »zweiter Reihe«), 52a – 52a.4 (Unzulässiges Parken auf Geh- und Radwegen), und 54a – 54a.3 (Unzulässiges Halten auf Schutzstreifen) an. Die Angleichung der Sanktionen beseitigt ein ansonsten drohendes gesetzliches Schutzdefizit zulasten der Fußgänger und soll einen zumindest gleichwertigen Schutz der Fußgänger und Radfahrer bei der Ausgestaltung des Sanktionsrahmens gewährleisten und damit auch zu einer Änderung des Bewusstseins der Verkehrsteilnehmer beitragen.

Zu Artikel 3 Absatz 2

Nummer 5a, 5b und 5c – neu –,

Nummer 24o und 24p – neu – und

Nummer 43 – neu –

(Anlage (zu § 1 Absatz 1) laufende Nummer 39, 39.1, 41, 64, 64.1 und Anhang (zu Nummer 11 der Anlage) Tabelle 1 Abschnitt a und c BKatV)

Artikel 3 Absatz 2 ist wie folgt zu ändern:

a) Nach Nummer 5 sind folgende Nummern 5a, 5b und 5c einzufügen: ‚5a. In der laufenden Nummer 39 wird in der Spalte »Regelsatz in Euro (€), Fahrverbot in Monaten« die Angabe »20 €“ durch die Angabe »40 €“ ersetzt. 5b. In der laufenden Nummer 39.1 werden in der Spalte »Regelsatz in Euro (€), Fahrverbot in Monaten« die Angabe »70 €“ durch die Angabe »140 €“ ersetzt und die Wörter »Fahrverbot 1 Monat« angefügt. 5c. In der laufenden Nummer 41 werden in der Spalte »Regelsatz in Euro (€), Fahrverbot in Monaten« die Angabe »70 €“ durch die Angabe »140 €“ ersetzt und die Wörter »Fahrverbot 1 Monat« angefügt.‘
b) Nach Nummer 24n sind folgende Nummern 24o und 24p einzufügen: ‚24o. In der laufenden Nummer 64 wird in der Spalte »Regelsatz in Euro (€), Fahrverbot in Monaten« die Angabe »20 €“ durch die Angabe »40 €“ ersetzt. 24p. In der laufenden Nummer 64.1 wird in der Spalte »Regelsatz in Euro (€), Fahrverbot in Monaten« die Angabe »25 €“ durch die Angabe »50 €“ ersetzt.‘
c) Nach Nummer 42 ist folgende Nummer 43 anzufügen:

43. Im Anhang zu Nummer 11 der Anlage wird Tabelle 1 wie folgt geändert:

a) In Abschnitt a werden in der laufenden Nummer 11.1.5 in der Spalte »Fahrverbot in Monaten bei Begehung innerhalb geschlossener Ortschaften« und in der laufenden Nummer 11.1.6 in der Spalte »Fahrverbot in Monaten bei Begehung außerhalb geschlossener Ortschaften« jeweils die Wörter »1 Monat« eingefügt.
b) Abschnitt c wird wie folgt geändert:
   aa) In der laufenden Nummer 11.3.1 wird in der Spalte »Regelsatz in Euro bei Begehung innerhalb geschlossener Ortschaften« die Angabe »15« durch die

Angabe »30« und in der Spalte »Regelsatz in Euro bei Begehung außerhalb geschlossener Ortschaften« die Angabe »10« durch die Angabe »20« ersetzt.

bb) In der laufenden Nummer 11.3.2 wird in der Spalte »Regelsatz in Euro bei Begehung innerhalb geschlossener Ortschaften« die Angabe »25« durch die Angabe »50« und in der Spalte »Regelsatz in Euro bei Begehung außerhalb geschlossener Ortschaften« die Angabe »20« durch die Angabe »40« ersetzt.

cc) In der laufenden Nummer 11.3.3 wird in der Spalte »Regelsatz in Euro bei Begehung innerhalb geschlossener Ortschaften« die Angabe »35« durch die Angabe »70« und in der Spalte »Regelsatz in Euro bei Begehung außerhalb geschlossener Ortschaften« die Angabe »30« durch die Angabe »60« ersetzt.

dd) In den laufenden Nummern 11.3.4 und 11.3.5 werden in der Spalte »Fahrverbot in Monaten bei Begehung innerhalb geschlossener Ortschaften« jeweils die Wörter »1 Monat« und in den laufenden Nummern 11.3.5 und 11.3.6 in der Spalte »Fahrverbot in Monaten bei Begehung außerhalb geschlossener Ortschaften« jeweils die Wörter »1 Monat« eingefügt.'

Folgeänderung:

Artikel 3 Absatz 1 ist wie folgt zu fassen:

,(1) In § 4 Absatz 1 Nummer 3 wird die Angabe »50.1, 50.2, 50.3" durch die Angabe »39.1, 41, 50, 50.1, 50.2, 50.3, 50a, 50a.1, 50a.2, 50a.3" und ein Komma ersetzt.'

Begründung:

Zu Buchstabe a:

Das bestehende Bußgeldniveau ist insgesamt zu niedrig, um die notwendigen Verbesserungen bei der Verkehrssicherheit zu erreichen. Höhere Bußgeldsätze führen zu mehr regelkonformen Verhalten und sind insofern geeignet, Unfälle mit Verletzten und Toten zu vermeiden. Bei gravierenden Pflichtverletzungen beim Abbiegen mit Gefährdung, welche in der Praxis zu massiven Schädigungen anderer Verkehrsteilnehmenden führen, müssen daher die Bußgelder erhöht werden und es sind Fahrverbote anzuordnen. Es ist nicht nachvollziehbar, dass ein qualifizierter Rotlichtverstoß ohne tatsächliche Gefährdungslage ab einer Rotzeit von 1 Sekunde ein Bußgeld von 200 Euro und ein einmonatiges Fahrverbot nach sich zieht, und demgegenüber die tatsächliche Gefährdung von Rad Fahrenden oder zu Fuß Gehenden beim Rechtsabbiegen lediglich zu einem Bußgeld von 70 Euro ohne Fahrverbot führt. Aufgrund der erheblichen Beeinträchtigung der Verkehrssicherheit ist daher bei Pflichtverletzungen beim Abbiegen eine Anhebung der Regelsätze und zudem beim Abbiegen mit Gefährdung die Anordnung von Fahrverboten geboten, um bei den Verkehrsteilnehmenden das notwendige Bewusstsein für die Gefährlichkeit ihres Fehlverhaltens zu schaffen.

Zu Buchstabe b:

Die derzeitigen Bußgeldsätze bei der Gefährdung von Rad Fahrenden durch Kraftfahrzeug Führende beim Ein- und Aussteigen (sogenanntes Dooring) sind zu niedrig, um die notwendigen Sorgfaltspflichten und damit die Erhöhung der Verkehrssicherheit zu erreichen. Höhere Bußgeldsätze führen zu mehr regelkonformen Verhalten und sind insofern geeignet, Unfälle mit Verletzten und Toten zu vermeiden. Insbesondere das unachtsame Aussteigen ist eine der gefahrenträchtigsten Pflichtverletzungen für Rad Fahrende. Um das notwendige Bewusstsein bei Kraftfahrzeug Führenden für die Gefährlichkeit ihres Fehlverhaltens zu schaffen, ist die Anhebung der Regelsätze geboten.

Zu Buchstabe c:

Die derzeitigen Bußgeldsätze für Geschwindigkeitsüberschreitungen sind nicht in ausreichendem Maße geeignet, verkehrsadäquates Verhalten zur Vermeidung von Gefährdungen zu regulieren und Verletzungen der StVO sinnvoll zu ahnden. Höhere Bußgeldsätze für Geschwindigkeitsüberschreitungen führen zu mehr regelkonformem Verhalten und sind insofern geeignet, Unfälle mit Verletzten und Toten zu vermeiden. Aufgrund der erheblichen Beeinträchtigung der Verkehrssicherheit ist daher bei Geschwindigkeitsüberschreitungen die Anhebung der Regelsätze geboten, um bei den Verkehrsteilnehmenden das notwendige Bewusstsein für die Gefährlichkeit ihres Fehlverhaltens zu schaffen. Zudem ist die Anordnung von Fahrverboten innerhalb geschlossener Ortschaften einheitlich bei Geschwindigkeitsüberschreitungen ab 21 km/h geboten, um die notwendige Lenkungswirkung entfalten zu können.

Zu Artikel 3 Absatz 2

Nummer 9a und 9b – neu –,

Nummer 12a, 12b, 12c und 12d – neu –,

Nummer 13,

Nummer 13a, 13b, 13c und 13d – neu –,

Nummer 17 und

Nummer 24g und 24h – neu –

(Anlage (zu § 1 Absatz 1) laufende Nummer 51, 51.1, 51b, 51b.1, 51b.2, 51b.2.1, 51b.3, 52, 52.1, 52.2, 52.2.1, 53.1, 60 und 60.1 BKatV)

Artikel 3 Absatz 2 ist wie folgt zu ändern:

a) Nach Nummer 9 sind folgende Nummern 9a und 9b einzufügen:

9a. In der laufenden Nummer 51 wird in der Spalte »Regelsatz in Euro (€), Fahrverbot in Monaten« die Angabe »10 €“ durch die Angabe »20 €“ ersetzt.

9b. In der laufenden Nummer 51.1 wird in der Spalte »Regelsatz in Euro (€), Fahrverbot in Monaten« die Angabe »15 €“ durch die Angabe »35 €“ ersetzt.‘

b) Nach Nummer 12 sind folgende Nummern 12a, 12b, 12c und 12d einzufügen:

12a. In der laufenden Nummer 51b wird in der Spalte »Regelsatz in Euro (€), Fahrverbot in Monaten« die Angabe »15 €“ durch die Angabe »35 €“ ersetzt.

12b. In der laufenden Nummer 51b.1 wird in der Spalte »Regelsatz in Euro (€), Fahrverbot in Monaten« die Angabe »25 €“ durch die Angabe »55 €“ ersetzt.

12c. In der laufenden Nummer 51b.2 wird in der Spalte »Regelsatz in Euro (€), Fahrverbot in Monaten« die Angabe »25 €“ durch die Angabe »55 €“ ersetzt.

12d. In der laufenden Nummer 51b.2.1 wird in der Spalte »Regelsatz in Euro (€), Fahrverbot in Monaten« die Angabe »35 €“ durch die Angabe »55 €“ ersetzt.‘

c) In Nummer 13 ist die Angabe »70 €“ durch die Angabe »100 €“ zu ersetzen.

d) Nach Nummer 13 sind folgende Nummern 13a, 13b, 13c und 13d einzufügen:

13a. In der laufenden Nummer 52 wird in der Spalte »Regelsatz in Euro (€), Fahrverbot in Monaten« die Angabe »15 €“ durch die Angabe »25 €“ ersetzt.

13b. In der laufenden Nummer 52.1 wird in der Spalte »Regelsatz in Euro (€), Fahrverbot in Monaten« die Angabe »25 €“ durch die Angabe »40 €“ ersetzt.

13c. In der laufenden Nummer 52.2 wird in der Spalte »Regelsatz in Euro (€), Fahrverbot in Monaten« die Angabe »25 €“ durch die Angabe »40 €“ ersetzt.

13d. In der laufenden Nummer 52.2.1 wird in der Spalte »Regelsatz in Euro (€), Fahrverbot in Monaten« die Angabe »35 €“ durch die Angabe »50 €“ ersetzt.‘

e) In Nummer 17 ist die Angabe »70 €“ durch die Angabe »100 €“ zu ersetzen.

f) Nach Nummer 24f sind folgende Nummern 24g und 24h einzufügen:

24g. In der laufenden Nummer 60 wird in der Spalte »Regelsatz in Euro (€), Fahrverbot in Monaten« die Angabe »25 €“ durch die Angabe »55 €“ ersetzt.

24h. In der laufenden Nummer 60.1 wird in der Spalte »Regelsatz in Euro (€), Fahrverbot in Monaten« die Angabe »35 €“ durch die Angabe »70 €“ ersetzt.‘

Begründung:

Zu Buchstabe a:

Durch die Verordnung ist ein Ungleichgewicht in Bezug auf die Sanktionshöhen einiger Ordnungswidrigkeitentatbestände entstanden, der durch diese Änderung beseitigt werden soll. Die Verordnung sieht lediglich eine Erhöhung des Regelsatzes für das Halten in »zweiter Reihe« (laufende Nummer 51a ff.) vor. Von dem Verstoß des unzulässigen Haltens mit und ohne Behinderung (laufende Nummer 51 und 51.1) gehen ebenfalls Gefahren aus, die jedoch weiterhin nur geringfügig sanktioniert werden. Durch Fahrzeuge, die gegen ein Halteverbot verstoßen, werden Sichtbeziehungen auf Fußgänger und insbesondere auf Kinder eingeschränkt. Wegen der erheblichen Beeinträchtigung der Verkehrssicherheit ist eine Anhebung der Regelsätze geboten.

Zu Buchstabe b:

Die Anhebung der Regelsätze für Parkverstöße an engen oder unübersichtlichen Straßenstellen und im Bereich einer scharfen Kurve (laufende Nummer 51b ff.) ist ebenfalls geboten, um das entstandene Ungleichgewicht zu beseitigen. Gerade an unübersichtlichen Straßenstellen gehen von Parkverstößen besondere Gefahren aus, denen mit einer angemessenen Sanktionierung begegnet werden muss. Nur so kann bei Verkehrsteilnehmern ein Bewusstsein für die Gefährlichkeit ihres Fehlverhaltens geschaffen werden.

Zu Buchstabe c:

Die Behinderung eines Rettungsfahrzeuges während des Einsatzes kann mit erheblichen Gefahren für Leib und Leben einhergehen, wenn den Helfern der Weg durch Falschparker versperrt wird. Eine deutliche Anhebung der Sanktionshöhe ist geeignet, eine abschreckende Wirkung zu erzeugen. In Anbetracht der objektiven Gefahr, die von dem Verstoß ausgeht, erscheint die Erhöhung des Regelsatzes auf 100 Euro als verhältnismäßig.

Zu Buchstabe d:

Mit den Änderungen wird ebenfalls dem Umstand Rechnung getragen, ein einheitliches Sanktionierungsniveau beizubehalten.

Zu Buchstabe e:

Die Verordnung sieht für einen Parkverstoß vor oder in amtlich gekennzeichneten Feuerwehrzufahrten, der mit einer Behinderung eines Rettungsfahrzeuges im Einsatz einhergeht, eine Anhebung des Regelsatzes von 65 auf 70 Euro vor. Insofern wird auf die Begründung zu Buchstabe c verwiesen.

Zu Buchstabe f:

Dieser Verstoß führt zu einer Behinderung nachhaltiger Mobilitätsformen, was sich in der derzeitigen Sanktionshöhe nicht widerspiegelt. Zudem wirkt sich das Falschparken, wenn es mit einer Behinderung des Schienenfahrzeuges einhergeht, für eine Vielzahl von Personen aus und schränkt deren Mobilität ein. …

Begründung (S. 38):

Die Gefährdungen von Fahrgästen, zu Fuß Gehenden und Rad Fahrenden sowie die Behinderungen des öffentlichen Personennahverkehrs durch verkehrsordnungswidriges Halten und Parken in Haltestellenbereichen und auf Bussonderfahrstreifen sind immens. Auch der Kraftfahrzeugverkehr, der öffentliche Personennahverkehr, aber insbesondere der regelmäßig zugelassene Radverkehr werden durch diese Zuwiderhandlungen infolge notwendig werdender risikoreicher Überholmanöver erheblich behindert oder gefährdet.

Halt- und Parkverstöße in Haltestellenbereichen (Zeichen 224, 299) sowie auf Bussonderfahrstreifen (Zeichen 245) sind den Zuwiderhandlungen des Haltens und Parkens in »zweiter Reihe« sowie auf Geh-, Rad- oder Radschnellwegen sowie auf Schutzstreifen für den Radverkehr in ihren Auswirkungen »ebenbürtig« und sind aufgrund der Verhältnismäßigkeit ebenfalls auf das Niveau analog zu den vorgesehenen Erhöhungen für das unerlaubte Halten in »zweiter Reihe«, auf Geh-, Rad- oder

Radschnellwegen sowie auf Schutzstreifen für den Radverkehr (55 Euro, 70 Euro, 80 Euro, 100 Euro) anzuheben.

Dazu werden aus den laufenden Nummern 54, 54.1, 54.2, 54.2.1 der Anlage zu § 1 Absatz 1 der Bußgeldkatalog-Verordnung (BKatV) die Ausführungen zu den Zeichen 224, 299 herausgelöst und als eigenständige Tatbestandsnummern unter den laufenden Nummern 54.3 ff bis 54.4 ff etabliert. Da die Anlage zu § 1 Absatz 1 BKatV bisher speziell für das unerlaubte Halten und Parken auf Bussonderfahrstreifen (Zeichen 245) gar keine eigenen laufenden Nummern beinhaltet, werden diese nun als neue laufende Nummern 54.3 ff – 54.4 ff eingefügt. Die aus den bisherigen laufenden Nummern 54 bis 54.2.1 herausgelösten Parkverstöße in Haltestellenbereichen (Zeichen 224 und 299) werden dort integriert.

Begründung (S. 39):

Die mit den in Artikel 1 der vorliegenden Änderungsverordnung vorgesehenen Möglichkeiten, die Nutzung bestimmter Parkplätze Carsharingfahrzeugen vorzubehalten, sind zu begrüßen. Nicht nachvollziehbar ist jedoch, dass keine Sanktionierung des unberechtigten Parkens auf Carsharingfahrzeugen vorbehaltenen Parkplätzen vorgesehen wird. Es wird daher eine Regelung analog der mit Blick auf elektrisch betriebene Fahrzeuge vorgesehenen Regelungen vorgeschlagen. Eine Ungleichbehandlung hinsichtlich der Sanktionierung von Verstößen ist nicht nachvollziehbar.

Begründung (S. 41):

Neben der Anhebung der Geldbuße für das unzulässige Halten in zweiter Reihe (laufende Nummer 51a) muss zwingend auch die Geldbuße für das unzulässige Zweite-Reihe-Parken angehoben werden. Sonst wäre rechtswidriges Halten höher bebußt als rechtswidriges Parken. Dazu wurden entsprechende Qualifikationstatbestände ergänzt. Aus den vorgenannten Gründen muss entsprechend den Regelungen für das unzulässige Halten in zweiter Reihe auch das unzulässige Parken in zweiter Reihe in den Katalog der Anlage 13 FeV aufgenommen werden. Damit werden auch die benannten Verstöße als verkehrssicherheitsbeeinträchtigende Ordnungswidrigkeiten eingestuft und mit einem Punkt im Fahreignungs-Bewertungssystem belegt.

Begründung (S. 42):

Die vorgesehene Änderung zielt auf eine moderate Erhöhung der Bußgelder für das Parken ohne Parkschein in parkraumbewirtschafteten Zonen. Da die derzeit erhobenen Bußgelder im Vergleich zu den erhobenen Parkgebühren gering ausfallen, kommt es zu einer nicht zufriedenstellenden Einhaltungsquote. Durch Erhöhungen der Parkgebühren in den vergangenen Jahren sank der Abstand zwischen Gebühren und drohenden Bußgeldern weiter. Häufig überwiegt für Parkscheinpflichtige mittlerweile der finanzielle Vorteil, keinen Parkschein zu ziehen und dafür ein mögliches Bußgeld in Kauf zu nehmen. Trotz hoher Kontrolldichte liegt beispielsweise in Berlin-Mitte der Anteil der parkscheinpflichtigen Fahrzeuge ohne Parkschein bei circa 43 Prozent. Aus Gründen des Umwelt- und Klimaschutzes ist eine Regeleinhaltung und damit wirkungsvolle Anwendung der Parkraumbewirtschaftung geboten. So erkennen viele umwelt- und klimapolitische Planwerke die Parkraumbewirtschaftung als effektives Instrument der Verkehrsmengensteuerung an und nutzen es bereits. Für das Land Berlin stellt die Parkraumbewirtschaftung einen zentralen Baustein des neuen Luftreinhalteplans dar. Es wird durch die Maßnahme ein Verkehrsrückgang von ca. neun Prozent erwartet, welcher auch für den Klimaschutz, die Lärmminderung und die Verkehrssicherheit einen positiven Beitrag leistet. Ein nennenswerter umwelt- und klimapolitischer Effekt kann jedoch nur bei einer hohen Befolgungsquote erreicht werden.

Begründung (S. 43):

Um der Wertigkeit des Lärmschutzes (Schutzgut Gesundheit nach Artikel 2 Absatz 2 Satz 1 Grundgesetz) auch bei Verstößen gegen die Vorschriften des § 30 Absatz 1 Sätze 1, 2 und 3 StVO im Hinblick auf das in der Bußgeldkatalog-Verordnung geregelte Sanktionsniveau angemessen Rechnung zu tragen, sollte in der Anlage zu § 1 Absatz 1 der Regelsatz zur laufenden Nummer 117 (bislang 10 Euro) und zur laufenden Nummer 118 (bislang 20 Euro) jeweils deutlich angehoben werden. Die Motorrad- und Autoposing-Lärmproblematik lässt sich nur durch eine intensive Überwachung und durch wirkungsvolle Sanktionsmaßnahmen im Sinne der lärmbetroffenen Bevölkerung lösen. Aus diesem Grund sind die entsprechenden Regelsätze entsprechend anzupassen. Dem Lärmschutz sollte insoweit der gleiche Stellenwert eingeräumt werden wie der Verkehrssicherheit.

Begründung (S. 44 f.):

Zu Buchstabe a, b und c (Nummer 33a und 33b): Im Hinblick auf das Sanktionsgefüge und um die Verhältnismäßigkeit einzelner Tatbestände im Vergleich zu Verstößen im ruhenden Verkehr (insbesondere laufende Nummer 144-neu) zu wahren, werden auch die Tatbestände der laufenden Nummern 141.1 bis 141.4.3 angepasst.

Zu Nummer 1 Buchstabe c (Nummer 33c und 33d):

Vergleiche Begründung zu Buchstabe a, b und c (Nummer 33a und 33b).

Die Erhöhung des Verwarnungsgeldsatzes erfolgt zudem, um wieder eine ausreichende general- und spezialpräventive Wirkung bei diesen Verstößen entfalten zu können.

Zu Buchstabe d:

Um die Verhältnismäßigkeit einzelner Tatbestände untereinander zu wahren, insbesondere zu den Tatbeständen der laufenden Nummern 142 und 142a, wird auch der Tatbestand der laufenden Nummer 153 angepasst.

Aus der amtlichen Begründung (BR-Drucks. 591/19 Beschluss, S. 47 ff.)

4. Zur Bußgeldkatalog-Verordnung

a) Der Bundesrat begrüßt die Erhöhung der Geldbußen, etwa im Zusammenhang mit der Behinderung von Rettungskräften und zum Schutz des Radverkehrs sowie die Schaffung neuer Regeltatbestände, unter anderem für das unberechtigte Parken auf Stellplätzen für elektrisch betriebene Fahrzeuge.

b) Der Bundesrat fordert die Bundesregierung auf, das Sanktionsniveau insgesamt, insbesondere für verkehrssicherheitsrelevante Verkehrsordnungswidrigkeiten, zu erhöhen, einerseits um eine hinreichende general- und spezialpräventive Wirkung zu erzielen und andererseits um das Sanktionsgefüge zu wahren. 5. Zur Bußgeldkatalog-Verordnung Die Erhöhung von Regeltatbeständen für bestimmte, verkehrsgefährdende Verstöße ist aus Sicht der Verkehrssicherheitsarbeit ausdrücklich zu begrüßen, exemplarisch genannt seien Verstöße gegen die Vorschriften zur Bildung einer Rettungsgasse. Grundsätzlich zu begrüßen sind auch – die zum Teil deutlichen Erhöhungen – bei ausgewählten Verstößen im ruhenden Verkehr, insbesondere zum Schutz des Radverkehrs oder gegen das Parken in zweiter Reihe. Äußerst problematisch ist jedoch, dass hier selektiv in die BKatV eingegriffen wird, ohne dass das Gesamtsystem der Sanktionen bei Parkverstößen angepasst wird. In der täglichen Praxis ist zu erkennen, dass das Falschparken auf Radverkehrsanlagen, Gehwegen oder in zweiter Reihe vielfach eine unmittelbare Folge daraus ist, dass reguläre Parkstände entlang der Straßen mit Parkraumbewirtschaftung durch PKW blockiert werden, welche entweder überhaupt keinen Parkschein ziehen oder aber die Parkzeit überschreiten. Allein im Jahr 2018 wurden zum Beispiel in Hamburg im Rahmen der Verkehrsüberwachung über 725 000 Verstöße im ruhenden Verkehr angezeigt, davon über 489 000 Parkzeitverstöße. Diese Zahlen sind über die Jahre hinweg konstant und variieren allenfalls durch die Kontrollfrequenz. Eine Verhaltensänderung wird durch Verwarngelder in Höhe von 10 oder 15 Euro erkennbar nicht mehr erreicht. Im Gleichklang mit den genannten Sanktionsanhebungen ist daher in einem zweiten Schritt ergänzend eine Anhebung der Mindestsanktion bei allen Verkehrsverstößen im ruhenden Verkehr auf 20 Euro erforderlich.

Ferner wird vorgeschlagen, die Regelsätze nicht nur im Interesse der Rad Fahrenden für Park- oder Haltverstöße (Zweite Reihe, Radwege, Schutzstreifen) auf 55/70/80/100 Euro zu erhöhen, sondern sie ebenso im Interesse der zu Fuß Gehenden im gleichen Maße auch für die vorschriftswidrige Gehwegbenutzung und so weiter (zum Beispiel durch Radfahrer, E-Roller-Fahrer) zu erhöhen und damit auch dem Beschluss der Verkehrsministerkonferenz vom 9./10. Oktober 2019 zur Sicherheit und Attraktivität des Fußgängerverkehrs Rechnung zu tragen.

Begründung:

Zu Ziffer 2:

Die Umsetzung von § 4 Absatz 2 des Carsharinggesetzes erfolgt nur unvollständig. Geregelt wird zwar die Kennzeichnung als Carsharingfahrzeug. Es fehlen allerdings Bestimmungen, die die Voraussetzungen zur Inanspruchnahme der Bevorrechtigungen regeln. Denn auch mit einem Verweis auf die 35. BImSchV werden nur die Art und Weise der Kennzeichnung sowie die Ausgabe der Plakette geregelt. Darüber hinaus ist jedoch vor Ausgabe der Plakette eine Prüfung der materiellen Anforderungen erforderlich, um festzustellen, ob es sich um ein Carsharingfahrzeug beziehungsweise einen Carsharinganbieter handelt. Dazu sind zum Beispiel die Vorlage der Rahmenvereinbarung nach § 2 Carsharinggesetz und der Zulassungspapiere erforderlich. Hierbei handelt es sich um eine gewerberechtliche Aufgabe. Erst nach der Feststellung, dass es sich um ein Carsharingfahrzeug beziehungsweise um eine Carsharingflotte handelt, kann die Ausgabe der Carsharingplakette erfolgen.

Zu Ziffer 3:

Auf Autobahnen kommt es häufig zu schweren Unfällen, bei denen ein Lkw zum Teil ungebremst auf ein anderes Fahrzeug auffährt. Notbremsassistenzsysteme warnen die Kraftfahrzeug Führenden bei drohenden Kollisionen und verringern die Geschwindigkeit des Fahrzeugs automatisch. Mithilfe von Notbremsassistenzsystemen kann die Anzahl und Schwere von Auffahrunfällen mit schweren Nutzfahrzeugen deutlich verringert werden. Notbremsassistenzsysteme sind für bestimmte Lkw und Busse (Fahrzeuge der Klassen N2, N3, M2 und M3) bei neuen Fahrzeugtypen nach einem festgelegten Zeitschema abhängig von der Fahrzeugkategorie und -bauart schrittweise seit dem 1. November 2013 verpflichtend vorgeschrieben. Diese Einführung wurde mit dem 1. November 2018 abgeschlossen.

Gemäß der EU-Verordnung ist es jedoch zulässig, dass Notbremsassistenzsysteme über eine Vorrichtung manuell deaktiviert werden können. Dies gilt ebenso für die Regelung Nummer 131 der Wirtschaftskommission der Vereinten Nationen für Europa (UNECE) über einheitliche Bedingungen für die Genehmigung von Kraftfahrzeugen hinsichtlich des Notbremsassistenzsystems, die die Kommission künftig verpflichtend anstelle der vorgenannten EU-Verordnung zur Anwendung bringen will.

Dass Notbremsassistenzsysteme durch den Fahrer abgeschaltet werden können, widerspricht jedoch dem Sinn der Einführung solcher Systeme, denn diese können ihren Nutzen nur entfalten, wenn sie aktiv sind. Einschränkungen des Abschalteverbots sollen nur bei Geschwindigkeiten unter 30 km/h gelten, da dies zur Vermeidung von Fehlwarnungen und Fehlaktivierungen bei Notbremsassistenzsystemen insbesondere in innerstädtischen Verkehrssituationen bei niedrigen Geschwindigkeiten (zum Beispiel beim Rangieren) in Einzelfällen erforderlich sein kann. Wichtig ist dabei allerdings, dass beim Verlassen des Geschwindigkeitsbereichs das Notbremsassistenzsystem automatisch wieder eingeschaltet wird. Es sollten dabei nicht nur die verpflichtenden Notbremsassistenten eingeschaltet sein, sondern die Verpflichtung sollte sich auch auf im Fahrzeug freiwillig installierte Systeme erstrecken, da anderenfalls eine Lücke zwischen der geringeren Anzahl vorgeschriebener Systeme im Verhältnis zur größeren Zahl vorhandener Systeme entsteht. Da gegenwärtig nicht absehbar ist, wann die technischen Vorschriften hinsichtlich der Abschaltbarkeit von Notbremsassistenzsystemen überarbeitet werden, empfiehlt sich kurzfristig ein zusätzliches verhaltensrechtliches Verbot der Abschaltung. Die Einstufung der Nichtbenutzung eines Notbremsassistenten als Ordnungswidrigkeit ist die Voraussetzung dafür, dass ein solches Fehlverhalten verfolgt und entsprechend bewehrt werden kann. Eine solche Einstufung entfacht die entsprechende generalpräventive Wirkung.

Zu Ziffer 4:

Insbesondere um die Verkehrssicherheit in der Bundesrepublik Deutschland weiter zu verbessern, ist eine Erhöhung der Sanktionen für Verkehrsverstöße angezeigt. Zum

Teil soll dies, insbesondere zum Schutz des Radverkehrs und im Zusammenhang mit der Behinderung von Rettungskräften, mit der XX. Verordnung zur Änderung straßenverkehrsrechtlicher Vorschriften umgesetzt werden. Darüber hinaus ist aber auch mit Blick auf die vorgesehenen Änderungen eine Überarbeitung der Bußgeldkatalog-Verordnung insgesamt erforderlich, um wieder eine hinreichende general- und spezialpräventive Wirkung und das Sanktionsgefüge zu wahren.

Aus der amtlichen Begründung (BR-Drucks. 687/21, S. 37 ff.)

B. Besonderer Teil

Zu Artikel 1 (Änderung der Bußgeldkatalog-Verordnung)

Zu Nummer (1)

(Neufassung § 4 Absatz 1 Nummer 3 BKatV)

Die Fassung ist notwendig zur vollständigen Nennung der Tatbestände, bei denen ein Fahrverbot wegen grober Pflichtverletzung in Betracht kommt.

Zu Nummer (2)

(Änderung Anlage zu § 1 Absatz 1 BKatV)

Zu Nummer 1 bis 4

(Neufassung laufende Nummern 2, 2.1, 2.2 und 2.3)

Die Neufassung der laufenden Nummern 2 ff. des Bußgeldkatalogs (BKat) beruht auf Nummer 33 des Beschlusses des Bundesrates (BR-Drs. 591/19 [Beschluss], Seite 28). Die Geldbußen für die vorschriftswidrige Nutzung des Gehweges werden im Interesse des Fußverkehrsschutzes und beim vorschriftswidrigen Befahren linksseitig angelegter Radwege im Interesse des Radverkehrsschutzes bestätigt. Die Beeinträchtigung der Fußgänger durch Fahrzeugverkehr auf Gehwegen ist keineswegs geringer als die Beeinträchtigung von Radfahrern beim unzulässigen Halten auf Schutzstreifen oder die Beeinträchtigung von Fahrzeugführern beim Halten in zweiter Reihe. Die Sanktionen sollen einen zumindest gleichwertigen Schutz des Fuß- und Radverkehrs bei der Ausgestaltung des Sanktionsrahmens gewährleisten und damit auch zu einer Änderung des Bewusstseins der Verkehrsteilnehmenden beitragen.

Zu Nummer 5

(Neufassung der laufenden Nummer 9, 9.1, 9.2 und 9.3)

Geschwindigkeitsüberschreitungen bei einer Sichtweite unter 50 m wiegen entsprechend dem Abstufungsgefüge von Sanktionen nach ihrer Gefährlichkeit schwerer als Geschwindigkeitsverstöße bei guter Sicht. Zur Wahrung des Abstufungsgefüges war wegen der Änderungen in der Tabelle 1 im Anhang zu Nummer 11 der Anlage (siehe hierzu Nr. 99) die Grenze zu verschieben, von der an der bereits die Tabelle 1 je nach Fahrzeugkategorie greift und nicht der spezielle Tatbestand der laufenden Nummer 9.

Zu Nummer 6

(Neufassung laufende Nummer 11)

Die Bestätigung der Nennung des im Rahmen des Artikels 1 der 54. StVRÄndV in die StVO eingeführte Zeichens 244.3 »Beginn einer Fahrradzone« erfolgt wegen seiner Vergleichbarkeit hinsichtlich der Regelungen zur Fahrradstraße (Zeichen 244.1) sowie zum Radweg (Zei-chen 237) in den entsprechenden Regeltatbeständen des BKat. Dies gilt auch für folgende Regeltatbestände: laufende Nummern 11, 52a ff., 140 ff., 146a BKat (vgl. auch Begründungen zu den Nummern 1 bis 4, 20 bis 22, 32 bis 33, 78, 80–88. und 90).

Das Zeichen 244.3 wird jeweils sowohl in den Tatbestandsbeschreibungen als auch in den zugrundeliegenden Rechtsvorschriften genannt. Damit ist eine bundeseinheitliche Sanktionierung bei entsprechenden Verstößen gegen Ge- und Verbote dieser Zeichen möglich. Die Geldbußen sind aufgrund der Vergleichbarkeit – insbesondere in Bezug auf ihre Gefährlichkeit für die Verkehrssicherheit – mit Verstößen gegen Zeichen 244.1 und Zeichen 237 auch verhältnismäßig.

Zu Nummer 7

(Neufassung laufende Nummern 19.1 und 19.1.1)

Die Bestätigung der Nennung des im Rahmen der 54. StVRÄndV in die StVO eingeführten Zeichens 277.1 dient der Ergänzung der bestehenden Überholverbote für Kraftfahrzeuge jedweder Art um den Sonderfall des Verbots des Überholens von ein- und mehrspurigen Fahrzeugen durch mehrspurige Kraftfahrzeuge.

Das Zeichen 277.1 wird sowohl in der Tatbestandsbeschreibung als auch in den zugrundeliegenden Rechtsvorschriften des jeweiligen Regeltatbestandes genannt. Damit ist eine bundeseinheitliche Sanktionierung des Überholverbots von ein- und mehrspurigen Fahrzeugen durch mehrspurige Kraftfahrzeuge möglich. Die Geldbußen für einen Verstoß gegen Zeichen 277.1 sind aufgrund ihrer Vergleichbarkeit – insbesondere hinsichtlich der Gefährlichkeit für die Verkehrssicherheit – mit Verstößen gegen Zeichen 276 und Zeichen 277.1 auch verhältnismäßig.

Zu Nummer 8 bis 11

(Neufassung laufende Nummern 23, 23.1, 24 und 25)

Diese Neufassung bestätigt die Ergänzung des § 5 Absatz 4 StVO um einen neuen Satz 3 im Rahmen der 54. StVRÄndV. Der damit verankerte Mindestüberholabstand für Kraftfahrzeuge gegenüber zu Fuß Gehenden und Rad Fahrenden wird damit auch von den entsprechenden Regeltatbeständen des BKat mitumfasst.

Zu Nummer 12 bis 14

(Neufassung laufende Nummern 39, 39.1 und 41)

Die Neufassung der laufenden Nummern 39, 39.1 und 41 BKat beruht auf Nummer 34 Buchstabe a des Beschlusses des Bundesrates (BR-Drs. 591/19 [Beschluss], Seite 29).

Das genannte Sanktionsniveau ist erforderlich, um die notwendigen Verbesserungen bei der Verkehrssicherheit zu erreichen. Die Bußgeldsätze sind insofern geeignet, Unfälle mit Verletzten und Toten zu vermeiden. Bei gravierenden Pflichtverletzungen beim Abbiegen mit Gefährdung, welche in der Praxis zu massiven Schädigungen anderer am Verkehr Teilneh-menden führen, sind die genannten Sanktionen zur Erhöhung der Verkehrssicherheit anzuordnen. Aufgrund der erheblichen Beeinträchtigung der Verkehrssicherheit sind bei Pflichtverletzungen beim Abbiegen die genannten Regelsätze und zudem beim Abbiegen mit Gefährdung die Anordnung von Fahrverboten geboten, um bei den Verkehrsteilnehmenden das notwendige Bewusstsein für die Gefährlichkeit ihres Fehlverhaltens zu schaffen und mit einer ausreichenden spezialpräventiven Sanktion (Besinnungsfunktion) auf diesen groben Verstoß zu reagieren.

Zu Nummer 15

(Neufassung laufende Nummer 45)

Die Verhaltensvorschrift des § 9 Absatz 6 StVO, nach der Kfz über 3,5 t zum Schutz der Rad Fahrenden und zu Fuß Gehenden innerorts nur noch mit Schrittgeschwindigkeit rechts abbiegen dürfen, ist nach § 49 Absatz 1 Nummer 9 StVO als Ordnungswidrigkeit eingestuft. Zur bundesweit einheitlichen Sanktionierungsmöglichkeit wird dazu ein Regeltatbestand durch die Neufassung der laufenden Nummer 45 BKat bestätigt.

Der Regeltatbestand sieht bei Verstoß ein Bußgeld in Höhe von 70 Euro vor. Für Fälle der Gefährdung oder Sachbeschädigung ist Tabelle 4 (zu § 3 Absatz 3) anzuwenden. Im Hinblick auf das Sanktionsgefüge erscheint von dem Gefährdungspotenzial her ein Vergleich mit der laufenden Nummer 41 (»Beim Abbiegen auf zu Fuß Gehende keine besondere Rücksicht genommen und diese dadurch gefährdet«) angezeigt, wobei dieser bereits als qualifizierter Tatbestand verankert ist. Vor dem Hintergrund der Unfallzahlen ist es angemessen, den Tatbestand der laufenden Nummer 45 mit dieser Bußgeldbewehrung als Grundtatbestand zu verankern und zusätzlich entsprechende Erhöhungen über die Anwendung der Tabelle 4 (zu § 3 Absatz 3) zu ermöglichen.

Zu Nummer 16

(Neufassung laufende Nummer 50)

Durch diese Fassung wird die Sanktion der laufenden Nummer 50 BKat als grobe Pflichtverletzung mit einem Regelfahrverbot gemäß § 4 Absatz 1 Satz 1 Nummer 3 BKatV bestätigt. Dadurch wird auch eine Stimmigkeit zwischen der Punktebewertung und der Einstufung als grobe Pflichtverletzung sichergestellt. Wegen der besonderen Relevanz für die Verkehrssicherheit ist auch systematisch ein Regelfahrverbot in der Neufassung zu bestätigen.

Ein Verstoß gegen § 11 Absatz 2 StVO trägt auch im Grundtatbestand ein objektiv hohes Gefährdungspotenzial in sich. Verzögert sich die Hilfe, weil die Rettungskräfte nicht rechtzeitig den Unfallort erreichen, können Unfallopfer sterben oder lebenslange Folgeschäden erleiden. Der Staat ist daher in der Pflicht, alles zu unternehmen, damit Rettungsmaßnahmen nicht erschwert oder sogar verhindert werden. Die falsche Bildung oder Nichtbildung der Rettungsgasse ist als besonders leichtsinnig, grob nachlässig und gleichgültig einzuordnen. Sie stellt daher eine grobe und beharrliche Verletzung der Pflichten eines Kraftfahrzeugführers dar. Dieses besonders verantwortungslose Verhalten des Fahrzeugführers selbst in Ver-kehrslagen, in denen es auf die Beachtung der Vorschrift besonders ankommt, rechtfertigt die Annahme eines Regelfahrverbots.

Die Einordnung der Tatbestände der laufenden Nummern 50 ff. BKat gilt entsprechend auch für die neugefassten Tatbestände der laufenden Nummern 50a ff. BKat, das unberechtigte Nutzen einer Rettungsgasse (siehe zu Nummer 18). Dieses Fehlverhalten trägt ebenfalls ein objektiv hohes Gefährdungspotenzial in sich. Darüber hinaus sind diese Verstöße mit einem höheren Mangel an Unrechtsbewusstsein als Verstöße gegen das Bilden einer Rettungsgasse verbunden.

Die Rettungsgassenregelung wird im Verkehrsalltag nach wie vor nicht ausreichend beachtet, obwohl die Regelung des § 11 Absatz 2 StVO bereits 2016 vereinfacht und verständlicher gefasst sowie 2017 zur generalpräventiven Abschreckung die Rechtsfolgen deutlich erhöht wurden. Zudem kommt es immer öfter dazu, dass Fahrzeuge eine bereits gebildete Rettungsgasse unberechtigter Weise zum schnelleren Vorwärtskommen nutzen, auch indem sie sich an Rettungsfahrzeuge »dranhängen«. Die laufenden Nummern 50a ff. BKat benennen damit den Verstoß des rechtswidrigen Nutzens einer Rettungsgasse als eigenen Verstoß, losgelöst vom Tatbestand des Nichtbildens einer Rettungsgasse.

Das unberechtigte Nutzen einer Rettungsgasse ist wie das Nichtbilden einer solchen Gasse ebenfalls als besonders leichtsinnig, grob nachlässig und gleichgültig einzuordnen, es stellt folglich eine grobe und andauernde Verletzung der Pflichten eines Kraftfahrzeugführers dar und rechtfertigt daher die Annahme eines Regelfahrverbots.

Zu Nummer 17

(Neufassung laufende Nummer 50.1)

Die Fassung bestätigt eine redaktionelle Berichtigung.

Zu Nummer 18

(Neufassung der laufende Nummern 50a, 50a.1, 50a.2 und 50a.3)

Für das unberechtigte Nutzen einer Rettungsgasse werden mit den laufenden Nummern 50a, 50a.1, 50a.2 und 50a.3 Tatbestände im BKat bestätigt. Die Höhe der Regelsätze orientiert sich jeweils an den laufenden Nummern 50 ff. BKat für Verstöße gegen das Nichtbilden einer Rettungsgasse (siehe zu Nummer 16), bezieht aber die im Tatbestand enthaltene erhöhte Sorgfaltspflichtverletzung mit ein. Die Verstöße sind grundsätzlich vergleichbar und werden in ihrer Gefährlichkeit als gleichwertig eingestuft, verbunden mit einer erhöhten Sorgfaltspflichtverletzung durch den Betroffenen. Um der herausragenden Bedeutung der Rettungs-gasse gerecht zu werden, wird die Heraufstufung des unberechtigten Nutzens einer Rettungsgasse zu einer besonders schweren Ordnungswidrigkeit bestätigt. Die Regelsätze in Höhe von 240, 280, 300 und 320 Euro sind daher angemessen. Hinzu kommt ein Regelfahrverbot von 1 Monat.

Zu Nummer 19 und 20

(Neufassung laufende Nummern 51 und 51.1)

Die Neufassung der laufenden Nummern 51 und 51.1 BKat beruht auf Nummer 35 Buchstabe a des Beschlusses des Bundesrates (BR-Drs. 591/19 [Beschluss], Seite 32).

Mit der Neufassung wird dem Ziel Rechnung getragen, vergleichbare Verkehrsverstöße auch vergleichbar zu sanktionieren. Von dem Verstoß des unzulässigen Haltens mit und ohne Behinderung (laufende Nummer 51 und 51.1) gehen Gefahren aus, die dem Haltverstoß in zweiter Reihe gleichzuachten sind.

Durch Fahrzeuge, die gegen ein Haltverbot verstoßen, werden Sichtbeziehungen zu Fußgängern und insbesondere zu Kindern eingeschränkt. Wegen der erheblichen Beeinträchtigung der Verkehrssicherheit sind die genannten Regelsätze geboten.

Zu Nummer 21 bis 23

(Neufassung laufende Nummern 51a, 51a.1, 51a.2 und 51a.3)

Die Geldbußen für das Halten in zweiter Reihe (laufende Nummern 51a bis 51a.3 BKat), unzulässiges Parken auf Geh- und Radwegen (laufende Nummern 52a bis 52a.4 BKat) sowie Halten auf einem Schutzstreifen für den Radverkehr (laufende Nummern 54a bis 54a.3 BKat) und für die qualifizierende Regeltatbestände der Gefährdung und Sachbeschädigung werden bestätigt.

Für die Grundtatbestände der genannten Verstöße (laufende Nummern 51a, 52a, 54a BKat) wird ein Regelsatz von jeweils 55 Euro bestätigt. Damit wird der Verwarnungsgeldrahmen von 55 Euro im Sinne des § 56 Absatz 1 des Gesetzes über Ordnungswidrigkeiten (OWiG) vollständig ausgeschöpft. Für die Regeltatbestände der Behinderung wird ein Regelsatz von jeweils auf 70 Euro bestätigt (laufende Nummern 51a.1, 52a.1, 54a.1 BKat). Für den Tatbestand des unzulässigen Parkens auf Geh- und Radwegen wird bei einem länger als 1 Stunde andauernden Verstoß das Niveau der Behinderungstatbestände mit einem Regelsatz in Höhe von 70 Euro angewandt, bei hinzutretender Behinderung das Niveau einer Gefährdung mit einem Regelsatz in Höhe von 80 Euro (laufende Nummern 52a.2 und 52a.2.1 BKat). Damit ist die Verhältnismäßigkeit der einzelnen Regeltatbestände untereinander gewahrt.

Zudem werden für die oben genannten Verstöße jeweils qualifizierende Regeltatbestände der Gefährdung mit einem Regelsatz in Höhe von 80 Euro und bei Sachbeschädigung mit einem Regelsatz in Höhe von 100 Euro bestätigt (laufende Nummern 51a.2, 51a.3, 52a.3, 52a.4, 54a.2, 54a.3 BKat).

Diese Bestätigung durch die Neufassung ist insbesondere vor folgendem Hintergrund erforderlich: Der Radverkehr stellt einen wichtigen und wachsenden Anteil am Verkehrsaufkommen in Deutschland dar. In Zeiten immer knapper werdender Verkehrsflächen muss dem Problem des unzulässigen Haltens oder Falschparkens auf den für den Fuß- oder Radverkehr vorbehaltenen Verkehrsflächen daher effektiv begegnet werden. Dementsprechend bedarf es weitergehender Maßnahmen, um die Sicherheit und Leichtigkeit des Radverkehrs zu gewährleisten.

Wie die Unfallstatistiken der vergangenen Jahre gezeigt haben, werden Rad Fahrende immer noch zu häufig Opfer schwerer Verkehrsunfälle. Im Jahr 2018 wurden nach Angaben des Statistischen Bundesamtes (Destatis) 445 Rad Fahrende im Straßenverkehr getötet (16,5 Prozent mehr als im Vorjahr), 15.530 Rad Fahrende schwer und 72.905 Rad Fahrende leicht verletzt. Dabei ist die Zahl der verunglückten Fahrradnutzer (einschließlich Pedelecs) insgesamt um 11,5 Prozent im Vergleich zum Vorjahr gestiegen. Dabei spielt auch die Gefährdung des Radverkehrs durch unzulässig abgestellte Kraftfahrzeuge eine wichtige Rolle; durch sie werden die Rad Fahrenden zu mitunter gefährlichen Ausweichmanövern oder zur Nutzung des Gehweges veranlasst – mit den damit einhergehenden negativen Folgen für die Verkehrssicherheit.

Die Bestätigung der Regeltatbestände unter Ausschöpfung des Verwarnungsgeldhöchstsatzes von 55 Euro sowie die Verankerung der Qualifikationstatbestände im Bußgeldbereich bis zu 100 Euro erfolgt, um eine ausreichende general- und spezialpräventive Wirkung bei diesen Verstößen zu entfalten. Die Maßnahme dient der Steigerung der Verkehrssicherheit, insbesondere dem Schutz der Rad Fahrenden, und ist mithin auch verhältnismäßig.

Zu Nummer 24 bis 27

(Neufassung laufende Nummern 51b, 51b.1, 51b.2 und 51b.2.1)

Die Neufassung der laufenden Nummern 51b, 51b.1, 51b.2 und 51b.2.1 BKat beruht auf Nummer 35 Buchstabe b des Beschlusses des Bundesrates (BR-Drs. 591/19 [Beschluss], Seite 33).

Die Bestätigung der Regelsätze für Parkverstöße an engen oder unübersichtlichen Straßen-stellen und im Bereich einer scharfen Kurve (laufende Nummern 51b ff.) ist ebenfalls geboten. Gerade an unübersichtlichen Straßenstellen gehen von Parkverstößen besondere Gefahren aus, denen mit einer angemessenen Sanktionierung begegnet werden muss. Nur so kann bei Verkehrsteilnehmenden ein Bewusstsein für die Gefährlichkeit ihres Fehlverhaltens geschaffen werden.

Zu Nummer 28

(Neufassung laufende Nummer 51b.3)

Die Neufassung der laufenden Nummer 51b.3 BKat beruht auf Nummer 35 Buchstabe c des Beschlusses des Bundesrates (BR-Drs. 591/19 [Beschluss], Seite 33).

Die Behinderung eines Rettungsfahrzeuges während des Einsatzes kann mit erheblichen Gefahren für Leib und Leben einhergehen, wenn den Helfern der Weg durch

Falschparker versperrt wird. Die genannte Sanktionshöhe ist geeignet, eine abschreckende Wirkung zu erzeu-gen. In Anbetracht der objektiven Gefahr, die von dem Verstoß ausgeht, ist die Bestätigung des Regelsatzes auf 100 Euro verhältnismäßig.

Zu Nummer 29 bis 32

(Neufassung laufende Nummern 52, 52.1, 52.2 und 52.2.1)

Die Neufassung der laufenden Nummern 52, 52.1, 52.2 und 52.2.1 BKat beruht auf Nummer 35 Buchstabe d des Beschlusses des Bundesrates (BR-Drs. 591/19 [Beschluss], Seite 33). Damit wird dem Umstand Rechnung getragen, ein einheitliches Sanktionierungsniveau für vergleichbare Tatbestände beizubehalten.

Zu Nummer 33 und 34

(Neufassung laufende Nummern 52a, 52a.1, 52a.2, 52a.2.1, 52a.3 und 52a.4) Vgl. Begründung zu Nummer 21 bis 23.

Zu Nummer 35 und 36

(Neufassung laufende Nummern 53 und 53.1)

Um die Verhältnismäßigkeit einzelner Tatbestände untereinander bei Verstößen im ruhenden Verkehr zu wahren, werden auch die Tatbestände der laufenden Nummern 53 und 53.1 BKat (Parken vor oder in amtlich gekennzeichneten Feuerwehrzufahrten) neu gefasst. Dies geschieht insbesondere, um das Verhältnis zu den Verstößen der laufenden Nummern 51a, 51b.3, 52a, und 54a BKat (vgl. Begründung zu Nummer 28) zu wahren.

Vor diesem Hintergrund wird der Regelsatz des Grundtatbestandes der laufenden Nummer 53 BKat unter Ausschöpfung des Verwarnungsgeldrahmens ebenfalls auf 55 Euro bestätigt. Der Tatbestand der laufenden Nummer 53.1 stellt einen qualifizierenden Tatbestand der Behinderung dar und wird wie die laufenden Nummern 51a.1, 52a.1, 54a.1 BKat entsprechend höher als der Grundtatbestand gefasst. Die Höhe der Sanktion der lfd. Nr. 53.1 beruht auf Nummer 35 Buchstabe e des Beschlusses des Bundesrates (BR-Drs. 591/19 [Beschluss], Seite 33).

Zu Nummer 37 bis 41

(Neufassung laufende Nummern 54, 54.1, 54.2, 54.2.1, 54.3, 54.3.1, 54.3.2, 54.3.3, 54.4, 54.4.1, 54.4.2, 54.4.3, 54.4.4, 54.4.4.1, 54.4.4.2 und 54.4.4.3)

Die Neufassung der laufenden Nummern 54, 54.1, 54.2, 54.2.1, 54.3, 54.3.1, 54.3.2, 54.3.3, 54.4, 54.4.1, 54.4.2, 54.4.3, 54.4.4, 54.4.4.1, 54.4.4.2 und 54.4.4.3 BKat beruht auf Nummer 36 des Beschlusses des Bundesrates (BR-Drs. 591/19 [Beschluss], Seite 35).

Die Gefährdungen von Fahrgästen, zu Fuß Gehenden und Rad Fahrenden sowie die Behinderungen des öffentlichen Personennahverkehrs durch verkehrsordnungswidriges Halten und Parken in Haltestellenbereichen und auf Bussonderfahrstreifen sind immens. Auch der Kraftfahrzeugverkehr, der öffentliche Personennahverkehr, aber insbesondere der regelmäßig zugelassene Radverkehr werden durch diese Zuwiderhandlungen infolge notwendig werdender risikoreicher Überholmanöver erheblich behindert oder gefährdet. Halt- und Parkverstöße in Haltestellenbereichen (Zeichen 224, 299) sowie auf Bussonderfahrstreifen (Zeichen 245) sind den Zuwiderhandlungen des Haltens und Parkens in zweiter Reihe, auf Geh- und Radwegen sowie auf Schutzstreifen für den Radverkehr in ihren Auswirkungen gleichzuachten. Sie sind aufgrund der Verhältnismäßigkeit analog zu den Sanktionshöhen für das unerlaubte Halten in zweiter Reihe, auf Geh- und Radwegen sowie auf Schutzstreifen für den Radverkehr (55, 70, 80 und 100 Euro) zu fassen. Die Herauslösung der Zeichen 224 und 299 aus den laufenden Nummern 54, 54.1, 54.2, 54.2.1 und die Etablierung als eigenständige Tatbestandsnummern unter den laufenden Nummern 54.3 ff. bis 54.4 ff. wird bestätigt. Die speziellen Tatbestände für das unerlaubte Halten und Parken auf Bussonderfahrstreifen (Zeichen 245) in den laufenden Nummern 54.3 ff. bis 54.4 ff. werden bestätigt. Die Herauslösung der Parkverstöße in Haltestellenbereichen (Zeichen 224 und 299) aus den laufenden Nummern 54 bis 54.2.1 und deren Integrierung in die laufenden Nummern 54.3 bis 54.4 ff. werden bestätigt.

Zu Nummer 42 bis 45

(Neufassung laufende Nummer 54a, 54a.1, 54a.2 und 54a.3)

Die Anpassung des Wortlauts des Grundtatbestandes der laufenden Nummer 54a BKat an den neuen Wortlaut der Nummer 3 der Ge- oder Verbote zur lfd. Nummer 22 der Anlage 3 zu § 42 Absatz 2 StVO wird bestätigt (Verankerung eines generellen Haltverbots auf Schutz-streifen, Zeichen 340). Entsprechende Folgeänderungen wurden bei der Neufassung berücksichtigt. Die Begründung zur Sanktionshöhe ergibt sich aus der Begründung zu Nummer 21 bis 23.

Zu Nummer 46

(Bestätigung der Aufhebung laufende Nummer 54a.2.1)

Bestätigung der Folgeänderung aufgrund der Verankerung eines generellen Haltverbots auf Schutzstreifen (vgl. Nummer 3 der Ge- oder Verbote zur lfd. Nummer 22 der Anlage 3 zu § 42 Absatz 2 StVO). Die laufende Nummer 54a.2.1 BKat bezieht sich auf Parkverstöße und ist bei einem nun geltenden generellen Haltverbot aufzuheben.

Zu Nummer 47

(Neufassung laufende Nummer 55)

Der Regelsatz des Tatbestandes der laufenden Nummer 55 BKat (unberechtigtes Parken auf einem Schwerbehinderten-Parkplatz) in Höhe von 55 Euro wird bestätigt, insbesondere um die Verhältnismäßigkeit zu den Verstößen nach den laufenden Nummern 51a, 52a und 54a BKat (vgl. Begründung zu Nummer 21 bis 23) zu wahren.

Schwerbehinderte Menschen, die in ihrer Mobilität stark eingeschränkt sind, müssen wegen ihrer Hilfsbedürftigkeit und Schutzwürdigkeit grundsätzlich darauf vertrauen können, dass ihnen die speziell eingerichteten Parkplätze jederzeit zur Verfügung stehen. Nur so ist eine gleichberechtigte Teilhabe am gesellschaftlichen Leben möglich. Dies muss umso mehr in Anbetracht immer knapper werdender Parkflächen und eines hohen Parksuchdrucks insbesondere in Städten und Ballungsräumen gelten. An der Freihaltung der Schwerbehinderten- Parkplätze besteht daher ein erhebliches öffentliches Interesse, welches durch die unberechtigte Inanspruchnahme entsprechender Parkflächen konterkariert wird. Vor diesem Hintergrund ist die genannte Sanktion geboten und in Anbetracht der Schwere des Verstoßes die volle Ausschöpfung des bestehenden Verwarnungsgeldrahmens auch gerechtfertigt und angemessen.

Zu Nummer 48

(Neufassung laufende Nummern 55a und 55b)

Die Möglichkeit der Anordnung von Parkplätzen nur für elektrisch betriebene Fahrzeuge wurde den zuständigen Straßenverkehrsbehörden in der StVO eingeräumt, um die Elektromobilität jeweils nach den örtlichen Gegebenheiten fördern zu können. Das Zuparken dieser Stellflächen durch unbefugte Fahrzeuge, insbesondere an Stellplätzen mit Ladeinfrastruktur, führt dazu, dass die gezielte Förderung der Elektromobilität oftmals ins Leere läuft. Darüber hinaus führt das Zuparken zu erhöhtem Parkplatzsuchverkehr. Die Stellplätze mit Ladeinfrastruktur sind über diverse internetbasierte Ladeinfrastruktur-Suchdienste ausgewiesen. Ist der Stellplatz an der Ladeinfrastruktur dann durch ein nicht befugtes Fahrzeug belegt, muss der Nutzer des elektrisch betriebenen Fahrzeugs weiter nach einer freien Ladeinfrastruktur suchen und läuft Gefahr, sein Fahrzeug nicht rechtzeitig aufladen zu können und ggf. sogar liegen zu bleiben. Die Bestätigung eines speziellen Regeltatbestandes unter Ausschöpfung des Verwarnungsgeldrahmens von 55 Euro ist daher gerechtfertigt und angemessen (laufende Nummer 55a BKat).

Entsprechend hierzu wird die Sanktionierung für unberechtigtes Parkens auf für Carsharingfahrzeuge vorbehaltenen Parkplätzen bestätigt (laufende Nummer 55b BKat). Die Neufassung der laufenden Nummer 55b BKat beruht auf Nummer 37a des Beschlusses des Bundes-rates (BR-Drs. 591/19 [Beschluss], Seite 39). Eine Ungleichbehandlung hinsichtlich der Sanktionierung von Verstößen ist nicht gerechtfertigt.

Zu Nummer 49 bis 53

(Neufassung laufende Nummern 58, 58.1, 58.1.1, 58.1.2, 58.2 und 58.2.1)

Die Neufassung der laufenden Nummern 58, 58.1, 58.1.1, 58.1.2, 58.2 und 58.2.1 BKat beruht auf Nummer 38 Buchstabe a des Beschlusses des Bundesrates (BR-Drs. 591/19 [Beschluss], Seite 40).

Neben der Neufassung der Geldbuße für das unzulässige Halten in zweiter Reihe (laufende Nummer 51a) soll auch die Geldbuße für das unzulässige Zweite-Reihe-Parken neugefasst werden. Das rechtswidrige Halten kann nicht höher bebußt werden als rechtswidriges Parken. Dazu sind entsprechende Qualifikationstatbestände neu zu fassen.

Zu Nummer 54 und 55

(Neufassung laufende Nummern 60 und 60.1)

Die Neufassung der laufenden Nummern 60 und 60.1 BKat beruht auf Nummer 35 Buchstabe f des Beschlusses des Bundesrates (BR-Drs. 591/19 [Beschluss], Seite 34).

Ein den genannten Tatbestandsnummern zu Grunde liegender Verstoß führt zu einer Behinderung nachhaltiger Mobilitätsformen, was sich in der Sanktionshöhe widerspiegeln muss. Zudem wirkt sich das Falschparken, wenn es mit einer Behinderung des Schienenfahrzeuges einhergeht, für eine Vielzahl von Personen aus und schränkt deren Mobilität ein.

Zu Nummer 56 bis 61

(Neufassung laufende Nummern 63, 63.1, 63.2, 63.3, 63.4 und 63.5)

Die Neufassung der laufenden Nummern 63, 63.1, 63.2, 63.3, 63.4 und 63.5 BKat beruht auf Nummer 34 Buchstabe b des Beschlusses des Bundesrates (BR-Drs. 591/19 [Beschluss], Seite 41).

Die Fassung zielt auf eine moderate Erhöhung der Bußgelder für das Parken ohne Parkschein auf der Parkraumbewirtschaftung unterliegenden Parkplätzen. Durch Erhöhungen der Parkgebühren in den vergangenen Jahren sank der Abstand zwischen Gebühren und drohenden Bußgeldern weiter. Häufig überwiegt für Parkscheinpflichtige mittlerweile der finanzielle Vorteil, keinen Parkschein zu lösen und dafür ein mögliches Bußgeld in Kauf zu nehmen.

Zu Nummer 62 und 63

(Neufassung laufende Nummern 64 und 64.1)

Die Neufassung der laufenden Nummern 64 und 64.1 BKat beruht auf Nummer 34 Buchstabe b des Beschlusses des Bundesrates (BR-Drs. 591/19 [Beschluss], Seite 29).

Die Fassung der Sanktionen dient dem Ziel, die notwendigen Sorgfaltspflichten zu unterstreichen und damit eine Erhöhung der Verkehrssicherheit zu erreichen. Die Bußgeldsätze führen zu einem stärkeren regelkonformen Verhalten und sind insofern geeignet, Unfälle mit Verletzten und Toten zu vermeiden. Insbesondere das unachtsame Aussteigen ist eine der gefahrenträchtigsten Pflichtverletzungen für Rad Fahrende. Um das notwendige Bewusstsein bei Kraftfahrzeug Führenden für die Gefährlichkeit ihres Fehlverhaltens zu schaffen, ist die Bestätigung durch Neufassung der Regelsätze geboten.

Zu Nummer 64 und 65

(Neufassung laufende Nummern 117 und 118)

Die Neufassung der laufenden Nummern 117 und 118 BKat beruht auf Nummer 40 des Beschlusses des Bundesrates (BR-Drs. 591/19 [Beschluss], Seite 42).

Um der Bedeutung des Lärmschutzes auch bei Verstößen gegen die Vorschriften des § 30 Absatz 1 Satz 1, 2 und 3 StVO im Hinblick auf das in der BKatV geregelte

Sanktionsniveau angemessen Rechnung zu tragen, wird der Regelsatz der laufenden Nummern 117 und 118 bestätigt.

Die Motorrad- und Autoposing-Lärmproblematik lässt sich nur durch eine intensive Überwa-chung und durch wirkungsvolle Sanktionsmaßnahmen im Sinne der lärmbetroffenen Bevölkerung lösen.

Zu Nummer 66 bis 76

(Neufassung laufende Nummern 131.2, 132, 132.1, 132.3, 132.3.1, 132a, 132a.1, 132a.3, 132a.3.1, 133.2, 133.3)

Auch die redaktionelle Folgeänderung durch Änderung des § 37 StVO in Artikel 1 der 54. StVRÄndV zur Grünpfeilregelung im Rahmen der 54. StVRÄndV werden bei der Neufassung berücksichtigt.

Zu Nummer 77 und 78

(Neufassung laufenden Nummern 135 und 135.1)

Die Fassung der laufenden Nummer 135 bestätigt eine redaktionelle Berichtigung und ergänzt eine redaktionelle Berichtigung in der laufenden Nummer 135.1.

Zu Nummer 79

(Neufassung laufende Nummern 136 und 136.1)

Für die Missachtung des Vorrangs an einem mit Andreaskreuz gekennzeichneten Bahnüber-gang wird der Tatbestand der laufenden Nummer 136 im BKat bestätigt. Die Höhe des Regelsatzes von 80 Euro orientiert sich an der laufenden Nummer 89 BKat, da die Verstöße als solche vergleichbar sind und damit in ihrer Gefährlichkeit als gleichwertig eingestuft werden. Hintergrund der Regelung ist, dass die Ahndung dieses Verstoßes nicht nach der laufenden Nummer 89 BKat vorgenommen werden konnte. Nach § 49 Absatz 1 Nummer 19 Buchstabe a StVO handelt ordnungswidrig, wer gegen § 19 Absatz 1 Satz 1 Nummer 2 oder 3, Satz 2, Satz 3 oder Absatz 2 Satz 1, auch in Verbindung mit Satz 2 oder Absatz 3 bis 6, StVO verstößt. Der Vorrang auf Grund des Andreaskreuzes ist jedoch in § 19 Absatz 1 Satz 1 Nummer 1 geregelt. Die Ahndung als Ordnungswidrigkeit ergibt sich in diesem Fall aus § 49 Absatz 3 Nummer 4 StVO. Die Neufassung der laufenden Nummer 136.1 wird bestätigt.

Zu Nummer 80

(Neufassung laufende Nummern 140 und 140.1) Vgl. Begründung zu Nummer 1 bis 4 und 21 bis 23.

Zu Nummer 81

(Neufassung laufende Nummer 141)

Die Neufassung ist erforderlich, weil die Verhaltensanordnung durch das Zeichen erfolgt.

Zu Nummer 82 bis 90

(Neufassung laufende Nummern 141.1, 141.2, 141.3, 141.4, 141.4.1, 141.4.2, 141.4.3, 142 und 142a)

Die Neufassung der laufenden Nummern 141.1, 141.2, 141.3, 141.4, 141.4.1, 141.4.2, 141.4.3, 142 und 142a BKat beruht auf Nummer 41 Buchstabe a bis c des Beschlusses des Bundesrates (BR-Drs. 591/19 [Beschluss], Seite 43).

Im Hinblick auf das Sanktionsgefüge und um die Verhältnismäßigkeit einzelner Tatbestände im Vergleich zu Verstößen im ruhenden Verkehr (insbesondere laufende Nummer 144) zu wahren, werden auch die Tatbestände der laufenden Nummern 141.1 bis 141.4.3 neu gefasst. Vgl. auch Begründung zu Nummer 1 bis 4 und 21 bis 23.

Zu Nummer 91

(Neufassung laufende Nummern 144, 144.1 und 144.2)

Vgl. Begründung zu Nummer 1 bis 4, 21 bis 23 und 82 bis 90.

Zu Nummer 92

(Neufassung laufende Nummer 146a) Vgl. Begründung zu Nummer 6.

Zu Nummer 93

(Neufassung laufende Nummer 151.1)

Die Neufassung bestätigt die redaktionelle Berichtigung rechtlicher Unklarheiten, da die Gefährdung dem Tatbestand bereits immanent ist.

Zu Nummer 94

(Neufassung laufende Nummer 151.2)

Die Neufassung bestätigt die redaktionelle Berichtigung zur Ergänzung der Rechtsgrundlage.

Zu Nummer 95

(Neufassung laufende Nummer 153)

Die Neufassung der laufenden Nummer 153 BKat beruht auf Nummer 41 Buchstabe d des Beschlusses des Bundesrates (BR-Drs. 591/19 [Beschluss], Seite 44).

Um die Verhältnismäßigkeit einzelner Tatbestände untereinander zu wahren, insbesondere zu den Tatbeständen der laufenden Nummern 142 und 142a, wird auch der Tatbestand der laufenden Nummer 153 angepasst.

Zu Nummer 96

(Neufassung laufende Nummer 153a) Vgl. Begründung zu Nummer 7.

Zu Nummer 97 und 98

(Neufassung laufende Nummer 246.2 und 246.4)

Die Neufassung bestätigt jeweils eine redaktionelle Berichtigung, die bereits in der 54. StVRÄndV enthalten ist.

Zu Nummer 99

(Neufassung der Tabelle 1 im Anhang zu Nummer 11 der Anlage)

Die Verschärfung der Geldsanktionen entspricht dem Sanktionsgefüge und schafft eine wirk-same Abstufung zwischen Verstößen durch normale Pkw, schwerere Fahrzeuge bzw. Pkw mit Anhänger und solche Fahrzeuge mit gefährlichen Gütern oder Passagierbusse entsprechend ihrer jeweiligen Gefährlichkeit.

Die Erhöhungen weichen dabei von den in Artikel 3 der 54. StVRÄndV vorgesehenen Ände-rungen ab und setzen den Beschluss der Verkehrsministerkonferenz vom 15./16. April 2021 um.

Die Erhöhung der Geldbußen ist insbesondere vor dem Hintergrund erforderlich, dass Geschwindigkeitsüberschreitungen noch immer zu den häufigsten Verkehrsverstößen zählen und damit nicht von einer ausreichenden abschreckenden Wirkung der bisherigen Sanktionen ausgegangen werden kann. Nach der vom Kraftfahrtbundesamt veröffentlichten Statistik zu Verkehrsauffälligkeiten von Kraftfahrern für das Jahr 2018 sind etwa 64 % aller Verkehrsverstöße Geschwindigkeitsverstöße. Dabei können Geschwindigkeitsüberschreitungen erheblichen Einfluss auf die Schwere von Unfallfolgen haben.

Mit den Maßnahmen dieser Änderungsverordnung wird eine general- und spezialpräventive Wirkung der Sanktionen wieder umfassend hergestellt.

Der in Abschnitt a der Tabelle ergänzte Verweis auf Regelsätze und Fahrverbote für die Überschreitung der festgesetzten Höchstgeschwindigkeit bei Sichtweite unter 50 m durch Nebel, Schneefall oder Regen nach Nummer 9.1 der Anlage, stellt eine Anpassung an die Tabellenstruktur der Abschnitte b und c dar.

Zu Artikel 2 (Bekanntmachungserlaubnis)

Mit der Bekanntmachungserlaubnis soll es ermöglicht werden, den maßgeblichen Text amtlicherseits festzustellen.

Zu Artikel 3 (Inkrafttreten)

Die Vorschrift regelt das Inkrafttreten der Änderungsverordnung. Zur ausreichenden Vorbereitung der praktischen Umsetzung der geänderten Sanktionsregelungen tritt die Änderungsverordnung erst drei Wochen nach der Verkündung in Kraft.

Aus der amtlichen Begründung (BR-Drucks. 687/21 – Beschluss, S. 1 f.)

A

Der Bundesrat hat in seiner 1009. Sitzung am 8. Oktober 2021 beschlossen, der Verordnung gemäß Artikel 80 Absatz 2 des Grundgesetzes zuzustimmen.

B

Der Bundesrat hat ferner folgende Entschließung gefasst:

1. Der Bundesrat bittet die Bundesregierung, eine Erhöhung der Verwarnungsgrenze von derzeit 55 Euro für Verkehrsordnungswidrigkeiten zu prüfen (§ 1 Absatz 1 BKatV, § 56 Absatz 1 OWiG).

2. Der Bundesrat bittet ferner die Bundesregierung, die Gebühr für die Kostentragungspflicht des Halters im Falle einer Nichtermittelbarkeit des Fahrers von derzeit 23,50 Euro anzuheben (§ 25a StVG, § 107 Absatz 2 in Verbindung mit Absatz 3 Nummer 2 OWiG).

Begründung:

Zu Ziffer 1:

Wegen der Anhebung des Sanktionsrahmens bei Ordnungswidrigkeiten im Straßenverkehr – besonders im Bereich der PKW bis 3,5 Tonnen im Geschwindigkeitsüberschreitungssektor 16–20 km/h – müssen im Zuge der Novelle viele Verfahren, die zuvor im Wege der Verwarnung erledigt werden konnten, nunmehr im Bußgeldverfahren bearbeitet werden. Es ist daher mit einem erheblichen Anstieg der Bußgeldverfahren und damit stark erhöhtem Verwaltungsaufwand bei den Bußgeldstellen, der Polizei sowie der Justiz zu rechnen.

Im Gegensatz zum einfachen, schnellen und kostengünstigen Verwarnungsverfahren müssen im Bußgeldverfahren unter anderem Akteneinsichtsgesuche und Anhörungen bearbeitet sowie Bußgeldbescheide erlassen werden. Im Massenverfahren der Ahndung von Verkehrsordnungswidrigkeiten hat dies erhebliche Auswirkungen auf die Arbeitsbelastung der Bußgeldstellen. Im Bereich der stärker bebußten Geschwindigkeitsverstöße und im ruhenden Verkehr ist ferner mit einer starken Zunahme von Einsprüchen zu rechnen. Dies führt neben der erwähnten Mehrbelastung der Bußgeldstellen auch zu einer Mehrbelastung der beteiligten Polizeidienststellen (zum Beispiel Durchführung von Nachermittlungen, Einvernahme als Zeugen vor Gericht) und der Strafjustiz. Wegen des erhöhten Sanktionsniveaus ist mit einer Zunahme von Stundungs- und Ratenzahlungsanträgen sowie von Vollstreckungen durch die Finanzbehörden zu rechnen.

Um diesem Effekt gegenzusteuern, ist eine Erhöhung der Verwarnungsgrenze von 55 Euro (§ 1 Absatz 1 BKatV, § 56 Absatz 1 OWiG) zu prüfen. Hierbei wird auch zu untersuchen sein, ob sich diese Erhöhung im Wege einer Bereichsausnahme nur auf Verkehrsordnungswidrigkeiten erstrecken soll oder eine Erhöhung der Verwarnungsgrenze für das gesamte Ordnungswidrigkeitenrecht angezeigt ist. Hierbei sind das Gesamtgefüge des Ordnungswidrigkeitenrechts – auch im europäischen Kontext – zu wahren sowie weitere Auswirkungen im Bereich der Verkehrsordnungswidrigkeiten, wie etwa die Bewertung nach Punkten nach dem Fahreignungs-Bewertungssystem, zu berücksichtigen.

Zu Ziffer 2:

Mit der Novelle ist ein Vollzugsdefizit als Folge der zunehmenden Kluft zwischen den teilweise signifikanten Steigerungen der Sanktionshöhen und den unverändert niedrigen Kosten für Halterhaftungsbescheide bei Halt- und Parkverstößen zu befürchten, vergleiche § 25a StVG in Verbindung mit § 107 Absatz 2 Ordnungswidrigkeitengesetz (OWiG). Viele Verwarnungsgelder im ruhenden Verkehr liegen mit der jetzigen Novelle zukünftig deutlich über dem Betrag eines Kostenbescheides, wenn der Fahrer nicht zu ermitteln ist. In diesen Fällen ist zu befürchten, dass es für die Betroffenen »ökonomisch sinnvoller« ist, den Kostenbescheid abzuwarten und das angebotene Verwarnungsgeld nicht zu zahlen. Das bezieht sich auf alle Fälle, in denen die Verwarngelder über den Kosten eines Kostenbescheides (aktuell 23,50 Euro einschließlich Postzustellung) liegen. Mithin ist eine Anhebung des Betrages für einen Kostenbescheid nach § 107 Absatz 2 Ordnungswidrigkeitengesetz (OWiG) erforderlich, damit die Verwarnungsgelder ihre Wirkung erzielen können.

# Einführung

Übersicht Rdn.



## Einleitung

Die vielen Millionen der auf deutschen Straßen alljährlich begangenen und beweissicher festgestellten Verkehrsordnungswidrigkeiten machen im alltäglich zu bewältigenden Arbeitsaufkommen von Bußgeldbehörden einen Anteil von mehr als 90 % des Aufwandes aus.[1] Im **Streifendienst** der Polizei machen verkehrspolizeiliche Tätigkeiten im Rahmen von **Verkehrsüberwachung** und **Unfallaufnahme** ebenfalls einen Großteil ihrer Arbeit aus und in der Arbeit der spezialisierten Verkehrspolizei bilden die Verkehrsordnungswidrigkeiten gegenüber den Verkehrsstraftaten immer noch den überwiegenden Teil ihrer Tätigkeit. 1

Auch die Ordentliche Gerichtsbarkeit sieht sich einer großen Masse von Verfahren gegenüber, die über den Einspruch gegen Bußgeldbescheide über die Staatsanwaltschaften in die Dezernate gelangen und bearbeitet werden müssen. Parallel werden zahlreiche Rechtsanwälte mit der Wahrnehmung von Mandaten betraut, die Verkehrsordnungswidrigkeiten zum Gegenstand haben. Die statistische Erfassung dieser Verfahren ist nur höchst rudimentär vorhanden und in der Anwaltschaft findet in öffentlich recherchierbarer Form gar keine statistische Erfassung von Mandaten in Sachen Verkehrsordnungswidrigkeiten statt. Die vom Kraftfahrt-Bundesamt angebotenen Daten geben allerdings einen Überblick über das alljährliche Aufkommen an Verkehrsordnungswidrigkeiten und Verkehrsstraftaten, die zu Eintragungen in das Fahreignungsregister geführt haben. Demnach sind im Jahr 2020 genau 4.462.201 Verkehrsverstöße, d. h. Verkehrsordnungswidrigkeiten und Verkehrsstrafteten in das FAER eingetragen worden.[2] Unter diesen Eintragungen rangieren die Verkehrsordnungswidrigkeiten mit einer Gesamtanzahl von 4.194.385 deutlich vor den Verkehrsstraftaten mit 267.816 eingetragenen Delikten.[3]

---

1 Die Bildung von Bußgeldbehörden und deren Zuständigkeiten richten sich nach den gesetzlichen Vorgaben von Bund und Ländern; vgl. dazu die Kommentierungen von *Müller*, OWiG, § 35 ff.

2 Siehe: https://www.kba.de/DE/Statistik/Kraftfahrer/Verkehrsauffaelligkeiten/Zugang%20FAER/zugang_faer_node.html.

3 Siehe: https://www.kba.de/DE/Statistik/Kraftfahrer/Verkehrsauffaelligkeiten/verkehrsauffaelligkeiten_node.html, auch zum Folgenden.

Tabelle der im FAER neu eingetragenen Verkehrsverstöße 2020

| Ordnungswidrigkeiten | Anzahl im Jahr 2020 (bundesweit) |
|---|---|
| Alkoholverstöße (§§ 24a Abs. 1, 24c StVG) | 33.300 |
| Drogenverstöße (§ 24a Abs. 2 StVG) | 42.290 |
| Nutzung von Radarwarngeräten (§ 23 Abs. 1c StVO) | 1.069 |
| Handyverstöße (§ 23 Abs. 1a StVO) | 413.277 |
| Sicherheitsabstand | 209.284 |
| Rotlichtverstöße (§ 37 Abs. 2 StVO) | 309.222 |
| Geschwindigkeitsverstöße Männer | 2.164.173 |
| Geschwindigkeitsverstöße Frauen | 605.468 |
| Abbiegen, Wenden, Rückwärtsfahren, Ein- und Anfahren | 47.995 |

Quelle: Kraftfahrt-Bundesamt

Um diese täglich von der Exekutive in ca. eintausend Ämtern und Dienststellen zu erledigenden Arbeiten bewältigen zu können, bedarf es Verfahrensregelungen und Handlungsanweisungen, die in sich widerspruchsfrei sind und daher fehlerfrei pragmatisch gehandhabt werden können. Das juristische Grundgerüst für den Ablauf des Verfahrens findet sich im StVG, im OWiG, in der BKatV, im BT-Kat-OWi und in den internen Handlungsanweisungen der Behörden auf sämtlichen Hierarchieebenen. Auch die Rechtsprechung bietet hilfreiche Auslegungen und Denkanstöße, die aufgrund vorhandener Defizite in der Aus- und Fortbildung der Rechtsanwender jedoch vielfach noch nicht allgemein bekannt sind und daher bislang nur zum Teil zur Vereinfachung der praktischen Arbeit beitragen können. Dies soll sich durch die vorliegende Kommentierung wenigstens partiell ändern.

2 Arbeitsgrundlage für die nachfolgende Anwendung des Ordnungswidrigkeitenrechts ist die **Verkehrsüberwachung** des fließenden und des ruhenden Verkehrs. Zu dieser staatlichen Pflichtaufgabe nahm im Jahr 2010 das *Bundesverfassungsgericht* in einem Verfahren wegweisend Stellung, in dem es um die Überwachung der zulässigen **Höchstgeschwindigkeit** ging:[4]

3 *»Zweck derartiger Maßnahmen der Verkehrsüberwachung ist die Aufrechterhaltung der Sicherheit des Straßenverkehrs und damit – angesichts des zunehmenden Verkehrsaufkommens und der erheblichen Zahl von Verkehrsübertretungen – der Schutz von Rechtsgütern mit ausreichendem Gewicht. Das Interesse der Allgemeinheit an der Sicherheit des Straßenverkehrs steht auch in Zusammenhang mit dem aus Art. 2*

4 *BVerfG*, Beschl. v. 5.7.2010 – 2 BvR 759/10, NZV 2010, S. 582 f.; näher zu den Rechtsgrundlagen der Verkehrsüberwachung *Müller*, Rechtsgrundlagen, S. 19.

*Abs. 2 Satz 1 GG ableitbaren Auftrag zum Schutz vor erheblichen Gefahren für Leib und Leben.«*

Mit dieser Entscheidung legitimierte das *Bundesverfassungsgericht* die staatliche Aufgabe der Verkehrsüberwachung direkt aus dem Grundgesetz, indem es das Ziel »*Aufrechterhaltung der Sicherheit des Straßenverkehrs*« ausdrücklich und mit Gesetzesrang für alle staatlichen Instanzen formulierte. Zu der Ermächtigungsgrundlage für den polizeilichen Messvorgang der Überschreitung der zulässigen Höchstgeschwindigkeit traf das *BVerfG* keine Aussage, erklärte jedoch die Vorschrift des § 100h Abs. 1 Satz 1 Nr. 1 StPO in Verbindung mit § 46 Abs. 1 OWiG als rechtmäßige Rechtsgrundlage für die »*Anfertigung von Bildaufnahmen zur Verfolgung von Ordnungswidrigkeiten im Straßenverkehr heran, wenn der Verdacht eines Verkehrsverstoßes gegeben ist*«. Abschließend äußerte der Senat klar und deutlich: »*Die Heranziehung dieser Rechtsgrundlage begegnet vielmehr keinen verfassungsrechtlichen Bedenken.*« 4

Das System des Straßenverkehrs ruht auf den drei Säulen: Verkehrsraum, Verkehrsmittel und Verkehrsteilnehmer. Die mit Abstand größten Risiken verbergen sich im Systemteil Verkehrsteilnehmer, dem sog. »Fehlerfaktor Mensch«. Diesen im Wesentlichen von Kraftfahrzeugführern ausgehenden Risiken vorzubeugen, ist eine der wichtigsten Aufgaben des Verkehrsrechts. Zum Zweck der Risikovorsorge hat der Staat zahlreiche Rechtsvorschriften in Kraft gesetzt, die auf verschiedene Rechtsquellen wie z.B. Gesetze und Verordnungen verteilt sind und zu denen auch die BKatV zählt.

Die wesentlichen Ansatzpunkte für eine staatlich organisierte Verkehrssicherheitsarbeit verdeutlicht die folgende, aus den Datengrundlagen des Statistischen Bundesamtes ermittelte Grafik zu den Hauptunfallursachen für Verkehrsunfälle mit Personenschaden im Jahr 2020.[5]

5 Statistisches Bundesamt, Verkehrsunfälle – Unfallentwicklung im Straßenverkehr, Wiesbaden 2021.

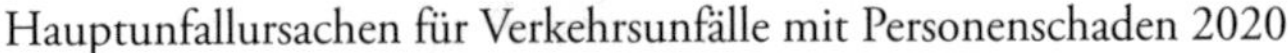
Hauptunfallursachen für Verkehrsunfälle mit Personenschaden 2020

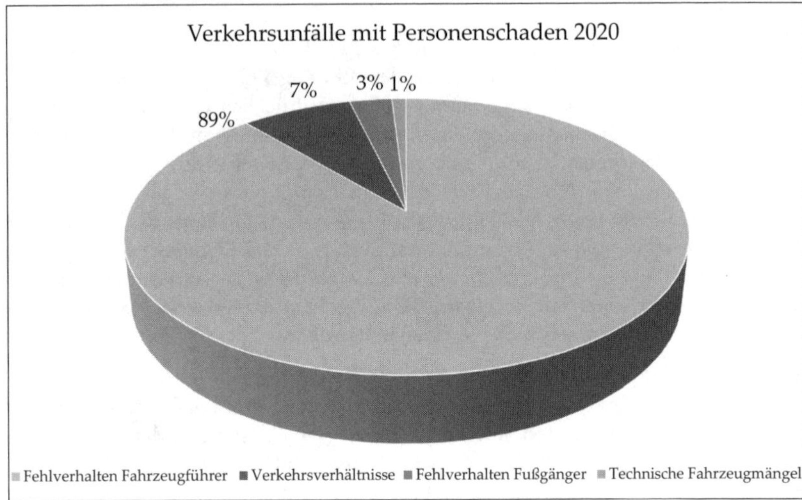


Quellen: Statistische Daten (Destatis), Grafik (Müller)

Für die Planung und Umsetzung einer zielgerichteten Verkehrsüberwachung auf der kommunalen Ebene muss zuvor ein Abgleich der aktuellen Unfallsituation der letzten drei Jahre (3-Jahres-Karte der Örtlichen Unfallkommission) mit den bisherigen Ergebnissen der Verkehrsüberwachung erfolgen. Dieser Abgleich muss konstruktiv kritisch vorgenommen werden, um Abweichungen bei den festgestellten Delikten im Straf- und Bußgeldbereich von den erkannten Hauptunfallursachen feststellen zu können. Zwar führt die Verursachung eines Verkehrsunfalls regelmäßig auch zu einer Bußgeldsanktion und findet dadurch seine Entsprechung in der Überwachungsbilanz, jedoch fehlt oftmals die notwendige Verstärkung der präventiv wirkenden Verkehrsüberwachung in den Bereichen der Hauptunfallursachen, wobei i.d.R. keine monokausalen Ursachen für die Ungleichmäßigkeiten in der Verkehrsüberwachung zu finden sind.

Bereits der Bundesvergleich des Jahres 2019/2020 zeigt deutliche Ungleichmäßigkeiten zwischen den polizeilich erkannten Hauptunfallursachen und den nach Verkehrsunfällen und im Anschluss an Überwachungsmaßnahmen am häufigsten im FAER eingetragenen Delikten. Dies ergibt eine Vergleichsrangliste der Hauptunfallursachen und der eingetragenen Verkehrsverstöße im Bundesvergleich:

Vergleichstabelle Hauptunfallursachen/Verkehrsverstöße 2019/2020

| | Hauptunfallursachen | Eingetragene Verkehrsverstöße |
|---|---|---|
| Platz 1 | Abbiegen, Wenden, Rückwärtsfahren, Ein- und Anfahren | Geschwindigkeit |
| Platz 2 | Nichtbeachten der Vorfahrt | § 23 Abs. 1a StVO – elektronische Geräte |
| Platz 3 | Ungenügender Sicherheitsabstand | Rotlicht |

| | Hauptunfallursachen | Eingetragene Verkehrsverstöße |
|---|---|---|
| Platz 4 | Nicht angepasste Geschwindigkeit | Ungenügender Sicherheitsabstand |
| Platz 5 | Falsche Straßenbenutzung | Überholen, Begegnen, Vorbeifahren |

Quelle: IVV Bad Dürrenberg

Auffällig ist zunächst einmal, dass die Hauptunfallursache Nummer 1, d. h. Verstöße gegen die Vorschriften über das Abbiegen, Wenden, rückwärts Fahren sowie Ein- und Anfahren, die mit ihren entsprechenden Verhaltenspflichten in den §§ 9 und 10 StVO geregelt sind, keine Entsprechungen in der bundesweiten Deliktsbilanz finden. Auch die an zweiter Stelle platzierte Hauptunfallursache des Nichtbeachtens der Vorfahrt, findet keine spezifische Entsprechung in der Deliktsbilanz. Als ein Zwischenfazit ist daher festzustellen, dass die im Rahmen der Verkehrsüberwachung am häufigsten festgestellten Delikte generell nicht dazu geeignet sind, spezifisch die Hauptunfallursachen zu bekämpfen. M.a.W. nehmen Polizei und Kommunen ihre Überwachungsaufgaben nicht auf eine Weise wahr, die dazu geeignet ist, Hauptunfallursachen zurückzudrängen. Dieser hier lediglich bundesweit betrachtete Mechanismus sollte auch auf Länderebene und sogar auf kommunaler Ebene ebenfalls kritisch betrachtet werden, um den Staat mit seinen Institutionen auf Defizite und Korrekturmöglichkeiten hinsichtlich seiner Pflichtaufgaben aufmerksam zu machen.

Die verfahrensrechtliche Bearbeitung von Verkehrsordnungswidrigkeiten ist nichts 5
anderes als die sinnvolle Fortsetzung der gefahrenabwehrenden Verkehrsüberwachung und erfüllt denselben Zweck des Schutzes der genannten Rechtsgüter. Rechtsanwender müssen daher die untrennbare Wechselbeziehung zwischen Verkehrsüberwachung und Verkehrsordnungswidrigkeitenrecht verstehen und fachlich beherrschen. Idealerweise findet zwischen den verschiedenen Gruppen von Rechtsanwendern ein regelmäßiger fachlicher Austausch statt, um das notwendige gegenseitige fachliche Verständnis zu vertiefen und mögliche Probleme in der intrabehördlichen Zusammenarbeit frühzeitig erkennen und lösen zu können.

Wer Verkehrsordnungswidrigkeiten praktisch bearbeiten muss, benötigt zuallererst 6
ein systematisches Grundverständnis der wichtigsten Regelungen und die genaue Kenntnis der tragenden Handlungsmaximen dieses Rechtsgebietes. Man muss sein fachliches Handwerkszeug erst einmal genau kennen, um es rechtssicher anwenden zu können. In dieser einfachen Erkenntnis versteckt sich ein Grundproblem in der praktischen Anwendung des Verkehrsordnungswidrigkeitenrechts.

In der Verwaltungspraxis von Polizei und Bußgeldbehörden sind nämlich erhebliche Mängel im behördlichen System der **Aus- und Fortbildung** festzustellen.[6] Betrachtet man z.B. die letzten großen Reformen der StVO (2009), der BKatV (2013, 2020 und 2021) und wiederum der StVO (2013, 2017 und 2020)[7], so ist festzustellen, dass der

6 Der Verfasser führt seit mehr als 25 Jahren Fortbildungen in Polizei und Bußgeldbehörden durch und ist Verfasser zahlreicher Publikationen in diesem Rechtsgebiet.

7 Jeweils aktuell kommentiert in Bachmeier/Müller/Rebler, StVO Kommentar, Luchterhand, Loseblatt und online.

notwendige Wissenstransfer der Grundlagen der Neuregelungen in die behördliche Praxis nicht problemlos gelingt. Im Grunde sind die Mitarbeiter von Polizei und kommunalen Bußgeldbehörden in den meisten Bundesländern auf sich allein gestellt, weil an notwendigen Fortbildungslehrgängen seit vielen Jahren ebenso gespart wird, wie grundsätzlich auch am zur Verfügung stehenden Personal und notwendigen fachlichen Hilfsmitteln.

Die komplexen Zusammenhänge des formellen Bußgeldrechts zwischen StVG, OWiG, BKatV und BT-Kat-OWi sowie die zugrundeliegenden materiellen Verkehrsordnungswidrigkeiten aus StVG und den wichtigsten Verkehrsverordnungen der StVO, StVZO, FeV und FZV werden beispielsweise weder in der Ausbildung des mittleren nichttechnischen Verwaltungsdienstes zum Verwaltungs-Fachangestellten, noch im Studium für den gehobenen nichttechnischen Verwaltungsdienst (Inspektorenlaufbahn) in nennenswertem Umfang unterrichtet. Sogar Polizeibeamte, von denen man per se die besten Kenntnisse der materiellen Verkehrsvorschriften erwartet, erhalten bundesweit nur eine lückenhafte grundlegende Ausbildung bzw. ein nur eher rudimentär strukturiertes Studium des materiellen Rechts der Verkehrsordnungswidrigkeiten und zudem nur einen knappen Überblick über die Zusammenhänge des formellen Bußgeldrechts.[8]

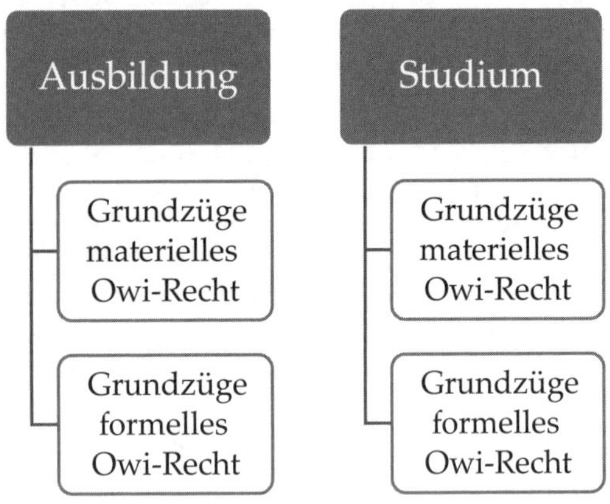


Die politische Verantwortung für diese Fehlentwicklung tragen vorgesetzte Innenministerien und Behörden, die über viele Jahre hinweg auf dem Rücken ihres Personals als Organisationsreformen bezeichnete Personaleinsparungen praktiziert haben und dabei zusätzlich auch noch das wichtige System eines notwendigen Gleichgewichts zwischen Aus- und Fortbildung vernachlässigt haben. Folge davon ist bis heute, dass die meisten Rechtsanwender sich nahezu sämtliche Neuerungen selbst erarbeiten müssen.

Aus- und Fortbildung ist eben kein Selbstläufer, sondern bedarf systematischer Organisation und Pflege durch Personen mit pädagogisch-didaktischem Geschick. Dies ist

8 Der Leitfaden des Verfassers zur Anwendung des bereits im Jahr 2002 bundesweit erlassenen BT-Kat-OWi aus dem Jahr 2007 ist bis heute das bundesweit einzige Lehrbuch für dieses Rechtsgebiet.

umso notwendiger, als notwendige Personalwechsel und -ergänzungen insbesondere in den kommunalen Bußgeldbehörden allenthalben dazu führen, dass neue Mitarbeiterinnen und Mitarbeiter in die Rechtsmaterie eingearbeitet werden müssen. Tatsächlich können auch interne Fortbildungsmaßnahmen – wie in vielen Polizeidienststellen üblich – den notwendigen fachlichen Erkenntnisgewinn erbringen. Interne Fortbildungen finden als »Inhouse-Schulungen« mit eingeladenen externen Referenten statt oder die Fortbildungen werden selbst durch eigene Mitarbeiterinnen und Mitarbeiter organisiert und durchgeführt. Einen probaten Leitfaden für die Organisation und Durchführung interner Fortbildungen hat das Bayerische Landesjugendamt im Internet zusammengestellt.[9] Das fachlich-systematische Konzept ist auch auf fachliche Fortbildungen im Bereich des Bußgeldrechts übertragbar.

Nahezu unverständlich ist auch die Tatsache, dass notwendige Arbeitsmittel wie Standardkommentare zum OWiG und der BKatV in nur so wenigen Exemplaren von den Bußgeldbehörden und Polizeidienstsstellen beschafft werden, dass sie zwischen den Sachbearbeitern hin- und herwandern und ihnen auch selbstverständliche Zugänge zu den drei Online-Datenbanken Wolters Kluwer, Juris und Beck nur in unzureichendem Umfang zur Verfügung stehen. Doch gerade online finden sich die für die Auslegung von Verkehrsnormen dringend notwendigen Judikate der Amtsgerichte, Landgerichte und Oberlandesgerichte, die nicht in den online frei zur Verfügung stehenden Datenbanken der Bundesgerichte recherchiert werden können. Vorgesetzte Dienststellen und Beamte haben leider noch nicht erkannt, dass aktuelle Hilfsmittel zu Entscheidungen führen, die seltener und weniger erfolgreich mittels Rechtsbehelfs und Rechtsmitteln angegriffen werden. Verfahren können dadurch schneller und effizienter erledigt werden, die Rechtskraft tritt früher ein und ausgesprochene Bußgelder können schneller vereinnahmt werden.

Ein Teil der Begründung des Verordnungsgebers zum Erlass der neuen BKatV lautete 7
im Jahr 2013: »*Den Ländern entsteht ein geringer Erfüllungsaufwand durch die Anpassung der ITSoftware an die neue Auflage des Bundeseinheitlichen Tatbestandskataloges.*«[10] Diese Begründung ist vor dem Hintergrund der Realitäten tatsächlich Makulatur fern der Verwaltungswirklichkeit, weil die Rechtsanwender in Polizei und Bußgeldbehörden über die bloße Kenntnisnahme ihrer neuen Arbeitsgrundlage noch lange nicht deren inhaltliche Feinheiten in ihrem Sinn und Zweck erfasst haben. Der beschriebene und vom grünen Tisch der Ministerialbürokratie künstlich herunter dividierte »Erfüllungsaufwand« ignoriert schlicht und einfach den inhaltlich enormen und zeitlich aufwändigen Fortbildungsaufwand, der in allen Bundesländern bei der Polizei und in sämtlichen Kommunen mit Bußgeldbehörden entsteht. Dies scheint dem aus BMDV und dem Bundesrat bestehenden Verordnungsgeber, der in den Arbeitskreisen der Rechtssetzung sowie in den für die Auslegung von Rechtsvorschriften sehr bedeutsamen Bund-Länder-Fachausschüssen i. d. R. lediglich mit seinen Verwaltungsjuristen vertreten ist, nicht bewusst zu sein; denn sonst würde er nicht in der Bevölkerung permanent neue und falsche Erwartungen wecken, dass den zahlreichen

9 Siehe: https://www.blja.bayern.de/fortbildung/konzept/interne-fortbildung/index.php.
10 BT-Drucks. 769/12, S. 3.

Rechtsänderungen die tatsächlichen Verbesserungen in der Verkehrssicherheit auf dem Fuße folgen. Das ist ein Trugschluss, der auf fehlerhaften Grundannahmen beruht; denn noch immer sitzt der Verordnungsgeber diesem auf, weil er den bußgeldrechtlichen Dreiklang aus neuer Norm, der dazu erforderlichen Verkehrsüberwachung mit nachfolgender Ahndung im Bußgeldverfahren in seiner Dynamik unterschätzt.

Der Trugschluss rührt auch daher, dass verschiedene Ebenen der Gewaltenteilung und der Verwaltungshierarchie zuständig sind, die kaum miteinander auf fachlicher Augenhöhe miteinander kommunizieren. So werden die Änderungen im OWiG vom Bundestag, also der Legislative, unter Mitarbeit der Bundesländer im Zwei-Kammer-Parlament beschlossen.[11] Vor den Legislativakten findet in einem informellen Verfahren eine zeitlich oft sehr eng terminierte Anhörung der Verbände statt, deren Stellungnahmen schon den einen oder anderen fachlichen Fauxpas beseitigen helfen und zu praktikableren und verständlicheren Gesetzen beitragen konnten. Vergleichbar funktioniert das Verfahren bei der Novellierung von Verordnungen wie der StVO und der BKatV.

Allein, die Ebene der Exekutive, die letztendlich mit den neuen Vorschriften tagtäglich praktisch arbeiten muss, wird bei den Novellierungen formell überhaupt nicht beteiligt. Sie werden oft genug mit neuen Vorschriften konfrontiert, die sich dann im realen Praxistest als fehleranfällig erweisen. So ist bei den aktuellen Reformen von StVO und BKatV der Jahre 2020 und 2021 nicht mitbedacht worden, dass die in beiden Verordnungen in Kombination vorgenommenen zahlreichen Verschärfungen der Park- und Haltverbote nur dann greifen, wenn auch der Fahrzeugführer ermittelt werden kann. Gibt der als Zeuge angehörte Fahrzeughalter den Fahrzeugführer – aus welchen persönlichen Gründen auch immer – der Bußgeldbehörde nicht bekannt, kann der Fahrzeugführer regelmäßig nicht ermittelt werden und es verbleibt zum Abschluss des eingeleiteten Verfahrens lediglich bei der zudem noch in finanzieller Hinsicht deutlich zu gering bemessenen Kostentragungspflicht des Fahrzeughalters gem. § 25a StVG. Das Ziel der Reform, nämlich eine Steigerung der Verkehrssicherheit durch eine an den Fahrzeugführer adressierte Pflichtenmahnung, bleibt damit regelmäßig unerreicht, weil es der Gesetzgeber bewusst unterlassen hat, die Kostentragungspflicht zu einem Instrument auszubauen, das wenigstens en passant auch der Verkehrssicherheit dient. Es fehlte ihm schlicht der Blick über den in dieser Hinsicht zu engen Tellerrand des Gebührenrechts.

11 Zum komplexen Gang der Gesetzgebung näher das verständlich gestaltete Schaubild der Bundeszentrale für politische Bildung auf: https://www.bpb.de/nachschlagen/lexika/pocket-politik/16426/gesetzgebung.

Viele Polizeibeamte behelfen sich in der Praxis damit, im Streifendienst – wenigstens in der ersten Zeit nach Abschluss von Ausbildung oder Studium – stets einen handgefertigten Auszug der wichtigsten TBNR des BT-Kat-OWi mit sich zu führen, die sie jedoch wenige Monate später aufgrund ständig sich wiederholender Sachverhalte auswendig beherrschen. Auch den Sachbearbeiterinnen und Sachbearbeitern in den Bußgeldbehörden verbleibt bei der großen Masse der zu bewältigenden Verfahren kaum Zeit, über die gängigen Tatbestände hinaus im BKat und BT-Kat-OWi zu ermitteln, ob nicht ein vom Grundtatbestand abgewandelter spezieller Tatbestand der besser passende wäre. 8

Vor diesem Hintergrund ist es verständlich, dass Rechtsanwender das »learning by doing« praktizieren und Dienstvorgesetzte in Polizei und Bußgeldbehörden sowie Rechtsanwälte und auch Bußgeldrichter sind gut beraten, den in manchen kritischen Fällen unter permanentem Zeitdruck ausgewählten Tatbeständen mit einiger Skepsis zu begegnen.

Freilich würde diese fachliche juristische Überprüfungskompetenz bedeuten, dass die im Bußgeldrecht tätigen Volljuristen fachlich besser oder zumindest gleich gut ausgebildet sind wie die zeitlich und im Verfahren vorher tätigen Rechtsanwender. Das Gegenteil ist jedoch der Fall. Dies ist schon allein an der Lückenhaftigkeit der gegenwärtigen Juristenausbildung im Verkehrsrecht und Ordnungswidrigkeitenrecht an den Universitäten und im juristischen Referendariat sichtbar. Es existiert in ganz Deutschland an den rechtswissenschaftlichen Fakultäten der Universitäten nicht ein einziger Lehrstuhl für das praktisch so wichtige und komplexe, weil sämtliche Rechtsgebiete übergreifende Straßenverkehrsrecht. Beispielhaft sei an dieser Stelle die Ausbildungs- und Prüfungsordnung für Juristen des Freistaates Bayern (JAPO) erwähnt, die das Ordnungswidrigkeitenrecht weder im Prüfungsstoff für das erste, noch für das zweite juristische Staatsexamen vorsieht.[12] Nach einem Einspruch des Betroffenen gegen den Bußgeldbescheid übersendet die Bußgeldbehörde den betreffenden Vorgang an die Staatsanwaltschaft, wenn sie dem Einspruch nach einem internen Abhilfeverfahren nicht abhelfen will. Die Staatsanwaltschaft steht daraufhin in der Verantwortung, den Bußgeldbescheid auf Richtigkeit zu überprüfen, was selbst erarbeitete Kenntnisse des materiellen und formellen Ordnungswidrigkeitenrechts voraussetzt. Bewertet die Staatsanwaltschaft den Bußgeldbescheid als rechtswidrig, kann sie das Verfahren gegen den Betroffenen einstellen. Im Regelfall leitet sie den Vorgang jedoch ohne eine Sachprüfung an das zuständige Amtsgericht weiter. Auch die nachfolgend entscheidenden Richter der ordentlichen Gerichtsbarkeit, die am Amtsgericht ein Sachgebiet oder ein Dezernat zu führen haben, das auch für Verkehrsordnungswidrigkeiten zuständig ist,[13] müssen sich dieses Rechtsgebiet daher regelmäßig selbständig erarbeiten.

12 Ausbildungs- und Prüfungsordnung für Juristen (JAPO) vom 13. Oktober 2003, GVBl. 2003, 758; Quelle: https://www.justiz.bayern.de/landesjustizpruefungsamt/ausbildungs-pruefungsordnung/.

13 Vgl. dazu etwa die Richterliche Geschäftsverteilung des Amtsgerichts Leipzig, Az. E 3204/18–1967/21, Stand: 01.11.2021, Strafabteilung I Sachgebiet II – SG II.9 – Verkehrsordnungswidrigkeiten der Staatsanwaltschaft Leipzig einschließlich Gs- und AR-Verfahren, S. 3 f.; Quelle: https://www.justiz.sachsen.de/agl/download/Ri_Strafabteilung_I.pdf.

Vor diesem Hintergrund ist es kein Wunder, dass die Rechtsprechung im Verkehrsordnungswidrigkeitenrecht eher einem juristischen Flickenteppich gleicht, als einem einheitlichen Muster zu folgen – wie es sich Bundesgesetzgeber und Bundesverordnungsgeber in der Theorie vorstellen. Es kann also keine Rede davon sein, dass Bußgeldrichter, Staatsanwälte und Rechtsanwälte sich im Bußgeldrecht fachlich besser auskennen als die Rechtspraktiker in Polizei und Bußgeldbehörden. Das Gegenteil ist regelmäßig der Fall.

9 Dieses juristische Rüstzeug erschließt sich in dessen Sinnzusammenhang besser vor dem historischen Hintergrund der Entstehung des Ordnungswidrigkeitenrechts, das stark durch die Justizpolitik und das *Bundesverfassungsgericht* mitsamt seinem fachlich auserlesenen wissenschaftlichen Mitarbeiterstab geprägt wurde.

10 Zur geschichtlichen Entwicklung des Ordnungswidrigkeitenrechts und dem rechtspolitisch motivierten Herauslösen von deren Tatbeständen aus dem Strafrecht nimmt das *BVerfG* regelmäßig im zeitlichen Nachlauf weniger Jahre von Justizreformen im Rahmen von Verfassungsbeschwerden gegen die neuen Vorschriften und Richtervorlagen, die Neuregelungen für verfassungsrechtlich fragwürdig halten, ausführlich Stellung. In einer Entscheidung aus dem Jahr 1969, also ein Jahr nach dem Inkraftsetzen des neuen OWiG, weist es darauf hin, dass bei der verkehrs- und justizpolitisch motivierten Umwandlung der Straftatbestände des Straßenverkehrsrechtes in Verkehrsordnungswidrigkeiten die Sanktionen gerade nicht die gleichen geblieben und lediglich deren Bezeichnungen ausgewechselt worden sind.[14] Zwar wirken sich die Geldstrafe und die Geldbuße finanziell gleichermaßen nachteilig für einen Betroffenen aus. Sie unterscheiden sich jedoch dadurch, dass nach allgemeiner Anschauung mit der Verhängung einer Kriminalstrafe ein ehrenrühriges, autoritatives **Unwerturteil** über eine Verhaltensweise des Täters, der Vorwurf einer Auflehnung gegen die Rechtsordnung und die Feststellung der Berechtigung dieses Vorwurfs verbunden sind. Demgegenüber wird die an eine Ordnungswidrigkeit geknüpfte Geldbuße lediglich als eine nachdrückliche **Pflichtenmahnung** angesehen und empfunden, die keine ins Gewicht fallende Beeinträchtigung des Ansehens und des Leumundes des Betroffenen zur Folge hat, mag sie dessen Vermögen auch ebenso stark belasten wie eine vergleichbare Geldstrafe. Das Bußgeldverfahren als solches ist gerade im Hinblick auf seine vorrangige Bedeutung für die Massenverfahren des täglichen Lebens auf eine Vereinfachung des Verfahrensgangs und eine schnelle Erledigung ausgerichtet.[15] Anders als das Strafverfahren dient es nicht der Ahndung kriminellen Unrechts, sondern der verwaltungsrechtlichen Pflichtenmahnung, der der Ernst der staatlichen Strafe fehlt. Es ist von Verfassungs wegen deshalb auch nicht zu beanstanden, wenn dem geringeren Unrechtsgehalt der Ordnungswidrigkeiten gerade im Bereich von

14 *BVerfG*, Beschl. v. 16.07.1969 – 2 BvL 2/69, BVerfGE 27, 18–36, auch zum Folgenden; dass es auch andersherum funktioniert, indem aus einem ordnungswidrigen Handeln ein kriminelles Handeln wird, beweist der neue Straftatbestand der Verbotenen Kraftfahrzeugrennen des § 315d StGB, der seit Oktober 2017 gilt (BGBl. I, S. 3532).

15 *BVerfG*, Stattgebender Kammerbeschl. v. 12.11.2020 – 2 BvR 1616/18, Rn. 48, juris, auch zum Folgenden.

massenhaft vorkommenden Verkehrsverstößen durch Vereinfachungen des Verfahrensgangs Rechnung getragen wird.

11 Mit dieser frühen Entscheidung aus dem Jahr 1969 bereitete das *BVerfG* allerdings auch den Boden für die allenthalben in der Öffentlichkeit vertretene Fehlinterpretation von Verkehrsordnungswidrigkeiten als lässliche Kavaliersdelikte. Im Ordnungswidrigkeitenrecht wird eben nicht bestraft, sondern lediglich angemahnt – und Mahnungen kann man, so die landläufige Einstellung insbesondere Hunderttausender Wiederholungstäter, getrost in den Wind schlagen.

12 In ähnlicher Weise unterscheiden sich nach dieser grundsätzlichen Bewertung durch das *BVerfG* auch das **Fahrverbot** des § 44 StGB und das des § 25 StVG sowie die strafrechtliche **Ersatzfreiheitsstrafe** von der in § 96 OWiG vorgesehenen **Erzwingungshaft**, über deren Anordnung nach Maßgabe des Art. 104 GG in jedem Falle ein Richter zu entscheiden hat.[16]

13 Im Rechtsschutzverfahren bei Verkehrsordnungswidrigkeiten ist der **Rechtsweggarantie** des Art. 19 Abs. 4 GG dadurch hinreichend Rechnung getragen, dass ein Betroffener gegen den Bußgeldbescheid Einspruch einlegen kann und dass dann die ordentlichen Strafgerichte über die Beschuldigung entscheiden, wobei sie in der Feststellung und rechtlichen Würdigung frei sind und auch die Unrechtsfolgen nach eigenem Ermessen bestimmen können.[17] Die frühere Vorschrift des § 66 Abs. 3 OWiG 1952 vom 25.03.1952 (BGBl 1 1952, 177) verstieß insoweit nach Auffassung des BVerfG gegen Art. 19 Abs. 4 S. 1 GG, als sie für den Fall, dass die oberste Verwaltungsbehörde oder die von ihr bestimmte Behörde gemäß § 66 Abs. 2 OWiG 1952 über die Aufhebung oder Abänderung des Bußgeldbescheides entschieden hat, die Nachprüfung der von der Verwaltungsbehörde getroffenen tatsächlichen Feststellungen durch ein Gericht ausschloss.[18] Es trifft zwar zu, dass Art. 19 Abs. 4 GG nicht selbst Rechte gewährt, sondern die zu schützenden Rechte voraussetzt. Aber aus der – von Art. 19 Abs. 4 entscheidend mitgeprägten – Gesamtsicht des Grundgesetzes vom Verhältnis des einzelnen zum Staat folgt, daß im Zweifel diejenige Interpretation eines Gesetzes den Vorzug verdient, die dem Bürger einen Rechtsanspruch einräumt. Der durch Art. 19 Abs. 4 Satz 1 GG gewährleistete Rechtsweg muß die vollständige Nachprüfung des Verwaltungsakts in rechtlicher und tatsächlicher Hinsicht durch ein Gericht ermöglichen.[19]

14 Das gesamte Ordnungswidrigkeitenverfahren würde noch deutlich an Effizienz und Wirkung für die Verkehrssicherheit gewinnen, wenn die **Vollstreckung** optimiert werden könnte und beispielsweise im Transport- und Speditionsgewerbe von der gesetzlichen Möglichkeit der **Gewinnabschöpfung** konsequenter Gebrauch gemacht würde. Bei einem unter Verstoß gegen deutsche Straßenverkehrsvorschriften durchgeführten

16 *BVerfG*, Beschl. v. 16.07.1969 – 2 BvL 2/69, BVerfGE 27, 18–36, Rn. 42.
17 *BVerfG*, Beschl. v. 16.07.1969 – 2 BvL 2/69, BVerfGE 27, 18–36, Rn. 43.
18 *BVerfG*, Beschl. v. 05.02.1963 – 2 BvR 21/60, BVerfGE 15, 275–283.
19 *BVerfG*, a.a.O., Rn. 17 f.

internationalen Transport kann nämlich – bei Vorliegen der sonstigen hierfür erforderlichen Voraussetzungen nach § 29a OWiG – regelmäßig die Einziehung in Höhe des gesamten Transportlohns angeordnet werden.[20] Wird allerdings ein Bußgeldbescheid erlassen, erfolgt die Gewinnabschöpfung nach § 17 Abs. 4 OWiG und die Anwendung von § 29a OWiG ist ausgeschlossen.[21] Dass die Abschöpfung des gesamten Transportlohns gleichermaßen Transporte betrifft, die insgesamt, weitgehend oder nur zu einem geringen Anteil über deutsche Straßen führen, spricht nicht für eine nur anteilmäßige Abschöpfung, da die Einziehung keine dem Schuldgrundsatz unterliegende strafähnliche Maßnahme darstellt.[22] Natürlich erfordert diese höchstrichterlich bestätigte Rechtmäßigkeit der Einziehung für die Bußgeldbehörden Arbeit, indem der Transportlohn teilweise aufwändig ermittelt werden muss. Diese Arbeit erfordert zwangsläufig einen gewissen Personalaufwand, der sich jedoch von Fall zu Fall mehr relativiert und über die Zeit zu enormen Effizienzgewinnen führen wird. Bußgeldbehörden, die sich dieser Chance auf Erhöhung der Arbeitseffizienz im Bußgeldverfahren berauben, sparen am falschen Ende und verschenken mögliche Gewinne für die Verkehrssicherheit in ihrem Zuständigkeitsbereich; denn Fahrer und Halter im Transportgewerbe werden es sich nach einmal konsequent erfolgter Gewinnabschöpfung zweimal überlegen, ob sie diesen Verkehrsverstoß nochmals i.d.R. vorsätzlich begehen werden.

15 In engem Zusammenhang damit stehen Verkehrsverstöße, die mit Fahrzeugen juristischer Personen wie z.B. von GmbH oder AG begangen werden. Die Höhe der Geldbuße gegen eine **juristische Person** oder Personengesellschaft nach § 30 OWiG soll sich nämlich dem *BGH* zufolge daran orientieren, wie die Tat der Leitungsperson bewertet wird. Die Geldbuße ist danach vor allem nach dem Unrechtsgehalt der Bezugstat und deren Auswirkungen auf den geschützten Ordnungsbereich zu bemessen.[23] Nach ganz herrschender Meinung erfordert der Begriff des Vorteils im Sinne der Vorschrift des § 17 Abs. 4 OWiG eine Saldierung, in deren Rahmen von den durch die Tat erlangten wirtschaftlichen Zuwächsen die Kosten und sonstigen Aufwendungen der Betroffenen abzuziehen sind; es gilt das Nettoprinzip. Eine Schätzung des Gewinns ist zulässig. Die Vorschrift des § 30 Abs. 2a OWiG ermöglicht dabei die Festsetzung einer Geldbuße, die ihrer Rechtsnatur nach eine strafähnliche Sanktion darstellt und in ihrer Ahndungsfunktion in einem weiteren Sinne als Ausdruck vergeltender Gerechtigkeit angesehen werden kann.[24]

16 Neben der Geldbuße muss auch die Nebenfolge des Fahrverbots gem. § 25 StVG als Wesensprinzip des Bußgeldverfahrens stets mit bedacht werden, wenn man eine Steigerung der Verkehrssicherheit im Fokus behält. Dabei hat das Fahrverbot des § 25

20 *BGH*, Beschl. v. 10.04.2017 – 4 StR 299/16, BGHSt 62, 114–123, auch zum Folgenden.

21 Vgl. dazu näher Krenberger/Krumm OWiG § 29a Rn. 1.

22 Näher zum Hintergrund und zur Systematik der Vorschrift KK-OWiG/Mitsch OWiG § 29a Rn. 1–2.

23 *BGH*, Beschl. v. 08.12.2016 – 5 StR 424/15, Rn. 4, juris, auch zum Folgenden.

24 *BGH*, Beschl. v. 23.03.2021 – 6 StR 452/20, Rn. 17, juris; zur Rechtsnatur der Vorschrift näher Gassner/Seith-Schmitt-Leonardy, § 30 Rn. 2 f.

StVG nach der gesetzgeberischen Intention in erster Linie eine Erziehungsfunktion.[25] Es ist als »Denkzettel- und Besinnungsmaßnahme«[26] gedacht und ausgeformt.

Die Anordnung des Fahrverbots wird nicht im Strafregister eingetragen, es gilt nicht als Vorstrafe. Ein ethischer Schuldvorwurf ist mit ihm ebenso wenig verbunden wie mit der Geldbuße. Davon, dass das Fahrverbot des § 25 StVG ein »gezielter Angriff auf die Kraftfahrerehre« sei und den Betroffenen »im Kern seiner Persönlichkeit« treffe, kann bei nüchterner Betrachtung nicht die Rede sein.[27] Allerdings kann ein Fahrverbot nur dann eine erzieherische Wirkung entfalten, wenn es in direktem zeitlichem Zusammenhang zur Tat steht. Wenn es der Anordnung eines Fahrverbots wegen des langen Zeitablaufs zwischen der Tat und deren Ahndung zur erzieherischen Wirkung auf den Betroffenen nicht mehr bedarf, darf ein Fahrverbot auch nicht mehr ausgesprochen werden, weil es seinen Sinn verfehlen würde.[28]

### 1. Die Verordnungsermächtigung des § 26a StVG

Gesetzliche Grundlage für den Bußgeldkatalog ist in Erfüllung des Vorrangs des Gesetzes die Vorschrift des § 26a StVG: 17

**§ 26a StVG – Bußgeldkatalog** 18

**(1) Das Bundesministerium für Verkehr und digitale Infrastruktur wird ermächtigt, durch Rechtsverordnung mit Zustimmung des Bundesrates Vorschriften zu erlassen über**
1. **die Erteilung einer Verwarnung (§ 56 des Gesetzes über Ordnungswidrigkeiten) wegen einer Ordnungswidrigkeit nach § 24,**
2. **Regelsätze für Geldbußen wegen einer Ordnungswidrigkeit nach den §§ 24, 24a und § 24c,**
3. **die Anordnung des Fahrverbots nach § 25.**

**(2) Die Vorschriften nach Absatz 1 bestimmen unter Berücksichtigung der Bedeutung der Ordnungswidrigkeit, in welchen Fällen, unter welchen Voraussetzungen und in welcher Höhe das Verwarnungsgeld erhoben, die Geldbuße festgesetzt und für welche Dauer das Fahrverbot angeordnet werden soll.**

Die Vorschrift des § 26a beinhaltet eine Verordnungsermächtigung für das **Bundesministerium für Verkehr** und digitale Infrastruktur (BMVI).[29] Aus den Erfahrungen der Vergangenheit rechtswidriger isolierter Verordnungsermächtigungen für 19

25 *BVerfG*, Beschl. v. 16.07.1969 – 2 BvL 11/69, BVerfGE 27, 36–44, Rn. 15.
26 Vgl. dazu BT- Drucks. V/1319, S. 90.
27 *BVerfG*, Beschl. v. 16.07.1969 – 2 BvL 11/69, BVerfGE 27, 36–44, Rn. 15.
28 Ebenso *Schleswig-Holsteinisches OLG*, Beschl. v. 22.10.2021 – I OLG 230/21, Rn. 15, juris.
29 Das Bundesministerium für Verkehr erhält in nahezu Legislaturperiode aufgrund des wechselnden politischen Zuständigkeitszuschnitts eine andere Bezeichnung, diese entstammt der 17. Legislaturperiode des Bundestages und galt ausnahmsweise auch in dessen 18. und 19. Legislaturperiode fort. Aktuell wurde das Ministerium in Bundesministerium für Digitales und Verkehr umbenannt.

Bundesministerien besteht eine Zustimmungsverpflichtung des **Bundesrates**, sodass die Bundesländer über die Rechtsentwicklung in diesem Bereich des Verkehrsrechts gleichberechtigt mitbestimmen können. Ein dem Bundesrat vorgelegte Verordnungsentwurf bedarf dessen Zustimmung, weil das StVG gem. Art. 83 GG von den Ländern als eigene Angelegenheit ausgeführt wird und die in ihm vorgesehenen Verordnungsermächtigungen unter Art. 80 Abs. 2 GG fallen.[30] Der Bundesrat ist in diesem Verfahren nicht auf die Alternative beschränkt, entweder dem Verordnungsentwurf en bloc seine Zustimmung zu erteilen oder diese zu versagen, er darf dem Entwurf auch Veränderungen hinzufügen oder Streichungen vornehmen, die er seinerseits dem BMDV vorlegt.

Doch eine solche Beteiligung des Bundesrates bietet nicht immer die Gewähr für Fehlervermeidung.

Der Verordnungsgeber hatte durch die 54. VO zur Änderung straßenverkehrsrechtlicher Vorschriften vom 20. April 2020 (BGBl I, 814, »StVO-Novelle 2020«) eine Vielzahl von Vorschriften der StVO, der BKatV und auch der Anlage 13 zur FeV geändert oder neu eingefügt. Wesentlicher Inhalt war eine Erhöhung vieler Regelsätze im BKat und eine Einführung neuer Regelfahrverbote.[31] Wegen eines Zitierfehlers nach Art. 80 Abs. 1 Satz 3 GG, der durch den Verzicht auf das ausdrückliche Benennen der Ermächtigungsgrundlage für die Fahrverbote (§ 26a Abs. 1 Nr. 3 StVG) begangen wurde, setzten die Bundesländer die Anwendung der novellierten BKatV komplett außer Vollzug.

Elf Jahre zuvor erließ der damalige Bundesverkehrsminister Tiefensee (SPD) die bis dato größte Reformnovelle der StVO unter dem plakativen Begriff der »Schilderwaldnovelle«.[32] Der Schilderwald an deutschen Straßen sollte gelichtet und die Vorschriften den Verkehrsteilnehmern en passant verständlicher erklärt werden. Die Reform hatte allerdings einen bedeutenden juristische Fehler, nämlich einen Verstoß gegen das verfassungsrechtlich in Artikel 80 Abs. 1 Satz 3 des Grundgesetzes verankerte Zitiergebot. Aufgrund dieses juristischen Fehlers und weiterer vermuteter Verstöße gegen das Zitiergebot wurde die StVO dann allerdings erst 2013 komplett neu erlassen.[33]

30 So näher erklärend *Ipsen*, S. 1327, auch zum Folgenden.

31 In diesem Zusammenhang von einer »Führerschein-Falle« zu sprechen wie bei *Fromm*, Zur Rücknahme der »Führerschein-Falle«, beweist ein gelinde gesagt merkwürdiges Verhältnis zu einer von allen Bundesländern einheitlich erwünschten Verschärfung des Fahrverbots bei Geschwindigkeitstätern. Ein solcher Ausdruck beweist vielmehr eine mehr als sprachliche Ignoranz gegenüber wichtigen Aspekten der staatlichen Verkehrssicherheitsarbeit, die hoffentlich nicht von allen Strafverteidigern mitgetragen wird, deren Mandanten nicht selten auch die Opfer und Hinterbliebenen von Geschwindigkeitsunfällen sind.

32 46. Verordnung zur Änderung des Straßenverkehrsrechts vom 5.8.2009, BGBl. I, S. 2631.

33 Zur Historie dieses einmaligen Vorgangs eines Eingeständnisses fehlerhaften Verwaltungshandelns auf höchster bundesdeutscher Verwaltungsebene näher BR-Drucks. 428/12, S. 1 f.

Das Zitiergebot soll, so das Bundesverfassungsgericht in einer Leitentscheidung aus dem Jahr 1999, »nicht nur das ermächtigende Gesetz als solches, sondern die ermächtigende Einzelvorschrift aus dem Gesetz in der Verordnung«[34] genau benennen. Ziel des Ganzen: Der betroffene Bürger soll genau wissen und nachvollziehen können, was ihm die Exekutive als Vorschriften auferlegt und prüfen können, ob der Gesetzgeber genau diese Veränderung als Verordnungskompetenz gestattet hat. Das Zitiergebot des Art. 80 Abs. 1 Satz 3 GG soll aber nach richtiger Auslegung des *OVG Münster* nicht nur die gesetzliche Ermächtigungsgrundlage kenntlich und damit auffindbar machen, sondern soll zusätzlich auch die Feststellung ermöglichen, ob der Verordnungsgeber beim Erlass der Regelungen von einer gesetzlichen Ermächtigung überhaupt Gebrauch machen wollte.[35] Danach muss die Exekutive, sprich: in dem hier relevanten Fall das frühere Bundesministerium für Verkehr und digitale Infrastruktur, sich durch Angabe der relevanten Ermächtigungsgrundlagen selbst des ihr durch die Regelungen des StVG aufgegebenen Normsetzungsprogramms vergewissern und sich auch auf diese beschränken. Diese Vergewisserungspflicht hatte der damalige Verordnungsgeber, das frühere Bundesministerium für Verkehr, Bau und Stadtentwicklung (BMVBS)[36] in Zusammenarbeit mit dem Bundesrat, vernachlässigt und eine verfassungsrechtlich fehlerhafte Änderungsverordnung in Kraft setzen lassen. Schließlich dient das Zitiergebot – wie das BVerfG jüngst entschied – auch dem Zweck, die Exekutive dazu anzuhalten, sich über die Rechtsgrundlagen ihrer Arbeit insgesamt zu vergewissern.[37] Danach muss in den Ministerien in Bund und Ländern zwingend eine verfassungsjuristische Qualitätskontrolle installiert werden, die 2009 in Bund und Ländern schlicht versagt hatte, wenngleich hinzugefügt werden muss, dass das Zitiergebot des Art. 80 Abs. 1 Satz 3 GG zwar auf die Landesgesetzgebung nicht unmittelbar anwendbar ist,[38] wohl aber für die erforderliche Zusammenarbeit bei in der Länderkammer zustimmungsbedürftigen Bundesverordnungen volle Geltung beansprucht.

Seit Mitte 2020 diskutierte die Fachwelt über die Chancen einer »Reparatur« der missglückten Reform.[39] Um die Rechtssicherheit wiederherzustellen, mussten die betroffenen Vorschriften neu erlassen werden, aber die neuen Fahrverbote waren lange streitig. Stein des politischen Anstoßes waren zwei durch eine gewollte Verschärfung der Bundesländer vom Bundesrat eingefügte neue Fahrverbote.[40] Es waren das Fahrverbot der Nr. 11.3.4 BKat, das bei einer vorwerfbaren Geschwindigkeitsüberschreitung von 21 km/h über der zulässigen Höchstgeschwindigkeit innerhalb geschlossener Ortschaften und das Fahrverbot der Nr. 11.3.5 BKat, das bei einer vorwerfbaren

34 *BVerfG*, Urt. v. 06.07.1999 – 2 BvF 3/90, BVerfGE 101, 1–45, Rn. 152.

35 *OVG Nordrhein-Westfalen*, Beschl. v. 05.06.2020 – 13 B 776/20.NE, Rn. 37, juris; auch zum Folgenden.

36 Die Bezeichnungen des Ministeriums haben in der Vergangenheit, je nach Zuschnitt der fachlichen Kompetenzen, mehrfach gewechselt, siehe oben Fn. 29.

37 *BVerfG*, Beschl. v. 18.06.2019 – 1 BvR 587/17, BVerfGE 151, 173–191.

38 *BVerwG*, Beschl. v. 17.03.2015 – 4 BN 29/14, Rn. 8, juris.

39 Vgl. dazu auch *Fromm*, Geschwindigkeitsverstöße, S. 528.

40 Dazu näher *Will*, S. 601 f.

Geschwindigkeitsüberschreitung von 26 km/h über der zulässigen Höchstgeschwindigkeit außerhalb geschlossener Ortschaften greifen sollte. Von diesen beiden Fahrverboten waren zwar ausschließlich diejenigen Autofahrer betroffen, die gegen die verschärften Vorschriften verstoßen hatten, die sich aber ob des nunmehr angedrohten Fahrverbotes ungerecht behandelt fühlten, weil sie für dieselben Verstöße in der Vergangenheit nur ein – oftmals in den persönlichen Fahrstil einkalkuliertes – Bußgeld bezahlen mussten.

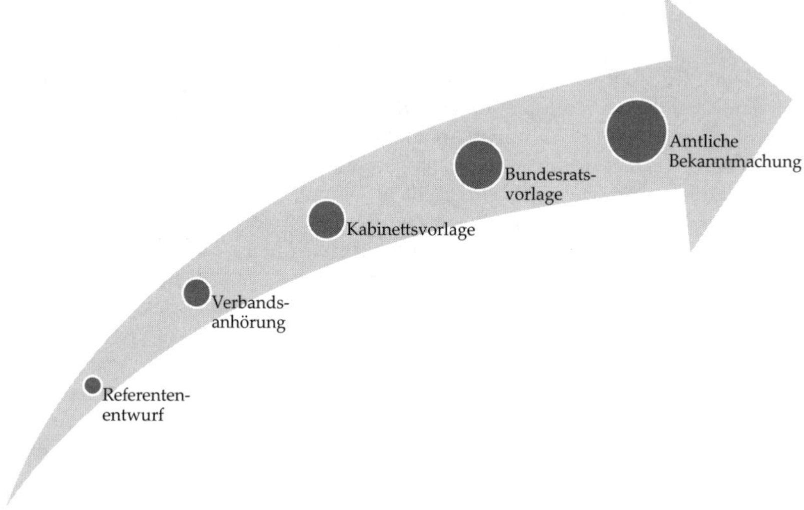


Erst Ende Juni 2020 sah man sich beim ADAC die im Bundesgesetzblatt offen nachzulesende Präambel zur neuen Novelle etwas näher an und stellte fest, dass dort der zitierende Verweis auf die Rechtsgrundlage für die Veränderung von Fahrverboten, die Vorschrift des § 26a Abs. 1 Nr. 3 StVG, fehlte. Das verwunderte insbesondere deswegen, weil die beiden im selben Paragraphen zu findenden Rechtsgrundlagen für die Verschärfung von Verwarnungsgeldern und Bußgeldern sorgsam erwähnt wurden. Zwar muss nicht zu jeder Bestimmung der Verordnung im Einzelnen angegeben werden, auf welcher der zitierten Ermächtigungen sie beruht,[41] aber die Ermächtigungsgrundlage für neue Fahrverbote überhaupt nicht zu erwähnen, war ein Verstoß gegen das Zitiergebot. Allerdings war genau dieser am unvollständigen Zitiergebot leidende Entwurf der Präambel dem Bundesrat bereits im Herbst 2019 zusammen mit dem begründeten Referentenentwurf als Drucksache 591/19 zur Befassung und Stellungnahme zugegangen. Juristisch gesehen ist dieses Verfahren in erster Linie an

41 *BVerfG*, Beschl. v. 01.04.2014 – 2 BvF 1/12, BVerfGE 136, 69–119, Rn. 99.

der fehlerhaften juristischen Qualitätskontrolle gescheitert.[42] Dafür waren Juristen aus Behörden in gleich mehreren Ebenen der Exekutive verantwortlich.

Dieser schwere juristische Fehler verwundert umso mehr, als dass die zwei Jahre zuvor veränderte Vorschrift des § 23 Abs. 1a StVO vom *BGH* unter ausdrücklichem Hinweis auf das Einhalten des Zitiergebotes als wirksam eingestuft wurde und daher vom vorlegenden Gericht (*OLG Hamm*) bei seiner Entscheidung anzuwenden war.[43] Die Vorschrift, so der *BGH*, ist durch Art. 1 Nr. 1 der 53. Verordnung zur Änderung straßenverkehrsrechtlicher Vorschriften vom 6. Oktober 2017 (BGBl. I, S. 3549) neu gefasst worden. Diese Neufassung erfüllt die Anforderungen, die Art. 80 Abs. 1 GG an die Wirksamkeit von Rechtsverordnungen stellt, indem sie sich auf eine gesetzliche Ermächtigungsgrundlage stützen kann, die im Vorspruch zur Änderungsverordnung ordnungsgemäß angegeben ist.

Es ist kaum zu vermuten, dass Rechtsreferenten beim Erstellen einer Verordnungsnovelle die Technik des »copy and paste« nicht beherrschen.

Bedingt durch das Außer-Kraft-setzen der Änderungen des BKat und des § 4 BKatV durch die Landesministerien als Aufsichtsbehörden der kommunalen Bußgeldbehörden waren nahezu alle Bußgeldbehörden bundesweit damit beschäftigt, Einsprüche abzuarbeiten, Fahrverbote zu kassieren und in Gerichtsverfahren zurückzurudern. Die entstandenen immensen Personalkosten trugen die kommunalen und polizeilichen Bußgeldbehörden, de facto aber alle Steuerzahler. Der Schaden für die Verkehrssicherheit und für den Vertrauensverlust unter den Verkehrsteilnehmern kann indes nicht beziffert werden.

Nur eine Minderheit sah in dem Verstoß gegen das Zitiergebot als Rechtsfolge eine Gesamtnichtigkeit der Verordnung.[44] Die Mehrheit sah darin richtigerweise nur eine Teilnichtigkeit hinsichtlich der neuen Fahrverbote,[45] sodass die neuen StVO-Regeln sowie die sich darauf beziehenden neuen Bußgeldtatbestände, bei denen das Zitiergebot beachtet wurde, eigentlich hätten angewandt werden können. Letztlich blieb dieser Streit akademischer Natur, weil die Bundesländer sich auf eine komplette Nichtanwendung der Novelle einigten. Nach *OLG Braunschweig* stand eine etwaige (Teil-) Nichtigkeit der am 28. April 2020 in Kraft getretenen 54. Verordnung zur Änderung straßenverkehrsrechtlicher Vorschriften vom 20. April 2020 wegen des fehlenden Zitats der für die Einführung der erweiterten Regelfahrverbote maßgeblichen Ermächtigungsgrundlage des § 26a Abs. 1 Nr. 3 StVG der Ahndung einer zuvor begangenen

42 Ähnlich *Will*, S. 604.

43 *BGH*, Beschl. v. 16.12.2020 – 4 StR 526/19, BGHSt 65, 217–221, Rn. 9, auch zum Folgenden.

44 So etwa *Krumm*, StVO-/BKatV-Reform 2020, DAR 2020, S. 477; *Koehl*, S. 397.

45 *Ipsen*, S. 1328; *Will*, S. 601 f.; *Fromm*, Geschwindigkeitsverstöße, S. 528; unentschieden Wissenschaftliche Dienste, S. 6 f., offen gelassen auch von *König*, in: Hentschel/König/Dauer, S. 2201, die wegen des damals schwebenden Verfahrens von einem Abdruck der BKatV in ihrem Werk gänzlich absahen.

Verkehrsordnungswidrigkeit auf der Grundlage der vorherigen Fassung der BKatV nicht entgegen.[46]

Die Verkehrsministerkonferenz beschloss in ihrer Sitzung vom 15./16.4.2021 einen politischen Kompromiss zum Neuerlass des Reformwerkes, indem auf die streitigen Fahrverbote verzichtet wurde. Die Einigung zwischen den im Bundesrat vertretenen Bundesländern und dem damaligen BMVI wurde mit der Ersten Verordnung zur Änderung der BKatV vom 13.10.2021[47] praktisch umgesetzt und am 9.11.2021 trat das Reformwerk in Kraft. Dessen Kern ist nach wie vor die teilweise deutliche Anhebung von Regelsätzen und einige neue Regelfahrverbote.[48]

Wesentliche und mit einiger Sicherheit auch am häufigsten anzuwendende Inhalte der aktuellen Reform 2020/2021 sind die Anhebungen der Bußgelder für Verstöße bei 16–20 km/h Überschreitung über der zulässigen Höchstgeschwindigkeit (Ziffer 11.3.3 BKat, Bußgeldbetrag von 70 Euro igO und 60 Euro agO). Es wurde vom Verordnungsgeber augenscheinlich versäumt, gleichzeitig auch die Anlage 13 zu § 40 FeV anzupassen, damit diese Verstöße wegen des Erreichens der relevanten Höhe nach § 28 Abs. 3 Nr. 1 a) bb) StVG auch einen Eintrag im Fahreignungsregister zur Folge haben.

20 Das gesetzgeberische Ziel auch dieser Verordnungsermächtigung ist die Steigerung der **Verkehrssicherheit** mit den Mitteln des Verkehrsrechts.[49] Gerade dieses Ziel ist immer wieder Gegenstand der öffentlichen, nicht selten sehr polemisch geführten Debatte. Dabei kommen in wiederkehrenden Abständen auch der **Sanktionsrahmen** der Regelsätze und die **Sanktionshöhe** für die einzelnen Tatbestände auf das Tableau.[50] Selbst die anwaltliche, stets auf Seiten ihrer zahlenden Mandantschaft stehende und das Bußgeldrecht interpretierende Seite konstatiert dabei, dass insbesondere die drohenden Punkte und Fahrverbote eine spezialpräventive und generalpräventive Wirkung auf die Fahrerlaubnisinhaber zeigen.[51] Für eine Steigerung der Verkehrssicherheit ist ein harmonisches Zusammenspiel der vier Faktoren Verkehrsnormen, Verkehrsprävention, Verkehrsüberwachung und Ahndung von Verkehrsverstößen erforderlich. Jedenfalls hilft es der Verkehrssicherheit nicht, blindlings höhere Sanktionen zu fordern, wenn die Verkehrsvorschriften mangels Personals kaum überwacht werden können. Wichtigste Aufgabe der Verfolgung und Ahndung von Verkehrsverstößen ist es, die betroffenen Verkehrssünder über die Methode der Auswahl passender Sanktionen auf den Weg normgemäßen Verkehrsverhaltens zurückzuführen.

21 In § 26a Abs. 1 StVG werden die drei Regelungsgegenstände dieser Verordnungsermächtigung abschließend aufgeführt. Es besteht aus Sicht des Gesetzgebers eine

46 *OLG Braunschweig*, Beschl. v. 04.12.2020 – 1 Ss (OWi) 173/20, juris.

47 BGBl. I, S. 4688.

48 Siehe dazu die Begründung in der BT-Drucks 687/21, S. 35 ff.

49 So zu Recht erklärt für die BKatV von *Albrecht*, S. 81.

50 Vgl. dazu *Born*, S. 128; *Schubert*, S. 74 sowie die aktuelle rechtspolitische Diskussion des Verkehrsgerichtstages im Januar 2018, beleuchtet von *Müller*, Strengere Bestrafung, S. 1.

51 So explizit *Burmann*, S. 188.

deutliche dogmatische Unterscheidung zwischen einer **Verwarnung** und einer **Geldbuße**, was an der Hervorhebung des ersten Regelungsgegenstandes deutlich wird.

Alle Regelungsgegenstände nehmen hinsichtlich des Inhalts der Verordnungsermächtigung Bezug auf andere gesetzliche Vorschriften, die teils außerhalb des StVG, teils im Rahmen des StVG geregelt sind. 22

Mit der BKatV wurde die Verordnungsermächtigung genutzt, um alle drei Regelungsgegenstände im Rahmen einer Rechtsverordnung gemeinsam zu regeln. 23

Wenn möglich, soll die BKatV mit ihrem BKat den Großteil der materiellen Verkehrsordnungswidrigkeiten erfassen und nach dem Maßstab der größtmöglichen **Vereinheitlichung** (»Regelsätze«) verbindlich regeln. Das Ziel der BKatV ist Vereinheitlichung und gerade nicht »Differenzierung«[52]. Dass die Tatbestände des BKat inzwischen gegenüber den Tatbeständen des BT-Kat-OWi nur einen kleinen Ausschnitt bilden, bedeutet ein deutliches quantitatives Missverhältnis, das durch einen Federstrich des Verordnungsgebeers beseitigt werden könnte, indem beide Rechtsquellen zu einem integrierten Bußgeldkatalog zusammengefasst würden. Dieser Schritt würde durch ein Mehr an Transparenz Rechtssicherheit schaffen und den Stellenwert der bisherigen Verwaltungsvorschrift des BT-Kat-OWi auf die höhere Legitimationsstufe einer Rechtsverordnung anheben. 24

Das Ziel der Vereinheitlichung der Rechtspraxis wird auch dadurch erreicht, dass die Bußgeldgerichte an die Regelsätze des BKat gebunden sind, wenn nicht eine Abweichung des zu entscheidenden Falles vom Regelfall vorliegt. Insofern sind Bußgeldrichter nur dann verpflichtet, eigene Zumessungserwägungen im Rahmen des § 17 Abs. 3 OWiG anzustellen und in ihrer Entscheidung zu berücksichtigen, wenn kein Regelfall vorliegt.[53] Manche Bußgeldrichter weichen allerdings von diesen Regeln in bedenklicher Weise ab, indem sie im Rahmen der Hauptverhandlung einige Tatbestände aus dem Bereich des Bußgeldes, also jenseits der Grenze des Verwarnungsgeldes von derzeit 55 Euro, ohne ersichtliche Rechtsgrundlage – hilfsweise jedoch unter Berufung auf § 17 Abs. 3 OWiG – nicht selten im Rahmen einer Absprache mit der Verteidigung abstufen in den Bereich des Verwarnungsgeldes. Auf diese Weise greift die Vorschrift des § 28 Abs. 3 Nr. 3 a) bb) StVG und die systematische Verbindung zwischen Bußgeldrecht und Fahreignungsrecht, die gerade deshalb besteht, um charakterliche Fahreignungsmängel rechtzeitig erkennen und ggf. amtlich prüfen zu können, wird aufgehoben. So verurteilte das *AG Essen* für einen Betroffenen wegen vorsätzlichen Benutzens eines elektronischen Gerätes, das der Kommunikation, Information oder Organisation dient oder zu dienen bestimmt ist, in vorschriftswidriger Weise als Führer eines Kraftfahrzeugs zu einer Geldbuße von 55,00 Euro, weil »Die unzulässige Benutzung eines Mobiltelefons während der aktivierten Start-Stopp-Automatikphase vor einer roten Ampel nicht die Verhängung einer eintragungsfähigen Geldbuße 25

52 So aber noch *Jagow*, S. 14.

53 A. A. *Schall*, S. 1, der die Bußgeldrichter zu eigenen Zumessungserwägungen »nicht nur befugt, sondern sogar verpflichtet« sehen will.

rechtfertige«.[54] Eine Begründung für diese abwegige Rechtsauslegung liefert das AG allerdings nicht. Ebensowenig befasste sich *Engel* in seiner Anmerkung des Leitsatzes mit der fahreignungsrechtlichen Konsequenz einer als kritisch zu bewertenden Abstufung des Vorsatzdelikts (!) in den Bereich des Verwarnungsgeldes.[55]

Ein solches Herunterstufen eines Bußgeldes, das im Bußgeldkatalog mit einem Regelsatz von 60 Euro oder mehr eingestuft ist, allein aus dem Grund, um dem Betroffenen die Eintragung von Punkten im Fahreignungsregister zu ersparen, ist rechtswidrig.[56] Diese zu beobachtende Praxis, die dennoch aus Gründen einer falsch verstandenen, weil das Anliegen der Verkehrssicherheit konterkarierenden Verfahrensökonomie verbreitet ist, läuft auch dem Rechtsgedanken aus § 28a StVG zuwider, wonach bei einer Ermäßigung der Geldbuße allein aus wirtschaftlichen Gründen dennoch für die Eintragung von Punkten in das Fahreignungsregister der ursprünglich vorgesehene Regelsatz maßgeblich ist.

26 Die Vorschrift des § 26a Abs. 2 StVG weist der BKatV als Rechtsverordnung einen Aufgabenkatalog zu. Dieser umfasst:
- Bestimmen von Voraussetzungen, die Ordnungswidrigkeiten als verwarnungsfähig klassifizieren,
- Bestimmen der Höhe von Verwarnungsgeldbeträgen für bestimmte verwarnungsfähige Ordnungswidrigkeiten,
- Bestimmen von Voraussetzungen, die Ordnungswidrigkeiten als bußgeldfähig klassifizieren,
- Bestimmen der Höhe von Bußgeldbeträgen für bestimmte bußgeldfähige Ordnungswidrigkeiten,
- Festlegung der Dauer von Fahrverboten.

27 Sämtliche Kriterien dieses Aufgabenkataloges müssen vor dem Hintergrund der **Bedeutung** der Ordnungswidrigkeit gem. § 17 Abs. 3 OWiG bewertet werden.

28 Behördliche Zuständigkeitsvorschriften für die Zuständigkeit von Bußgeldbehörden im Bereich von Verkehrsordnungswidrigkeiten sind ebenso wenig Gegenstand des § 26a wie innerbehördliche Ermächtigungen zum Erteilen von Verwarnungen bei Verkehrsordnungswidrigkeiten.

### 2. Die Bußgeldkatalog-Verordnung

29 Bei der BKatV, deren Regelungen sich im Rahmen der auch für das Ordnungswidrigkeitenverfahren maßgeblichen Auslegungsprinzipien der Verfassung und des OWiG bewegen müssen, handelt es sich um eine Rechtsverordnung, die vom zuständigen Bundesministerium für Verkehr auf der Grundlage der in § 26a StVG enthaltenen Verordnungsermächtigung erlassen worden ist.[57] Bereits der 2. Deutsche Verkehrsgerichtstag hatte im Jahr 1964 empfohlen, »einen Katalog von bestimmten, typischen

54 *AG Essen*, Urt. v. 17.01.2019 – 55 OWi 648/18, juris.

55 *Engel*, Anm. zu AG Essen, Urt. v. 17.1.2019 – 55 OWi-90 Js 1936/18–648/18, DAR 2019, 219, beck-online.

56 Ebenso wohl auch *König*, in: Hentschel/König/Dauer, § 24 StVG Rn. 44.

Verkehrsübertretungen aufzustellen, in dem jeder Tatbestand mit einer bestimmten Bußtaxe versehen wird.«[58]

Die Bußgeldkatalog-Verordnung ist lediglich ein Instrument zur Sicherstellung einer einheitlichen Rechtsanwendung. Die Rechtsgrundlage für die Verhängung von Geldbußen bzw. die Anordnung von Fahrverboten folgt aber weiterhin unmittelbar aus §§ 24, 24a, 25 StVG i.V.m. § 49 StVO, § 17 OWiG.[59]

Die BKatV regelt in den vier Paragrafen ihres Regelungsteiles (der § 5 legt ausschließlich das Inkrafttreten der gesamten Verordnung sowie das Außerkrafttreten bestimmter Regelungen fest) die grundlegenden Festlegungen über die Erteilung von Verwarnungen, die Festsetzung von Geldbußen und die Anordnung von Fahrverboten als staatliche Sanktionen auf Ordnungswidrigkeiten im Straßenverkehr. Bei diesen Regelungen handelt es sich im Wesentlichen um eine materielle Fortführung insbesondere der gesetzlichen Regelungen der Bedeutung der Ordnungswidrigkeiten gem. § 17 OWiG, der Konkurrenzen gem. §§ 19, 20 OWiG, des Verwarnungsverfahrens nach den §§ 56 bis 58 OWiG sowie einer näheren Konkretisierung des Fahrverbots gem. § 25 StVG. 30

Der im Vergleich zu den Regelungen wesentlich umfangreichere Katalogteil der BKatV ist als Anlage zu deren § 1 Abs. 1 angefügt und enthält die wesentlichen und häufigsten Tatbestände der potenziell am meisten verwirklichten Ordnungswidrigkeiten,[60] die von den Verkehrsteilnehmern bzw. den Fahrzeughaltern und anderen Verantwortlichen im Straßenverkehr begangen werden. Dadurch ist die BKatV weder in ihrem Regelungsteil noch in ihrem Katalogteil als vollständiges Regelungswerk gedacht und konzipiert, sondern sie soll einerseits den Rechtsanwendern die wichtigsten Verfahrensregelungen für das Bußgeldverfahren in Verkehrssachen vorgeben und andererseits der Öffentlichkeit als jederzeit zugängliches Regelungswerk der Orientierung im rechtmäßigen Verkehrsverhalten dienen. Ob tatsächlich die am häufigsten verwirklichten Verkehrsordnungswidrigkeiten im BKat aufgelistet sind, wurde bislang nicht untersucht. Bei der kommenden Generalreform des Bußgeldkataloges sollte daher bei den zentralen Bußgeldbehördern der Länder und den kommunalen Bußgeldbehörden eruiert werden, ob der Katalog der im BKat vertretenen Delikte verändert, d.h. gekürzt oder erweitert werden muss. 31

Wenn Reformwerke der in der BKatV vertetenen Verordnungen auf den Weg gebracht werden, deren Verhaltensvorschriften mit Verwarnungs- oder Bußgeldern bewehrt sind, sollte der Verordnungsgeber zuvor stets den systematischen Zusammenhang zwischen Verhaltens- und Bußgeldvorschriften gut durchdacht haben, um seine Ziele (für Verstöße gegen die Regelungen der StVO, für Verstöße gegen Regelungen aus anderen Verkehrsvordnungen siehe die jeweilige Vorschrift in der speziellen Verordnung wie 32

57 Zur verkehrspolitischen Vorgeschichte der BKatV näher *Janiszewski*, S. 3113.

58 Zur interessanten Entstehungsgeschichte der BKatV näher *Janker*, S. 9 f.

59 *BayObLG*, Beschl. v. 11.11.2020 – 201 ObOWi 1043/20, BeckRS 2020, 30292, beck-online (für Verstöße gegen die Regelungen der StVO, für Verstöße gegen Regelungen aus anderen Verkehrsvordnungen siehe die jeweilige Vorschift in der speziellen Verordnung wie z. B. § 69a StVZO).

60 Ebenso *Albrecht*, S. 82.

z. B. § 69a StVZO) zu erreichen. Wenn derart unsystematisch geplant wurde wie in der 46. Verordnung zur Änderung straßenverkehrsrechtlicher Vorschriften vom 5. August 2009, mittels derer umfangreiche Änderungen in der StVO und in der BKatV vorgenommen wurden,[61] deren verfassungsrechtliche Fehler gegen das Zitiergebot allerdings mit der im Jahr 2013 vollkommen neu erlassenen BKatV korrigiert werden mussten, ist das suboptimal.[62] Die Neufassung der BKatV trat dann zudem erst Jahre später am 1. April 2013 in Kraft, was den Schluss eines gewissen verkehrspolitischen Dilettantismus mit Tendenz zur Ignoranz des Verordnungszwecks der Verkehrssicherheit nahelegte.[63] Wenn dann von den verantwortlichen Verkehrsjuristen noch auf fahrlässige Weise ein juristischer Wiederholungsfehler wie im Jahr 2020 verursacht wird, ist das nicht nur rechtswidrig und im Ergebnis auch kostspielig für die Steuerzahler, sondern beweist einen ärgerlichen verkehrsrechtlichen Fauxpas, der vermeidbar gewesen wäre.

33 Die Fallbeschreibungen der Katalogverordnung entfalten nach Ansicht des *BVerfG* entsprechend der angewendeten Regelbeispieltechnik nur **Indizwirkung** und entbinden den Richter nicht von der Pflicht, dem Schuldprinzip und dem Verhältnismäßigkeitsprinzip durch eine Gesamtwürdigung des Sachverhalts zu entsprechen, in die alle Umstände der Tat und die Sanktionsempfindlichkeit des Betroffenen einzustellen sind.[64] Dadurch wird den Gerichten gleichzeitig hinreichend Raum und Entscheidungsfreiheit eingeräumt, um Verstößen im Straßenverkehr mit der nach den konkreten Umständen angemessenen Sanktion zu begegnen und unerträgliche Härten zu vermeiden. Allerdings vermindert die Tatsache der Festlegung eines allgemeingültigen Regelsatzes in einer Verordnung den richterlichen Begründungsaufwand in einem Bußgeldurteil.[65] Dies gilt jedoch nur für die Regelfälle allgemein üblicher Verkehrsverstöße. Weicht eine tatsächliche Fallgestaltung im Sinne des § 17 Abs. 3 OWiG vom Regelfall ab, steigt üblicherweise auch der Begründungsaufwand in einem Urteil, weil ein Regelsatz eben nur auf einen Regelfall passt. Vor allem aus den vorgenannten Gründen der Vereinfachung des Verfahrens sind in den veröffentlichten Urteilen von Bußgeldgerichten nur sehr selten begründete Abweichungen von den Regelsätzen für fahrlässiges Handeln zu finden. Es bleibt einer wissenschaftlichen Untersuchung überlassen, einmal intensiv in der Rechtsprechung zu prüfen, wie viele Bußgeldrichter sich die Arbeit machen, mögliche Abweichungen von den gewöhnlichen Tatumständen zu überprüfen, um möglicherweise eine noch passendere Sanktion finden zu können und auf diese Weise den Gedanken der Spezialprävention zielgerichteter zu verfolgen.

Grundlage für die Bußgeldbemessung bleiben auch unter dem Regime der Bußgeldkatalog-Verordnung die Kriterien des § 17 Abs. 3 OWiG.[66] Für die

61 BGBl. I, S. 2631.

62 BGBl. I, S. 498; zum juristischen Anlass näher die Begr. in BT-Drucks. 769/12, S. 2.

63 Wenigstens der verkehrspolitische Wiederholungsfehler des Jahres 2020 wurde im Zeitraum von eineinhalb Jahren und damit gegenüber dem früheren Fehler des Verordnungsgebers in Rekordzeit (!) ausgebessert.

64 *BVerfG*, Kammerbeschluss vom 24. März 1996 – 2 BvR 616/91, juris, auch zum Folgenden.

65 Ebenso *Krumm*, Sonstige/Persönliche Härten, S. 215.

66 *Kammergericht*, Beschl. v. 27.04.2020 – 3 Ws (B) 49/20, Rn. 21, juris, auch zum Folgenden.

Zumessung maßgeblich sind nach Satz 1 dieser Vorschrift die Bedeutung der Ordnungswidrigkeit und der Vorwurf, der den Täter trifft. Nach § 17 Abs. 3 Satz 2 1. HS. kommen die wirtschaftlichen Verhältnisse des Täters auch in Betracht. Sie spielen bei der Zumessung demnach nur eine untergeordnete Rolle und finden in den Bußgeldregelsätzen, die der Verordnungsgeber aus Gründen der Vereinfachung und Anwendungsgleichheit im BKat festgelegt hat, dadurch Ausdruck, dass sich ihre Höhe in Übereinstimmung mit § 17 Abs. 3 Satz 1 OWiG an der Bedeutung des Verkehrsverstoßes und dem Tatvorwurf orientiert. Systematisch stellen diese Regelsätze Zumessungsrichtlinien dar, die der Tatrichter bei der Ausübung seines Rechtsfolgeermessens nicht unbeachtet lassen darf, andernfalls wird er dem Prinzip des Bußgeldkatalogs mit dem Ziel der weitestmöglichen Gleichbehandlung gleichartiger Fälle nicht gerecht. Besondere Umstände, die zum Abweichen vom Regelsatz nach oben oder unten führen, die auch in der Person des Betroffenen liegen können, hat der Tatrichter erst zu erwägen, wenn sich konkrete Anhaltspunkte dafür ergeben.

### 3. Der Bundeseinheitliche Tatbestandskatalog

Der Bundeseinheitliche Tatbestandskatalog für Verkehrsordnungswidrigkeiten ist für 34 die Beamten des Polizeivollzugsdienstes in den Bundesländern und die Mitarbeiter der zentralen und kommunalen Bußgeldbehörden neben dem OWiG und der BKatV die wichtigste Arbeitsgrundlage zur Ahndung von Verkehrsordnungswidrigkeiten.[67] Das Regelungswerk des BT-Kat-OWi wird inhaltlich von einer Arbeitsgruppe gepflegt, in der das Bundesministerium für Verkehr und die Innenministerien der Bundesländer ebenso vertreten sind, wie das Kraftfahrt-Bundesamt als Herausgeber dieses Regelungswerkes. Der BT-Kat-OWi ist inhaltlich aus länderspezifischen Bußgeldkatalogen hervorgegangen, die viele Jahre lang ein Bild eines föderalistisch bedingten bußgeldrechtlichen Flickenteppichs ergeben hatten. Beispielhaft sei rückblickend der Bußgeldkatalog des Landes Niedersachsen erwähnt, auf den das BVerfG in einer Entscheidung rekurrierte: "Ergänzend dazu ordnet der Gemeinsame Runderlaß des Nieders. Ministers des Innern und des Nieders. Ministers für Wirtschaft und Verkehr vom 20. Dezember 1968 (Nds. MinBl. 1969 S. 118) an, daß die Verwaltungsbehörden bei Verkehrsordnungswidrigkeiten die Höhe der Geldbußen nach einem »Bußgeldkatalog« festzusetzen haben, der Regelsätze für die häufigsten Verkehrsverstöße enthält.«[68]

Der BT-Kat-OWi hat den Rang einer Verwaltungsvorschrift und rangiert damit sys- 35 tematisch und von seiner Rechtsbedeutung hinter dem OWiG und der BKatV, d. h. die Vorschriften des BT-Kat-OWi dürfen den höherrangigen Normen inhaltlich nicht widersprechen. Die ungezählten, Tausenden einzelnen Tatbestände dürfen wiederum dem materiellen Recht der Verkehrsordnungswidrigkeiten nicht zuwiderlaufen. Aber

67 Näher zu Systematik und Wirkung des BT-Kat-OWi *Müller,* Leitfaden, S. 62 ff.; dem Leitkommentar zum OWiG scheint der BT-Kat-OWi unbekannt zu sein, siehe Göhler/Gürtler/*Thoma*, § 17 Rn. 28a, auch in dessen Sachverzeichnis taucht diese Rechtsquelle bislang nicht auf.

68 *BVerfG*, Beschl. v. 28.10.1969 – 2 BvL 7/69, BVerfGE 27, 159–162, Rn. 3.

auch die Handhabung der Regelungen des BT-Kat-OWi durch die Rechtsanwender von Polizei und Kommunalbehörden muss mit den Regelungen der höherrangigen Rechtsquellen vereinbar sein.[69]

36 Der BT-Kat-OWi ist von den Innenministerien der Bundesländer als Verwaltungsvorschrift in Kraft gesetzt und dazu gedacht, die dem Ministerium sachlich zugeordneten Dienststellen samt ihren Mitarbeitern ermessensbindend anzuleiten und anzuweisen. Insbesondere sollen die Auslegungsregeln des Vorworts als verbindliche Entscheidungsgrundlagen dienen. Auf diese Weise soll über das Instrument vereinheitlichender **Ermessensrichtlinien** eine bundeseinheitliche, das verfassungsrechtliche Gleichheitsgebot des Art. 3 Abs. 1 GG wahrende Praxis der Bearbeitung von Verkehrsordnungswidrigkeiten in allen Bundesländern auf die gleiche Verfahrensweise gewährleistet werden. In diesem Sinne enthält der BT-Kat-OWi einige verbindliche Rechtsauslegungen wie z.B. eine vorgegebene Auslegung der Konkurrenzverhältnisse Tateinheit und Tatmehrheit in Ziff. 6 des Vorwortes zum BT-Kat-OWi, die somit von allen Anwendern des BT-Kat-OWi befolgt werden müssen. Dieser strenge, dem Hierarchieprinzip folgende Bindungscharakter würde allerdings an seine juristischen Grenzen stoßen, wenn die Regelungen des BT-Kat-OWi in einem Sinn ausgelegt und umgesetzt werden, der den übergeordneten gesetzlichen Regelungen zuwiderliefe.

37 Die Hierarchie der Rechtsquellen wird in dem folgenden Schaubild verdeutlicht:

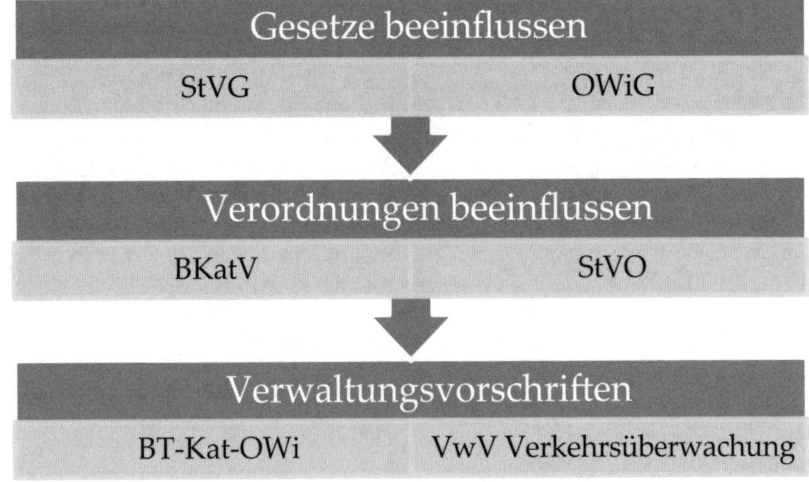


38 Seit dem 9.11.2021 gilt die 14. Auflage des **Bundeseinheitlichen Tatbestandskataloges.** Interessant ist, wie die Gerichte den BT-Kat-OWi juristisch beurteilen.

69 Vgl. zu dem Problem des Abweichens von Regelungen des BT-Kat-OWi gegenüber den Konkurrenzregeln des OWiG *Müller*, Leitfaden, S. 14.

Das *OLG Karlsruhe* hält es für obergerichtlich geklärt, dass außerhalb der Ermächtigung nach § 26a StVG ergangenen Bußgeldkataloge, welche lediglich als verwaltungsinterne Weisung für die gleichmäßige Ahndung gleich gelagerter Verstöße sorgen sollen, für Gerichte nicht verbindlich sind, weshalb die dort genannten Sätze in jeden Einzelfall auf ihre Angemessenheit hin zu überprüfen sind.[70] 39

Nach Ansicht des 2. Strafsenats des *OLG Düsseldorf* handelt es sich beim BT-Kat-OWi um »eine verwaltungsinterne Richtlinie für die Bußgeldbemessung«.[71] Die darin enthaltenen Tatbestände können nach dieser bislang ohne Widerspruch gebliebenen Ansicht für die Bußgeldgerichte »allenfalls grobe Orientierungshilfen darstellen«[72]. Allerdings sollen die Tatbestände der landesinternen Tatbestandskataloge in dem Fall auch durch die Gerichte beachtet werden, »*wenn sie festgestelltermaßen in der Praxis einen breiteren Anwendungsbereich erreicht haben*«.[73] Dieser breite, nämlich bundesweite Anwendungsbereich ist allerdings seit der Einführung des BT-Kat-OWi vorhanden, so dass einer engeren Bindung der Bußgeldgerichte an die Regelsätze des BT-Kat-OWi im Sinne einer Indizwirkung aus Sicht dieser Rechtsprechung kein juristisches Hindernis mehr entgegenstehen dürfte, dazu müssten allerdings die Begrifflichkeiten in BT-Kat-OWi – wie das *OLG Hamm* unlängst zu Recht entschied – vor dem Hintergrund der BKatV noch einmal gründlich auf Stimmigkeit überprüft werden.[74] 40

Der BT-Kat-OWi für Verkehrsordnungswidrigkeiten stellt nach Auffassung des *OLG Hamm* als schlichte Verwaltungsvorschrift des KBA keine eigenständige Rechtsgrundlage für die Höhe einer festzusetzenden Geldbuße dar. Diese juristische Einordnung ist allerdings fehlerhaft; denn bei dem BT-Kat-OWi handelt es sich nicht um eine »schlichte Verwaltungsvorschrift des KBA«, sondern um eine für sämtliche 16 Bundesländer in ihrem Kern, dem Tatbestandskatalog, vereinheitlichte Verwaltungsvorschrift. Dies ist schon allein an der Tatsache erkennbar, dass die Mitarbeiter von Polizei und Bußgeldbehörden mit dem BT-Kat-OWi und dessen TBNR arbeiten, also die dort festgelegten Sanktionen verhängen. Die Mitarbeiter des KBA erhalten lediglich Mitteilungen von den Rechtsanwendern und verarbeiten diese in den vom KBA zu führenden Dateien und Statistiken. Richtig ist demgegenüber die Feststellung des OLG, dass die Regelhöhe der jeweiligen Bußgelder sich – zumindest soweit dort ausdrückliche Bestimmungen getroffen sind – dementsprechend nach der als dem Tatbestandskatalog »übergeordnet« anzusehenden Bußgeldkatalog-Verordnung richtet. Fehlerhaft ist wiederum die Annahme, dass die Angabe der Kennziffer des Tatbestandskatalogs »lediglich Eintragungszwecken in das Verkehrszentralregister« dient; denn die übergroße Mehrheit von ca. 90 % der alltäglich gebrauchten Tatbestandsnummer (so die korrekte Bezeichnung) wird von den Rechtsanwendern gar nicht zum Fahreignungsregister (so die korrekte Bezeichnung) gemeldet, weil es sich um 41

70 *OLG Karlsruhe*, Beschl. v. 23.11.2004 – 1 Ss 93/04, juris.
71 *OLG Düsseldorf*, DAR 2004, 712.
72 *OLG Düsseldorf*, VRS 99, 136.
73 *OLG Düsseldorf*, VerkMitt 2001, Nr. 5 Leitsatz.
74 *OLG Hamm*, Beschl. v. 29.09.2016 – III-1 RBs 90/16, juris, auch zum Folgenden.

Tatbestände aus dem Bereich des Verwarnungsgeldes handelt, die von der Polizei und den kommunalen Bußgeldbehörden oft nicht einmal statistisch erfasst werden, sondern nur nach dem Zugang von mittels Barzahlung oder EC-Karte eingenommenen Verwarnungsgeldern in Summe erfasst werden. Das *OLG Hamm* kommt schließlich zu dem Schluss, dass der Tatbestandskatalog »keine eigenständige Rechtsgrundlage betreffend die Höhe der jeweils festzusetzenden Geldbuße«[75] darstellt. Dieser Aussage ist in vollem Umfang beizupflichten, in dem Sinne, dass nur eine die Verwaltung und Gerichte in gleicher Weise bindende Rechtsverordnung wie die BKatV als »eigenständige Rechtsgrundlage« bezeichnet werden kann, während der BT-Kat-OWi lediglich eine das Ermessen bindende Verwaltungsvorschrift darstellt. Schnittmenge sind die wenigen Tatbestände, die gleichzeitig im BKat wie auch im BT-Kat-OWi vorhanden sind. Die Tatbestandsnummern des bundeseinheitlichen Tatbestandskatalogs und deren inhaltliche Auslegung können dementsprechend nicht allein zur Begründung der Höhe eines festgesetzten Bußgeldes herangezogen werden.

42 Rechtsanwender müssen demnach die isolierten Tatbestände des BT-Kat-OWi besonders kritisch daraufhin prüfen, ob die Auslegungsrichtlinie mit höherrangigem Recht in Einklang steht oder diesem – wie die Entscheidung des *OLG Hamm* hinsichtlich der Auslegung der Fahrzeugart eines Lkw bewiesen hat – inhaltlich widerspricht und daher der Korrektur bedarf.

43 Die Kenntnis des systematischen Aufbaus des BT-Kat-OWi und die Zusammensetzung einer Tatbestandsnummer ermöglichen das Auffinden des richtigen, auf den zu entscheidenden Rechtssachverhalt zutreffenden Tatbestandes. Um die Verstöße korrekt einordnen zu können, sind zunächst einmal vertiefte Grundkenntnisse der einschlägigen materiellen Vorschriften erforderlich. Ein Rechtsanwender muss z.B. wissen, dass es sich bei dem Seitenstreifen einer BAB gem. § 2 Abs. 1 Satz 2 StVO nicht um einen Bestandteil der Fahrbahn handelt, so dass durch die Benutzung des Seitenstreifens zum Zwecke des Vorbeifahrens an einer Fahrzeugschlange gegen das Fahrbahnbenutzungsgebot gem. § 2 Abs. 1 Satz 1 StVO verstoßen wird. Zusätzlich benötigt der Rechtsanwender das Wissen, dass sämtliche Verstöße gegen die Regelungen der StVO im BT-Kat-OWi unter der ersten Ziffer »1« eingeordnet werden und die zweite sowie dritte Ziffer von dem betreffenden Paragrafen der StVO gebildet werden, was in dem Beispiel des eben genannten Vorbeifahrens die Ziffern »02« bedeuten würde. Die Kenntnis der ersten drei Ziffern »102« erleichtert daraufhin erheblich die Sucharbeit im Katalogteil, so dass die entscheidende TBNR zügig gefunden werden kann. Der BT-Kat-OWi ist ein Regelungs- und Nachschlagewerk, das sich ständig im Wandel befindet, was an den 14 vom KBA herausgegebenen Auflagen innerhalb von 19 Jahren deutlich wird. Einerseits kann der Katalog jederzeit und dadurch höchst flexibel durch neue Tatbestände erweitert werden und andererseits können bestehende Tatbestände umformuliert und an die sich verändernden Gegebenheiten der Rechtspraxis angepasst werden.

75 *OLG Hamm*, Beschl. v. 29.09.2016 – III-1 RBs 90/16, Rn. 13, juris.

### 4. Verkehrsüberwachung und Ordnungswidrigkeitenrecht

Zwischen der polizeilichen und kommunalen Tätigkeit der Verkehrsüberwachung 44
und dem Recht der Verkehrsordnungswidrigkeiten besteht eine untrennbare Wechselbeziehung. Beide Rechtsbereiche sind in der Form sachlich eng miteinander verknüpft, dass erst durch eine erfolgreich praktizierte Verkehrsüberwachung Verstöße gegen die Tatbestände des materiellen Ordnungswidrigkeitenrechts entdeckt und beweissicher festgestellt werden können. Neben Polizei und Kommunen stellen auch die Beamten der Bundespolizei, des Zolldienstes und des Bundesamtes für Güterverkehr regelmäßig Verlehrsordnungswidrigkeiten fest, die sie ggf. in Zusammenarbeit mit der Landespolizei oder eigenständig bearbeiten.

Es ist übrigens ein Trugschluss, dass die Verhaltensnormen der StVO zum größten Teil überwacht werden; denn das Gegenteil ist der Fall. Auf einen großen Teil der Verstöße wird die Polizei in ihrer Arbeit erst im Rahmen einer Verkehrsunfallaufnahme aufmerksam. Die allgemeine Vermutung eines hohen Überwachungsdrucks entsteht einzig und allein durch die vielfach entdeckten und geahndeten Massendelikte des Verkehrsrechts, die Geschwindigkeitsverstöße und die Verstöße im ruhenden Verkehr. Die Geschwindigkeitsverstöße werden von der Polizei zu einem großen Teil mittels Lasermessungen und nachfolgenden Anhaltekontrollen und von den Kommunen ausschließlich in Form von mobilen Durchfahrtskontrollen und durch stationäre Geschwindigkeitsmessanlagen beweissicher festgestellt, weil es in fast allen Bundesländern (Ausnahme: Ordnungspolizei Hessen) kommunalen Vollzugsbediensteten allgemein untersagt wird, Anhaltekontrollen von Kraftfahrzeugführern vorzunehmen. Dabei stünde ein verdachtsabhängiges Anhalterecht, d. h. nach dem Beobachten eines Verkehrsdelikts, grundsätzlich auch kommunalen Vollzugsbediensteten zu. Rechtsgrundlage dafür ist das Recht zur Identitätsfeststellung aus § 163b Abs. 1 StPO i.V.m. § 46 Abs. 1 OWiG, das auch für kommunale Ordnungsbehörden und ihre Vollzugsmitarbeiter gilt.[76]

Neben diesen Massendelikten fallen die im Rahmen der Unfallaufnahme festgestellten Delikte prozentual kaum ins Gewicht. So entsteht weitestgehend die Illusion einer sämtliche sicherheitsrelevanten Bereiche des Straßenverkehrs einbeziehenden effizienten Verkehrsüberwachung, die in Wahrheit nicht existiert. Nicht einmal die polizeilich ermittelten Hauptunfallursachen werden in einem akzeptablen Umfang, der dazu geeignet wäre, diese Ursachen permanent und nachhaltig zurückzudrängen, überwacht, weil es den Überwachungsbehörden allenthalben an Personal- und Sachmitteln fehlt. Die staatliche Exekutive lässt es mithin in Bund, Ländern und Kommunen auch weiterhin vermissen, der Verkehrsüberwachung den lebenswichtigen Stellenwert einzuräumen, die der Grundrechtsschutz erfordert. Leidtragende sind einmal mehr Verkehrsunfallopfer und deren Angehörige bzw. Hinterbliebene.

Die Überwachung der Einhaltung von Verkehrsregeln ist inhaltlich untrennbar verbunden mit der Sanktionierung festgestellter Verstöße.[77] Objektiv durch die Exekutive

76 Näher dazu aus Sicht der Polizei *Müller*, Anhalten, S. 382.

77 Ebenso *Gehlert*, Regelbefolgung und wahrgenommene Verkehrsüberwachung in Deutschland, Die POLIZEI 2010, 86.

durchgeführte Maßnahmen und subjektiv von den Verkehrsteilnehmern erlebte Verkehrsüberwachung und Sanktionierung ergeben eine Sanktionswahrscheinlichkeit, die insbesondere für viele Autofahrer immer noch das Maß aller Dinge ihrer Normtreue bedeuten. Ist dieses Verhältnis gestört, verbleibt es auf den Straßen beim Status quo und die Verkehrssicherheit ist der Verlierer.[78]

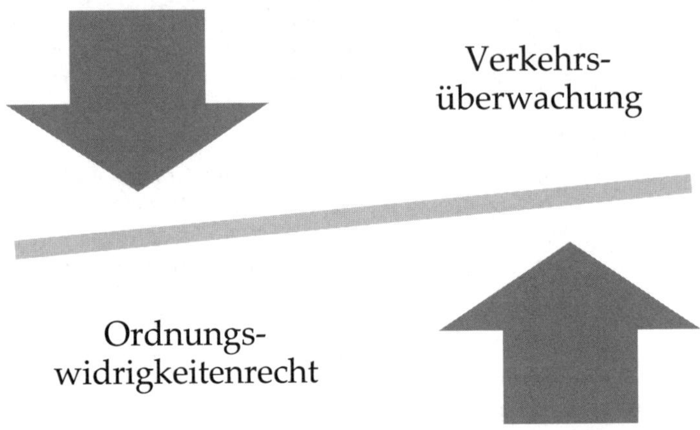


45 Das unverzichtbare Bindeglied zwischen beiden Rechtsgebieten ist in den vielen Fällen der **Kennzeichenanzeigen** eine erfolgreiche **Fahrerermittlung**, die zuweilen einen hohen Personalaufwand erfordert und in vielen Fällen innerhalb der kurzen **Verjährungsfrist** von drei Monaten nicht gelingt.[79] Dem Bundesgesetzgeber wäre es unbenommen, die kurze Verjährungsfrist auf sechs Monate heraufzusetzen, um damit auch den oft notwendigen und zeitaufwändigen Aufenthaltsermittlungen, gerne auch im eoropäischen Ausland, zeitlich gerecht werden zu können.

46 Dabei muss auch die Verkehrsüberwachung innovativ gehandhabt werden und den aktuellen verkehrspolitischen und tatsächlichen Entwicklungen nicht nur statisch folgen, sondern diese in ihrer Arbeit bereits antizipieren. So ist im **Radverkehr** aktuell eine deutliche Zunahme an Verkehrsunfällen mit Fahrzeugführern festzustellen, die mit **Pedelec** und **E-Bike** auf den Straßen unterwegs sind und von denen zahlreiche ihre motorisierten Fahrräder nur unzureichend beherrschen.[80] Für den Bereich der Kraftfahrer ist in den letzten Jahren eine bedeutende und durch die Medien öffentlichkeitswirksam aufbereitete Zunahme von Verstößen gegen das Bilden einer **Rettungsgasse**

78 Dabei bleiben große Überwachungspotenziale ungenutzt, weil den Beamten der Bundespolizei auch weiterhin keine eigenständige Bearbeitung von Verkehrsordnungswidrigkeiten zugebilligt wird und die Überwachungszuständigkeiten der Kommunen sinnwidrig auf den ruhenden Verkehr beschnitten sind.

79 Zu den Problemen der Fahrerermittlung näher *Fromm*, Fahrerermittlung, S. 283 f.

80 Vgl. dazu die Angaben von *Huppertz*, S. 121.

festzustellen, die sogar noch deutlich durch eine Zunahme von Verstößen der Ablenkung von den Fahraufgaben mittels **Smartphones** etc. überboten wird.

Seit dem Inkrafttreten der Elektrokleinstfahrzeuge-Verordnung beschäftigen zudem auch die Verkehrsunfälle mit E-Scootern landauf landab die Polizei und Bußgeldbehörden, was insbesondere an den zahlreichen Verstößen gegen die 0,5-Promille-Regelung des § 24a Abs. 1 StVG deutlich wird. Kaum eine andere Bilanz der Verkehrsüberwachung als diejenige des KBA über die verbotswidrige Nutzung von Mobiltelefonen zeigt nämlich, wie abhängig die Anzahl beweissicher festgestellter und bestandskräftig geahndeter Verstöße vom quantitativen und qualitativen Einsatz des Überwachungspersonals der Polizei ist. Stehen mehr und gut ausgebildete Polizeibeamte für Aufgaben der Verkehrsüberwachung des fließenden Verkehrs zur Verfügung, können auch mehr Fahrzeugführer festgestellt und angehalten werden, die in der einen oder anderen Form den recht komplexen und durch die Reform des Jahres 2017 nicht klarer formulierten Tatbestand des § 23 Abs. 1a StVO verwirklichen.

**Tabelle 1: Verbotswidriges Benutzen des Mobiltelefons: Bundesland; 2011 bis 2015[81] plus 2020 nach Angaben des KBA** 47

| Bundesland | 2011 | 2012 | 2013 | 2014 | 2015 | Δ % 2011—2015 | 2020 |
|---|---|---|---|---|---|---|---|
| Baden-Württemberg | 56.461 | 55.938 | 52.427 | 54.461 | 58.929 | 4,4 | 81.463 |
| Bayern | 80.762 | 81.461 | 71.366 | 72.584 | 55.085 | – 31,8 | 77.931 |
| Berlin | 17.370 | 18.730 | 16.354 | 15.080 | 12.365 | – 28,8 | 14.180 |
| Brandenburg | 11.276 | 9.026 | 8.048 | 8.016 | 6.898 | – 38,8 | 7.295 |
| Bremen | 2.450 | 2.435 | 2.086 | 2.024 | 2.055 | – 16,1 | 1.685 |
| Hamburg | 10.851 | 11.219 | 9.710 | 8.633 | 9.208 | – 15,1 | 6.698 |
| Hessen | 16.169 | 16.484 | 16.400 | 16.995 | 16.241 | 0,4 | 16.803 |
| Mecklenburg-Vorpommern | 6.913 | 8.183 | 7.853 | 9.519 | 8.886 | 28,5 | 10.184 |
| Niedersachsen | 29.339 | 28.289 | 29.049 | 28.160 | 28.441 | – 3,1 | 34.705 |
| Nordrhein-Westfalen | 161.152 | 135.734 | 128.183 | 129.225 | 124.362 | – 22,8 | 111.278 |
| Rheinland-Pfalz | 14.292 | 13.018 | 11.346 | 12.246 | 11.248 | – 21,3 | 16.542 |
| Saarland | 3.366 | 2.848 | 1.798 | 1.444 | 1.647 | – 51,1 | 1.250 |
| Sachsen | 11.819 | 11.052 | 9.540 | 10.397 | 7.930 | – 32,9 | 9.581 |
| Sachsen-Anhalt | 4.135 | 4.115 | 3.562 | 4.702 | 4.092 | – 1,0 | 5.533 |
| Schleswig-Holstein | 10.406 | 10.948 | 10.590 | 11.399 | 10.759 | 3,4 | 13.942 |
| Thüringen | 6.597 | 6.492 | 5.632 | 5.519 | 5.271 | – 20,1 | 4.207 |
| Insgesamt | 443.358 | 415.972 | 383.944 | 390.404 | 363.417 | – 18,0 | 413.277 |

81 https://www.kba.de/DE/Presse/Pressemitteilungen/2016/Allgemein/pm19_16_handyverstoesse.html sowie die Datei va2_2020.

Im Vergleich zu der Zahlenreihe der Jahre 2011 – 2015 ist für das Jahr 2020 eine teilweise veränderte Schwerpunktsetzung zu beobachten. Bislang ist nur eine geringe Anzahl der einzutragenden Delikte auf den so genannten »Beifang« zurückzuführen, der dadurch entsteht, dass ein Verstoß gegen § 23 Abs. 1a StVO anlässlich eines im Rahmen einer Durchfahrtskontrolle (Geschwindigkeit, Rotlicht oder Sicherheitsabstand) erhobenen Beweisfotos erkannt wird. Beide Delikte stehen gem. § 19 OWiG zueinander im Konkurrenzverhältnis der Tateinheit, sodass das Grunddelikt verdrängt würde, wenn dieses im Bereich des Verwarnungsgeldes eingeordnet ist. Ist für das Grunddelikt im BKat ebenfalls ein Bußgeld von mehr als 55 Euro vorgesehen, kann der höhere Regelsatz gem. § 3 Abs. 5 Satz 2 BKatV angemessen erhöht werden.

48 Schlagen die in den letzten Jahrzehnten mit dem nebulösen Ziel eines »schlanken Staates« erfolgten Personalkürzungen der Landtage und **Innenminister** auch weiterhin negativ durch, gibt es weniger Verkehrskontrollen und es werden zwangsläufig weniger Verkehrsdelikte festgestellt. Im **Dunkelfeld** verbleibende Verkehrsdelikte werden nicht geahndet und können durch fehlende Sanktionierung nicht zu einem Umdenken bei den Fahrzeugführern hin zu einer sicheren Verkehrsteilnahme führen.

49 Das kommende große Themenfeld der polizeilichen Verkehrsüberwachung und nachfolgend der Bußgeldbehörden ist die Unfallursache »**Ablenkung**«, die zunehmend im Fokus steht und bundesweit mit allen staatlichen Mitteln zurückgedrängt werden muss.[82] Zu diesem Zweck wurden im Jahr 2017 die StVO und die BKatV reformiert und man darf gespannt darauf sein,[83] wie schnell sich die Fahrzeugführer auf der einen und die Überwachungs- und Bußgeldbehörden auf der anderen Seite auf die neuen Normen einstellen, bis die Gerichte ihre – sicherlich einmal mehr – widerstreitenden Rechtsauffassungen zu den diversen unbestimmten Rechtsbegriffen der neuen Norm des § 23 Abs. 1a StVO publizieren werden.

50 Aufgrund der allenthalben in der Polizei der Bundesländer immer noch vorhandenen Personalknappheit besteht nur eine geringe **objektive Entdeckungswahrscheinlichkeit** dafür, bei einem ordnungswidrigen Verhalten auch tatsächlich angetroffen zu werden. Das **Dunkelfeld** ist bei Verkehrsordnungswidrigkeiten immens, was allein daran sichtbar wird, dass überraschende Kontrollaktionen der Polizei an eher ungewöhnlichen Orten wie z.B. in Baustellenbereichen von Tagesbaustellen mit zeitweisen Geschwindigkeitsbeschränkungen eine enorme Quote von Kraftfahrern ergibt, die diese mittels Zeichen 274 gegebenen Geschwindigkeitsbeschränkungen ignorieren. In enger Verbindung mit diesem Mechanismus steht die **subjektive Entdeckungswahrscheinlichkeit**, d. h. die von den Verkehrsteilnehmern gefühlt wahrgenommene Möglichkeit, bei einem Verkehrsverstoß entdeckt (»erwischt«) zu werden. Sie ist u. a. davon abhängig, wie oft der Verkehrsteilnehmer in seinem örtlichen Bereich die Verkehrsüberwachung bewusst wahrnimmt, aber auch davon, wie oft in den Medien darüber berichtet wird.

82 Vgl. dazu näher *DVR*, S. 6 ff. sowie im Themenband der Beitrag von *Müller*, S. 31 ff.

83 BGBl. I, S. 3549.

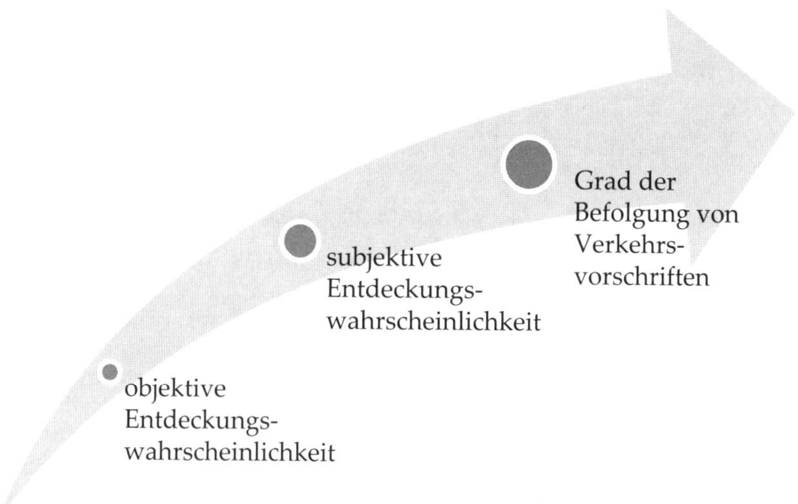


Beide Seiten der Entdeckungswahrscheinlichkeit führen, gemeinsam mit zahlreichen begleitenden Faktoren wie z.B. der Überwachungstaktik und der nur auf den ersten oberflächlichen Blick sinnvollen Bekanntgabe der Örtlichkeiten von Kontrollstellen in den Medien, zu einem gewissen Grad der **Befolgung** verkehrsrechtlicher Normen und die staatliche Maßnahme einer Verwarnung kann – bei konsequenter und systematisch geplanter Umsetzung – in erheblichem Maß zur Verkehrssicherheit auf den Straßen beitragen.[84] 51

Eine bedeutende Rolle in dem Kreislauf aus Verkehrsüberwachung und Sanktionierung spielen Staatsanwaltschaft und Bußgeldgerichte. Ihrer fachlichen Souveränität in allen relevanten Instanzen ist es zu verdanken, wenn der Schutzzweck der Verkehrssicherheit entweder an Bedeutung gewinnt oder an Boden verliert. Eines der zahlreichen Schulbeispiele aus neuerer Zeit bildet die Korrektur einer fachlich vollkommen missglückten amtsgerichtlichen Entscheidung in einem Bußgeldverfahren im Rahmen einer erfolgreich von der StA angestrengten Rechtsbeschwerde durch das Bayerische Oberste Landesgericht. Dessen Senat hatte bei auf einen Einzelfall bezogenen Wahrnehmungen des erkennenden Amtsrichters aus einer früheren Hauptverhandlung über Tatsachen, die unmittelbar für Merkmale des äußeren oder inneren Tatbestandes erheblich oder mittelbar für die Überführung des Betroffenen von wesentlicher Bedeutung sind (hier: Äußerungen eines technischen Sachverständigen zur Plausibilität des Messwertes in einem Parallelverfahren), dessen Fehler korrigiert, dass diese Wahrnehmungen nicht als gerichtskundig behandelt werden dürfen.[85] 52

84 Näher zum Ganzen *Rößger/Schade/Schlag/Gehlert*, S. 20 f., 51 ff., 111 ff.; *Pfeifer/Hautzinger*, S. 3, 7 f.

85 *BayObLG*, Beschl. v. 16.05.2022 – 201 ObOWi 475/22, juris, auch zum Folgenden.

Der Amtsrichter hatte zudem, offenkundig ohne fachliche Begründung durch die scheinbar wenig geläufige Norm des § 17 Abs. 3 OWiG, das laut BKat für den bedeutenden außerörtlichen Geschwindigkeitsverstoß fällige Bußgeld eigenmächtig von 880 Euro auf 240 Euro abgesenkt, was auch als ein deutliches Zeichen für eine Missachtung des Schutzzwecks der BKatV angesehen werden kann, das glücklicherweise vom BayObLG korrigiert wurde.

### 5. Ordnungswidrigkeitenrecht und Fahrerlaubnisrecht

53 Fehlverhalten im Straßenverkehr ist potenziell fahrerlaubnisrelevant und der systematische Zusammenhang zwischen dem Bußgeldrecht und dem Fahrerlaubnisrecht wird schnell sichtbar, wenn man zwei ebenso profane wie wichtige Tatsachen bedenkt. Erstens ist der Gegenstand eines Bußgeldverfahrens zumeist ein Fehlverhalten eines Fahrzeugführers und Fahrerlaubnisinhabers gegen Verhaltensvorschriften im Straßenverkehr. Der betroffene Fahrer hat also regelmäßig Vorschriften des materiellen Rechts nicht beachtet, ob nun vorsätzlich oder fahrlässig, sei erst einmal dahingestellt. Die Vorschriften des materiellen Rechts sind – rechtsdogmatisch betrachtet – nichts anderes als Vorschriften des besonderen Gefahrenabwehrrechts. Um Gefahrenabwehrrecht handelt es sich auch beim Fahrerlaubnisrecht, genauer: beim Fahreignungsrecht.[86]

54 In der Anlage 13 zu § 40 FeV sind die besonders sicherheitsrelevanten Verkehrsverstöße des materiellen Rechts abschließend aufgeführt, die mit der Rechtsfolge der Eintragung von einem bis drei Punkten in das FAER verbunden sind. Ist ein ordnungswidriges Verhalten mit einem Punktwert von einem oder zwei Punkten bewertet, wird einem Betroffenen die Anzahl der Punkte bereits im Bußgeldbescheid mitgeteilt. Auf der gesetzlichen Grundlage von § 28 Abs. 3 StVG werden nur die rechtskräftigen Entscheidungen wegen einer Ordnungswidrigkeit nach den §§ 24, 24a oder § 24c StVG im FAER eingetragen, die in der abschließend gestalteten Anlage 13 zu § 40 FeV aufgeführt sind, wobei gegen den Betroffenen entweder eine Geldbuße von mindestens 60 Euro festgesetzt oder ein Fahrverbot angeordnet wurde.

Aus dem Punktsystem ergibt sich, dass der Gesetzgeber die weitere Straßenverkehrsteilnahme von Kraftfahrern mit einem nicht unerheblichen »Sündenregister« bis zum Erreichen der in § 4 Abs. 5 Satz 1 StVG vorgesehenen Stufen bewusst in Kauf genommen hat.[87] Hiervon darf die Fahrerlaubnisbehörde deshalb nur abweichen, wenn die Verkehrssicherheit und damit die Sicherheit der anderen Verkehrsteilnehmer dies gebieten. Die Gutachtensanordnung wegen eines einmaligen erheblichen oder wegen wiederholter nichterheblicher Verstöße gegen verkehrsrechtliche Vorschriften setzt daher voraus, dass die Fahrerlaubnisbehörde in ihrer Ermessensbetätigung über eine schematische Bezugnahme auf die Verkehrsverstöße hinaus zum Ausdruck bringt, dass

86 Vgl. dazu auch *Dauer*, in: Hentschel/König/Dauer, § 11 FeV Rn. 34 ff.

87 *Bayerischer Verwaltungsgerichtshof*, Beschl. v. 29.07.2021 – 11 CS 21.1504, juris, auch zum Folgenden.

und weshalb sich aus dem Verhalten des Fahrerlaubnisinhabers Eignungsmängel oder -bedenken in charakterlicher Hinsicht ableiten lassen. Sie muss dabei im Einzelnen unter Auswertung aller konkreten Umstände näher begründen, warum sie aus besonderen Gründen im Einzelfall, der sich erheblich vom Normalfall sonstiger Verkehrsteilnehmer mit einem vergleichbaren Punktestand abheben muss, aufgrund einer Würdigung der Gesamtpersönlichkeit des Kraftfahrers oder wegen der Art, der Häufigkeit oder des konkreten Hergangs der Verkehrsverstöße Eignungsbedenken hegt, die sofortige weitergehende Aufklärungsmaßnahmen etwa durch eine medizinisch-psychologische Untersuchung gebieten. Andererseits sind die Anforderungen an die Umstände, die ausnahmsweise ein Abrücken vom Punktsystem ermöglichen, nicht zu überspannen, da die von der Fahrerlaubnisbehörde ergriffene Maßnahme der Beibringung eines medizinisch-psychologischen Gutachtens zur Aufklärung der Eignungszweifel in ihrer Eingriffsintensität deutlich hinter der unmittelbaren Entziehung der Fahrerlaubnis zurückbleibt. Wann ein Ausnahmefall gegeben ist, der ein solches Vorgehen rechtfertigt, lässt sich nicht verallgemeinernd und fallübergreifend beantworten, sondern bedarf einer Würdigung der Umstände des Einzelfalls.

Die fehlende Differenzierung im Bußgeldkatalog ab einer Geschwindigkeitsüberschreitung von mehr als 70 km/h ist als Anhaltspunkt dafür zu sehen, dass gerade in Fällen von Geschwindigkeitsüberschreitungen, die deutlich über 70 km/h liegen, weitere Maßnahmen außerhalb des Fahreignungs-Bewertungssystems möglich und ggf. sogar angezeigt sein dürften.[88] In dem entschiedenen Fall lag die zulässige Höchstgeschwindigkeit bei 80 km/h, wobei der Betroffene die Strecke mit einem Tempo – nach Abzug der Toleranz – von 161 km/h befuhr. Das VG sah einen Verstoß von solcher Erheblichkeit, dass er geeignet ist, charakterliche Eignungsbedenken zu begründen, weil ein Geschwindigkeitsverstoß in der vorliegenden Größenordnung bereits für sich genommen, d.h. ohne das Hinzutreten weiterer, auf außergewöhnliche Rücksichtslosigkeit oder Aggressivität schließen lassende Begleitumstände, eine aus dem Kreis der »normalen Verkehrssünden« herausragende, besonders nachlässige Einstellung gegenüber der Einhaltung von Verkehrsregeln offenbarte, die geeignet sei, Zweifel an der charakterlichen Eignung des Antragstellers hinsichtlich der Teilnahme am motorisierten Straßenverkehr aufkommen zu lassen. Das gelte namentlich, wenn es sich dabei wie im vorliegenden Fall nicht um die einzige erhebliche Geschwindigkeitsüberschreitung handelt.

Ähnlich hohe Geschwindigkeitsverstöße stellen Polizeibeamte aus allen Bundesländern ständig fest, indem sie mit zivilen Videokraftfahrzeugen den fließenden Verkehr überwachen. Sollten sie Verstöße wie in dem vom *VG Freiburg* entschiedenen Fall festgestellten Ausmaß feststellen, sollten zukünftig sämtliche Verstöße ab 81 km/h vorwerfbarer Überschreitung der betreffenden Fahrerlaubnisbehörde mitgeteilt werden, damit eine MPU ggf. angeordnet werden kann. Eine solche Praxis hat das Potenzial, zu einer deutlichen Steigerung der Verkehrssicherheit beizutragen. Die Polizeibeamten

88 *VG Freiburg (Breisgau)*, Beschl. v. 08.01.2019 – 5 K 6324/18, Rn. 13, juris, auch zum Folgenden.

in der Geschwindigkeitsüberwachung und die Sachbearbeiter in den Fahrerlaubnisbehörden müssten nur den Mut dazu haben, dem verfassungsrechtlichen Schutzgebot für die Verkehrssicherheit konsequenter zu folgen als bisher. Dabei handelt es sich im Übrigen sowohl polizeilicherseits, als auch auf Seiten der Kommunen um eine drittschützende Amtspflicht.

55 Manche dieser Verstöße sind dazu geeignet, grundsätzlich die Fahreignung eines Fahrerlaubnisinhabers in Frage zu stellen. Nach § 11 Abs. 3 Nr. 4 FeV kann daher bei einem erheblichen Verstoß oder wiederholten Verstößen gegen verkehrsrechtliche Vorschriften eine **MPU** angeordnet werden.[89] Eine solche Anordnung ist nach § 4 Abs. 1 Satz 3 StVG auch, was nicht allgemein bekannt ist, außerhalb des Fahreignungs-Bewertungssystems möglich, wenn sich aus der bewertenden Sicht der Fahrerlaubnisbehörde die Notwendigkeit ergibt. In einer Gutachtenanordnung wegen der Begehung von Verkehrsverstößen muss die Straßenverkehrsbehörde sich mit den vom Fahrerlaubnisinhaber begangenen Verkehrsverstößen auseinandersetzen. Sie darf sich nicht mit einer tabellarischen Auflistung der Zuwiderhandlungen begnügen. Sie muss darlegen, woraus sich die ausnahmsweise erforderliche Anordnung der Beibringung eines medizinisch-psychologischen Gutachtens ergeben soll.[90] Dass mehrfach nicht unerhebliche Verstöße gegen Verkehrsvorschriften begangen werden, reicht zur Begründung eines besonders gelagerten Einzelfalls, der das Abweichen vom Punktesystem rechtfertigt, allerdings nicht aus.[91] Die Begehung mehrerer, auch nicht unerheblicher Verkehrsordnungswidrigkeiten ist schon regelmäßig Voraussetzung für das Erreichen eines Punktestands von fünf Punkten. Auch die Begehung weiterer Ordnungswidrigkeiten nach einer Ermahnung und die Erteilung einer »gelben Karte« stellen im Rahmen des in § 4 StVG vorgesehenen gestuften Systems keine Besonderheit dar.

Ein solcher Fall des Abweichens gem. § 4 Abs. 1 Satz 3 StVG ist allerdings gegeben, wenn der Betroffene durch erneute Verkehrsverstöße die positive Prognose aus einem früheren Eignungsgutachten widerlegt hat und daher nicht mehr mit hinreichender Sicherheit gewährleistet ist, dass von ihm keine Gefahren für die anderen Verkehrsteilnehmer ausgehen.[92] Ein besonderer Ausnahmefall, der die Fahrerlaubnisbehörde zum Abweichen vom Fahreignungs-Bewertungssystem berechtigt, kann sich auch aus einer Gesamtbetrachtung unter Berücksichtigung der zuletzt begangenen Verkehrsverstöße und der Vorgeschichte dieser Verstöße ergeben. Die Begutachtungsstelle für Fahreignung war in einem aus 2015 datierenden Gutachten zu einer für den Antragsteller positiven Prognose gelangt: Zukünftige Verstöße des Antragstellers gegen verkehrsrechtliche Bestimmungen seien nicht zu erwarten. Dies hatte zur Wiedererteilung der Fahrerlaubnis durch die Antragsgegnerin geführt. Die positive Prognose der Gutachter

89 Vgl. dazu und zum Folgenden näher die Kommentierung von § 11 FeV, in: *Müller/Rebler*, Eignungszweifel sowie die Kommentierung von *Dauer*, in: Hentschel/König/Dauer, § 11 FeV.

90 *VG Bremen*, Beschl. v. 05.12.2018 – 5 V 1804/18, juris.

91 *VG Koblenz*, Beschl. v. 18.06.2020 – 4 L 487/20.KO, Rn. 24, juris, auch zum Folgenden.

92 *VG Braunschweig*, Beschl. v. 28.01.2020 – 6 B 256/19, juris, auch zum Folgenden.

war allerdings durch das Verhalten des Antragstellers widerlegt worden. Er hatte nach der im Juli 2015 erfolgten Wiedererteilung der Fahrerlaubnis erneut Verkehrsverstöße begangen, und zwar einen Rotlichtverstoß im Juni 2016, eine Geschwindigkeitsüberschreitung innerorts um 25 km/h im März 2017 und einen weiteren Geschwindigkeitsverstoß (um 28 km/h) im Januar 2019. Damit war auch unter Berücksichtigung der verkehrswissenschaftlichen Erkenntnisse nicht mehr mit hinreichender Sicherheit gewährleistet, dass von dem Antragsteller keine Gefahren für die anderen Verkehrsteilnehmer ausgehen.

Für die Beantwortung der Frage, ob einer oder mehrere Verstöße gegen verkehrsrechtliche Vorschriften im Sinne des § 11 Abs. 3 S. 1 Nr. 4 FeV vorliegen, kommt es nicht auf den prozessualen, sondern den materiell-rechtlichen Tatbegriff an.[93] Damit gilt der den Täter im Ordnungswidrigkeitenrecht begünstigende Auslegungsgrundsatz der natürlichen Handlungseinheit, der zu einer Tateinheit gem. § 19 OWiG und damit zur Festsetzung nur einer Geldbuße führt, im Fahreignungsrecht nicht. Der Grund dafür ist, dass die verschiedenen Verkehrsverstöße dazu geeignet sind, den Charakter des betreffenden Fahrerlaubnisinhabers im Rahmen einer MPU unter vielerlei Gesichtspunkten zu beleuchten.

**Beispiel:**

Ein Fahrzeugführer, der die zulässige Höchstgeschwindigkeit überschreitet und 56
dabei auch noch mit seinem Smartphone in der Hand telefoniert, handelt tateinheitlich, begeht aber zwei gefährliche Verhaltensverstöße, die auf grundverschiedener Motivation beruhen. Diese Beweggründe können vor dem Hintergrund der Verkehrssicherheit der anderen Verkehrsteilnehmer in einem Explorationsgespräch innerhalb einer MPU hinterfragt werden.

Der Bezug zwischen dem Ordnungswidrigkeitenrecht und dem Fahreignungsrecht 57
wird besonders deutlich an den beiden Tatbeständen des § 24a Abs. 1 und 2 StVG, also dem Führen eines Kfz unter Alkoholeinfluss oder unter Einfluss von Betäubungsmitteln, die in der Anlage zum § 24a StVG abschließend aufgeführt sind. In diesem Tatzusammenhang stellen Polizeibeamte regelmäßig vor Ort der Fahrt durch einen Atemalkoholvortest oder Drogenschnelltest den Konsum dieser Rauschmittel fest, ohne allerdings Beweisanzeichen für eine Straftat gem. § 316 StGB feststellen zu können. In diesen Fällen liegt die Beziehung zwischen der Ordnungswidrigkeit und den in der Anlage 4 zur FeV genannten fahreignungsrelevanten Erkrankungen und Mängeln, von denen die Beeinflussungen durch Alkohol und andere berauschende Mittel eine besondere Rolle spielen, auf der Hand wie der unlängst vom *VG Neustadt (Weinstraße)* entschiedene Fall eines im Rahmen einer Drogenfahrt gem. § 24a Abs. 2 StVG eingestandenen Konsums von Kokain beweist.[94] Es kommt in diesen Fällen des Vorliegens eines vom Verordnungsgeber vorgegebenen Schlusses der Ziff. 9.1 der Anlage 4 zur FeV auf das Nichtvorliegen der Fahreignung zur Abwehr von Gefahren

93 *OVG Lüneburg*, Beschl. v. 29.11.2017 – 12 ME 197/17, juris.
94 *VG Neustadt (Weinstraße)*, Beschl. v. 29.01.2018 – 1 L 54/18.NW, juris.

für andere Verkehrsteilnehmer auf ein schnelles Handeln von Polizei, Bußgeldbehörde und Fahrerlaubnisbehörde an, weil die Fahrerlaubnis bei eingestandenem oder durch Blutanalyse nachgewiesenem Konsum eines anderen berauschenden Mittels als Cannabis die Fahrerlaubnis sofort und unter Sofortvollzug gem. § 3 Abs. 1 StVG i.V.m. §§ 11 Abs. 7, 46 FeV entzogen wird.

58 Regelmäßig entstehen dadurch Bedenken an der Fahreignung des betreffenden Fahrerlaubnisinhabers, die zu einem juristischen Mechanismus führen, indem der Fahrerlaubnisbehörde die entsprechenden Tatsachen durch die Polizei gem. § 2 Abs. 12 StVG und durch die Bußgeldbehörde gem. § 49a OWiG mitgeteilt werden.[95] Die drei Behörden der Exekutive Polizei, Bußgeldbehörde und Fahrerlaubnisbehörde müssen sich, trotz ihrer unterschiedlichen Aufgaben, in ihrer Schnittmenge des Erkennens potenziell gefährlicher Fahrerlaubnisinhaber als eine Einheit mit dem Ziel der Gefahrenabwehr begreifen, um die Gewinne für die Verkehrssicherheit zu optimieren.

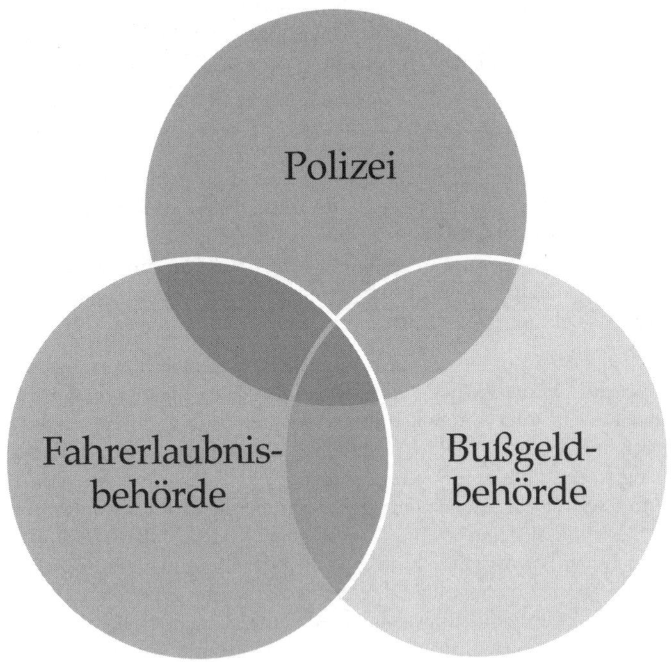


59 Bedenken gegen die Kraftfahreignung können ausnahmsweise jedenfalls dann auch durch die langjährige und hartnäckige Begehung einer Vielzahl von Verkehrsordnungswidrigkeiten entstehen, die nicht mit Punkten bewertet sind, wenn sich darin in Verbindung mit einschlägigen Eintragungen im Fahreignungsregister eine

95 Ausführlich dazu *Müller*, Pflichtmitteilungen, S. 69 ff.

verfestigte gleichgültige Grundeinstellung gegenüber Verkehrsvorschriften jedweder Art offenbart.[96] Verkehrsverstöße, die im Verwarnungsverfahren gerügt werden können, bleiben zwar nach Auffassung des Bundesverwaltungsgerichts grundsätzlich bei der Prüfung der Eignung eines Kraftfahrers unberücksichtigt, aber eine Ausnahme von diesem Grundsatz liegt vor, wenn ein Kraftfahrer selbst nach Ahndung durch eintragungsfähige Bußgeldbescheide die Vorschriften des ruhenden Verkehrs hartnäckig mißachtet.[97] Die Anordnung der Beibringung eines medizinisch-psychologischen Gutachtens zur Überprüfung der Fahreignung ist daher grundsätzlich auch rechtmäßig, wenn der Fahrerlaubnisinhaber wiederholt und massiv gegen Vorschriften des ruhenden Verkehrs verstoßen hat. Ein solcher Fall liegt vor, wenn innerhalb von 19 Monaten mehr als 50 Parkverstöße zumeist am selben Ort begangen wurden.[98]

Sollten demnach im ruhenden Verkehr ständig wiederkehrende Verstöße auffallen, die einem Fahrzeughalter bzw. Fahrzeugführer zugeordnet werden können, sollte die betreffende Bußgeldbehörde bzw. deren Überwachungspersonal ihre Erkenntnisse der Fahrerlaubnisbehörde im selben Hause mitteilen, damit ggf. gem. § 11 Abs. 3 S. 1 Nr. 4 FeV eine MPU angeordnet werden kann. Stellen Bußgeldbehörden demnach alle 1 bis 2 Wochen Verstöße im ruhenden Verkehr derselben Person fest, ist eine Mitteilung dieser Häufung an die Fahrerlaubnisbehörde zu empfehlen. Gleichzeitig ist mit der höchstrichterlichen Entscheidung des *BVerwG* de facto auch mit entschieden worden, dass Verstöße im ruhenden Verkehr im Bereich des Verwarnungsgeldes auch gespeichert werden dürfen, um ggf. auf derartige Eignungsbedenken aufmerksam werden zu können.

### 6. Die Kostentragungspflicht des § 25a StVG

Die ausschließlich für den ruhenden Verkehr geltende Kostentragungspflicht ist vor dem Hintergrund der langjährigen Diskussionen des Deutschen Verkehrsgerichtstages im § 25a StVG gesetzlich verankert worden und am 01.04.1987 in Kraft getreten.[99] 60

Demnach werden dem Halter des Kraftfahrzeugs oder seinem Beauftragten die Kosten des Verfahrens auferlegt, wenn in einem Bußgeldverfahren wegen eines Halt- oder Parkverstoßes der Führer des Kraftfahrzeugs, der den Verstoß begangen hat, nicht vor Eintritt der Verfolgungsverjährung ermittelt werden kann oder seine Ermittlung einen unangemessenen Aufwand erfordern würde.

Zu Recht bezeichnet *König* diese Vorschrift lediglich als »Teillösung«[100] des praktischen Problems der Kennzeichenanzeigen, denn zahlreiche Anzeigen führen nicht zur Ermittlung des Fahrzeugführers zum Zeitpunkt der Tat, insbesondere nicht bei Verstößen im fließenden Verkehr.

96 *Verwaltungsgerichtshof Baden-Württemberg*, Beschl. v. 20.11.2014 – 10 S 1883/14, juris.
97 *BVerwG*, Urt. v. 17.12.1976 – VII C 57.75, juris.
98 *VG Cottbus*, Beschl. v. 22.10.2014 – 1 L 330/14, juris.
99 Näher zur Historie der Vorschrift *Müller*, Ausdehnung, S. 11 ff.
100 *König*, in: Hentschel/König/Dauer, § 25a StVG Rn. 2, näher ders., a.a.O., E96a.

61 Hat die Verwaltungsbehörde im Falle des § 25a des Straßenverkehrsgesetzes eine abschließende Entscheidung getroffen, so beträgt die Gebühr gem. § 107 Abs. 2 OWiG 20 Euro. Hinzu treten gem. § 107 Abs. 3 Nr. 2 OWiG Auslagen für die Zustellung i.H.v. 3,50 Euro, sodass insgesamt ein Betrag i.H.v. 23,50 Euro zu zahlen ist.

Vor dem Hintergrund dieses geringen Betrages findet bei Verstößen im ruhenden Verkehr bei Parksündern, die diesen Betrag kennen, regelmäßig die folgende zweistufige Überlegung statt:

1. Beträgt das Verwarnungsgeld für den Verstoß weniger als 23,50 Euro, sprich: bis zu 20 Euro, wird das mittels Anhörungsbogens angebotene Verwarnungsgeld gezahlt.
2. Beträgt das Verwarnungsgeld für den Verstoß mehr als 23,50 Euro, sprich: ab 25 Euro, erinnert sich der Halter des Fahrzeugs nach Übersendung des Anhörungsbogens nicht mehr daran, welche Person das Fahrzeug zum Zeitpunkt des Verstoßes geführt hat und wartet auf den Kostenbescheid, der dann auch bezahlt wird.

62 Das *Bundesverfassungsgericht* hat durch Beschluss vom 01.06.1989 (2 BvR 239/88) entschieden, dass die Vorschrift des § 25a StVG verfassungsgemäß ist, insbesondere mit dem Rechtsstaatsprinzip sowie den Grundrechten Art. 2 Abs. 1 und Art. 3 Abs. 1 GG im Einklang steht.[101] Vor allen juristischen Bewertungen stellte das Bundesverfassungsgericht im Rahmen seines Beschlusses deutlich die verfahrensrechtliche Notlage der Bußgeldbehörden heraus, indem es deren tatsächliche Grundlagen ausführlich und wie folgt schilderte:

> *»Seit Beginn der 70er Jahre wurde beobachtet, daß Halter in zunehmendem Maße ihre Mitwirkung bei der Ermittlung des Fahrzeugführers versagten. Halter lehnten entweder jede Aufklärung darüber ab, wem sie ihren Wagen überlassen hatten und üblicherweise zur Verfügung stellten, oder sie beriefen sich darauf, sich nicht mehr an den für den Tatzeitpunkt in Betracht kommenden Fahrer erinnern zu können. In erheblichem Umfang machten Halter auch geltend, daß ihr Fahrzeug von einem nahen Familienangehörigen gefahren werde, dessen Namen sie wegen Ausnutzung ihres Schweige- oder Aussageverweigerungsrechts nicht preisgeben müßten. Andere Halter verwiesen auf Fahrer, die für die Behörden nicht erreichbar sein konnten, wie etwa ein angeblich wieder in das Ausland zurückgekehrter Freund oder ein angeblich unter vielen anderen in Betracht kommender Kaufinteressent.«*[102]

Der beschließende Senat des *BVerfG* konstatierte zwar mittels der neuen Regelung des § 25a StVG eine Abweichung von der im Ordnungswidrigkeitenrecht geltenden Regelung, die Verfahrenskosten nur demjenigen aufzuerlegen, der die Kosten auslösende Tat begangen oder deren Verfahrenskosten vorwerfbar verursacht hat. Aber diese Abweichung sei durch »das auch sonst im Straßenverkehrsrecht geläufige Zurechnungsprinzip« gerechtfertigt, dass »der Halter neben dem in erster Linie verantwortlichen

---

101 *BVerfG*, Beschl. v. 01.06.1989 – 2 BvR 239/88, 1205, 1533 u. 1095/87, NZV 1989, S. 398 ff.

102 *BVerfG*, a.a.O., S. 398.

Fahrer für die nachteiligen Folgen einzustehen hat, die durch den Betrieb eines Kfz verursacht werden.«[103] Auch verstoße die Regelung nicht gegen den Schuldgrundsatz, weil die Kostenregelung des § 25a StVG keine »Sanktion im Sinne einer strafähnlichen Maßnahme«[104] sei, sondern erst nach Abschluss des Bußgeldverfahrens und ohne eine Zuweisung von Schuld eingreife. Zudem habe die Kostenregelung auch im Vergleich mit einer Verwarnung keinen Strafcharakter, weil diese als »rein präventive Maßnahme« einzustufen sei und überdies »keinen ethischen Schuldvorwurf« in sich trage und aus den vorgenannten Gründen »nicht mit einer Kriminalstrafe oder einer vergleichbaren Sanktion gleichgesetzt werden«[105] könne. Schließlich beeinträchtige die Kostentragungspflicht auch weder das Zeugnisverweigerungsrecht, noch das Schweigerecht eines Halters und wirke auch nicht als »Zwang zur Selbstbezichtigung«.

Das Gericht erwog im Verlauf des Verfahrens unter dem Gesichtspunkt des Gleichheitssatzes auch eine gesetzlich mögliche generelle Kostentragungspflicht der Fahrzeughalter für Verstöße nicht nur im ruhenden, sondern auch im fließenden Verkehr. Das *BVerfG* hielt die Haltung des Gesetzgebers für sachlich richtig, aus pragmatischen Gründen auf eine generelle Kostentragungspflicht zu verzichten, weil dieser mit Rücksicht auf verbesserte ermittlungstechnische Einrichtungen davon ausgehe, bei Verstößen im fließenden Verkehr hätten die Behörden und Gerichte bessere Möglichkeiten zur Aufklärung und damit auch zur Überbürdung der Kosten auf den in erster Linie verantwortlichen Fahrer. Diese Prämisse des *BVerfG* beruht auf dem Gedanken, dass die technischen Möglichkeiten der Feststellung von Verkehrsverstößen regelmäßig auch zur Feststellung des Fahrers zum Zeitpunkt der Tat führen, was der Realität der Fahrerermittlung im Bußgeldverfahren in ihrer Absolutheit nicht entspricht.

Die Verwaltungsbehörde ist dazu verpflichtet, zusätzlich zu einer Windschutzschei- 63
benverwarnung bei Parkverstoß einen schriftlichen Anhörungsbogen an den Fahrzeughalter zu versenden. Die Versendung des Anhörungsbogens gehört zum angemessenen Aufwand iS des § 25a Abs. 1 StVG.[106] Reagiert der Halter nicht auf den versandten Anhörungsbogen, ist es der Verwaltungsbehörde auch noch zumutbar, die schriftliche Anhörung nochmals förmlich zuzustellen. Es muß in der schriftlichen Anhörung nicht nur auf die allgemeine Kostentragungspflicht des Halters gem § 25a Abs. 1 StVG, sondern auch auf die Höhe der Kosten hingewiesen werden.

Ohne eine rechtzeitige Anhörung des Halters darf ein Kostenbescheid nach § 25a StVG gegen den Halter nicht erlassen werden.[107] Zu einem angemessenen Aufwand der Täterermittlung gehört auch die rechtzeitige Befragung des Halters. Es ist nicht hinreichend gewährleistet, dass eine »Scheibenwischerverwarnung« zur Kenntnis des Halters gelangt. Hierbei sind lebensnah vielfältige Ursachen, angefangen von bloßem Vergessen bis zur Nichtwahrnehmung des Zettels, möglich. Auch ist im Hinblick auf

103 *BVerfG*, a.a.O., ebd.
104 *BVerfG*, a.a.O., S. 399.
105 *BVerfG*, a.a.O., ebd., auch zum Folgenden.
106 *AG Würzburg*, Beschl. v. 23.08.1989 – 2 OWi 125/89, juris, auch zum Folgenden.
107 *AG Straubing*, Beschl. v. 23.08.2021 – 9 OWi 441/21, juris, auch zum Folgenden.

die Begrifflichkeiten des eingetragenen Halters, der nicht zwingend immer die Verfügungsgewalt über das Fahrzeug hat, für den Fahrer nicht zu überblicken bzw. einsehbar, wer als Halter zu benachrichtigen ist.

Für die Anhörung des Halters gelten hinsichtlich der Beschreibung des Tatvorwurfs die gleichen Maßstäbe wie für den Bußgeldbescheid. Eine unter falscher Benennung des Tatorts erfolgte Anhörung genügt nicht den Anforderungen des § 25 a Abs. 1 S. 1 StVG und führt zur Aufhebung des Kostenbescheids.[108]

64 Die Rechtsprechung zieht bei dem Umfang der Ermittlungsbemühungen zu Recht und mit ausdrücklicher Billigung des *BVerfG* eine Parallele zu den Ermittlungen der Verwaltungsbehörde im Rahmen der Auferlegung einer Pflicht zum Führen eines Fahrtenbuchs gem. § 31a StVZO.[109] Demnach hängen Art und Ausmaß der Ermittlungen insbesondere von der Art des jeweiligen Verkehrsverstoßes und der Bereitschaft des Kraftfahrzeughalters zur Mitwirkung bei der Feststellung des Fahrers ab.[110] Die Behörde darf ihre Bemühungen um die Feststellung des Fahrzeugführers vorrangig an den Erklärungen des Fahrzeughalters ausrichten und aus seinem Verhalten im Ordnungswidrigkeitenverfahren ggf. auf fehlende Mitwirkungswirkungsbereitschaft schließen.

Erteilt der Halter konkrete Hinweise auf den verantwortlichen Fahrzeugführer, etwa, dass der Ehepartner »das Fahrzeug in Ausübung seiner beruflichen Tätigkeit nutze«, sind Ermittlungen dahingehend nicht unverhältnismäßig.[111] Die Kosten eines Bußgeldverfahrens dürfen auch nicht ohne weitere Ermittlungen einem Unternehmen als Halter eines bei einem Parkverstoß angetroffenen Kfz auferlegt werden, wenn der Verwaltungsbehörde rechtzeitig vor Verjährungsbeginn bekannt geworden ist, dass ein konkreter Mitarbeiter sich, wenn auch ohne Namensangabe, in einem Schreiben an die Behörde dazu bekannt hat, das Fahrzeug zur Tatzeit geführt zu haben.[112]

Der Behörde kann auch keine Ermittlungsnachlässigkeit vorgeworfen werden, wenn sie dem Hinweis des Beschwerdeführers auf Namen und Adresse des für den Verstoß angeblich verantwortlichen US-Bürgers nicht nachging. Dessen Anhörung in den USA hätte nur entsprechend den Regeln der internationalen Rechtshilfe erfolgen können. Im Blick auf den Bagatellcharakter des Tatvorwurfs konnte dies bedenkenfrei als unangemessener Ermittlungsaufwand gewertet werden.[113]

Diese Feststellung des *BVerfG* eines unverhältnismäßig hohen Ermittlungsaufwands gilt für sämtliches Vorbringen von Haltern, die behaupten, eine bestimmte Person mit Wohnsitz im Ausland habe den Verstoß im ruhenden Verkehr begangen.

108 *AG Tiergarten*, Beschl. v. 19.06.2020 – 297 OWi 130/20, juris.

109 *BVerfG*, Beschl. v. 01.06.1989 – 2 BvR 239/88, BVerfGE 80, 109–124, Rn. 42.

110 *BayVGH*, Beschl. v. 01.04.2019 – 11 CS 19.214, Rn. 14, juris, auch zum Folgenden.

111 *AG Tübingen*, Beschl. v. 03.04.2020 – 16 OWi 713/20, Rn. 27, juris.

112 *AG Aachen*, Beschl. v. 15.05.1995 – 49 OWi 11/95, juris.

113 *BVerfG*, Beschl. v. 01.06.1989 – 2 BvR 239/88, BVerfGE 80, 109–124, Rn. 43.

Die Feststellung, wer das Kraftfahrzeug zur Tatzeit einer mit ihm begangenen Geschwindigkeitsüberschreitung geführt hat, ist in der Regel unmöglich im Sinne der § 31a StVZO, wenn sich der befragte Fahrzeughalter erkennbar weigert, an der Aufklärung des Verkehrsverstoßes sachdienlich mitzuwirken.[114]

Aus § 31a StVZO kann nicht geschlossen werden, die Polizei sei verpflichtet, bestimmte Ermittlungsmethoden anzuwenden, insbesondere etwa den Täter auf frischer Tat zu stellen. Es gilt vielmehr der allgemeine Grundsatz, dass die Polizei in sachgerechtem und rationellem Einsatz der ihr zur Verfügung stehenden Mittel nach pflichtgemäßem Ermessen die Maßnahmen zu treffen hat, die in gleichliegenden Fällen erfahrungsgemäß zum Erfolg führen. Lehnt der Halter erkennbar die Mitwirkung an der Aufklärung des Verkehrsverstoßes ab, so ist es der Polizei regelmäßig nicht zuzumuten, wahllos zeitraubende, kaum Aussicht auf Erfolg bietende Ermittlung zu betreiben.[115]

Das Verkehrsverbot in Umweltzonen ist dem ruhenden Verkehr zuzuordnen, weswegen § 25a StVG beim Halten oder Parken in einer Umweltzone ohne Plakette anwendbar ist.[116] Auf der Plakette i.S.v. § 3 35. BImSchV i.V.m. Nr. 46 zu Anl. 2 zur StVO (§ 41 StVO) muss das aktuelle Kennzeichen des jeweiligen Fahrzeugs eingetragen sein.[117] Auch das abgeparkte Fahrzeug erfüllt den Bußgeldbestand, da es ebenfalls »am Verkehr teilgenommen« hat. Teilnahme am Straßenverkehr meint auch das Parken. Dies ergibt sich schon aus der herkömmlichen Definition zu § 1 Abs. 1 StVO, wonach sich verkehrserheblich verhält, wer körperlich und unmittelbar durch aktives Tun oder Unterlassen auf den Ablauf eines Verkehrsvorgangs einwirkt, wozu auch das Abstellen des Fahrzeugs im Verkehrsraum oder das Parken gehört. 65

Auch wenn ein Kraftfahrzeug in einer Umweltzone ohne (gültige) Plakette im Sinne des § 3 der 35. BImSchV lediglich geparkt war, kann dies nach § 49 Abs. 3 Nr. 4 StVO als Verkehrsordnungswidrigkeit des Kraftfahrzeugführers geahndet werden. Wird ein Kraftfahrzeug ohne (gültige) Plakette und damit ordnungswidrig in einer Umweltzone geparkt, stellt dies eine der Kostenregelung des § 25a Abs. 1 Satz 1 StVG unterfallende Anlassordnungswidrigkeit (»Parkverstoß«) dar.[118]

Die Kostenvorschrift des § 25a StVG gilt auch im gerichtlichen Verfahren bei einem Parkverstoß und kann so trotz Freispruchs zu einer Kosten- und Auslagentragung des Betroffenen führen.[119] Das Gericht konnte in dem betreffenden Fall feststellen, dass das fragliche Fahrzeug zur fraglichen Zeit auf der Autobahn an der genannten Stelle abgestellt war. Das Gericht konnte jedoch nicht feststellen, dass der Betroffene der Fahrzeugführer war, der das Fahrzeug dort abgestellt hat. 66

114 *BVerwG*, Urt. v. 17.12.1982 – 7 C 3/80, juris.

115 *BVerwG*, Beschl. v. 09.12.1993 – 11 B 113/93, juris.

116 *AG Hannover*, Beschl. v. 30.04.2020 – 210 OWi 194/20, Rn. 8, juris; näher *König*, in: Hentschel/König/Dauer, § 25a StVG Rn. 5.

117 *OLG Hamm*, Beschl. v. 24.09.2013 – III-1 RBs 135/13, juris, auch zum Folgenden.

118 *OLG Düsseldorf*, Beschl. v. 26.02.2020 – IV-2 RBs 1/20, juris.

119 *AG Dortmund*, Urt. v. 16.07.2019 – 729 OWi 168/19, juris, auch zum Folgenden.

67 Zwischen dem Betreiber eines privaten Parkplatzes und dem Fahrzeugführer kommt ein Vertrag über die Nutzung eines Fahrzeugabstellplatzes zustande, indem der Fahrzeugführer das als Realofferte in der Bereitstellung des Parkplatzes liegende Angebot durch das Abstellen des Fahrzeugs annimmt.[120] Verstößt der Fahrzeugführer gegen die Parkbedingungen und verwirkt er dadurch eine Vertragsstrafe (»erhöhtes Parkentgelt«), haftet der Halter des Fahrzeugs hierfür nicht. Ein Anscheinsbeweis dafür, dass der Fahrzeughalter auch der Fahrzeugführer ist, besteht nicht. Den Fahrzeughalter, den der Betreiber eines unentgeltlichen Parkplatzes als Fahrzeugführer auf ein »erhöhtes Parkentgelt« in Anspruch nimmt, trifft jedoch eine sekundäre Darlegungslast. Um seine Fahrereigenschaft wirksam zu bestreiten, muss er vortragen, wer als Nutzer des Fahrzeugs im fraglichen Zeitpunkt in Betracht kommt. In bestimmten Fällen ist es aber Sache der Gegenpartei, sich im Rahmen der ihr nach § 138 Abs. 2 ZPO obliegenden Erklärungspflicht zu den Behauptungen der beweispflichtigen Partei substanziiert zu äußern. Eine sekundäre Darlegungslast trifft den Prozessgegner der primär darlegungsbelasteten Partei in der Regel dann, wenn die primär darlegungsbelastete Partei keine nähere Kenntnis der maßgeblichen Umstände und auch keine Möglichkeit zur weiteren Sachaufklärung hat, während der Bestreitende alle wesentlichen Tatsachen kennt und es ihm unschwer möglich und zumutbar ist, nähere Angaben zu machen. Die sekundäre Darlegungslast führt weder zu einer Umkehr der Beweislast noch zu einer über die prozessuale Wahrheitspflicht und Erklärungslast (§ 138 Abs. 1 und 2 ZPO) hinausgehenden Verpflichtung des in Anspruch Genommenen, dem Anspruchsteller alle für seinen Prozesserfolg benötigten Informationen zu. Genügt der Anspruchsgegner seiner sekundären Darlegungslast nicht, gilt die Behauptung des Anspruchstellers nach § 138 Abs. 3 ZPO als zugestanden.

Interessant und auch bei Verstößen im ruhenden Verkehr zitierfähig sind in diesem Zusammenhang auch aus rechtsethischen Gesichtspunkten die Überlegungen des *BGH* zur Wahrheitspflicht:[121]

*»Im Gegensatz dazu ist es dem Halter, der unter Beachtung seiner prozessualen Wahrheitspflicht (§ 138 Abs. 1 ZPO) bestreitet, selbst gefahren zu sein, regelmäßig auch noch mit einem gewissen zeitlichen Abstand ohne weiteres möglich, jedenfalls die Personen zu benennen, die im fraglichen Zeitraum die Möglichkeit hatten, das Fahrzeug als Fahrer zu nutzen. Ein solcher für ein substanziiertes Bestreiten erforderlicher Vortrag – mit dem dem Halter nicht die Pflicht auferlegt wird, dem Vermieter alle für seinen Prozesserfolg benötigten Informationen zu verschaffen – ist ihm auch unschwer möglich und zumutbar, da er es regelmäßig in der Hand hat, wem er das Fahrzeug überlässt. Dass zu den zu benennenden Personen dann gegebenenfalls auch Angehörige zählen, steht der Zumutbarkeit nicht entgegen.«*

120 *BGH*, Urt. v. 18.12.2019 – XII ZR 13/19, juris, auch zum Folgenden.
121 *BGH*, Urt. v. 18.12.2019 – XII ZR 13/19, Rn. 41, juris, auch zum Folgenden.

# Kommentierung

## § 1 Bußgeldkatalog

**(1) Bei Ordnungswidrigkeiten nach den §§ 24, 24a und 24c des Straßenverkehrsgesetzes, die in der Anlage zu dieser Verordnung (Bußgeldkatalog – BKat) aufgeführt sind, ist eine Geldbuße nach den dort bestimmten Beträgen festzusetzen. Bei Ordnungswidrigkeiten nach § 24 des Straßenverkehrsgesetzes, bei denen im Bußgeldkatalog ein Regelsatz von bis zu 55 Euro bestimmt ist, ist ein entsprechendes Verwarnungsgeld zu erheben.**

**(2) Die im Bußgeldkatalog bestimmten Beträge sind Regelsätze. Sie gehen von gewöhnlichen Tatumständen sowie in Abschnitt I des Bußgeldkatalogs von fahrlässiger und in Abschnitt II des Bußgeldkatalogs von vorsätzlicher Begehung aus.**

Übersicht



### 1. Absatz 1

Im ersten Absatz der BKatV wird deren sachlicher Geltungsbereich umrissen. Dabei werden neben der **Blankettvorschrift** des § 24 StVG auch die zwei bedeutenden Spezialvorschriften der §§ 24a und 24c StVG aufgeführt. 1

### 2. Blankettvorschrift § 24 StVG

Blankettstrafgesetze ersetzen nach der höchstrichterlichen Rechtsprechung des *BVerfG* die Beschreibung des Straftatbestandes durch Verweisung auf eine Ergänzung in demselben Gesetz oder in einem anderen Gesetz gegebenenfalls auch künftigen Gesetzen, Rechtsverordnungen oder Satzungen.[1] Hierbei ist es nicht notwendig, dass diese von derselben rechtssetzenden Instanz oder Institution erlassen werden. Zu beachten ist bei Blankettvorschriften (für das Ordnungswidrigkeitenrecht der einzig passende Begriff) regelmäßig die Tatsache, dass der Gesetzgeber die Festlegung des Normeninhalts teilweise nur mit Hilfe zum Teil langer, über mehrere Ebenen gestaffelter, unterschiedlich variabler Verweisungsketten erreicht, die bei gleichzeitiger Verzweigung in die Breite den Charakter von Kaskaden annehmen und dadurch die praktische Erkennbarkeit 2

1 *BVerfG*, Beschl. v. 05.12.2017 – 2 BvL 12/17, Rn. 15, juris, auch zum Folgenden.

der maßgebenden Rechtsgrundlage selbst für erfahrene Rechtspraktiker leiden kann. Die Adressaten der verschiedenen Verhaltensnormen, die Verkehrsteilnehmer, sind von derartigen verschachtelten Normzusammenhängen fachlich vollkommen überfordert und der Verordnungsgeber sollte sich ernsthaft Gedanken darüber machen, dass er mit seinen Normen und Normenkatalogen überhaupt noch von den Verkehrsteilnehmern verstanden wird. Das ist übrigens auch eine relevante Rechtsproblematik des Verbotsirrtums gem. § 11 OWiG, die insbesondere durch die Tatsache an praktischer Bedeutung gewinnen kann, dass auch die Rechtspraktiker in Polizei und kommunalen Behörden mangels Detailkenntnissen vielfach nicht dazu in der Lage sind, Verkehrsteilnehmern die rechtlichen Zusammenhänge der für sie geltenden Verkehrspflichten korrekt zu erläutern (Stichwort: unvermeidbarer Verbotsirrtum).

Der § 24 Abs. 1 ist eine solche Blankettvorschrift, d.h. er verweist auf Vorschriften in speziellen Rechtsverordnungen, die ihrerseits auf § 24 verweisen. Eine solche Verweisung bedeutet rechtlich den Verzicht darauf, den Text der in Bezug genommenen Vorschriften in vollem Wortlaut in die Verweisungsnorm aufzunehmen.[2]

3 Ein Beispiel für eine solche Verweisungskette: Der § 49 StVO zählt in seinen vier Absätzen sämtliche ordnungswidrige Verhaltensweisen und Zustände auf, die nach den Regelungen der StVO möglich sind. In den Absätzen 1 bis 4 des § 49 StVO erfolgt jedoch jeweils ein Rückverweis auf die gesetzliche Regelung des § 24 StVG. Daraus wird deutlich, dass ordnungswidriges Handeln jeweils aus einer Wechselbeziehung zweier Rechtsquellen resultiert. Ein Verhalten wird dadurch ordnungswidrig, dass es gegen eine der Regelungen der StVO verstößt, die in § 49 StVO aufgezählt sind und diese Ordnungswidrigkeiten sind durch die höherrangige Vorschrift des § 24 StVG nicht nur gesetzlich legitimiert, sondern zwingend aufeinander bezogen. Bezugsnormen auf Verordnungsebene sind ebenfalls die Ordnungswidrigkeitentatbestände, die in den §§ 75 FeV, 48 FZV, 14 eKFV sowie 69a StVZO abschließend aufgeführt sind, d.h. im Umkehrschluss, dass darin nicht aufgeführte Regelungen keinen Ordnungswidrigkeitentatbestand erfüllen und ein Fehlverhalten daher nicht bußgeldrechtlich geahndet werden kann. Das wohl bekannteste Beispiel für eine derartige, nicht als Ordnungswidrigkeit zu ahndende Verhaltensregelung ist das Gebot zur gegenseitigen Rücksichtnahme aus § 1 Abs. 1 StVO, das allerdings als haftungsausfüllende Regelung zivilrechtlich sehr wohl Bedeutung erlangen kann.[3]

4 Die Vorschrift des § 24 ist verfassungsgemäß[4] und wird zu Recht als der praktisch »bedeutsamste Bußgeldtatbestand«[5] angesehen, weil er untrennbar mit den einzelnen Ordnungswidrigkeiten der Spezialverordnungen verbunden ist.

---

2 *BGH*, Beschl. v. 10.01.2017 – 5 StR 532/16, BGHSt 62, 13–22, Rn. 9.

3 Vgl. dazu die Entscheidung des *OLG Karlsruhe*, Urt. v. 02.04.2020 – 9 U 86/19, Rn. 43, juris, zur Abwägung der Verursachungsbeiträge im Rahmen des § 254 BGB bei einem Verstoß gegen das Rechtsfahrgebot gem. § 2 Abs. 2 StVO i.V.m. dem Rücksichtnahmegebot des § 1 Abs. 1 StVO.

4 *BVerfG*, NJW 1969, 1619.

5 *Hühnermann*, in: Burmann/Heß/Hühnermann/Jahnke, § 24 StVG Rn. 1.

### 3. Ordnungswidrigkeiten

Der Bereich der Ordnungswidrigkeiten, in dem eine repressive Rechtskontrolle erfolgt, umgreift nach Auffassung des *BVerfG* alle Gesetzesübertretungen, die nach allgemeinen gesellschaftlichen Auffassungen nicht als (kriminell) strafwürdig gelten, beurteilt demnach Fälle mit geringerem Unrechtsgehalt, die sich von den kriminellen Vergehen durch den Grad des ethischen Unwertgehaltes unterscheiden.[6] 5

Dabei ist das Ordnungswidrigkeitenverfahren ein notwendiges Verfahren, um die in den Gesetzen und Verordnungen normierten Ordnungswidrigkeitentatbestände von Seiten der staatlichen Verwaltung und Justiz auf rechtmäßige Weise abarbeiten zu können. Eine Geldbuße ist dabei als übliche staatliche Sanktion auf eine Ordnungswidrigkeit die Unrechtsfolge für eine tatbestandsmäßige, rechtswidrige und vorwerfbare Handlung (§ 1 Abs. 1 OWiG). Sie ist eine gesetzlich legitimierte Möglichkeit, die Einhaltung öffentlich-rechtlicher, dem Ziel der **Gefahrenabwehr** dienender Vorschriften durchzusetzen. Zwar hat die Geldbuße in ihren Auswirkungen dadurch zunächst einen eher repressiven Charakter, ihr kann aber auch eine spezialpräventive Wirkung nicht abgesprochen werden, weil die betroffene Person sich die staatliche Sanktion bzw. die Verwarnung in der Idealvorstellung des Gesetzgebers zum Anlass für ein zukünftig normgemäßes Verhalten nehmen soll. 6

Die Vorschrift des § 1 OWiG beschreibt die Legaldefinition einer Ordnungswidrigkeit, die für alle Ordnungswidrigkeiten, auch die große Mehrheit der außerhalb des OWiG formulierten Tatbestände gilt. Die Unrechtsfolge ist das bestimmende Element dieser Definition: die Geldbuße. Die Begriffsbestimmung knüpft also an die angedrohte Rechtsfolge der Geldbuße an. Was eine Ordnungswidrigkeit ist, bestimmt der Gesetzgeber dadurch, dass er für einen bestimmten Tatbestand eine Geldbuße androht. Ein **Gesetz** i. S. v. § 1 OWiG ist immer ein Gesetz im materiellen Sinn. Die Geldbuße kann daher auch in einer Rechtsverordnung oder auch in einer kommunalen Satzung angedroht werden. Allerdings muss in diesen Fällen die Ermächtigung zu dieser Bußgeldandrohung in einem formellen Gesetz, also durch den Gesetzgeber des Bundes oder eines Bundeslandes erfolgen. Die Bußgeldandrohung kann sich auch in einem Blankett-Gesetz finden und durch den Tatbestand einer Rechtsverordnung ausgefüllt werden. Dies trifft z.B. für das Verhältnis zwischen § 24 StVG i.V.m. § 49 StVO und § 69 a StVZO zu, die beide zusammen den weitaus größten Teil der Verkehrsordnungswidrigkeiten repräsentieren. 7

**Eine Handlung** ist jede willensgesteuerte Tätigkeit eines Menschen, die damit grundsätzlich zu unterscheiden ist von denjenigen Vorgängen, die ohne Mitwirkung des menschlichen Willens und seiner Steuerung ablaufen: nicht zu den Handlungen gehören daher Bewegungen bei Bewusstlosigkeit oder etwa unkontrollierbare körperliche Reaktionen wie z.B. bei epileptischen Anfällen. Geht die Verursachung eines Verkehrsunfalls erwiesenermaßen auf einen Anfall des Unfallverursachers zurück, der medizinisch als eine sog. »Erstmanifestation« zu bewerten ist, darf diese Verursachung weder strafrechtlich, noch ordnungswidrigkeitenrechtlich zum Nachteil des 8

6 *BVerfG*, Beschl. v. 16.07.1969 – 2 BvL 2/69, BVerfGE 27, 18–36, Rn. 30.

Unfallverursachers bewertet, sondern muss als schicksalhaftes Ereignis hingenommen werden.[7] Der materielle Handlungsbegriff des OWiG unterscheidet sich nicht von dem des StGB, die unterschiedliche Terminologie »Tat« im Kriminalstrafrecht und »Handlung« bei Ordnungswidrigkeiten bedeutet dogmatisch gesehen keine inhaltliche Differenzierung: Sie soll lediglich der unterschiedlichen Bedeutung und dem unterschiedlichen ethischen Unrechtsgehalt beider Vorwürfe Rechnung tragen. Unter Handlung ist allerdings nicht nur eine direkte in einer Vorschrift geforderte Aktivität zu verstehen, sondern dazu zählt auch das **Unterlassen einer geforderten Handlung,** zu der der Betroffene (gesetzlich) verpflichtet ist. In der behördlichen Praxis werden dennoch die Betroffenen auch weiterhin mit dem systematischen Oberbegriff für Handlungen und Unterlassungen als »Täterinnen« und »Täter« bezeichnet werden können.

9 Von dem materiellen **Handlungsbegriff** ist der prozessuale Handlungsbegriff zu unterscheiden, der nach den durch die Rechtsprechung angewandten Regelungen der Auslegung im Rahmen der Konkurrenzen zwischen mehreren vorliegenden Tatbeständen zu berücksichtigen ist. Demnach wird eine einheitliche Tat im Sinne des § 264 StPO unter bestimmten Voraussetzungen auch dann angenommen, wenn sachlich-rechtlich mehrere selbständige Handlungen vorliegen.[8] Es ergeben sich in vielen Fällen aus mehreren Handlungen, ungeachtet ihrer jeweiligen sachlich-rechtlichen Selbständigkeit, einheitliche Lebensvorgänge, die damit verfahrensrechtlich als eine Tat angesehen werden. Die Einzeltaten gehen in diesen Fällen nicht nur äußerlich ineinander über, sondern sind auch innerlich sehr eng miteinander verknüpft, weil ihr jeweiliger Unrechts- und Schuldgehalt nicht ohne Berücksichtigung der Umstände, unter denen es zur anderen Tat gekommen ist, beurteilt werden kann. Eine Trennung würde vor diesem Hintergrund als eine »unnatürliche Aufspaltung eines einheitlichen Lebensvorgangs«[9] erscheinen und damit zu ungerechten Beurteilungen führen.

Dennoch darf die systematische Verquickung und Überdeckung materieller Taten und prozessualer Taten nicht dazu führen, dass Täterinnen und Täter, die mehreren verkehrsrechtlichen Handlungs- und Unterlassungpflichten zuwiderhandeln, gegenüber Täterinnen und Tätern, die nur ein Delikt begehen, prozessual derart bevorzugt behandelt werden, dass ein Ungleichgewicht entsteht. Würde dem so sein, könnte bei Täterinnen und Tätern leicht die Idee und Haltung aufkommen, der Rechtsstaat gewähre Vielfachtätern einen »Sanktionsrabatt«, der auch für die Zukunft ausgenutzt werden könne.

10 Der Erlaß eines wirksamen Bußgeldbescheides ist Verfahrensvoraussetzung für das gerichtliche Bußgeldverfahren.[10] Ein Bußgeldbescheid kann wirksam nicht von einem

---

7 Vgl. dazu den Fall des *Bayerischen Landessozialgerichts*, Urt. v. 28.05.2003 – L 2 U 296/00, Rn. 3, juris, bei dem ein beginnender Hirninfarkt eine Kollision zweier Kfz auslöste. Selbstverständlich bleibt die zivilrechtliche Eintrittspflicht der Kfz-Haftpflichtversicherung gegenüber dem Verkehrsunfallopfer davon unberührt.

8 *BGH*, Urt. v. 05.11.1969 – 4 StR 519/68, BGHSt 23, 141–151, Rn. 13, in Fortführung der Rechtsprechung des *Reichsgerichts* aus RGSt 61, 314.

9 *BGH*, Urt. v. 05.11.1969 – 4 StR 519/68, BGHSt 23, 141–151, Rn. 14.

10 *BGH*, Beschl. v. 05.02.1997 – 5 StR 249/96, Rn. 14 f., juris, auch zum Folgenden. Der *BGH* hätte anstatt des Begriffs »Schuld« dogmatisch besser den in § 1 Abs. 1 OWiG gebräuchlichen Begriff der »Vorwerfbarkeit« genutzt.

Computer erlassen werden. Wirksamkeitsvoraussetzung ist vielmehr, daß der Bußgeldbescheid auf einem – für den Betroffenen erkennbaren und nachprüfbaren – Willensakt der Behörde, letztlich also eines Bediensteten der Behörde, beruht, wobei die Behörde durch ihren Bediensteten zu prüfen hat, ob sie aufgrund des ermittelten Sachverhaltes, der auch das Anhörungsergebnis umfasst, die Überzeugung von der Schuld des Betroffenen gewonnen hat und eine Ahndung nach pflichtgemäßem Ermessen für geboten hält. Dabei bedarf der Bußgeldbescheid – wie Verwaltungsbescheide in vergleichbaren Fällen einer Unterschrift nicht, weil nach § 66 OWiG jedenfalls die einfache Schriftform genügt.

In einem **Bußgeldbescheid** ist der Sachverhalt, in dem die Verwaltungsbehörde den Tatbestand einer Ordnungswidrigkeit erblickt, unter Anführung der Tatsachen, die die einzelnen Tatbestandsmerkmale erfüllen, als geschichtlicher Lebensvorgang so konkret zu schildern, dass dem Betroffenen erkennbar wird, welches Tun oder Unterlassen Gegenstand der Ahndung sein soll, gegen welchen Vorwurf er sich daher verteidigen muss.[11] Nur dann ist ein rechtsstaatliches Verfahren gewährleistet. Der Umfang der Tatschilderung wird auch hier maßgeblich von der Gestaltung des Einzelfalls und der Art der verletzten Vorschrift bestimmt. Da das Bußgeldverfahren eine schnelle und Verwaltungskosten einsparende Ahndung der Ordnungswidrigkeiten bezweckt, verbietet sich eine ausführliche Schilderung von selbst; auch ein in Rechtsfragen unerfahrener Bürger muss jedoch den Vorwurf verstehen können. Ein Bußgeldbescheid, der den Vorwurf enthält, der Betroffene habe zu bestimmter Zeit an einem bestimmten Ort mit einem bestimmten Fahrzeug einen Verkehrsunfall (mitverschuldet) verschuldet, bildet daher nach Auffassung des *BGH* auch dann eine ausreichende Verfahrensgrundlage, wenn nähere Angaben über den Unfall und das dem Betroffenen zur Last gelegte Fehlverhalten fehlen.

Es gehört jedoch nicht zu den Verfahrensvoraussetzungen des gerichtlichen Bußgeldverfahrens, dass der Erlass des Bußgeldbescheides in einer für Außenstehende erkennbaren Weise aktenmäßig dokumentiert ist.[12]

Die Bußgeldbemessung liegt nach einem Einspruch grundsätzlich im Ermessen des 11
Tatrichters. Ihre Überprüfung durch das **Rechtsbeschwerdegericht** hat sich darauf zu beschränken, ob der Tatrichter von rechtlich zutreffenden Erwägungen ausgegangen ist und von seinem Ermessen rechtsfehlerfrei Gebrauch gemacht hat.[13] Sind demnach durch das Amtsgericht die Feststellungen rechtsfehlerfrei getroffen und ist der Lebenssachverhalt erschöpfend behandelt worden, überprüft das Rechtsbeschwerdegericht lediglich noch, ob keine besonderen Umstände vorliegen, die ein Abweichen von der Regelsanktion rechtfertigen könnten.[14]

11 *BGH*, Beschl. v. 08.10.1970 – 4 StR 190/70, BGHSt 23, 336–342, Rn. 4, auch zum Folgenden.

12 *BGH*, Beschl. v. 05.02.1997 – 5 StR 249/96, juris.

13 *OLG Braunschweig*, Beschl. v. 20.10.2015 – 1 Ss (OWi) 156/15, Rn. 10, juris.

14 *OLG Düsseldorf*, Beschl. v. 16.02.2017 – IV-1 RBs 264/16, Rn. 13, juris.

### 4. Absatz 2

12 Die Vorschrift des § 1 Abs. 2 BKatV behandelt die Bedeutung der Regelsätze und erläutert deren Bestandteile.

### 5. Regelsätze

13 Untrennbar mit dieser Vorschrift ist der Rechtsmechanismus verbunden, wonach jeweils der zutreffende Regelsatz des BKat auf einen Tatbestand einer Verkehrsordnungswidrigkeit angewendet wird, also als Verwarnungsgeld angeboten wird oder als Sanktion im Bußgeldbescheid zu finden ist. Bevor dieser Anwendungsschritt geschieht, muss von den Rechtsanwendern aber zunächst geprüft werden, ob es sich bei der vorliegenden Handlung um einen Regelfall handelt.

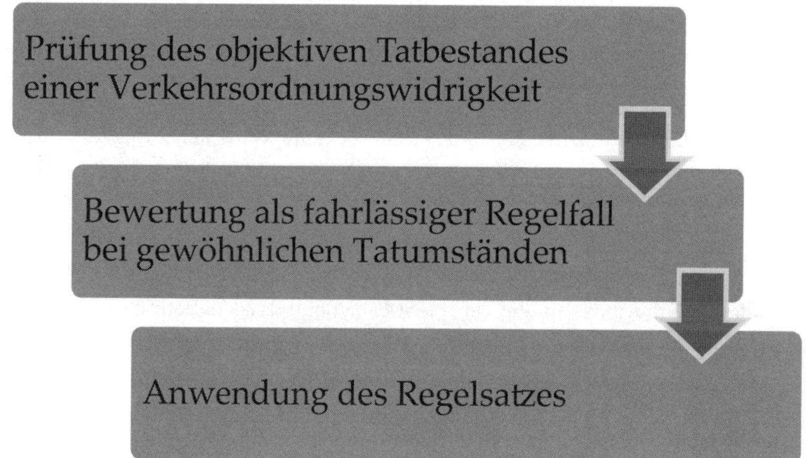


14 Die im BKat festgelegten Regelsätze passen nicht auf 100 % aller im Straßenverkehr begangenen und auch tatsächlich verfolgten Verkehrsordnungswidrigkeiten, sondern nur auf diejenigen Fallgestaltungen, die in ihrem objektiven und subjektiven Tatbestand nicht positiv oder negativ aus der Masse aller Fälle herausragen.[15] Niemals sind, wie durch den Wortlaut »**Regelfall**« suggeriert wird, zwei Fallgestaltungen im öffentlichen Straßenverkehr vollkommen identisch. Sie unterscheiden sich entweder in der handelnden Person oder deren Tatmotivation, im Ort der Handlung, in der begangenen Ordnungswidrigkeit, in der Tatzeit oder in den zu dieser Zeit vorherrschenden Verkehrs- und Umweltbedingungen. Sämtliche vorgenannten Kriterien lassen keine pauschale Betrachtungsweise durch die Sachbearbeiter zu, diese wäre vor dem Hintergrund einer grundrechtlich verbotenen Ungleichbehandlung sogar rechtswidrig. Aber gerade diese pauschale Betrachtungsweise bildete die Motivation

15 Näher *Müller*, Zur Höhe, S. 218.

des Gesetzgebers und des Verordnungsgebers für den Erlass der BKatV und sie ist es, die zu einer Vereinfachung des Verwaltungsverfahrens führen soll. Sachbearbeiter von Bußgeldbehörden und Polizei beachten diesen grundlegenden Zwiespalt zwischen pauschaler Betrachtungsweise und individueller Gerechtigkeit im Regelfall nicht. Sie würden sonst ihre mühselige Arbeit nicht bewältigen können. Daher werden ähnliche Fälle – wie z.B. maschinell festgestellte Geschwindigkeits-, Abstands- und Rotlichtverstöße – nach bekannten Schemata abgearbeitet und es wird nur dann von dieser ebenso notwendigen wie vereinfachenden Arbeitsweise abgewichen, wenn Besonderheiten von den Betroffenen oder deren Rechtsbeiständen oder auch von den Zeugen erkannt worden sind und im Verfahren schriftlich geltend gemacht oder festgehalten wurden. Ein einfaches Beispiel dafür ist ein vom Betroffenen eingestandenes vorsätzliches Verhalten, das nicht als Regelfall vorsätzlichen Verhaltens im Abschnitt II des BKat aufgeführt ist. Im Einzelfall ist daher sowohl in objektiver, als auch in subjektiver Hinsicht zu prüfen, ob eine Abweichung von der Regelahndung geboten ist.[16]

Bei Verhängung der Regelgeldbußen nach der BKatV sind – unabhängig von der Bußgeldhöhe im Einzelfall – grundsätzlich keine näheren Ausführungen zu den **wirtschaftlichen Verhältnissen** des Betroffenen in den Urteilsgründen erforderlich. Eine Ausnahme von diesem Grundsatz besteht nur dann, wenn tatsächliche Anhaltspunkte dafür vorliegen, dass die wirtschaftlichen Verhältnisse außergewöhnlich gut oder schlecht sind. Die **Arbeitslosigkeit** des Betroffenen ist regelmäßig als Anhaltspunkt für außergewöhnlich schlechte wirtschaftliche Verhältnisse anzusehen.[17] Ist der Betroffene ein **Student**, wird den Anforderungen des § 17 Abs. 3 Genüge getan, wenn die bei Studenten regelmäßig zugrunde zu legenden schlechteren Einkommensverhältnisse bei der Bußgeldbemessung verwertet werden.[18] Im amtsgerichtlichen Urteil sind Feststellungen zu den wirtschaftlichen Verhältnissen des Betroffenen entbehrlich, solange die im Bußgeldkatalog vorgesehene Regelgeldbuße verhängt wird und sich keine Anhaltspunkte ergeben, dass die wirtschaftlichen Verhältnisse des Betroffenen außergewöhnlich gut oder schlecht sind.[19] 15

Eine Ausnahme von der gerichtlichen Aufklärungspflicht über die wirtschaftlichen Verhältnisse des Betroffenen bei einer Geldbuße von über 250 € kommt in einem Fall in Betracht, wenn der Bußgeldrichter die bereits im Bußgeldbescheid festgesetzte Regelgeldbuße nach der BKatV verhängt, sich der anwaltlich vertretene Betroffene unter Berufung darauf, keine weiteren Angaben zur Sache machen zu wollen, von der Pflicht zum Erscheinen entbinden lässt, und auch sein vertretungsberechtigter Verteidiger nicht zur Hauptverhandlung erscheint, womit zum Ausdruck gebracht wird, dass der Frage einer fehlenden oder verminderten Leistungsfähigkeit nicht weiter 16

16 *AG Miesbach*, Urt. v. 30.06.2015 – 11 OWi 51 Js 10592/15, Rn. 39, juris.

17 *OLG Hamm*, Beschl. v. 20.03.2012 – 3 RBs 441/11, III-3 RBs 441/11, juris.

18 *OLG Düsseldorf*, Beschl. v. 11.07.1990 – 2 Ss (OWi) 186/90 – OWi 45/90 III, NZV 1990, 486.

19 *OLG Frankfurt*, Beschl. v. 19.01.2017 – 2 Ss-OWi 1029/16, juris, im Anschluss an *OLG Celle*, Beschl. v. 01.12.2014 – 321 SsBs 133/14, juris.

nachgegangen werden muss, der Betroffene also in der Lage ist, diese Geldbuße zu zahlen.[20] Ein Gericht hat es bei der Festsetzung eines Bußgeldes wegen fahrlässigen Führens eines Kraftfahrzeuges unter Cannabiseinfluss nach Auffassung des *OLG Koblenz* angemessen zu berücksichtigen, wenn der Betroffene wirtschaftlich nicht dazu in der Lage ist, ein Bußgeld von 1.000 € zu zahlen, weil er darlegt, dass er nur über ein monatliches Einkommen von 400 € verfügt und zusammen mit seinem Ehepartner, der Krankengeld bezieht, für zwei unterhaltsberechtigte Kinder zu sorgen hat.[21] Allerdings sollten die Gerichte ebenso den Fakt berücksichtigen, dass Betroffene, die illegale Betäubungsmittel konsumiert und unter diesem Einfluss ein Kraftfahrzeug geführt haben, immerhin auch das Geld für den Erwerb der nicht gerade preisgünstigen Drogen gehabt haben. Es wäre nämlich nicht gerade hilfreich, wenn ggf. das bei einer ermäßigten Geldbuße eingesparte Geld in den fortlaufenden Konsum von Drogen reinvestiert wird.

17 Die beiden Formulierungen aus Abs. 1 Satz 1 »ist eine Geldbuße … festzusetzen« und aus Abs. 1 Satz 2 »ist ein entsprechendes Verwarnungsgeld zu erheben« werden von manchen Mitarbeitern von Polizei und Bußgeldbehörden in dem Sinne missverstanden, dass bei Vorliegen von Verkehrsordnungswidrigkeiten in allen möglichen Fällen Verwarnungsgelder angeboten bzw. Bußgelder ausgesprochen werden müssen. Eine solche Auslegung ist rechtswidrig, weil sie de facto das Opportunitätsprinzip der §§ 47, 53 OWiG außer Kraft setzt und die Möglichkeit einer Verwarnung ohne Verwarnungsgeld gem. § 56 Abs. 1 Satz 2 OWiG i.V.m. § 2 Abs. 2 BKatV ignoriert.[22]

18 Eine zu 100 % der zu entscheidenden Fälle zu einer monetären Ahndung führende Auslegung von § 1 Abs. 1 Satz 1 und 2 BKatV ist nach keiner anerkannten juristischen Auslegungsmethode gerechtfertigt. Vielmehr sind Satz 1 und Satz 2 dahingehend zu verstehen, dass in den Fällen, in denen sich die Rechtsanwender überhaupt dazu entschieden haben, eine Geldbuße oder ein Verwarnungsgeld zu erheben, grundsätzlich nicht von den im BKat festgelegten Beträgen abgewichen werden darf, es sei denn es läge eine Rechtsgrundlage für eine Abweichung vor.

### 6. Gewöhnliche Tatumstände

19 Die BKatV benennt in ihrem § 1 Abs. 2 mit der fahrlässigen Begehung im Abschnitt I und der vorsätzlichen Begehung im Abschnitt II des Bußgeldkataloges, jeweils in Verbindung mit **gewöhnlichen Tatumständen** die wichtigsten Voraussetzungen für die Anwendbarkeit eines Regelsatzes. Im juristischen Umkehrschluss bedeutet die Regelung, dass diese genormten Regelsätze bei außergewöhnlichen Tatumständen nicht gelten, sondern dass von den Regelsätzen mindernd oder erhöhend abgewichen werden muss, wenn derartige Abweichungen amtlich festgestellt wurden, weil dann die Regelfallkonstruktion nicht mehr passt. Ähnlich wie im Strafverfahren ist es, wenn ein Ordnungswidrigkeitenverfahren vor Gericht geht, letztendlich die ureigene Aufgabe

20 *OLG Koblenz*, Beschl. v. 21.12.2016 – 2 OWi 3 SsBs 86/16, juris.
21 *OLG Koblenz*, a.a.O., ebd.
22 Vgl. dazu näher *Müller*, Leitfaden, S. 54 f.

des Tatrichters, auf der Grundlage der Ergebnisse der Beweisaufnahme die angemessene Geldbuße zu bestimmen, wobei die Regelsätze des BKat als Zumessungsrichtlinien im Rahmen des § 17 Abs. 3 OWiG wirken.[23] In den Bußgeldbehörden, die bundesweit Millionen Verfahren bewältigen müssen, verbleibt in der Regel keine Zeit, zwischen gewöhnlichen und außergewöhnlichen Tatumständen zu unterscheiden. Aufgrund der durch Personalknappheit bedingten Verfahrensökonomie werden in aller Regel ohne nähere Sachprüfung gewöhnliche Tatumstände angenommen und der Regelsatz als Verwarnungsgeld angeboten oder im Bußgeldbescheid angesetzt. Der von dem Bußgeldgericht gegenüber dem Bußgeldbescheid vorgenommenen Erhöhung der Geldbuße stehen Gesichtspunkte des Verschlechterungsverbotes (Verbot der reformatio in peius) nicht entgegen.[24] Der Einspruch eines Betroffenen hat den Inhalt, dass der vorläufige Spruch der Verwaltungsbehörde, der das Bußgeldverfahren zum Abschluss bringen soll, abgelehnt wird. Der Einspruch ist daher ein Rechtsbehelf eigener Art, denn er führt im gerichtlichen Verfahren nicht zu einer Nachprüfung der getroffenen Verwaltungsentscheidung, die nur einen vorläufigen Charakter hat. Durch den Einspruch verliert der Bußgeldbescheid seine Bedeutung einer vorläufigen Entscheidung und behält nur noch die Bedeutung einer tatsächlich und rechtlich näher bezeichneten Beschuldigung. Aus diesem Wesen des Bußgeldbescheides und des Einspruchs folgt, dass das Verschlechterungsverbot (Verbot der reformatio in peius) nach einem Einspruch nicht gilt.

Für den Fall, dass eindeutig vorsätzliche Tatbegehung nachgewiesen werden kann, ist 20
zunächst einmal festzustellen, dass ein in seiner Höhe der Geldbuße auf fahrlässige Begehung ausgerichteter Regelsatz nicht passen kann. Zu ungleich und im Ergebnis ungerecht würden dadurch fahrlässig handelnde Täter behandelt werden, die z.B. lediglich im Bereich der unbewussten Fahrlässigkeit gehandelt hätten und über einen gleich hohen Regelsatz mit einem Vorsatztäter gleichgestellt würden. Liegt vorsätzliches Handeln vor, wäre die Anwendung des Regelsatzes rechtswidrig. Da jedoch Betroffene durch eine solche Bewertung begünstigt werden, kommen derartige vorschnelle Fehlbewertungen nur sehr selten vor die Bußgeldgerichte, die das Recht haben, von den Bewertungen der Bußgeldbehörde abzuweichen.

Die BKatV hält außer den wenigen Tatbeständen des Abschnitts II keine spezielle 21
Regelung für die Bearbeitung der Fallsituation bereit, dass vorsätzliches Handeln festgestellt worden ist. Bei einem näheren Blick in die praktischen Auslegungsrichtlinien des BT-Kat-OWi wird man indes fündig und erkennt in der Ziff. 7.1 des Vorwortes zum BT-Kat-OWi die auf diese Fallgestaltung passende Regelung, die dazu berechtigt, die Regelgeldbuße insbesondere bei vorliegendem Vorsatz zu überschreiten. Die vorgenannte Regelung eröffnet den Rechtsanwendern für das Abweichen von den Regelsätzen einen Ermessensspielraum, der bei Erfüllen bestimmter Vorbedingungen auf

23 *Brandenburgisches Oberlandesgericht*, Beschl. v. 20.02.2017 – (1) 53 Ss-OWi 56/17 (34/17), Rn. 19, juris.

24 *Brandenburgisches Oberlandesgericht*, Beschl. v. 20.02.2017 – (1) 53 Ss-OWi 56/17 (34/17), Rn. 27, juris, auch zum Folgenden.

zweierlei Art und Weise ausgeschöpft werden kann. Einmal können Regelsätze ermäßigt werden und in der anderen Richtung können Regelsätze erhöht werden.

22 Die genannten Möglichkeiten des BT-Kat-OWi zur Erhöhung oder Ermäßigung von Bußgeldern sind nichts anderes als ein Ausdruck des gesetzlichen Prinzips aus § 17 Abs. 3 OWiG, wonach als Grundlage für die Zumessung einer Geldbuße der Grad der Vorwerfbarkeit der Tat gegenüber dem Täter und die Bedeutung der Ordnungswidrigkeit herangezogen werden müssen.[25] Ein etwaiges Missverhältnis zwischen der Bedeutung eines Verstoßes und der Höhe der verhängten Geldbuße ist durch die Bußgeldbehörde und das Bußgeldgericht zu vermeiden.[26]

23 Zur rechtmäßigen Ahndung von Verkehrsordnungswidrigkeiten wird daher ein System von Vorschriften benötigt, das sich am Grundrecht auf Gleichbehandlung gem. Art. 3 Abs. 1 GG orientiert und für die Verkehrsteilnehmer ebenso transparent wie berechenbar ist. Zudem muss das System in sich stimmig konstruiert sein und bedarf für die Rechtsanwender einfacher Handhabungsregelungen, damit die Fehlerrate in der tagtäglichen Rechtspraxis möglichst gegen Null tendiert. Diese Grundsätze gelten nicht nur für das Verfahren, sondern auch für die Höhe der im Ergebnis der Gesamtprüfung festzusetzenden Verwarnungsgelder und Geldbußen.

24 Für die überwiegende Mehrzahl der Regelfälle ordnungswidrigen Handelns wird diese Bewertung vorweggenommen durch die Tatbestände mit Regelsätzen aus BKat und BT-Kat-OWi. Dennoch sind Abweichungen nach oben oder unten stets möglich.

Eine solche Abweichung nach oben erklärt auf eine verständliche Weise das *OLG Celle*, bei dessen Fall gewöhnliche Tatumstände gerade nicht mehr gegeben waren und vielmehr abweichend gemäß § 17 Abs. 3 OWiG auf Grundlage der Bedeutung der verwirklichten Ordnungswidrigkeit, des den Betroffenen treffenden Vorwurfs sowie seiner vom Amtsgericht festgestellten wirtschaftlichen Verhältnisse im Rahmen des nach § 24 Abs. 2 StVG i.V.m. § 17 Abs. 2 OWiG eröffneten, wegen fahrlässiger Begehung hingegen geminderten, Bußgeldrahmens eine deutliche Abweichung oberhalb vom Regelsatz geboten war.[27] Die Fallgestaltung stellte sich wie folgt dar:

»Bei der Verwirklichung des Verkehrsverstoßes war hingegen zu berücksichtigen, dass der Betroffene die für ihn gesperrte Fahrspur mit einer sehr hohen Geschwindigkeit von 123 Kilometern pro Stunde befuhr. Die Geschwindigkeit lag somit schon über derjenigen zulässigen Höchstgeschwindigkeit, als die Fahrspur noch auf dem linken Fahrstreifen freigegeben war. Weiter war zu beachten, dass der Verkehrsfluss durch sukzessive Reduzierung der Geschwindigkeit in Form eines Geschwindigkeitstrichters für den fließenden Verkehr verlangsamt werden sollte. Flankierend wurde dem fließenden Verkehr ab dem Kilometer 282,110 und wiederholt ab dem Kilometer 280, 470 eine bevorstehende Autobahnbaustelle neben der für die rechte und mittlere Fahrspur

25 Näher *König*, in: *Hentschel/König/Dauer*, § 24 StVG Rn. 47 f.

26 *OLG Koblenz*, Beschl. v. 26.08.2011 – 1 SsBs 63/11, BeckRS 2011, 23016.

27 *OLG Celle*, Beschl. v. 05.08.2019 – 1 Ss (OWi) 11/19, Rn. 39 ff., juris, auch zum Folgenden.

angeordneten Geschwindigkeitsbegrenzung durch Einblendung des Zeichens 123 der Anlage 1 zur Straßenverkehrsordnung (Arbeitsstelle) signalisiert.

Aufgrund der Gesamtumstände diente die Anordnung der vollständigen Sperrung durch das Dauerlichtzeichen »rote gekreuzte Schrägbalken« daher vornehmlich der Absicherung des herannahenden Baustellenbereichs für Wartungsarbeiten im bzw. am Fahrbahnbereich. Bereits die dem Gefahrenzeichen zuzuordnende Einblendung mahnt die Verkehrsteilnehmer nach § 40 Abs. 1 StVO zu erhöhter Aufmerksamkeit, insbesondere zur Verringerung der Geschwindigkeit im Hinblick auf eine Gefahrensituation. Indem der linke Fahrstreifen daher dem allgemeinen Verkehrsraum entzogen war, bestand die Möglichkeit, dass dieser für andere Zwecke beispielsweise durch Bedienstete der nahen Baustelle frequentiert wurde. Allein dies macht die erhebliche Gefahrenträchtigkeit des durch den Betroffenen begangenen Verstoßes gegen die Lichtzeichenregelung auch unabhängig vom Vorliegen einer konkreten Gefährdung augenscheinlich. Das dem Betroffenen nachgewiesene Verkehrsverhalten stellt eine erhebliche Gefährdung für das Leben von Personen dar, die sich auf gesperrten Verkehrsflächen vermeintlich sicher vor fließendem Verkehr wähnen. Indem der Betroffene sich daher in fahrlässiger Art und Weise im Sinne einer zumindest großen Nachlässigkeit zugunsten des eigenen Fortkommens über das Nutzungsverbot des für ihn gesperrten Verkehrsraum hinwegsetzte, war ihm mithin ein gewichtiges Fehlverhalten anzulasten, das den sonst üblichen Grad des Verstoßes gegen § 37 Abs. 3 S. 2 StVO deutlich überstieg, wobei in diesem Rahmen auch von Gewicht war, dass der Betroffene die gesperrte Fahrspur mit einer außerordentlich hohen Geschwindigkeit von 123 km/h befahren hat.

Im Rahmen einer Gesamtwürdigung aller Umstände des konkreten Einzelfalls kommt der Senat daher im hier vorliegenden Einzelfall zur Annahme, dass das Tatbild vom Durchschnitt der erfahrungsgemäß vorkommenden Fälle in objektiver oder subjektiver Hinsicht so erheblich abweicht, dass ein atypischer Verstoß im Sinne eines besonders verantwortungslosen Verhaltens und damit grober Verstoß gegen das Fahrstreifenbenutzungsverbot vorliegt, der die Regelsanktion als unangemessen niedrig erscheinen lässt."

Der BKat sieht in seiner lfd. Nr. 132 einen Tatbestand für einen Verstoß gegen die Verhaltensvorschrift des § 37 Abs. 3 Satz 2 StVO (Fahrstreifenbenutzungsverbot bei rot gekreuzten Schrägbalken) vor. Ein solcher Tatbestand findet sich allerdings auch im BT-Kat-OWi in dessen TBNR 137648 mit dem Wortlaut: "Sie missachteten das Dauerlichtzeichen »rot gekreuzte Schrägbalken«. In beiden Katalogen ergibt sich dafür ein Bußgeld i.H.v. 90 Euro. Das *OLG Celle* sah das vom *AG Bückeburg* ausgesprochene Bußgeld i.H.v. 485 Euro ebenso als rechtmäßig an wie das zweimonatige Fahrverbot.

Liegt ein Verkehrsverstoß vor, für den im Bußgeldkatalog eine Regelsanktion vorgese- 25
hen ist und stellt das Gericht **Milderungsgründe** oder erschwerende Umstände fest, so muss es zu erkennen geben, dass es diese besonderen Umstände erkannt und berücksichtigt hat mit der Folge, dass der für den Regelfall vorgesehene Betrag unterschritten

oder erhöht wird.[28] Dabei können insbesondere **Vorbelastungen** – auch nicht einschlägige – zu einer Erhöhung führen. Insgesamt muss die Höhe der Geldbuße jedoch zu dem Grad des vorwerfbaren Handelns des Täters in einem angemessenen Verhältnis stehen. Den Urteilsgründen muss zu entnehmen sein, ob das Gericht von der im Bußgeldkatalog vorgesehenen und damit bindenden Regelbuße ausgegangen ist.

### 7. Objektive und subjektive Tatumstände

26 **Objektive Tatumstände**, die sich auf eine Änderung des Regelsatzes, aber auch auf die Festlegung eines Fahrverbotes auswirken können, lassen sich aus der Bedeutung der Ordnungswidrigkeit, d.h. aus ihrem sachlichen Gehalt und ihrer Stellung im Gesamtgefüge aller Verkehrsordnungswidrigkeiten ableiten. Vor diesem Hintergrund wird die konkret begangene Ordnungswidrigkeit in der Hinsicht näher betrachtet, dass der Grad möglicher Beeinträchtigungen oder Gefährdungen für andere Personen oder Sachen ermittelt wird. Dies geschieht aufgrund des Erfahrungsschatzes der Rechtsanwender.

27 Gewöhnliche Tatumstände liegen z.B. bei einem Verstoß gegen die Wartepflicht an einer **Bahnschranke** nicht vor, wenn das Verhalten des Betroffenen nicht zu einer Gefährdung anderer Verkehrsteilnehmer geführt hat, wenn der Betroffene einen beschrankten **Bahnübergang** nach Passieren des Zuges bei noch rotem Licht überquert, während sich die Schranken öffnen, wie es in der Regel bei Verstößen gegen § 19 Abs. 2 Nr. 2 StVO der Fall ist.[29] Daher kann in einem solchen Fall eines gefahrlosen »Frühstarts« das für einen Regelfall festgesetzte Bußgeld (nach der lfd. Nr. 89b.2 BKat wären es 240 Euro, verbunden mit einem Fahrverbot von einem Monat) ermäßigt und auf das Fahrverbot verzichtet werden. Auf ein Bußgeld kann jedoch nicht verzichtet werden, weil immerhin noch das rote Licht passiert wurde und damit ein **Formalverstoß** gegeben war. Auch ein so genannter »**Mitzieheffekt**« kann die Regelsanktion als unangemessen hoch erscheinen lassen und kommt in den wenigen Fällen in Betracht, in denen ein Kraftfahrer bei für ihn rotem Wechsellicht zunächst ordnungsgemäß anhält, dann aber aufgrund einer momentanen Unachtsamkeit ohne Gefährdung anderer langsam in den geschützten Bereich einfährt.[30]

Ein objektiver Tatumstand, der zu einer Erhöhung des Bußgeldes führen kann, ist auch die Bauweise des für den Verstoß genutzten Kfz. So wurde vom AG Frankfurt die erhöhte Betriebsgefahr des für einen qualifizierten Rotlichtverstoß verwendeten Kraftfahrzeugs bei der Bemessung der Geldbuße zu Lasten der betroffenen Person berücksichtigt. Die kastenförmige Bauweise und wegen der größeren Bodenfreiheit erhöhte Frontpartie des Fahrzeugs erhöhen bei einem SUV das Verletzungsrisiko für andere Verkehrsteilnehmer. Gegenüber einem Pkw in üblicher Bauweise liegt deshalb eine erhöhte Betriebsgefahr vor.[31]

---

28 *Kammergericht*, Beschl. v. 18.05.2015 – 3 Ws (B) 168/15, juris, auch zum Folgenden.

29 *Oberlandesgericht des Landes Sachsen-Anhalt*, Beschl. v. 21.03.2017 – 2 Ws 6/17, Rn. 8, juris.

30 *Kammergericht*, Beschl. v. 30.11.2015 – 3 Ws (B) 531/15, juris.

31 *AG Frankfurt*, Urt. v. 03.06.2022 – 974 OWi 533 Js-OWi 18474/22, Rn. 26, juris.

Diese Bewertung ist auch in sich logisch, weil insbesondere an Lichtzeichenanlagen, die auch zum Schutz von Fußgängern und Radfahrern angeordnet wurden, diese beiden Gruppen schwächerer Verkehrsteilnehmer besonders vor Kollisionen mit Kfz geschützt werden sollen. Wenn Autofahrer dann trotz mer als eine Sekunde andauernden Rotlichts den Schutzbereich passieren, liegt ein nochmals gesteigertes Unfallrisiko vor, das im Zusammenhang mit der infolge einer Kombination aus Fahrzeugmasse, -form und -handhabung potenziell gefährlicheren Fahrzeugart SUV als objektiver Tatumstand zur Erhöhung eines Bußgeldes herangezogen werden kann.

In einem weiteren Fall entschied das *OLG Brandenburg* über einen Sachverhalt, bei dem ein Betroffener in einer Messstelle geblitzt wurde, der ein Geschwindigkeitstrichter örtlich vorgelagert war. Dabei passierte der Fahrer auf einer gut überschaubaren Strecke eine Gefahrenstelle mit Fahrbahnabsenkung mit insgesamt vier Mal beidseitig aufgestellten geschwindigkeitsbeschränkenden Verkehrszeichen (Zeichen 274). In diesem Fall hielt der Senat die Schlussfolgerung des Bußgeldrichters am Amtsgericht für rechtmäßig, dass der Betroffene bei Wertung dieser objektiven Umstände Kenntnis von der Geschwindigkeitsüberschreitung hatte und somit vorsätzlich gehandelt hatte.[32] In diesem Fall musste daher der Regelsatz des fälligen Bußgeldes wegen vorsätzlichen Verhaltens erhöht werden. 28

Zahlreiche Rechtsanwälte bringen in einem Bußgeldverfahren argumentativ vor, ihr Mandant sei beruflich bedingt ein Vielfahrer und daher bestehe für diesen eine weitaus größere Wahrscheinlichkeit, bei einem Geschwindigkeitsverstoß betroffen zu werden, als bei einem anderen Fahrzeugführer. Dieser Umstand wäre doch daher im Sinne des Gleichbehandlungsgrundsatzes mildernd zu berücksichtigen. Im Gegenteil ist mit dem *OLG Bamberg* festzustellen, dass eine solche Bevorzugung von Vielfahrern auf eine ungerechtfertigte Privilegierung von sich über wiederholte Warnappelle beharrlich hinwegsetzenden Wiederholungstätern hinausliefe, was mit der vom Verordnungsgeber mit der ausdrücklichen Umschreibung des Regelfalls eines beharrlichen Pflichtenverstoßes gerade für Geschwindigkeitsverstöße unmissverständlich aus § 4 Abs. 2 Satz 2 BKatV zu entnehmenden Wertung als unvereinbar anzusehen wäre.[33] Selbst dann, wenn ein Betroffener als »**Vielfahrer**« berufsbedingt verstärkt am Straßenverkehr teilnimmt und nunmehr erst zum zweiten Mal wegen eines einschlägigen Verstoßes auffällig geworden ist, rechtfertigt diese Tatsache ein Abweichen von der Regelahndung auch in Verbindung mit der Annahme einer günstigen Prognose hinsichtlich des künftigen Verkehrsverhaltens grundsätzlich nicht.[34] 29

**Subjektive Tatumstände**, die ermäßigend oder erhöhend auf den anzuwendenden Regelsatz wirken können, ergeben sich aus der inneren Einstellung des Betroffenen zu der von ihm begangenen Tat. Es gibt zudem sowohl bei der Fahrlässigkeit als auch 30

---

32 Auch im folgenden *Brandenburgisches Oberlandesgericht*, Beschl. v. 20.02.2017 – (1) 53 Ss-OWi 56/17 (34/17), Rn. 25, juris.

33 *OLG Bamberg*, Beschl. v. 02.01.2018 – 3 Ss OWi 1704/17, Rn. 6, juris.

34 *OLG Bamberg*, Beschl. v. 22.07.2016 – 3 Ss OWi 804/16, juris.

beim Vorsatz verschiedene Grade, die eine durchaus unterschiedliche Einstellung des Täters zu seiner Tat kennzeichnen und für die Veränderung des Regelsatzes herangezogen werden dürfen. Auch wenn es sich bei dem Recht der Ordnungswidrigkeiten um ein Rechtsgebiet handelt, das neben das Strafrecht tritt, haben die Betroffenen ebenso ein Recht darauf, nach dem Maß ihres vorwerfbaren Handelns behandelt zu werden wie auch der Präventionsgedanke der **Spezialprävention** eine ausdifferenzierte Anwendung der unterschiedlichen möglichen Bußgelder nahelegt.

31 Die neuere Rspr. schließt zwischenzeitlich aus der prozentualen Höhe einer Überschreitung der erlaubten **Höchstgeschwindigkeit** auf einen vorliegenden Vorsatz des Fahrers. So geht der *BGH* bei einer vorwerfbar festgestellten Überschreitung von 50 km/h gegenüber einer erlaubten Höchstgeschwindigkeit von 100 km/h davon aus, dass »derart massive Geschwindigkeitsüberschreitungen« regelmäßig vorsätzlich begangen werden, die daher ein Abweichen von der Regelgeldbuße als notwendig erscheinen lassen.[35] Dieser Ansicht haben sich zwischenzeitlich zahlreiche Oberlandesgerichte angeschlossen.[36] Dabei wird nunmehr die Auffassung vertreten, dass die Beweislast für das Vorliegen eines fahrlässigen Geschwindigkeitsverstoßes bei derart massiven Geschwindigkeitsüberschreitungen auf Seiten des Betroffenen liegt. Diese Rechtslage gilt grundsätzlich für sämtliche Arten von Geschwindigkeitsbeschränkungen durch die §§ 3, 18, 20, 41 und 42 StVO. Bei einer zulässigen Höchstgeschwindigkeit von 30 km/h sieht das *Schleswig-Holsteinische Oberlandesgericht* bei einer gemessenen Geschwindigkeit von 60 km/h und mehr eine vorsätzliche Begehungsweise.[37] Bei einer zulässigen Höchstgeschwindigkeit von 50 km/h hält das *Kammergericht* bei einer gemessenen Geschwindigkeit von 83 km/h und mehr Vorsatz für gegeben.[38] Bei einem Geschwindigkeitsverstoß auf einer Bundesstraße wird regelmäßig von Vorsatz auszugehen sein, wenn die zulässige Höchstgeschwindigkeit von 100 km/h um 40 km/h überschritten wird bzw. wenn sonst die zulässige Höchstgeschwindigkeit um annähernd 50 % überschritten wird.[39] Wird die zulässige Höchstgeschwindigkeit von 100 km/h um 34 km/h überschritten, könne allerdings nicht allein aus diesem Ausmaß der Überschreitung auf eine vorsätzliche Begehungsweise geschlossen werden. Es bedürfe dazu vielmehr weiterer Indizien. Zwar erfordert eine vorsätzliche Geschwindigkeitsüberschreitung neben der Kenntnis von der Geschwindigkeitsbegrenzung zudem das Bewusstsein, dass die Fahrgeschwindigkeit die zulässige Höchstgeschwindigkeit überschreitet oder dass der Betroffene dies zumindest billigend in Kauf genommen hat. Nach der ständigen Rechtsprechung beider Senate des Oberlandesgerichts ist bei einer Überschreitung der zulässigen Höchstgeschwindigkeit außerhalb geschlossener Ortschaften von mindestens 40 km/h allerdings grundsätzlich von vorsätzlicher

35 *BGH,* Beschl. v. 11.09.1997 – 4 StR 557/97, VRS 97, 227, siehe näher dazu die Kommentierung zu § 3 Abs. 4a BKatV.

36 Näher *Müller,* Leitfaden, S. 144 f.; *Krumm,* S. 501 f.

37 *OLG Schleswig,* Beschl. v. 25.07.2003 – 1 SsOWi 66/03 (42/03), juris.

38 *Kammergericht,* Beschl. v. 15.04.2005 – 3 Ws (B) 132/05, juris.

39 *Brandenburgisches Oberlandesgericht,* Beschl. v. 17.06.2014 – (2 B) 53 Ss-OWi 230/14 (111/14), juris, auch zum Folgenden.

Begehungsweise auszugehen.[40] Durch diese inzwischen die Rechtsprechung beherrschende Auffassung eines durch eine prozentuale Höhe eines Geschwindigkeitsverstoßes indizierten vorsätzlichen Handelns besteht inzwischen Änderungsbedarf an den Regelsätzen des BKat sowie des BT-Kat-OWi, die z.B. für eine Geschwindigkeitsüberschreitung von über 60 km/h innerhalb geschlossener Ortschaften immer noch einen Regelsatz für fahrlässiges Handeln vorsehen.[41]

Die vorgenannten Grundsätze eröffnen den Rechtsanwendern für das Abweichen von den Regelsätzen einen Ermessensspielraum, der bei Erfüllen bestimmter Vorbedingungen auf zweierlei Art und Weise ausgeschöpft werden kann. Einmal können Regelsätze ermäßigt werden und in der anderen Richtung können Regelsätze erhöht werden. Die beiden großen Gruppen von Voraussetzungen für das Abweichen von den Regelsätzen zeigt das folgende Schema auf. 32

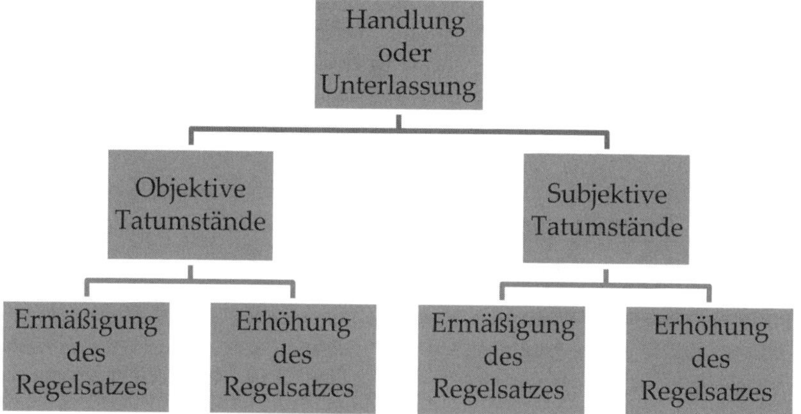


Liegt lediglich der Regelfall eines fahrlässigen Verhaltens vor, wird der Regelsatz angewendet, dennoch lohnt sich ein Blick auf die unterschiedlichen Bewertungen fahrlässigen Verhaltens. 33

## 8. Fahrlässige Begehung

Ebenso wie viele Verkehrsstraftaten, können auch Verkehrsordnungswidrigkeiten auf verschiedene Art und Weise fahrlässig begangen werden. Bei den möglichen Begehungsformen fahrlässigen Handelns unterscheidet man bewusste und unbewusste Fahrlässigkeit.[42] **Bewusste Fahrlässigkeit** liegt in den Fällen vor, in denen es der Betroffene für möglich hält, den Tatbestand einer Ordnungswidrigkeit zu begehen, aber 34

40 *OLG Koblenz*, Beschl. v. 17.10.2012 – 2 SsBs 76/12, juris.

41 Näher dazu *Müller*, OWiG, § 10 Rn. 2.

42 Dazu grundlegend *Jescheck*, § 54 II 1.

dennoch pflichtwidrig darauf vertraut, dass dieser Fall nicht eintreten werde. **Unbewusst fahrlässig** handelt derjenige Verkehrsteilnehmer, der die Sorgfalt, zu der er nach den Umständen und nach seinen persönlichen Kenntnissen und Fähigkeiten verpflichtet und imstande ist, außer Acht lässt und infolgedessen die Verwirklichung eines Tatbestandes nicht voraussieht.

35 Der Höchstbetrag der Geldbuße für eine fahrlässig begangene Verkehrsordnungswidrigkeit beträgt gemäß § 24 Abs. 2 StVG i.V.m. § 17 Abs. 2 OWiG 1.000 €. Diese gesetzliche Höchstgrenze gilt auch dann, wenn das Gericht von dem im Bußgeldbescheid festgesetzten Fahrverbot absieht oder dieses herabsetzt.[43] Von dieser Obergrenze macht § 24 Abs. 3 StVG zahlreiche Ausnahmen, mittels derer Bußgeldbeträge flexibel im Sinne eines festgestellten Abweichens von gewöhnlichen Tatumständen angepasst werden können.

36 Dadurch, dass die BKatV in ihrem § 1 Abs. 2 bei den Regelsätzen von fahrlässigem Handeln ausgeht, unterstellt der Verordnungsgeber damit indirekt diese Art der Vorwerfbarkeit als die typische Form vorwerfbaren Handelns. Genau in dieser Unterstellung ist der Grund dafür zu finden, dass die meisten Mitarbeiter von Polizei und Bußgeldbehörden keine große Mühe in die Ermittlung vorsätzlichen Handelns investieren.

37 Setzt die Verwaltungsbehörde für einen dem Katalog entsprechenden Tatbestand ohne weiteres die dort vorgesehene **Regelgeldbuße** fest, gibt sie damit zu erkennen, dass sie dem Betroffenen (lediglich) fahrlässiges Handeln zur Last legt.[44] Zudem geht die Bußgeldbehörde in diesen Fällen von gewöhnlichen Tatumständen aus.

38 Das *Oberlandesgericht Hamm* stellte klar, dass auch in Bußgeldsachen den Urteilsgründen zu entnehmen sein muss, welche Feststellungen der Tatrichter zu den subjektiven Tatbestandselementen getroffen hat.[45] Eine für das Rechtsbeschwerdegericht hinreichende Prüfungs- bzw. Entscheidungsgrundlage fehlt, wenn die tatrichterlichen Feststellungen zur inneren Tatseite unvollständig, unklar oder widersprüchlich sind oder wenn sie den Unrechts- und Schuldgehalt der Tat nicht erkennen lassen. Dieser Rechtsfehler hat nach *OLG Bamberg* eine Urteilsaufhebung wegen eines zwingenden sachlich-rechtlichen Mangels zur Folge.[46]

39 Ein defektes Tachometer schließt z.B. den Vorwurf der Fahrlässigkeit nicht aus. In diesem Fall besteht sogar eine besondere Pflicht, der Einhaltung der zulässigen Höchstgeschwindigkeit gesteigerte Aufmerksamkeit zu widmen.[47] Für den Fahrlässigkeitsvorwurf gegenüber dem Geschwindigkeitstäter kommt es danach auch nicht darauf

---

43 *OLG Köln*, Beschl. v. 23.12.2009 – 82 Ss-OWi 113/09, juris, ebenso schon *Thüringer Oberlandesgericht*, Beschl. v. 10.11.2004 – 1 Ss 264/04, juris.

44 *Brandenburgisches Oberlandesgericht*, Beschl. v. 20.02.2017 – (1) 53 Ss-OWi 56/17 (34/17), Rn. 15, juris.

45 *OLG Hamm*, 02.11.2010 – III-5 RBs 227/10, 5 RBs 227/10, juris.

46 *OLG Bamberg*, Beschl. v. 13.07.2010 – 3 Ss OWi 1124/10, juris.

47 *OLG Köln*, Beschl. v. 11.01.2001 – Ss 532/00 Z, Ss 532/00, juris, auch zum Folgenden.

an, ob die gemessene Geschwindigkeit einer auf Schätzung beruhenden konkreten Vorstellung des Betroffenen entsprach. Entscheidend ist für die Vorwerfbarkeit des Fehlverhaltens vielmehr, dass derjenige, der ohne Tachometeranzeige erkennbar zu schnell fährt, damit rechnen muss, mit einer Geschwindigkeit zu fahren, wie sie durch eine Messung konkret festgestellt wird. Deswegen dürfte bei einem festgestellten Geschwindigkeitsverstoß im Regelfall ein bedingt vorsätzliches Verhalten vorliegen, weil das Überschreiten der zulässigen Höchstgeschwindigkeit billigend in Kauf genommen wird; denn sonst wäre das Tachometer längst repariert worden sein.

Bei einem innerörtlichen **Rotlichtverstoß** genügt zur Annahme von Fahrlässigkeit des 40
Fahrzeugführers hinsichtlich des Rotlichtverstoßes bei Fehlen besonderer Umstände die Feststellung, dass der Betroffene die Ampel und den durch sie geschützten Bereich bei Rot passiert hat.[48] Bei einem qualifizierten Rotlichtverstoß dürfte allerdings i.d.R. von einem vorsätzlichen Verhalten auszugehen sein, weil die Chance der visuellen Wahrnehmung des Rotlichts eine deutlich längere Zeit möglich war. Sollte dennoch von einem Betroffenen behauptet werden, das Rotlicht während der Fahrt »übersehen« zu haben, müsste insbesondere wegen der möglichen Gefahren für schwächere Verkehrsteilnehmer die Frage einer problematischen Wahrnehmungsfähigkeit des visuellen Systems des betreffenden Kraftfahrzeugführers aufgeworfen werden. Derartige aus Bußgeldverfahren gewonnene Kenntnisse müssen von den Sachbearbeitern regelmäßig an die Fahrerlaubnisbehörde gemeldet werden, um ggf. eine augenärztliche Untersuchung gem. §§ 46 Abs. 3, 12 Abs. 8 FeV anordnen zu können. Insbesondere die visuelle Wahrnehmung von Verkehrsinformationen muss beständig auf hohem Niveau erfolgen, damit diese Informationen in notwendige Fahrhandlungen wie das rechtzeitige Abbremsen vor Rotlicht zeigenden Lichtzeichenanlagen münden zu lassen. Ist dieses System potenziell gestört, wobei der Verdacht darauf bereits ausreichend ist, greift das Schutzsystem der ärztlichen Begutachtung aus den §§ 11 bis 14 FeV, das zum Schutz der Verkehrssicherheit von allen kommunalen Verkehrsbehörden und der Polizei konsequent angewandt werden muss.

Für die fahrlässige Verwirklichung des Tatbestands des Führens eines Kraftfahrzeugs 41
unter Wirkung bestimmter berauschender Substanzen gem. § 24 a Abs. 2 und Abs. 3 StVG muss einem Betroffenen zunächst einmal nachgewiesen werden, dass er die Möglichkeit fortdauernder Wirkung des Rauschmittelkonsums entweder erkannt hat oder zumindest hätte erkennen können und müssen.[49] Fahrlässig handelt nach dieser grundlegenden Feststellung ein Kraftfahrzeugführer, der in zeitlicher Nähe zum Fahrtantritt **Drogen** konsumiert hat und gleichwohl im Straßenverkehr ein Kraftfahrzeug führt, ohne sich bewusst zu machen, dass der **Rauschmittelwirkstoff** noch nicht vollständig unter den analytischen Grenzwert abgebaut ist. Diese Voraussetzungen des subjektiven Tatbestandes werden nicht erfüllt, wenn einem Urteil zu entnehmen ist, dass der Betroffene sich in der Hauptverhandlung nicht zur Sache eingelassen hat und gegenüber den ihn kontrollierenden Polizeibeamten lediglich eingeräumt hat,

48 *OLG Jena*, Beschl. v. 07.11.2005 – 1 Ss 124/05, juris.

49 *Kammergericht*, Beschl. v. 15.01.2010 – 3 Ws (B) 726/09, 2 Ss 277/09 – 3 Ws (B) 726/09, juris, auch zum Folgenden.

unregelmäßig Cannabis-Produkte zu konsumieren, wobei der letzte Konsumzeitpunkt vier Tage vor dem Tatzeitpunkt gelegen habe. In diesem Fall hätte das Urteil ausführlicher begründet werden müssen. In zahlreichen Fällen des zeitlich vorangegangenen Konsums eines in der Anlage zu § 24a Abs. 2 StVG aufgeführten Betäubungsmittels dürfte jedoch bedingt vorsätzliches Handeln vorliegen, weil dem betreffenden Kraftfahrzeugführer kein schützenswertes Vetrauen auf einen rechtzeitigen Abbau der illegalen Droge in seinem Blut unter die von der Grenzwertkommission wissenschaftlich vorgegebenen analytischen Grenzwerte zugebilligt werden kann. Drogenkonsumenten, die nach einem bewussten Konsum eines illegal erworbenen Betäubungsmittels trotz dieser Unsicherheit in der Bewertung des Abbaus ein Kraftfahrzeug führen, dürfen nicht darauf vertrauen, dass die Drogenwirkstoffe schon irgendwie den körperlich noch erlaubten Rahmen einhalten. Es sei denn, sie verfügen über analytische Erfahrungswerte aus vorangegangenem Drogenkonsumerfahrungen. Wiederholungstäter gem. § 24a StVG handeln ohnehin i.d.R. vorsätzlich, weil eine zweite Tat innerhalb des Verwertungszeitraums des ersten Delikts infolge des vbewusst miterlebten vorangegangenen Bußgeldverfahrens ohnehin kein schützenswertes Vertrauen mehr liefern kann.

42 Hinsichtlich der Bußgeldbemessung enthält auch das **Gefahrgutrecht** in der Anlage 7 der Richtlinien zur Durchführung der GGVSEB und weiterer gefahrgutrechtlicher Verordnungen (RSEB) einen Bußgeldkatalog, der – insoweit vergleichbar mit § 1 Abs. 2 BKatV – nach Ziffer 37.2 von fahrlässiger Begehung, normalen Tatumständen und von mittleren wirtschaftlichen Verhältnissen ausgeht.[50]

### 9. Vorsätzliche Begehung

43 Verkehrsordnungswidrigkeiten können auf verschiedene Art und Weise vorsätzlich begangen werden, jedoch definiert § 10 OWiG nicht, was unter einem vorsätzlichen Verhalten zu verstehen ist. Somit bleibt es der Rechtsprechung überlassen, geeignete Kriterien für den Vorsatz in seiner notwendigen Anwendungsbreite und -tiefe zu entwickeln. Diese Aufgabe haben die Gerichte seit langer Zeit verbindlich gelöst.

44 Da zahlreiche Verkehrsverstöße in der Form begangen werden, dass die Verkehrsverbote des § 41 StVO missachtet werden, kommt der Bewertung als vorsätzliche oder fahrlässige Verstöße eine zentrale Bewertung zu. Dazu hat der *BGH* grundsätzlich ausgeführt: »*Auch wenn es keine genauen, durch wissenschaftliche Erhebungen gesicherte Erkenntnisse geben mag, darf davon ausgegangen werden, dass (ordnungsgemäß aufgestellte) Vorschriftszeichen von Verkehrsteilnehmern in aller Regel wahrgenommen werden. Nur deswegen ist der heutige Massenverkehr überhaupt möglich. Allerdings ist nicht zu leugnen, dass in Einzelfällen Verkehrszeichen übersehen werden können und tatsächlich auch immer wieder übersehen werden. Das ändert aber nichts daran, dass die Wahrnehmung der Zeichen die Regel und ihr Übersehen die Ausnahme ist. Einen Erfahrungssatz, dass dies in den Fällen anders ist, in denen die Anordnung eines Verkehrszeichens nicht beachtet wird, gibt es nicht.*«[51]

50 *OLG Karlsruhe*, Beschl. v. 06.05.2015 – 2 (6) SsBs 157/15, Rn. 25, juris.

51 *BGH*, Beschl. v. 11.09.1997 – 4 StR 638/96, BGHSt 43, 241–252, Rn. 33.

Nach richtiger, die Ausführungen des *BGH* fortschreibenden Auffassung des *OLG Celle* kann grundsätzlich davon ausgegangen werden, dass (ordnungsgemäß aufgestellte) Vorschriftszeichen, auch solche, durch die eine Herabsetzung der zulässigen Höchstgeschwindigkeit erfolgt, i.d.R. wahrgenommen werden und ein fahrlässiges Übersehen die Ausnahme darstellt. Daher braucht die Möglichkeit, dass ein Betroffener das Vorschriftszeichen übersehen hat, nur in Rechnung gestellt zu werden, wenn sich hierfür Anhaltspunkte ergeben.[52] Der Regelvermutung steht der alleinige Umstand, dass die Herabsetzung der zulässigen Höchstgeschwindigkeit durch ein einmalig und einseitig aufgestelltes Vorschriftszeichen begrenzt war, nicht von vornherein entgegen. Anlass zur Prüfung des Vorliegens eines Ausnahmefalls besteht nur bei Hinzutreten weiterer Umstände, z.B. bei einer die Wahrnehmung des Verkehrsschildes bestreitenden Einlassung des Betroffenen oder bei festgestellten besonderen Witterungs- oder Straßenverhältnissen zum Vorfallzeitpunkt. Sollten sich Autofahrer gegenüber der Polizei oder Bußgeldbehörde darauf berufen, ein ordnungsgemäß aufgestelltes Verkehrsschild nicht wahrgenommen zu haben, so kann die Ursache in einer Unaufmerksamkeit bzw. Ablenkung ebenso zu finden sein wie in Wahrnehmungsdefiziten. Die Behörden wären in diesen Fällen gut beraten, den Fahrerlaubnisinhaber im Rahmen einer Anhörung mit seiner Argumentation mündlich zu konfrontieren. Dem Fahrerlaubnisinhaber dürfte in diesem Fall die Annahme entgegengehalten werden, dass aufgrund der Ablenkung oder des Wahrnehmungsmangels die große Gefahr besteht, dass auch andere Verkehrszeichen oder ggf. sogar andere nicht motorisierte Verkehrsteilnehmer übersehen werden. Vor diesem Hintergrund sind ggf. sogar Anhaltspunkte für Fahreignungsmängel gegeben, die der Fahrerlaubnisbehörde gemeldet werden müssten (§ 2 Abs. 12 StVG). Auch diese Vermutung sollte, verbunden mit dem rechtlichen Hinweis auf die gesetzliche Meldepflicht, dem Fahrzeugführer vorgehalten werden. In nicht wenigen Fällen dürfte dann vom Fahrzeugführer zugegeben werden, dass das Verkehrszeichen gesehen und dessen Anordnung bewusst ignoriert wurde, womit vorsätzliches Handeln eingestanden wäre. 45

Einfach ist die Begründung vorsätzlichen Handelns, wenn der Betroffene das deutlich länger als eine Sekunde andauernde Rotlicht missachtet und aussagt, dass er die Ampel für Schwachsinn halte und er immer bei »Rot« fahre.[53] In einem solchen Fall liegt nicht nur ein einfacher Vorsatz, sondern sogar absichtliches Handeln vor. 46

Auch bei einer massiven Geschwindigkeitsüberschreitung (150 km/h außerorts) drängt sich die Annahme einer vorsätzlichen Begehung auf. Insbesondere dann, wenn der Betroffene einräumt, vorsätzlich den Tempomat seines Fahrzeuges auf 120 km/h eingestellt zu haben.[54] In diesem Fall wurde nicht nur der Tempomat vorsätzlich bedient, sondern es liegt auch ein vorsätzlicher Geschwindigkeitsverstoß vor, der ebenfalls in der Vorsatzform des absichtlichen Handelns begangen wurde. 47

Die drei möglichen Begehungsformen des Vorsatzes entnehmen Sie bitte dem folgenden Schaubild. 48

---

52 *OLG Celle*, Beschl. v. 23.06.2017 – 2 Ss (OWi) 137/17, juris, auch zum Folgenden.
53 *AG Zeitz*, Urt. v. 04.08.2015 – 13 OWi 713 Js 204952/15, juris.
54 *BGH*, Beschl. v. 11.09.1997 – 4 StR 557/96, juris.

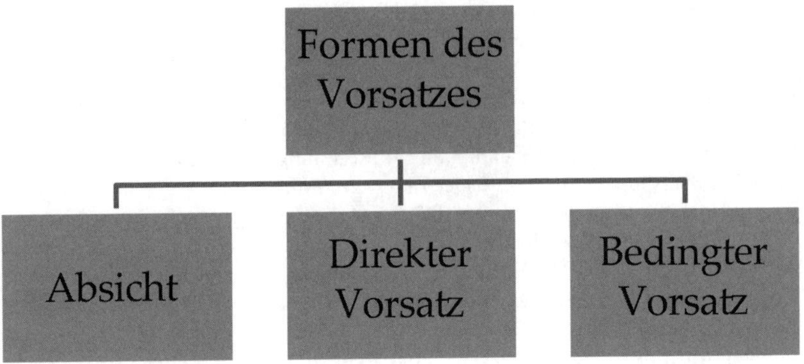


49 Gemeinsam stimmen alle drei Formen des Vorsatzes in dem allgemeinen Willen des Täters zur Verwirklichung des Tatbestandes eines ordnungswidrigen Handelns sowie in der Kenntnis aller objektiven Tatumstände überein. Die absichtliche Begehung ist dadurch gekennzeichnet, dass es dem Täter darauf ankommt, den Tatbestand einer Verkehrsordnungswidrigkeit zu begehen. Ein stärkerer Ordnungsverstoß ist nicht möglich, so dass jede Form von Milde in einer behördlichen Reaktion gegenüber derart mit rechtsfeindlicher Gesinnung handelnde Täter unangemessen wäre.

50 Die direkt vorsätzliche Begehung ist dadurch gekennzeichnet, dass es der Täter weiß oder als sicher voraussieht, den Tatbestand einer Verkehrsordnungswidrigkeit zu begehen. Bei dieser Vorsatzform kommt es tatsächlich nicht darauf an, dass der Täter die Ordnungswidrigkeit auch unbedingt begehen will. Es genügt bereits sein sicheres Wissen um die Verwirklichung des Tatbestandes.

51 Die bedingt vorsätzliche Begehung ist dadurch gekennzeichnet, dass es der Täter die für möglich gehaltene Verwirklichung des Tatbestandes einer Verkehrsordnungswidrigkeit billigend in Kauf nimmt. Bei dieser Vorsatzform kommt es – wie beim direkten Vorsatz – ebenfalls nicht darauf an, dass der Täter die in Frage stehende Ordnungswidrigkeit auch begehen will. Es genügt bereits, dass er sich, um ein anderes Ziel zu erreichen, mit der Verwirklichung des betreffenden Tatbestandes abfindet. Diese letztgenannte Vorsatzform ist häufig im ruhenden Verkehr anzutreffen, wenn es den Kraftfahrzeugführern egal ist, ob sie einen Parkverstoß begehen oder nicht. Bußgeldbehörden tun daher gut daran, ihre Datenbanken auch hinsichtlich der Verstöße im ruhenden Verkehr so aufzubauen, dass Wiederholungstäter erkannt werden können, damit gegenüber diesen Betroffenen bei wiederholten Verstößen etwa an denselben Tatorten oder zu denselben Tatzeiten mit erhöhten Verwarnungsgeldbeträgen reagiert werden kann. Die Vorerfahrungen aus vorangegangenen Verwarnungsverfahren liefern die Begründungen für nachfolgendes vorsätzliches verkehrswidriges Parkverhalten.

52 Bei vorsätzlichen Verstößen gegen Verkehrsvorschriften, deren Regelsätze im Bußgeldbereich eingeordnet sind, fordert § 3 Abs. 4a BKatV verbindlich eine Verdoppelung des Bußgeldes. Es ist nicht einzusehen, warum diese Regelung nicht auch im Rahmen der gesetzlichen Würdigung der Bedeutung ordnungswidrigen Handelns gem. § 17

Abs. 3 OWiG bei Verstößen angewendet werden kann, deren Regelsätze im Bereich des Verwarnungsgeldes bis 55 Euro eingeordnet sind. Würde eine Verdoppelung eines Verwarnungsgeldes die Grenze eines Bußgeldes von 60 Euro erreichen oder überschreiten, wäre eine Bußgeldanzeige zu fertigen.

Die gesetzliche Rechtsgrundlage für die Erhöhung eines Verwarnungsgeldes findet ihre Entsprechung im Umkehrschluss aus § 1 Abs. 2 Satz 2 BKatV und Ziff. 7.1 zweiter Spiegelstrich des Vorwortes zum BT-Kat-OWi, der lautet wie folgt:"Die Bußgeldregelsätze gelten nur, sofern fahrlässige Begehungsweise und gewöhnliche Tatumstände (Abschnitt I des Bußgeldkataloges) oder vorsätzliche Begehungsweise und gewöhnliche Tatumstände (Abschnitt II des Bußgeldkataloges) vorliegen. Die Bußgeldbehörden sind also verpflichtet, objektive oder subjektive Tatumstände, die die Handlung im Vergleich zum Regelfall als weniger schwerwiegend kennzeichnen, zugunsten des Betroffenen zu berücksichtigen und somit im Einzelfall die Regelgeldbuße zu unterschreiten. Die Bußgeldbehörden sind berechtigt, bei Tatumständen, die die Handlung im Vergleich zum Regelfall als schwerwiegender kennzeichnen, im Einzelfall die Regelgeldbuße zu überschreiten. Dies ist insbesondere der Fall, wenn die Tatbestände des Abschnittes I des Bußgeldkatalogs vorsätzlich verwirklicht werden und für diesen Fall kein gesonderter Tatbestand im Abschnitt II des Bußgeldkatalogs geregelt ist."Nach Ziff. 7.2 des Vorwortes zum BT-Kat-OWi muss in den Fällen, in denen von der Regelgeldbuße gem. § 17 OWiG abgewichen wird, die gesetzliche Grundlage des § 17 OWiG auf der gem. § 56 Abs. 3 Satz 1 OWiG auszustellenden Bescheinigung angegeben werden.

**Anwendung der Vorsatzregelung bei Delikten im Verwarnungsbereich**

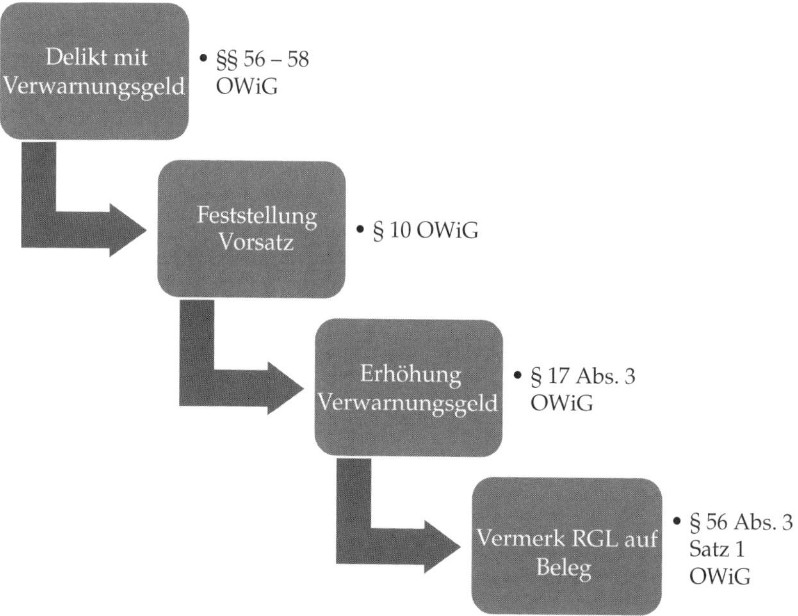

53 Eine Verurteilung wegen vorsätzlicher Nichteinhaltung des Mindestabstandes setzt eine Auseinandersetzung mit den kognitiven und voluntativen Vorsatzelementen voraus und kann z.B. für Verstöße gegen den Sicherheitsabstand in der Regel nicht allein mit dem Ausmaß der **Abstandsunterschreitung** begründet werden.[55] Diese berechtigte Forderung der Rechtsprechung wird im Verwarnungsverfahren so gut wie nicht berücksichtigt. Aus Gründen der Verfahrensökonomie nehmen Bußgeldbehörden im schriftlichen Verwarnungsverfahren nahezu ausschließlich fahrlässiges Handeln an. Dies ist selbst dann der Regelfall, wenn die Polizei nach einer Anhaltekontrolle ein Fehlverhalten schriftlich anzeigt, weil der Betroffene uneinsichtig ist und die Beamten vorsätzliches Verhalten festgestellt haben. Nur äußerst selten lässt es eine kommunale Bußgeldbehörde in einem solchen Fall auf ein Gerichtsverfahren ankommen. Durch diese, fachlich nicht angebrachte übervorsichtige Ahndungspraxis werden gegenüber den Betroffenen zu milde Sanktionen eingesetzt, die ihnen die Chance auf eine spezialpräventiv motivierte Korrektur ihres Fehlverhaltens im Straßenverkehr nehmen. Dies ist kontraproduktiv für die Verkehrssicherheit.

54 Für die Annahme eines vorsätzlichen Handelns bedarf es bei einem **Rotlichtverstoß** der Angaben zur Geschwindigkeit des Betroffenen, mit dem er sich der Lichtzeichenanlage näherte und zur Entfernung zur Haltelinie, von wo aus er das dem Rotlicht vorausgehende Gelblicht bemerkt hat.[56] Nicht bei jedem vorsätzlich begangenen qualifizierten Rotlichtverstoß nach Nr. 132.3 der Einzelanlage zu § 1 Abs. 1 BKatV ist nach Auffassung des *OLG Stuttgart* die Verhängung eines Regelfahrverbots gemäß § 4 Abs. 1 Satz 1 Nr. 3 BKatV indiziert.[57] Werden zum Zeitpunkt des Überquerens der Haltelinie bei Rotlicht andere Verkehrsteilnehmer, die durch das missachtete Lichtzeichen geschützt werden sollen (in dem entschiedenen Fall: Fußgänger und Fahrradfahrer, die die unmittelbar hinter der Haltelinie liegende Fußgänger- und Fahrradfurt überqueren wollen), weder abstrakt noch konkret gefährdet und ist der Betroffene nicht im Verkehrszentralregister eingetragen, ist für die Anwendung des erhöhten Sanktionsrahmens der Nr. 132.3 des Bußgeldkatalogs kein Raum. Die Regelrechtsfolge ist nach dieser Ansicht vielmehr der Nr. 132 des Bußgeldkatalogs zu entnehmen.

55 Findet nach einem notlagebedingten Überholen mit deutlich überhöhter Geschwindigkeit ein Geschwindigkeitsverstoß statt, der dadurch zustande kommt, dass der Betroffene seine Geschwindigkeit nach Wiedereinscheren auf die eigene Fahrbahn nicht wieder reduziert, sondern auf eine Regulierung durch seinen Tempomaten hofft, so liegt keine Notstandslage oder notstandsähnliche Situation vor – es ist vielmehr wegen vorsätzlichen Geschwindigkeitsverstoßes zu verurteilen.[58] Allgemein setzt jedoch eine Verurteilung wegen einer auf einer Bundesautobahn begangenen vorsätzlichen Geschwindigkeitsüberschreitung regelmäßig tatrichterliche Feststellungen zu den

---

55 *OLG Bamberg*, Beschl. v. 20.10.2010 – 3 Ss OWi 1704/10, juris.

56 *Kammergericht*, Beschl. v. 17.02.2015 – 3 Ws (B) 24/15 – 122 Ss 171/14, juris.

57 *OLG Stuttgart*, Beschl. v. 26.11.2013 – 4 Ss 601/13, juris, auch zum Folgenden; dadurch, dass der Regelsatz für fahrlässiges Handeln gelten soll, ignoriert das OLG damit die Vorschrift des § 17 Abs. 3 OWiG sowie die Ausnahme von der Regelsatzsystematik.

58 *AG Lüdinghausen*, Urt. v. 12.05.2014 – 19 OWi 46/14, juris.

kognitiven und voluntativen Vorsatzelementen voraus, insbesondere dazu, dass sich der Betroffene der höchst zulässigen Geschwindigkeit bewusst gewesen ist.[59] Allerdings ist bei hohen (relativen) Überschreitungen der zulässigen Geschwindigkeit mit dem *OLG Stuttgart* in der Regel von vorsätzlichem Handeln auszugehen, die Annahme fahrlässiger Überschreitung ist dann näher zu begründen und nicht die vorsätzliche Begehungsweise.[60] Es gibt jedoch keinen allgemeinen Erfahrungssatz, dass ein Kraftfahrer, der nicht regelmäßig oder überhaupt nicht auf den Tachometer sieht, eine Geschwindigkeitsüberschreitung billigend in Kauf nimmt und deshalb bedingt vorsätzlich handelt.[61]

Für die Ordnungswidrigkeit des Parkens auf dem **Gehweg** gem. § 12 Abs. 4 StVO (lfd. Nr. 52a ff. BKat) nimmt das *Oberlandesgericht Düsseldorf* im Regelfall eine vorsätzliche Begehung an, ohne jedoch bei der Vorsatzform zwischen direktem und bedingtem Vorsatz zu unterscheiden.[62] Diese Auslegung unterstellt bei dem Betroffenen ein Wissen um die Widerrechtlichkeit des Parkens auf dem Gehweg, wenn dort kein gestattendes Verkehrszeichen 315 aufgestellt ist. Dieser Auffassung ist in vollem Umfang beizupflichten, weil jeder Kraftfahrzeugführer es aus seiner theoretischen Ausbildung zum Erwerb seiner Fahrerlaubnis weiß oder es wissen muss, dass Parken auf dem Gehweg nur ausnahmsweise bei ausdrücklicher Anordnung von Zeichen 315 erlaubt und ansonsten verboten ist. Auch weitere Verstöße gegen Vorschriften des ruhenden Verkehrs können schlechterdings nicht in fahrlässiger Weise begangen werden. So ist es etwa nirgendwo im öffentlichen Verkehrsraum erlaubt, in zweiter Reihe zu parken (lfd. Nr. 58 ff. BKat). Auch das unberechtigte Parken auf einem regelmäßig durch vertikales Verkehrszeichen sowie horizontales Sinnbild auf dem Untergrund deutlich gekennzeichneten Schwerbehindertenparkplatz kann nicht ohne Vorsatz erfolgen, wenn das Fahrzeug von keinem schwerbehinderten Fahrer gesteuert wird (lfd. Nr. 55 BKat). Gleiches gilt für das unzulässige Parken auf einem Schutzstreifen für den Radverkehr (lfd. Nr. 54a ff. BKat). In allen vorgenannten Fällen ist daher im Regefall von zumindest bedingt vorsätzlichem Fehlverhalten auszugehen, da die Regelkenntnis aus dem Fahrerlaubniserwerb schlechterdings nicht »vergessen« werden kann, sondern stets als präsentes Verkehrswissen allzeit und tagtäglich abrufbar sein muss, um die Grundregeln des § 1 Abs. 1 StVO gewährleisten zu können. 56

Allein der Umstand, dass der Betroffene mit den allgemeinen örtlichen Verkehrsgegebenheiten vertraut ist, lässt jedenfalls nach einer allgemeinen Auffassung nicht den Schluss zu, dass er auch am »Tatort« ortskundig gewesen ist. Der weitere Umstand, dass ein Tempo 30-Zone-Schild gut sichtbar aufgestellt war, bedeutet ebenfalls nicht zwingend, dass der Betroffene es wahrgenommen hat. Es gibt nach Ansicht des *OLG Dresden* gerade keinen Erfahrungssatz dahin, dass gut sichtbar aufgestellte Schilder immer gesehen werden. Dies gilt insbesondere dann, wenn sich das Vorhandensein 57

59 *OLG Bamberg*, Beschl. v. 26.04.2013 – 2 Ss OWi 349/13, juris.

60 *OLG Stuttgart*, Beschl. v. 02.07.2012 – 4a Ss 380/12, juris.

61 *OLG Braunschweig*, Beschl. v. 07.02.2011 – Ss (OWiZ) 225/10, juris.

62 *OLG Düsseldorf*, NZV 1996, 251.

einer Tempo 30-Zone auch nicht aufgrund der konkreten Örtlichkeit ohne weiteres aufdrängte.[63] Handelt es sich um ordnungsgemäß aufgestellte Verkehrszeichen, so ist nach der entgegengesetzten Ansicht des *OLG Celle* sehr wohl davon auszugehen, dass sie vom Verkehrsteilnehmer auch wahrgenommen werden.[64] In diesem Meinungsstreit ist dem *OLG Celle* zu folgen, weil es wesentlich genauer argumentiert, indem es sich auf den Prozess der Wahrnehmung stützt und nicht – wie das *OLG Dresden* – lediglich auf die äußere Sichtbarkeit im Verkehrsraum abhebt. Gut sichtbare Verkehrsschilder sind stets wahrnehmbar, es sei denn, man ist abgelenkt oder hat fahreignungsrelevante Wahrnehmungsdefizite, die als Ursachen für Verkehrsverstöße allerdings wesentlich gefährlicher sind. Das *OLG Dresden* hat es sich bei seiner Bewertung des Sachverhalts zu einfach gemacht und dabei die Komplexität des Verkehrsgeschehens nur unzureichend berücksichtigt. Wäre dem tatsächlich so, stünden zahlreiche Verkehrsgefahren insbesondere für schwächere Verkehrsteilnehmer im Raum, die sich deutlich langsamer bewegen als Kraftfahrzeugführer, von denen stets ein erhöhtes Maß an Aufmerksamkeit und Wahrnehmungsfähigkeit zu fordern ist, weil sie die Fahrzeuge mit deutlich erhöhter Betriebsgefahr führen.

58 Für die vorsätzliche Verwirklichung des Tatbestands des Führens eines Kraftfahrzeugs unter Wirkung bestimmter berauschender Substanzen gem. § 24 a Abs. 2 StVG kommt das *AG Landstuhl* bei einer Konzentration von 10 ng/ml THC im Blut nach der Begutachtung zu dem Schluss, dass der Betroffene zeitnah zur Autofahrt Cannabisprodukte konsumiert hat und sich wider besseres Wissen ans Steuer seines Fahrzeugs gesetzt und das Fahrzeug gefahren hat. Der Betroffene konnte daher angesichts des zeitlich engen Zusammenhangs zwischen Konsum und Fahrt auch nicht davon ausgehen, dass ein Abbau des THC im Körper bereits stattgefunden haben kann und hatte daher vorsätzlich gehandelt, sodass die Geldbuße gem. Abs. 4a zu verdoppeln war.[65] Diese Entscheidung steht im Einklang mit dem *BGH*, der entschieden hat, dass ein Kraftfahrer, der weiß, dass er Cannabis konsumiert hat und dem die näheren Umstände seines Konsums bekannt sind, Anlass hat, sich vor Fahrtantritt mit der Möglichkeit einer fortdauernden Cannabiswirkung auseinanderzusetzen. Er ist daher verpflichtet, durch gehörige Selbstprüfung und gegebenenfalls durch Einholung fachkundigen Rats sicherzustellen, dass er nicht unter der Wirkung einer den analytischen Grenzwert mindestens erreichenden THC-Konzentration im Blut ein Kraftfahrzeug im Straßenverkehr führt.[66]

59 Das *OLG Bamberg* hat umfassend zu der Rechtsfrage einer vorsätzlichen Begehung des § 24a Abs. 1 StVG Stellung bezogen und dabei festgestellt, dass die Annahme einer vorsätzlichen Tatbegehung nach § 24a Abs. 1 StVG eine umfassende Gesamtwürdigung aller indiziell relevanten Umstände des Einzelfalles voraussetzt.[67] Zwar kann insoweit auch ein bestimmtes Nachtatverhalten von Bedeutung sein, jedoch darf allein

63 *OLG Dresden*, Beschl. v. 09.07.2013 – OLG 24 Ss 427/13 (B), juris.

64 *OLG Celle*, Beschl. v. 09.08.2011 – 322 SsBs 245/11, juris; a. A. *OLG Stuttgart*, Beschl. v. 09.04.2010 – 1 Ss 53/10, juris.

65 *AG Landstuhl*, Urt. v. 13.03.2017 – 2 OWi 4286 Js 809/17, juris.

66 *BGH*, Beschl. v. 14.02.2017 – 4 StR 422/15, BGHSt 62, 42–49, Rn. 18.

67 *OLG Bamberg*, Beschl. v. 23.10.2018 – 2 Ss OWi 1379/18, juris, auch zum Folgenden.

aus einem selbst mit deutlich überhöhter Geschwindigkeit unternommenen Versuch, sich einer drohenden Polizeikontrolle zu entziehen, noch nicht auf ein (bedingt) vorsätzliches Handeln des Betroffenen geschlossen werden. Vorsatz setzt voraus, dass der Betroffene zumindest mit einer Atem- bzw. Blutalkoholkonzentration in der in § 24a Abs. 1 StVG genannten Höhe rechnet und diese, für den Fall, dass sie vorliegt, billigend in Kauf nimmt. Allein aus der Höhe der festgestellten AAK kann nicht auf Vorsatz geschlossen werden; insoweit gelten dieselben Grundsätze wie für eine Verurteilung wegen eines vorsätzlichen Verstoßes gegen § 316 StGB. Die Vorsatzbeurteilung hat, wenn es an einem Geständnis fehlt, auf der Grundlage einer Feststellung und Gesamtwürdigung aller indiziell relevanten objektiven und subjektiven Umstände des Einzelfalles, insbesondere der Täterpersönlichkeit, des Trinkverlaufs wie auch dessen Zusammenhang mit dem Fahrtantritt sowie des Verhaltens des Täters vor, während und nach der Fahrt zu erfolgen. Von Bedeutung können hier etwa einschlägige Vorverurteilungen sein, desgleichen dem Täter bewusst gewordene Ausfallerscheinungen während der Fahrt bzw. grobe Fahrfehler, die Flucht vor einer Polizeikontrolle sowie Verschleierungsversuche wie beispielsweise das Nutzen von »Schleichwegen«. Dass sich der Betroffene bei zunächst unauffälligem Fahrverhalten innerorts auf einer Strecke von etwa 2 km zwischen dem ersten polizeilichen Anhalteversuch und der letztendlich erfolgreichen Anhaltung mit deutlich überhöhter Geschwindigkeit der polizeilichen Kontrolle zu entziehen versuchte, tragen diese Feststellungen nicht hinreichend den vom Amtsgericht gezogenen Schluss, dass der Betroffene zumindest billigend in Kauf genommen hat, dass er nach dem Alkoholkonsum den in § 24a Abs. 1 StVG genannten Grenzwert überschreiten würde, und daher eine mögliche Überprüfung der Blut- oder Atemalkoholkonzentration im Rahmen einer polizeilichen Kontrolle gefürchtet hat.[68] Denn auch in Fällen bewusster Fahrlässigkeit hat der Täter die Möglichkeit der Überschreitung des gesetzlichen Grenzwertes erkannt, aber zu Unrecht darauf vertraut, einen solchen Zustand noch nicht erreicht zu haben. Dass ihm bei einer unmittelbar bevorstehenden polizeilichen Verkehrskontrolle insoweit erneut Zweifel kommen, die ihn zu einem Fluchtversuch veranlassen, erscheint jedenfalls nicht fernliegend. Mag ein solches Verhalten damit auch von schlechtem Gewissen zeugen und dahinter die Befürchtung stehen, den gesetzlichen Grenzwert überschritten zu haben, so genügt dies aber für die Annahme von Vorsatz bei Fahrtantritt oder während der Fahrt in der Regel noch nicht. Der von dem Amtsgericht festgestellte Fluchtversuch lässt damit für sich allein noch keinen tragfähigen Rückschluss auf den Vorsatz des Betroffenen zu. Wohl aber werden sämtliche Verkehrsverstöße gegen die Regeln der StVO, die während einer Fluchtfahrt geschehen, regelmäßig mindestens mit bedingtem Vorsatz begangen, teilweise sogar mit direktem Vorsatz oder gar mit Absicht, weil der Fluchtfahrer regelmäßig in der Annahme fährt, nur unter Verstoß gegen Verkehrsvorschriften dem Polizeifahrzeug entkommen zu können.

Dieser Begründung ist in vollem Umfang zuzustimmen. Allerdings ist eine Flucht vor der Polizei nach einem von der Polizei deutlich abgegebenen Anhaltezeichen, das von der anzuhaltenden Person bewusst wahrgenommen und in den Entschluss umgesetzt

68 *OLG Bamberg*, a.a.O., Rn. 8, auch zum Folgenden.

wurde, vor der Polizei zu flüchten, nach neuester Rechtsprechung als ein Vergehen des verbotenen Kraftfahrzeugrennens gem. § 315d Abs. 1 Nr. 2 StGB zu bewerten.[67]

60 Normalerweise gehen die Regelsätze im Bußgeldkatalog von fahrlässiger Begehung (»Übersehen des Verkehrszeichens«) aus (§ 1 Abs. 2 S. 2 BKat). Der Nachweis eines Vorsatzes ist daher im Einzelfall zu führen. Diese »Aufgabe« soll im vorliegenden Fall die Verkehrseinrichtungen übernehmen. Sie soll dem Fahrer so ins Auge fallen, dass er bewusst eine Barriere überwinden muss, um auf dem eingeschlagenen Weg weiterzukommen. Der Verordnungsgeber vergleicht die Tathandlung mit dem Umfahren einer geschlossenen Schranke an einem Bahnübergang. Ähnlich auch wie beim Hausfriedensbruch (§ 123 StGB) ist hier eine fahrlässige Begehung nicht mehr denkbar.[68]

## § 2 Verwarnung

**(1) Die Verwarnung muss mit einem Hinweis auf die Verkehrszuwiderhandlung verbunden sein.**

**(2) Bei unbedeutenden Ordnungswidrigkeiten nach § 24 des Straßenverkehrsgesetzes kommt eine Verwarnung ohne Verwarnungsgeld in Betracht.**

**(3) Das Verwarnungsgeld wird in Höhe von 5, 10, 15, 20, 25, 30, 35, 40, 45, 50 und 55 Euro erhoben.**

**(4) Bei Fußgängern soll das Verwarnungsgeld in der Regel 5 Euro, bei Radfahrern in der Regel 15 Euro betragen, sofern der Bußgeldkatalog nichts anderes bestimmt.**

**(5) Ist im Bußgeldkatalog ein Regelsatz für das Verwarnungsgeld von mehr als 20 Euro vorgesehen, so kann er bei offenkundig außergewöhnlich schlechten wirtschaftlichen Verhältnissen des Betroffenen bis auf 20 Euro ermäßigt werden.**

**(6) Hat der Betroffene durch dieselbe Handlung mehrere geringfügige Ordnungswidrigkeiten begangen, für die jeweils eine Verwarnung mit Verwarnungsgeld in Betracht kommt, so wird nur ein Verwarnungsgeld, und zwar das höchste der in Betracht kommenden Verwarnungsgelder, erhoben.**

**(7) Hat der Betroffene durch mehrere Handlungen geringfügige Ordnungswidrigkeiten begangen oder gegen dieselbe Vorschrift mehrfach verstoßen, so sind die einzelnen Verstöße getrennt zu verwarnen.**

**(8) In den Fällen der Absätze 6 und 7 ist jedoch zu prüfen, ob die Handlung oder die Handlungen insgesamt noch geringfügig sind.**

---

69 *LG Osnabrück*, Urt. v. 01.03.2021 – 13 Ns 320 Js 19536/20 – 16/20 – Legal-illegales Kraftfahrzeugrennen zwischen Fluchtfahrer und Polizei bei Polizeiflucht mit Anm. *Müller*, in: NZV 07/2021, S. 368 f.

70 *Rebler*, Die Sanktionierung, NZV 2020, 570, beck-online.

**Übersicht** **Rdn.**



**Aus der amtlichen Begründung, BT-Drucks. V/1269, S. 11 (Gesetzestext), 83 ff. (Begründung)**

II. Verwarnungsverfahren

§ 45

Verwarnung durch die Verwaltungsbehörde

(1) Bei geringfügigen Ordnungswidrigkeiten kann die Verwaltungsbehörde den Betroffenen verwarnen und ein Verwarnungsgeld von zwei bis zwanzig Deutsche Mark erheben.

(2) Die Verwarnung ist nur wirksam, wenn der Betroffene nach Belehrung über sein Weigerungsrecht mit ihr einverstanden ist und das Verwarnungsgeld sofort zahlt oder innerhalb einer ihm bewilligten Frist von drei Tagen bei der hierfür bezeichneten Stelle oder bei der Post zur Überweisung an diese Stelle einzahlt. Die Zahlungsfrist kann bewilligt werden, wenn der Betroffene das Verwarnungsgeld nicht sofort zahlen kann oder wenn es höher ist als fünf Deutsche Mark.

(3) Über die Verwarnung, die Höhe des Verwarnungsgeldes und die Zahlung oder die etwa bestimmte Zahlungsfrist wird eine Bescheinigung erteilt. Kosten (Gebühren und Auslagen) werden nicht erhoben.

(4) Ist die Verwarnung wirksam, so kann die Tat nicht mehr als Ordnungswidrigkeit verfolgt werden.

»II. Verwarnungsverfahren

Die Regelung des § 8 OWiG über die Verwarnung hat sich in der Praxis auf den verschiedenen Sachgebieten des Rechts der Ordnungswidrigkeiten als zu eng und zu schwerfällig erwiesen. Es wird namentlich geltend gemacht, daß die in Verbindung mit der Verwarnung zulässige Höchstgebühr unzureichend sei. Bei einer so geringen geldlichen Einbuße fehle der Verwarnung vielfach der notwendige Nachdruck, der den Betroffenen dazu anhalten soll, sich künftig ordnungsgemäß zu verhalten. Die vorgeschriebene Schriftform, die sich auf die Belehrung, die Verwarnung und die Zahlung der Gebühr erstrecken muß, erfordere einen Verfahrensaufwand, der in keinem Verhältnis zur geldlichen Einbuße stehe, die dem Täter abverlangt werde. Die

Verwaltungsbehörden haben aus diesen Gründen in weitem Umfang davon abgesehen, gebührenpflichtige Verwarnungen zu erteilen und entweder einen Bußgeldbescheid erlassen oder sich darauf beschränkt, nur eine formlose Verwarnung auszusprechen. Bei dieser Praxis werden als unvermeidliche Folgen in Kauf genommen, daß auch bei geringfügigen Zuwiderhandlungen förmliche Verfahren durchgeführt werden und daß in den übrigen Fällen die mündliche Verwarnung oft einen nur sehr begrenzten Erfolg hat, weil ihr der notwendige Nachdruck fehlt. Als fühlbarer Mangel hat sich weiterhin erwiesen, daß nur der Verwaltungsbehörde, nicht aber dem Polizeibeamten die Befugnis zusteht, eine Verwarnung auszusprechen und damit das Verfahren in rascher und wirksamer Weise zu erledigen. Einzelne Bundesländer haben deswegen bereits Rechtsvorschriften erlassen, die dem Beamten des Polizeidienstes diese Möglichkeit einräumen (vgl. z.B. § 24 Abs. 2 des bremischen Polizeigesetzes vom 5. Juli 1960, Sammlung des bremischen Rechts 205 — a — 1; § 23 des hessischen Gesetzes über die öffentliche Sicherheit und Ordnung vom 17. Dezember 1964, Gesetz- und Verordnungsblatt für das Land Hessen II 310—10).

Im Gegensatz zu § 8 OWiG hat sich die im bisherigen § 22 StVG getroffene Regelung über die gebührenpflichtige Verwarung bei Verkehrsübertretungen im allgemeinen gut bewährt. Dieses Verfahren ist in förmlicher Hinsicht vereinfacht. Eine Bescheinigung wird lediglich über die Zahlung der Gebühr erteilt, und zwar in Form eines Vordrucks. Die Anwendungsmöglichkeit des Verwarnungsverfahrens ist dadurch erweitert, daß der Höchstbetrag der Gebühr, der ursprünglich auf zwei Deutsche Mark begrenzt war, später auf fünf Deutsche Mark heraufgesetzt worden ist. Hierfür hat sich in der Praxis ein unabweisbares Bedürfnis gezeigt. Von der Einrichtung der gebührenpflichtgen Verwarnung wird heute bei Verkehrsübertretungen in einer außerordentlich großen Zahl von Fällen Gebrauch gemacht; ohne sie wäre eine umfassende Bekämpfung von Verkehrszüwiderhandlungen, die aus Gründen der Verkehrssicherheit unerläßlich ist, vereitelt. Die Praxis neigt dazu, die gesetzlichen Voraussetzungen für die Erteilung der Verwarnung ausdehnend auszulegen, um den Anwendungsbereich dieser Einrichtung soweit wie möglich auszuschöpfen.

Diese Entwicklung beweist das Bedürfnis dafür, das bisherige Verwarnungsverfahren bei Ordnungswidrigkeiten zu vereinfachen und seinen Anwendungsbereich zu erweitern. Der Entwurf will dies in mehrfacher Hinsicht verwirklichen: Er verzichtet weitgehend auf die Schriftlichkeit des Verfahrens und lehnt sich damit in diesem Punkte an die bewährte Verfahrensregelung des bisherigen § 22 StVG an. Außerdem setzt der Entwurf die Höchstgrenze des Geldbetrages, der in Verbindung mit der Verwarnung von dem Betroffenen erhoben werden kann, nicht unwesentlich herauf, um so möglichst viele Fälle zu erfassen, die sonst in einem förmlichen Verfahren erledigt werden müßten.

Freilich kann bei einem Geldbetrag bis zu zwanzig Deutsche Mark, der zur nachdrücklichen Verwarnung des Betroffenen erhoben werden kann, nicht mehr von der Zahlung einer »Gebühr" gesprochen werden. Gegen die Verwendung dieses Begriffs in § 8 OWiG und im bisherigen § 22 StVG werden schon jetzt im Schrifttum und in der Rechtsprechung Bedenken geäußert, obwohl dort der Höchstbetrag der »Gebühr" nur auf zwei bzw. fünf Deutsche Mark festgesetzt ist. Inwieweit diese Bedenken berechtigt sind, kann auf sich beruhen. Der Gedanke, einen Verwaltungsaufwand gebührenmäßig abzugelten, rechtfertigt es jedenfalls nicht, von dem Betroffenen für eine Verwarnung einen Geldbetrag bis zu zwanzig Deutsche Mark zu erheben, namentlich dann nicht, wenn der Geldbetrag nicht nach dem Umfang des Verwaltungsaufwandes, sondern allein danach bemessen wird, welcher Art die Zuwiderhandlung ist und ob der Betroffene wegen der Zuwiderhandlung einen mehr oder minder fühlbaren Denkzettel verdient. Der Entwurf ersetzt deshalb die Bezeichnug »Gebühr" durch »Verwarnungsgeld". Damit wird die dem Betroffenen auferlegte geldliche Einbuße, die der Verwarnung Nachdruck verleihen soll, ihrer Art nach hinreichend deutlich gekennzeichnet.

Der Entwurf erweitert den Anwendungsbereich des Verwarnungsverfahren schließlich dadurch, daß er die Befugnis, eine Verwarnung auszusprechen und ein Verwarnungsgeld zu erheben, unter bestimmten Voraussetzungen auch den Beamten des Polizeidienstes einräumt (§ 46 Abs. 2). Hierfür besteht nicht nur bei Verkehrsordnungswidrigkeiten, sondern auch bei anderen Ordnungswidrigkeiten, die zu der Gruppe der sogenannten Polizeidelikte gehören, ein unabweisbares Bedürfnis. Diese Delikte können, soweit sie geringfügiger Art sind, durch das polizeiliche Verwarnungsverfahren rascher und wirksamer bekämpft werden als im förmlichen Verfahren der Verwaltungsbehörde. Der Entwurf folgt insoweit dem Vorbild einzelner Landesgesetze. Den Bedenken, daß den Beamten des Polizeidienstes ein zu weites Ermessen eingeräumt wird, wenn sie ein Verwarnungsgeld bis zu zwanzig Deutsche Mark erheben können, begegnet der Entwurf durch eine besondere Vorschrift. Nach § 47 Abs. 2 sollen allgemeine Ermächtigungen, eine Verwarnung auszusprechen, nähere Bestimmungen enthalten über die Erteilung der Verwarnung und die Höhe des Verwarnungsgeldes, und zwar etwa nach Art eines Katalogs.

Zu § 45 — Verwarnung durch die Verwaltungsbehörde

Absatz 1 läßt das Verwarnungsverfahren bei »geringfügigen" Ordnungswidrigkeiten zu. Der bisherige § 22 StVG spricht von »leichteren" Verkehrszuwiderhandlungen, der § 8 OWiG nennt Fälle von »geringer" Bedeutung. Der Entwurf will den Anwendungsbereich des Verwarnungsverfahrens im Vergleich zu diesen Vorschriften etwas erweitern. Dies sprachlich genau zu beschreiben, ist aber kaum möglich. Der Praxis wird die etwas unbestimmte Abgrenzung gleichwohl keine beträchtlichen Schwierigkeiten bereiten, weil der Kreis der in Betracht kommenden Fälle zugleich auch durch den Höchstbetrag des Verwarnungsgeldes hinreichend klar umrissen wird.

Absatz 2 entspricht im wesentlichen § 8 Abs. 2 Satz 1 OWiG und dem bisherigen § 22 Abs. 1 Satz 2 StVG. Diese Regelungen werden allerdings in der Hinsicht erweitert, daß das Verwarnungsgeld nicht stets sofort bezahlt zu werden braucht, sondern daß dem Betroffenen auch eine kurze Zahlungfrist bewilligt werden kann. In der Praxis hat sich gezeigt, daß diese Erweiterung aus Gründen der Gerechtigkeit und der Zweckmäßigkeit geboten ist.

Der Betroffene, der nicht in der Lage ist, das Verwarnungsgeld an Ort und Stelle zu bezahlen, weil er nicht so viel Geld bei sich hat, wäre gegenüber demjenigen, der das Verwarnungsgeld sofort zahlen kann, benachteiligt. Es wäre ungerecht, wenn seine Tat allein wegen dieses, vielleicht zufälligen Umstandes nur in einem förmlichen Verfahren abgerügt werden könnte.

Für die Regelung, daß dem Betroffenen zur Zahlung eine Frist bewilligt werden kann, sprechen auch Zweckmäßigkeitsgründe. Es ist zu berücksichtigen, daß künftig die Festsetzung eines Verwarnungsgeldes bis zu zwanzig Deutsche Mark auch durch Beamte des Polizeidienstes zulässig ist (§ 46 Abs. 2). Ob es zweckmäßig ist, daß diese Beamten, die bisher nur eine Gebühr bis zu fünf Deutsche Mark in Empfang nehmen können, künftig auch höhere Verwarnungsgelder an Ort und Stelle kassieren oder ob diesem Verfahren psychologische Bedenken oder Sicherheitsgründe entgegenstehen, läßt sich ohne praktische Erfahrung nicht sicher beurteilen. Der Entwurf entscheidet sich deshalb in Satz 2 für eine bewegliche Regelung, die durch Verwaltungsvorschriften der Länder ausgefüllt und den praktischen Bedürfnissen angepaßt werden kann. Für die Zahlung des Verwarnungsgeldes kann danach eine Frist auch dann bewilligt werden, wenn es höher ist als fünf Deutsche Mark. Die Praxis wird zeigen, inwieweit es sich empfiehlt, von dieser Möglichkeit Gebrauch zu machen.

Die Zahlungsfrist, die dem Betroffenen eingeräumt weiden kann, muß jedoch verhältnismäßig kurz sein. Eine längere Frist widerspricht dem Grundgedanken der Verwarnung, die Sache möglichst rasch zu erledigen. Der Entwurf bestimmt daher, daß eine Frist, von drei Tagen bewilligt werden kann. Das Verwarnungsgeld ist innerhalb dieser Frist an die »hierfür bestimmte Stelle" zu zahlen. Das kann die Verwaltungsbehörde, aber auch eine besondere Kasse oder Zahlstelle sein. Eine solche Bestimmung wird bei der Verwarnung namentlich dann in Betracht kommen, wenn für die Verwaltungsbehörde eine andere Stelle die Kassengeschäfte führt.

Wegen der großen praktischen Bedeutung, die das Verwarnungsverfahren erlangen wird, hält der Entwurf eine ausdrückliche Regelung der Frage für erforderlich, ob für die Einhaltung der Frist der Tag der Absendung oder des Eingangs entscheidend ist. Dabei sieht er bewußt davon ab, alle in Betracht kommenden Zahlungsmöglichkeiten (z.B. Bankauftrag, Postschecküberweisung) zu erfassen, weil bei der Masse der Verfahren eine klare und einfache Regelung unerläßlich ist. Es reicht danach aus, daß das Vorwarnungsgeld innerhalb der Frist von drei Tagen bei der Post eingezahlt wird. Das entspricht der in der Bevölkerung allgemein geläufigen Bestimmung »Poststempel genügt".

Wird das Verwarnungsgeld nicht fristgerecht gezahlt, so ist die Verwarnung nicht wirksam. Die Sache muß dann im ordentlichen Bußgeldverfahren erledigt werden. Das kann zwar in Grenzfällen zu Unbilligkeiten führen, so z. B., wenn die Einzahlung ohne Verschulden des Betroffenen zu spät kommt. Der Entwurf verzichtet gleichwohl auf eine besondere Regelung zur Vermeidung derartiger Unbilligkeiten, weil aus praktischen Gründen eine einfache Verfahrensregelung, die der Masse der hier in Betracht kommenden Fälle gerecht wird, dringend geboten ist.

Nach Absatz 3 Satz 1 wird über die Verwarnung, die Höhe des Verwarnungsgeldes und die Zahlung oder die etwa bestimmte Zahlungsfrist eine Bescheinigung erteilt. Diese Vorschrift entspricht sachlich dem § 22 Abs. 1 Satz 3 StVG. Sie berücksichtigt allerdings, daß künftig das Verwarnungsgeld nicht in allen Fällen sofort zu zahlen ist. Satz 2 stellt klar, daß Auslagen und Gebühren nicht erhoben werden. Nach den Verwaltungskostenvorschriften der Länder könnten sich sonst in dieser Frage Zweifel ergeben.

Absatz 4 entspricht sachlich dem § 8 Abs. 3 OWiG und dem bisherigen § 22 Abs. 2 StVG. Die Rechtsprechung hat diese Regelung in dem einschränkenden Sinne ausgelegt, daß nach Erteilung der Verwarnung eine Verfolgung nur unter dem tatsächlichen und rechtlichen Gesichtspunkt ausgeschlossen ist, unter dem die Verwarnung erleilt worden ist (vgl. BGHSt 17, 101). Der Entwurf möchte diese Frage nicht ausdrücklich entscheiden. Der Rechtsprechung soll ein gewisser Spielraum gelassen werden, der es ihr ermöglicht, eine den Umständen des Einzelfalles angemessene Lösung zu finden. Da der Entwurf die Fassung des geltenden Rechts im wesentlichen beibehält, ist die Rechtsprechung auch nicht gehindert, die Vorschrift weiter in dem bisherigen Sinne auszulegen.«

### 1. Das Verwarnungsverfahren

Das Verwarnungsverfahren ist ein vereinfachtes Verfahren zur Bearbeitung von Verkehrsordnungswidrigkeiten, die sich – wie die Rspr. es umschreibt – »im äußersten **Bagatellbereich**«[1] bewegen. 1

Die (grundsätzlich gebührenpflichtige) Verwarnung ist ein **Verwaltungsakt**, der aus Anlass einer leichteren Verkehrsübertretung gegenüber dem auf frischer Tat betroffenen Täter vorgenommen wird, aus Verwarnung und Gebührenerhebung besteht und präventiv der Aufrechterhaltung der Verkehrsdisziplin dient. Sie hat keinen Strafcharakter.[2] »Grundsätzlich gebührenpflichtig« bedeutet, dass die Bußgeldbehörde für ihre Tätigkeit gem. § 107 Abs. 1 OWiG erst dann eine Gebühr festsetzt, wenn das angebotene Verwarnungsgeld von einem Betroffenen nicht angenommen wurde und das Bußgeldverfahren nunmehr durch einen Bußgeldbescheid abgeschlossen werden muss. Wird ein Bußgeldbescheid nicht rechtskräftig, entsteht für das Bußgeldverfahren der Verwaltungsbehörde auch keine Gebühr.[3] 2

Verwarnen heißt aus Sicht der Bußgeldbehörde stets abzumahnen; d. h. dem Täter soll der Verstoß gegen die Verkehrsregel vorgehalten werden, damit er die Verkehrsregel künftig besser oder ggf. überhaupt beachtet. Auch die allgemeine Meinung in Rechtsprechung und Literatur stimmt darin überein, dass die gebührenpflichtige Verwarnung ein – sei es zustimmungsbedürftiger, sei es auf Unterwerfung

1 *BVerwG*, VkBl. 1973, S. 712.

2 *BVerfG*, Beschl. v. 04.07.1967 – 2 BvL 10/62, BVerfGE 22, 125–134, auch zum Folgenden.

3 KK-OWiG/*Hadamitzky*, OWiG § 107 Rn. 4.

gerichteter – Verwaltungsakt ist.[4] Die gebührenpflichtige Verwarnung ist mit dem GG vereinbar. Nach Auffassung des *BVerfG* ist das Auferlegen von Verwarnungsgeldbeträgen für Verkehrsordnungswidrigkeiten im Bereich des Verwarnungsgeldes und der damit verbundene Verzicht auf eine Eintragung dieser Delikte in das FAER in der Regel nicht als schwerer und unabwendbarer Nachteil im Sinne von § 93 a Abs. 4 BVerfGG anzusehen.[5]

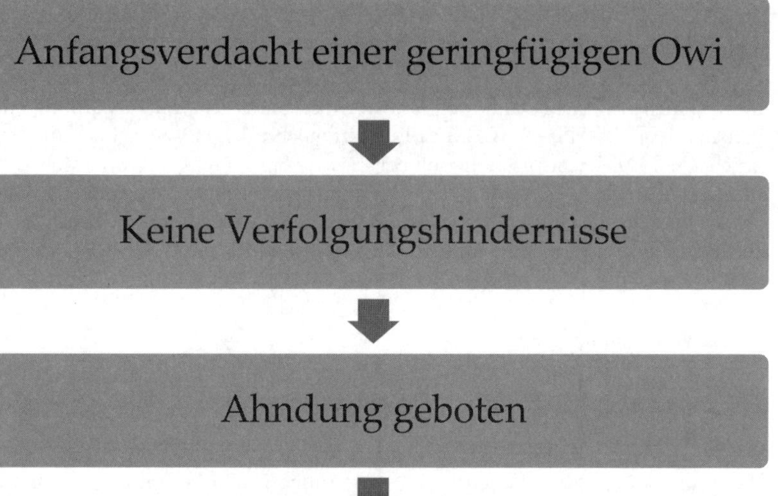


3 In der Vorschrift des § 56 OWiG ist die Erteilung einer Verwarnung gesetzlich geregelt und im Blanketttatbestand des § 24 StVG die Verordnungsermächtigung sowie das Höchstmaß einer Geldbuße für Verkehrsordnungswidrigkeiten. Durch diese beiden Vorschriften wird der Rahmen determiniert, der von den Vorschriften der BKatV ausgefüllt werden muss. Bewusst ausgenommen wurden die bedeutenden Ordnungswidrigkeiten der §§ 24a und 24c StVG, die – wie auch alle anderen Ordnungswidrigkeiten deren Regelsätze im Bußgeldbereich ab 60 Euro angesiedelt sind – einer Verwarnung nicht zugänglich sind, weil diese Möglichkeit in der Spezialvorschrift des

4 Indifferent insoweit *Kehr/Lempp/Krumm*, S. 11 Rn. 12, die lediglich meinen, dass eine Verwarnung als ein mitwirkungsbedürftiger Verwaltungsakt »bezeichnet/angesehen« wird.

5 *BVerfG*, Beschl. v. 21.02.1984 – 2 BvR 1244/83, BVerfGE 66, 211–214, Rn. 9.

§ 3 BKatV gerade nicht vorgesehen ist und auch der besonderen nachdrücklichen Bedeutung des Bußgeldbescheides für eine künftige Verhaltensänderung des Betroffenen nicht gerecht wird[6]

Durch die Verknüpfung der beiden Vorschriften der §§ 56 OWiG sowie 24 StVG ist entschieden, dass nicht alle Ordnungswidrigkeiten, die im Straßenverkehr begegnen können, verwarnungsfähig sind, sondern nur diejenigen Verkehrsordnungswidrigkeiten, die einer Verwarnung nach den Auswahlkriterien des § 56 OWiG zugänglich sind. Der Staat möchte sich und den Bürgern mit diesem vereinfachten Verfahren Verwaltungsaufwand ersparen. 4

Gegenüber Betroffenen oder Opfern einer Ordnungswidrigkeit sollte der Begriff »Bagatelle« von Amtspersonen besser nicht benutzt werden. Nicht selten bedeuten gerade diese verwaltungsseitig in verengter Sicht als Bagatellen bezeichneten Ordnungswidrigkeiten für die davon betroffenen Personen viel Ärger.

Den Tätern dieser Ordnungswidrigkeiten wird bei Verwarnungen ihr Fehlverhalten lediglich vorgehalten, ohne dass von Seiten des Vollzugspersonals eine nähere Aufklärung des Sachverhalts erfolgen muss. De facto würde in den meisten Fällen allerdings auch im schriftlichen Verfahren eine weitere Aufklärung des Sachverhalts unterbleiben. So würde z.B. im Rahmen einer polizeilichen Geschwindigkeitsmessung mit einer Laserpistole und nachfolgender Anhaltekontrolle dem Betroffenen das Ergebnis seiner Messung gezeigt und diese Messung im Messprotokoll mit den dazu gehörigen Messdaten schriftlich festgehalten werden. Für das schriftliche Verfahren würden lediglich noch die Personalien des Fahrers aufgenommen und in das Anzeigenformular übertragen werden. 5

Rechtstechnisch gesehen handelt es sich bei einer Verwarnung nicht nur um einen einfachen, sondern um einen **mitwirkungsbedürftigen Verwaltungsakt**, der auf einem Einverständnis des Betroffenen mit einer präventiv motivierten Maßnahme beruht.[7] Das Verwarnungsverfahren ist ein dem Bußgeldverfahren vorgeschaltetes **Sonderverfahren**. Dadurch soll sowohl dem Betroffenen die Unannehmlichkeit als auch den beteiligten Behörden den Aufwand eines förmlichen Verfahrens erspart werden.[8] 6

Beide Verfahren schließen sich gegenseitig aus. Daher liegt in der Verwarnung des Betroffenen an Ort und Stelle auch dann nicht die Bekanntgabe der Einleitung des Ermittlungsverfahrens i.S. des § 29 Abs. 1 Nr. 1 OWiG, wenn die erteilte Verwarnung infolge späterer Nichtzahlung des Verwarnungsgeldes unwirksam wird.[9]

Die zuständige Verwaltungsbehörde kann von der Möglichkeit einer Verwarnung Gebrauch machen, sie muss es aber nicht. Allerdings muss sich die Behörde oder der 7

6 A. A. *Kehr/Lempp/Krumm*, S. 143, die bei »besonderen Umständen« auch Verwarnungen erlauben wollen, wenn »eigentlich eine Geldbuße festzusetzen wäre«.
7 Näher *König*, in: Hentschel/König/Dauer § 26a StVG Rn. 7.
8 BeckOK OWiG/*Straßer*, 32. Ed. 1.10.2021, OWiG § 56.
9 *OLG Hamm*, Beschl. v. 24.11.1970 – 3 Ss OWi 1043/70, NJW 1971, 818.

handelnde Mitarbeiter aus Polizei oder kommunalem Vollzugsdienst der Tatsache bewusst sein, dass es bei der zu beurteilenden Ordnungswidrigkeit die Möglichkeit einer Verwarnung gibt und er muss pflichtgemäß prüfen, ob in dem vorliegenden Fall die Verwarnung das geeignete Mittel des Verwaltungshandelns ist. Fällt das Ergebnis dieser Ermessensprüfung negativ aus, kann eine Anzeige erstattet oder geschrieben werden, in dessen Folge ein Bußgeldbescheid erlassen werden kann. Auch ein unterlassenes oder dem Betroffenen nicht zugegangenes Verwarnungsangebot hindert den Erlass eines Bußgeldbescheides nicht.[10]

8 Da der Verwarnung kein förmliches Feststellungsverfahren vorausgeht, muss der Sachverhalt nach einer Entscheidung des *BVerfG* für den Polizeibeamten offen zutage treten.[11] Das setzt voraus, dass er den Vorgang selbst beobachtet hat oder doch unmittelbar danach am Tatort aufklären kann. Als Mittel zur Festigung der Verkehrsdisziplin kann die Verwarnung nach allgemeiner pädagogischer Erfahrung nur dann voll wirksam werden, wenn sie der Tat auf dem Fuße folgt. Diese Voraussetzungen fehlen, wenn der Sachverhalt erst später angezeigt wird.

9 Die Entscheidung darüber, ob ein bestimmtes ordnungswidriges Verhalten mittels einer Verwarnung mit Verwarnungsgeld oder mit dem Erlass eines Bußgeldbescheids zu ahnden ist, liegt im pflichtgemäßen Ermessen der Verwaltungsbehörde und ist einer förmlichen rechtlichen Nachprüfung durch das Gericht nicht zugänglich.[12] Etwas anderes gelte jedoch in Fällen, in denen der Übergang vom Verwarnungs- zum Normalverfahren im Licht der rechtsstaatlichen Gesamtverfahrensordnung schlechterdings nicht nachvollziehbar und als unvertretbarer Akt objektiver Willkür erscheine. In diesen Fällen sei die zu Lasten des Betroffenen ergangene Gebühren- und Auslagenentscheidung wegen unrichtiger Sachbehandlung aufzuheben.

10 Solange eine Verwarnung noch nicht nach § 56 Abs. 2 Satz 1 OWiG durch die Zahlung des Verwarnungsgeldes wirksam geworden ist, kann die Verwaltungsbehörde statt des Verwarnungsverfahrens ein Bußgeldverfahren einleiten. Auf den Grund für die unterbliebene Zahlung des Verwarnungsgeldes kommt es dabei nicht an.[13]

11 Nur eine »**geringfügige Ordnungswidrigkeit**« darf verwarnt werden. Die Auslegung des unbestimmten Rechtsbegriffs »geringfügig« richtet sich gem. § 56 Abs. 1 Satz 1 OWiG einerseits nach der Spanne des Verwarnungsgeldes, die von 5 Euro bis zum Höchstbetrag von 55 Euro reicht.[14] Die meisten Regelsätze des BKat sowie des BT-Kat-OWi bewegen sich in diesem engen finanziellen Rahmen. Andererseits begegnet der Begriff der geringfügigen Ordnungswidrigkeit auch in der Vorschrift des § 17

---

10 *AG Wolfratshausen*, Beschl. v. 12.04.1994 – 3 OWi 22/94, juris.

11 Auch zum Folgenden *BVerfG*, Beschl. v. 04.07.1967 – 2 BvL 10/62, BVerfGE 22, 125–134, Rn. 32.

12 *AG Rudolstadt*, Beschl. v. 15.11.2006 – OWi 194/06, juris, auch zum Folgenden.

13 *OLG Hamm*, Beschl. v. 15.03.2011 – III-5 RBs 254/10, 5 RBs 254/10, juris.

14 Ebenso schon *Kupsch*, S. 353, für den damals geltenden Höchstbetrag von 75 DM, der den Begriff der geringfügigen Ordnungswidrigkeit »definiert«.

Abs. 3 Satz 2 OWiG und wird dort von der Rechtsprechung auch auf den Bereich des Bußgeldes erstreckt.

Eine »geringfügige Ordnungswidrigkeit« im Sinne des § 17 Abs. 3 Satz 2 OWiG mit der Folge, dass regelmäßig die persönlichen und wirtschaftlichen Verhältnisse des Betroffenen vom Tatrichter nicht aufgeklärt werden müssen, wird vom *OLG Celle* dann angenommen, wenn die verhängte Geldbuße den Betrag von 250 EUR nicht übersteigt.[15] Diese Auslegung ist zumindest missverständlich und weicht zugunsten der Effizienz der Bußgeldgerichte von der Systematik des OWiG ab, weil sie von der Begrifflichkeit der einer Verwarnung zugänglichen »geringfügigen Ordnungswidrigkeit« in § 56 Abs. 1 Satz 1 OWiG differiert.[16] 12

Die Kommentarliteratur definiert den Begriff nach den Kriterien des § 17 OWiG, also der Bedeutung der Handlung und dem Grad der Vorwerfbarkeit, die den Täter trifft.[17] 13

Im Sinne einer pragmatischen Auslegung nach Sinn und Zweck der Vorschrift erscheint es sachgerecht, den Begriff der **Geringfügigkeit** im Rahmen des Verwarnungsverfahrens nach den festgelegten Beträgen von 5 bis 55 Euro zu beurteilen und sämtliche Ordnungswidrigkeiten in diesem Segment als geringfügig zu klassifizieren. Dadurch wird die Beurteilung eines geringfügig ordnungswidrigen Verhaltens durch den Höchstbetrag des Regelsatzes von 55 Euro nach oben hin begrenzt.[18] 14

Wird demnach im BKat oder im BT-Kat-OWi für ein Fehlverhalten ein höherer Regelsatz als 55 Euro vorgesehen, ist eine Beurteilung als »geringfügig« nicht mehr möglich und die Sanktionierung des Verstoßes mit Verwarnungsgeld oder Verwarnung ohne Verwarnungsgeld entfällt. Nach einer insoweit in sich widersprüchlichen Auffassung kann jedoch auch bei einem »gewichtigeren Verstoß« die Ordnungswidrigkeit wegen geringer Vorwerfbarkeit oder aus anderen Gründen als geringfügig anzusehen sein.[19] Die Auffassung, dass ein einschreitender Beamter dabei sogar befugt ist, auch bei einem objektiv gewichtigen, grundsätzlich nicht durch Verwarnung zu erledigenden Verstoß wegen geringer Vorwerfbarkeit gleichwohl eine geringfügige Ordnungswidrigkeit anzunehmen und mit einer Verwarnung zu rügen, widerspricht der im gleichen Atemzug geäußerten und inhaltlich korrekten Feststellung,

15 *OLG Celle*, Beschl. v. 16.07.2008 – 311 Ss Bs 43/08, NJW 2008, 3079 f.; ebenso *OLG Jena*, Beschl. v. 01.09.2011 – 1 Ss Bs 66/11, juris.

16 Ebenso als »problematisch« kritisiert von *Seier*, S. 18.

17 *Göhler/Gürtler/Thoma* § 56 OWiG Rn. 6; *König*, in: Hentschel/König/Dauer, § 26a StVG Rn. 18.

18 Siehe dazu Begründung, S. 84; ebenso *Göhler/Gürtler/Thoma* § 56 OWiG Rn. 6.

19 KK-OWiG/*Lutz*, 5. Aufl. 2018, OWiG § 56 Rn. 4, was unter einem solchen »gewichtigeren Verstoß« zu verstehen ist, wird allerdings nicht erklärt. Man darf darunter jedoch wohl einen Verstoß verstehen, der mit einem Regelsatz von 60 Euro oder mehr bewehrt ist. Dann allerding widerspräche diese Auslegung der zuvor geäußerten absoluten Höchstgrenze ordnungswidrigen Handelns von 55 Euro.

dass der einschreitende Beamte – in VerkehrsOWiVerfahren – dabei an die BKatV gebunden sei.[20] Diese Rechtsauffassung stützt sich auf eine Entscheidung des *OLG Hamm*[21], worin lediglich die Vermutung geäußert wurde, »umgekehrt dürfte der einschreitende Beamte befugt sein, auch bei einem objektiv gewichtigen, grundsätzlich nicht durch Verwarnung zu erledigenden Verstoß wegen geringer Vorwerfbarkeit gleichwohl eine geringfügige Ordnungswidrigkeit anzunehmen und mit einer Verwarnung zu rügen«. Einen für ganz Deutschland allgemeingültigen Bußgeldkatalog gab es zum Zeitpunkt dieser Entscheidung noch nicht, sodass das pflichtgemäße Ermessen damals – im Gegensatz zur heutigen Rechtslage – für Polizei und Bußgeldbehörden noch nicht durch BKatV und BT-Kat-OWi eingeschränkt wurde. Eine Abstufung eines ordnungswidrigen Handelns, das mit einem Regelsatz von 60 Euro oder mehr bewehrt ist, darf heute daher nicht mehr auf rechtmäßige Weise vorgenommen werden.

15 Ein Tatrichter kann im Einzelfall von den vorgegebenen Sätzen des Verwarnungsgeldes abweichen, wenn besondere Umstände dies rechtfertigen. Hält er eine an sich zu den Regelfällen des Verwarnungsgeldes zählende Verkehrsordnungswidrigkeit nicht für geringfügig, muss er dies allerdings in seinem Urteil darlegen und begründen.[22]

16 Die Voraussetzungen der Erteilung einer Verwarnung mit Verwarnungsgeld sind gem. § 56 Abs. 2 OWiG:[23]

---

20 *Krenberger/Krumm*, 7. Aufl. 2022 OWiG § 56 Rn. 10.

21 *OLG Hamm*, Beschl. v. 09.02.1979 – 4 Ws 12/79, NJW 1979, 2114, beck-online, auch zum folgenden Zitat.

22 *Bayerisches Oberstes Landesgericht*, Beschl. v. 22.08.1994 – 1 ObOWi 275/94, juris.

23 Vgl. dazu näher *Göhler/Gürtler/Thoma* § 56 OWiG Rn. 16 ff.

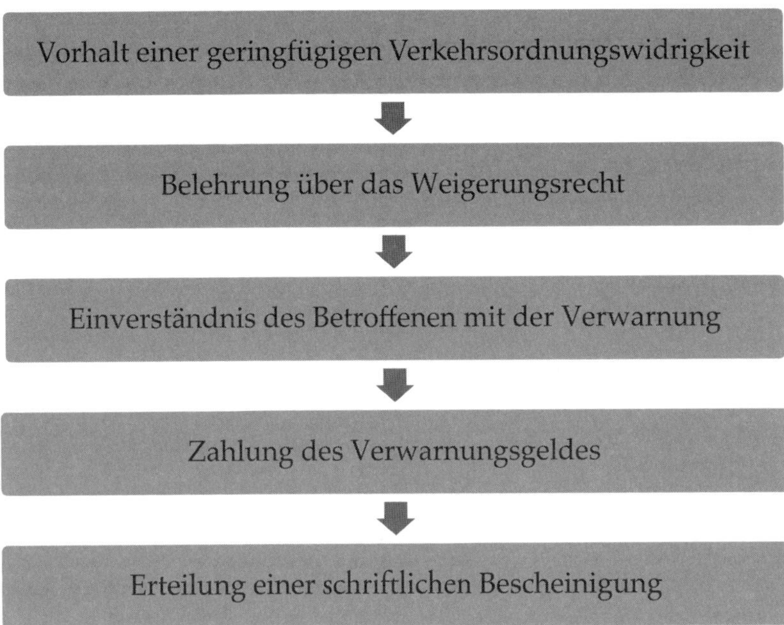


Bevor der Betroffene sein Einverständnis mit der angebotenen Verwarnung erklären kann, muss er gem. § 56 Abs. 2 OWiG zunächst einmal darüber belehrt werden, dass er sich auch weigern kann, die Verwarnung anzunehmen. Durch den in verständlicher Sprache, d. h. gegenüber einem Ausländer in dessen Muttersprache, vorgetragenen Inhalt dieser **Belehrung** sollte nach außen hin deutlich werden, dass es auf die Mitwirkung des Betroffenen ankommt. Ebenfalls darf im Sinne eines rechtsstaatlich transparenten Verfahrens mit geeigneten Worten auch ein entsprechender Hinweis darauf gegeben werden, was den Betroffenen verfahrensrechtlich bei einer erlaubten Weigerung, d. h. seiner Verweigerung des Einverständnisses, erwartet. 17

Widerspricht ein Betroffener gegenüber einem vor Ort eines Parkverstoßes anwesenden kommunalen Vollstreckungsbeamten einer in diesem Moment schriftlich erteilten Verwarnung, ist diese nicht wirksam zustande gekommen. Nach Auffassung des *Oberlandesgerichts Düsseldorf* handelt es sich bei einer dermaßen gegen den Willen des Betroffenen, also zwangsweise erteilten Verwarnung um eine rechtswidrige Amtshandlung, weil der mitwirkungsbedürftige und zustimmungspflichtige Verwaltungsakt nicht fehlerfrei zustande gekommen ist; in diesem interessanten Fall hob das OLG eine Verurteilung des Betroffenen wegen einer Straftat des Widerstandes gegen Vollstreckungsbeamte gem. § 113 StGB deswegen auf, weil der Vollstreckungsbeamte durch die fehlerhafte Verwarnung gerade nicht rechtmäßig gehandelt hatte.[24] 18

24 *OLG Düsseldorf*, Beschl. v. 27.01.1984 – 2 Ss 639/83 – 384/83 II, NJW 1984, 1571.

Richtigerweise hätte auf eine Verwarnung verzichtet werden müssen, um einen Bußgeldbescheid im schriftlichen Verfahren zu erlassen.

19 Die Zahlung eines Verwarnungsgeldes unter einem materiell-rechtlich begründeten Vorbehalt stellt das Vorliegen eines Einverständnisses im Sinne von § 56 Abs. 2 Satz 1 OWiG nicht in Frage.[25] Das Einverständnis bezieht sich nur auf die Art der verfahrensmäßigen Erledigung im Verwarnungsverfahren, nicht aber auf Voraussetzungen sachlich-rechtlicher Art bzw. auf das Vorliegen des Bußgeldtatbestandes. Daraus folgt, dass die Verwarnung wegen ihres materiellen Inhalts nicht angefochten werden kann. Der Betroffene kann sich insbesondere nicht darauf berufen, eine Verwarnung mit Verwarnungsgeld hätte nicht erteilt werden dürfen, etwa weil in Wahrheit eine Ordnungswidrigkeit nicht vorgelegen habe. Ist der Betroffene der Auffassung, nicht ordnungswidrig gehandelt zu haben, oder hat er insofern erhebliche Zweifel, so steht es ihm frei, die Verwarnung abzulehnen. Hat er aber sein Einverständnis erteilt und damit erst die rechtliche Grundlage für die Verwarnung geschaffen, so würde er sich zu seinem eigenen Verhalten in Widerspruch setzen, wenn er nachträglich mit jener Begründung die Verwarnung anfechten würde.

20 Wenn die Voraussetzungen für die Erteilung einer Verwarnung mit Verwarnungsgeld vorliegen, diese aber vor Ort des Geschehens durch den handelnden Polizeibeamten oder einen kommunalen Vollzugsbediensteten nicht mündlich erteilt werden kann, muss dem Betroffenen das Angebot eines Verwarnungsgeldes im schriftlichen Verfahren in Form eines Anhörungsbogens übersandt werden. Äußert sich der als Zeuge angeschriebene Halter nicht, muss unter Berücksichtigung des Opportunitätsprinzips darüber entschieden werden, ob die beweissicher festgestellte Ordnungswidrigkeit mit einer Verwarnung zu ahnden ist, ob eine Ordnungswidrigkeitenanzeige zu fertigen ist oder ob das Verfahren einzustellen ist. Wenn der Halter den Anhörungsbogen mit der Bemerkung zurückschickt, dass nicht er selbst, sondern ein anderer das Fahrzeug geführt hat, kommt es im Fortgang des Verfahrens darauf an, ob die andere Person benannt wurde oder unbenannt bleibt. Einer benannten Person wird ein Anhörungsbogen übersandt, ansonsten wird das Verfahren bei Kennzeichenanzeigen zumeist eingestellt, weil weitere Ermittlungen unter Opportunitätsgesichtspunkten nicht erfolgversprechend sind. Liegt ein Frontfoto vor, wird zumeist in der Meldebehörde durch Lichtbildabgleich ermittelt, ob Fahrer und Halter identisch sind. Bei positivem Ergebnis erhält der Betroffene einen Bußgeldbescheid, bei negativem Ergebnis oder keiner Übereinstimmung im Geschlecht von Fahrer und Halter wird das Verfahren zumeist aus Opportunitätsgründen eingestellt.

21 Die Wirksamkeit einer Verwarnung wird auch nicht durch eine erhobene **Dienstaufsichtsbeschwerde** beseitigt. Die Wirksamkeit entfällt auch nicht dadurch, dass die Verwaltungsbehörde das Verwarnungsgeld an den Betroffenen zurückgezahlt hat.[26]

25 *Oberverwaltungsgericht für das Land Nordrhein-Westfalen*, Beschl. v. 11. 04. 2011 – 8 A 589/10, juris, auch zum Folgenden.

26 *AG Mainz*, Beschl. v. 16. 09. 2005 – 3726 Js 6108/05.403 OWi, juris.

Bei einer Weigerung des Betroffenen, die Verwarnung zu akzeptieren, wird über die Beschuldigung im schriftlichen Bußgeldverfahren entschieden.[27] Dabei wird den Betroffenen von den Bußgeldbehörden, ohne dass diese nach der dokumentierten Weigerung etwa dazu gesetzlich verpflichtet wären, regelmäßig aus Gründen der Billigkeit zunächst noch einmal ein Anhörungsbogen mit dem nochmaligen Angebot der Zahlung des Verwarnungsgeldes übersandt. Zulässig wäre aber auch der Erlass eines Bußgeldbescheides im förmlichen Bußgeldverfahren, weil die erste Anhörung des Betroffenen gem. § 55 OWiG i.V.m. § 163 a StPO regelmäßig an Ort und Stelle der Tat erfolgte.[28] 22

Nach § 56 Abs. 4 OWiG kann eine Tat nach einer wirksamen Verwarnung nicht mehr unter den tatsächlichen und rechtlichen Gesichtspunkten verfolgt werden, unter denen die Verwarnung erteilt worden ist. Wird jedoch ein Betroffener wegen Überschreitung der zulässigen Höchstgeschwindigkeit an Ort und Stelle mit einem Verwarnungsgeld belegt und ihm dabei durch die handelnden Polizeibeamten eröffnet, dass damit nur die Geschwindigkeitsüberschreitung abgerügt werden soll, besteht für den weiteren Vorwurf des Überholens bei nicht genügender Sichtstrecke kein **Verfolgungshindernis.** [29] Diese Ordnungswidrigkeit konnte daher zusätzlich zur erfolgten Verwarnung mit Verwarnungsgeld im schriftlichen Verfahren mit einem Bußgeld geahndet werden. Etwas anderes kann allerdings dann gelten, wenn der Betroffene davon ausgehen durfte, dass mit der Verwarnung und der Zahlung des Verwarnungsgeldes das gesamte Tatgeschehen erledigt werden sollte und wenn er im Vertrauen darauf sein Einverständnis mit der Verwarnung erklärt hat.[30] 23

Das Verfolgungshindernis des § 56 Abs. 4 OWiG ist nämlich nicht so umfassend wie eine rechtskräftige Entscheidung; insbesondere findet der Grundsatz »ne bis in idem« keine Anwendung. Nach § 56 Abs. 4 OWiG ist bekanntlich die anderweitige Verfolgung der Tat lediglich unter den tatsächlichen und rechtlichen Gesichtspunkten ausgeschlossen, unter denen die Verwarnung erteilt worden ist. Diese einschränkende Regelung berücksichtigt, dass die Verwarnung eine Maßnahme in einem vereinfachten, auf schnelle Erledigung ausgerichteten Verfahren mit einer nur summarischen Prüfung der Sach- und Rechtslage darstellt. 24

Gegen die erteilte Verwarnung ist zwar auf der Grundlage der **Rechtsweggarantie** aus Art. 19 Abs. 4 GG der Antrag auf gerichtliche Entscheidung gem. § 62 statthaft, jedoch können wegen des vorangegangenen Einverständnisses nur noch die förmlichen Voraussetzungen für deren Erteilung wie z.B. einer nicht erfolgten Belehrung oder einer arglistigen Täuschung angegriffen werden. Dieser Vortrag muss indessen auch bewiesen werden. Ein Betroffener könnte in dem Rechtsschutzverfahren also regelmäßig nicht einwenden, er habe die Ordnungswidrigkeit überhaupt nicht begangen. In offensichtlich rechtswidrigen Fällen, bei denen z.B. aus Unkenntnis der materiellen 25

---

27 Vgl. *Göhler/Gürtler*, § 56 Rn. 22.
28 Ebenso *Wieser*, S. 349.
29 *OLG Koblenz*, Beschl. v. 27.02.1986 – 1 Ss 91/86, juris.
30 *OLG Düsseldorf*, Beschl. v. 06.09.1990 – 5 Ss (OWi) 306/90 – (OWi) 131/90 I, juris, auch zum Folgenden.

Rechtslage ein tatsächlich nicht existierender Bußgeldtatbestand gewählt wurde oder eine vorliegende Befreiung nicht erkannt wurde (z.B. Gurtbefreiungen gem. § 21a Abs. 1 Satz 2 StVO), dürften aber auch formell einwandfreie Verwarnungen nachträglich noch aus Opportunitätsgründen aufgehoben und etwaige Verwarnungsgeldbeträge zurück überwiesen werden.

Eine nach § 80 Abs. 4 PolG SL zur Verkehrsüberwachung befugte Ortspolizeibehörde ist keine Verwaltungsbehörde i.S. des § 62 Abs. 1 Satz 1 OWiG, da sie nicht zum Erlass eines Bußgeldbescheids befugt ist. Gegen deren Maßnahmen ist daher der Rechtsweg nach § 62 OWiG nicht eröffnet, sondern erst gegen eine Maßnahme der Bußgeldbehörde. Auch der subsidiäre Rechtsweg nach §§ 23 ff. EGGVG scheidet gegen Maßnahmen der Ortspolizeibehörde aus.[31]

### 2. Absatz 1

26 Eine Verwarnung ist vom Gesetzgeber doppelfunktionell gedacht. Einerseits soll es sich um eine präventive, in die Zukunft gerichtete Maßnahme handeln, die den Betroffenen von der Begehung ähnlicher Verhaltensfehler abhalten soll. Dieser spezialpräventive Ansatz leidet jedoch grundsätzlich unter der systematisch bedingten nivellierenden Konstruktion der Tatbestände in BKat und BT-Kat-OWi sowie unter dem Diktat eines vorwiegend schriftlich geführten und standardisierten Bußgeldverfahrens, das kaum Raum für eine individuelle Ansprache des fehlerhaft handelnden Verkehrsteilnehmers lässt. Andererseits trägt die Verwarnung mit Verwarnungsgeld nachrangig gegenüber dem präventiven Zweck auch einen geringen repressiven Charakter, weil der Betroffene tatsächlich eine in seiner Obergrenze auf 55 Euro limitierte finanzielle Einbuße erfährt.

27 Diese Verwaltungsmaßnahme soll an Nachdrücklichkeit dadurch gewinnen, dass jede Verwarnung, ob nun mündlich oder schriftlich erteilt und mit oder ohne Verwarnungsgeld, nach § 2 Abs. 1 BKatV mit einem Hinweis auf die Verkehrszuwiderhandlung verbunden sein muss.[32] Dieser zwingend erforderliche Hinweis ist bislang weder in der Rechtsprechung, noch in der Literatur problematisiert und daher auch nicht dogmatisch diskutiert worden. Eine wissenschaftliche Untersuchung zu Sinn und Zweck des Verwarnungsverfahrens existiert bislang nicht. Dabei ist es gerade aufgrund des präventiven Charakters der Verwarnung sehr wichtig, dass eine pädagogische Ausgestaltung des Verfahrens die beste Chance für dessen nachhaltige Wirkung bietet.

28 Ein Hinweis auf eine Verkehrszuwiderhandlung muss im schriftlichen Verwarnungsverfahren ebenso erfolgen wie im Rahmen einer mündlichen Verwarnung. Auch muss der Hinweis bei einer Verwarnung mit Verwarnungsgeld und bei einer Verwarnung ohne Verwarnungsgeld erfolgen. Anders als bei einem Bußgeldbescheid, dessen prozessuale Aufgabe es lediglich ist, den Tatvorwurf in persönlicher, sachlicher und rechtlicher Hinsicht von anderen denkbaren Tatvorwürfen abzugrenzen,[33] soll eine

31 *Saarländisches Oberlandesgericht Saarbrücken*, Beschl. v. 09.10.2020 – VAs 3/20, juris.

32 Näher dazu *Müller*, Leitfaden, S. 56 ff.

33 *BGH*, Beschl. v. 08.10.1970 – 4 StR 190/70, BGHSt 23, 336–342, Rn. 6.

Verwarnung den Verkehrsteilnehmer in erster Linie für das gefahrenträchtige Fehlverhalten im Straßenverkehr sensibilisieren, um dieses in der Zukunft zu vermeiden.

Die fachliche Qualität eines solchen Hinweises kann deutlich differieren. Im schriftlichen Verwarnungsverfahren besteht der Hinweis – soweit bekannt – immer aus einem bloßen Textauszug des objektiven Tatbestandes aus BKat oder BT-Kat-OWi. Keine Bußgeldbehörde einer Kommune, eines Bundeslandes oder eine zentrale Bußgeldbehörde der Polizei macht sich derzeit die Mühe, dem Betroffenen zusätzlich noch Informationen über die potenzielle Gefährlichkeit des begangenen Verstoßes für die Sicherheit anderer Verkehrsteilnehmer oder den Betroffenen selbst zukommen zu lassen. Es sei denn, dass die Polizei oder die Bußgeldbehörde, wie es nur in wenigen Kommunen Deutschlands der Fall ist, ihre Erkenntnisse an die Straßenverkehrsbehörde weitergeben, die bekanntlich auch bei verwarnungsfähigem Fehlverhalten gem. § 48 StVO einen Verkehrsunterricht anordnen kann.[34] 29

Eine hervorragende Möglichkeit, einen Fahrzeugführer qualitativ hochwertig auf seine Verkehrszuwiderhandlung hinzuweisen, besteht im Rahmen einer Anhaltekontrolle durch die Polizei. Aus dem mündlichen Vorhalt und der Erklärung eines Geschwindigkeitsverstoßes, der im Rahmen einer Lasermessung entdeckt wurde, können sich sehr konstruktive Gespräche mit Autofahrern ergeben, in deren Rahmen der Kreativität der Polizeibeamten bei dem Einbeziehen von Verkehrssicherheitsbotschaften inhaltlich kaum Grenzen gesetzt sind. Derartige Gespräche gelingen teilweise sogar auf hohem fachlichem Niveau bei bedeutenden Ordnungswidrigkeiten, die mit Regelsätzen im Bußgeldbereich ab 60 Euro eingestuft sind, wenn z.B. die Besatzungen von zivilen Videokraftfahrzeugen die gefilmten Videosequenzen mit den gerade eben begangenen bedeutenden Verkehrsverstöße den Fahrzeugführen im Anschluss an das Anhalten aus dem fließenden Verkehr vorspielen. Diese Art der spiegelnden Konfrontation mit den eigenen Fehlleistungen kann im Zusammenhang mit dem nachfolgenden Straf- oder Bußgeldverfahren sowie den damit verbundenen Fahrerlaubnismaßnahmen zu einem Umdenken führen, das freilich – wie so viele Probleme des praktischen Verkehrsrechts – in Deutschland noch nicht mit interdisziplinärem verkehrspädagogischen und verkehrspsychologischen Ansatz wissenschaftlich untersucht wurde. 30

### 3. Absatz 2

Der Unrechtsgehalt leichter Verstöße gegen die Verkehrsregeln und der Grad der individuellen Vorwerfbarkeit sind vielfach so gering, dass auf eine Vergeltung des vorangegangenen Tuns oder Unterlassens mittels eines Verwarnungsgeldes gegenüber einem einsichtigen, auf frischer Tat betroffenen Täter ganz verzichtet werden kann.[35] Diese Form der Verwarnung wird oft als »mündliche Verwarnung« bezeichnet, obwohl auch die Verwarnung mit Verwarnungsgeld in mündlicher Form erteilt werden kann, aber der erhaltene Verwarnungsgeldbetrag stets schriftlich bescheinigt werden muss. 31

34 Vgl. dazu die Kommentierung zu § 48 StVO von *Müller*, in: Bachmeier/Müller/Rebler, StVO Kommentar.

35 *BVerfG*, Beschl. v. 04.07.1967 – 2 BvL 10/62, BVerfGE 22, 125–134, Rn. 28.

Wichtig für den Stellenwert des Verwarnungsverfahrens ist auch die herrschende Meinung, dass es sich bei einer Verwarnung nicht um eine Maßnahme der Strafrechtspflege, sondern eine präventiv-polizeiliche Maßnahme der Verkehrserziehung handelt, die noch keine Entscheidung über das tatsächliche Vorliegen der Ordnungswidrigkeit enthält.[36] Das Wesen des Verwarnungsverfahrens besteht vielmehr darin, dem Täter einer geringfügigen Ordnungswidrigkeit sein Fehlverhalten nur vorzuhalten, ohne darüber zu entscheiden (Verwarnung), ihm mit seinem Einverständnis einen Denkzettel in Form einer geringfügigen Vermögenseinbuße zu erteilen (Verwarnungsgeld) und damit für die Verfolgung der Handlung ein Verfahrenshindernis zu schaffen.[37]

32 Die Verwarnung ohne Verwarnungsgeld gem. § 56 Abs. 1 Satz 2 OWiG wird durch § 2 Abs. 2 BKatV genauer bestimmt und steht ebenfalls im pflichtgemäßen Ermessen der Verwaltungsbehörde und ihrer Mitarbeiter. Die Voraussetzungen für die konkrete Handhabung dieses Ermessens sind gesetzlich nicht in einer Spezialvorschrift geregelt worden, sodass die Ermessensregelungen des allgemeinen Verwaltungsrechts gelten. Hinsichtlich der Auslegung, für welche Fälle eine Verwarnung ohne Verwarnungsgeld überhaupt möglich ist, besteht ein Begründungsstreit.

Einen brauchbaren Hinweis für die Rechtmäßigkeit einer solchen Amtshandlung gibt die Formulierung des § 2 Abs. 2 BKatV, wonach nur bei unbedeutenden Ordnungswidrigkeiten eine Verwarnung ohne Verwarnungsgeld in Betracht kommt. Nach dieser Vorschrift muss von den Rechtsanwendern vor der erwünschten Erteilung einer Verwarnung ohne Verwarnungsgeld regelmäßig erst einmal geprüft werden, ob es sich um eine **unbedeutende Ordnungswidrigkeit** handelt. Nach *Straßer* muss die Ordnungswidrigkeit ganz unbedeutend sein, was von ihm so definiert wird, dass sich diese Ordnungswidrigkeiten »unterhalb der Schwelle des Geringfügigen bewegen«.[38] Wenn jedoch die Geringfügigkeit mit Regelsätzen von 5 bis 55 Euro umrisssen wird, bliebe nach dieser Auslegung für eine Verwarnung ohne Verwarnungsgeld faktisch kein Raum mehr.

Für diese strittige Auslegung des Bedeutungsgehalts von Ordnungswidrigkeiten hat die Rspr. einige Kriterien entwickelt. Die Beurteilung der Frage, ob eine Ordnungswidrigkeit, die von ihrem Regelsatz her im geringfügigen Bereich eingeordnet ist, dennoch in die Kategorie der **bedeutenden Ordnungswidrigkeiten** fällt, erfolgt nach den im nachfolgenden Schema dargestellten Kriterien.[39]

36 *OLG Hamm*, Beschl. v. 9.2.1979 – 4 Ws 12/79, juris.

37 *Bayerisches Oberstes Landesgericht*, Urt. v. 27.3.1991 – RReg 4 St 15/91, Rn. 9, juris.

38 BeckOK OWiG/*Straßer*, 32. Ed. 1.10.2021, OWiG § 56 Rn. 132.

39 Vgl. dazu näher *Göhler/Gürtler/Thoma*, § 17 OWiG Rn. 16.

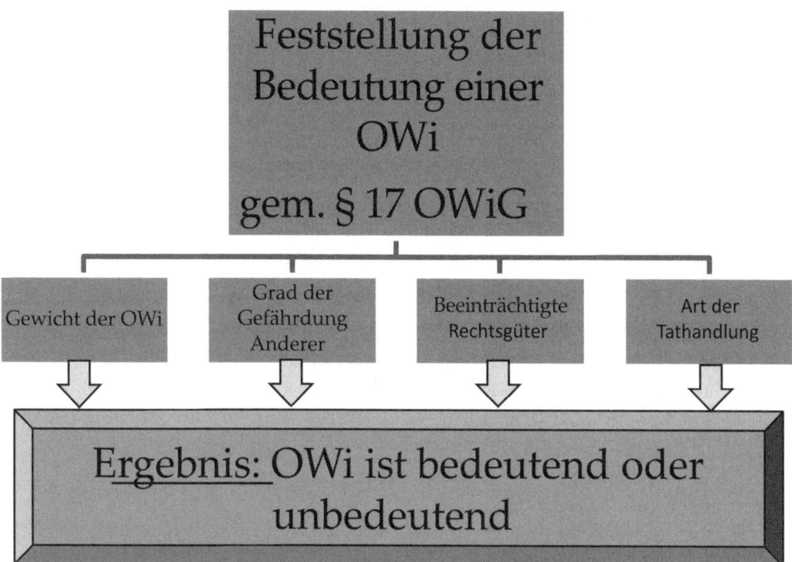


Üblicherweise prüft keine kommunale Bußgeldbehörde in einem Verfahren eines Halt- oder Parkverstoßes im ruhenden Verkehr, das mit einem Verwarnungsgeld bewehrt ist, ob eine Verwarnung ohne Verwarnungsgeld möglich ist. Wenn also das Angebot der Verwarnung nicht angenommen wird, erfolgt üblicherweise der Übergang zum Bußgeldverfahren. Selbst amtliche Hinweise wie der »Überblick über das Ordnungswidrigkeitenverfahren« auf der Webseite der Justiz NRW verliert das zuständige Ministerium kein Wort darüber, dass neben der Verwarnung mit Verwarnungsgeld überhaupt eine Verwarnung ohne Verwarnungsgeld existiert, sondern weist die Bürger in NRW vielmehr darauf hin, dass es praktisch keine Alternative zur Zahlung des angebotenen Verwarnungsgeldes gibt: »*Die Verwarnung ist jedoch nur mit Einverständnis des Betroffenen möglich ist. Stimmt er nicht zu, kommt es zu einem normalen Ordnungswidrigkeiten- beziehungsweise Bußgeldverfahren.*«[40]

Die Vorschrift des § 56 Abs. 1 S. 2 OWiG eröffnet im Verwarnungsverfahren das Ermessen (»kann«), eine Verwarnung ohne Verwarnungsgeld zu erteilen. Eine solche Verwarnung muss gem. § 56 Abs. 1 Satz 1 nicht die formalen Anforderungen des § 56 Abs. 2 – 4 OWiG erfüllen.[41]

Als diese gesetzliche Regelung ausfüllende Vorschrift regelt § 2 Abs. 2 BKatV näher, dass ausschließlich bei unbedeutenden Ordnungswidrigkeiten nach § 24 StVG eine

40 Vgl. https://www.justiz.nrw/Gerichte_Behoerden/ordentliche_gerichte/Strafgericht/BesondereVerfahrensarten/owi_verfahren/index.php; der amtliche Fehler in der Syntax im ersten Satz wurde hier nicht korrigiert.

41 Ebenso KK-OWiG/*Lutz*, § 56 OWiG Rn. 6.

Verwarnung ohne Verwarnungsgeld in Betracht kommt. Um diesen Rechtszusammenhang zu verstehen, muss das Verhältnis zwischen »geringfügiger« und »unbedeutender« Ordnungswidrigkeit geklärt werden.

Die Voraussetzungen für die konkrete Handhabung dieses Ermessens sind gesetzlich nicht geregelt worden. Einen brauchbaren Hinweis für die Rechtmäßigkeit einer solchen Amtshandlung gibt § 2 Abs. 2 BKatV, wonach nur bei unbedeutenden Ordnungswidrigkeiten eine Verwarnung ohne Verwarnungsgeld in Betracht kommt. Nach dieser Vorschrift muss von den Rechtsanwendern vor der erwünschten Erteilung einer Verwarnung mit oder ohne Verwarnungsgeld regelmäßig erst einmal geprüft werden, ob es sich um eine **unbedeutende Ordnungswidrigkeit** handelt.

Für die Beurteilung der Frage, ob eine Ordnungswidrigkeit, die von ihrem Regelsatz her im geringfügigen Bereich eingeordnet ist, dennoch in die Kategorie der **bedeutenden Ordnungswidrigkeiten** fällt, hat die Rechtsprechung wie folgt entschieden[42]:

- Gewicht der jeweils verletzten Einzelvorschrift (ist an der Höhe des vorgesehenen Verwarnungsgeldes abzulesen),[43]
- Grad der Gefährdung Anderer (abstrakte oder konkrete Gefährdung, also Tateinheit mit § 1 Abs. 2 StVO),[44]
- beeinträchtigte Rechtsgüter (Personen oder Sachen),
- Art der Tathandlung (vorsätzlich oder fahrlässig),[45]
- Rechtsfeindschaft, Gefährlichkeit des Täters und die Gefahr künftiger Rechtsbrüche,[46]
- Interesse der Polizei an der Feststellung der Ordnungswidrigkeit.[47]

Es muss demnach im Rahmen der Ausübung des pflichtgemäßen Ermessens von Bußgeldbehörden, Polizei und ihren Mitarbeitern eine Abwägung darüber sattfinden, ob der Verstoß insgesamt bedeutend oder unbedeutend ist. Kommt die abwägende Person zu dem Ergebnis eines bedeutenden Verstoßes, kommt keine Verwarnung ohne Verwarnungsgeld zwar in Betracht. Ist nach dieser Einschätzung ein Verstoß unbedeutend, kommt eine Verwarnung ohne Verwarnungsgeld zwar in Betracht, muss aber nicht zwingend erfolgen. Nach § 2 Abs. 2 BKatV kann also auch dann eine Verwarnung mit Verwarnungsgeld erfolgen, wenn ein unbedeutender Verstoß festgestellt wurde. Wichtig ist nur die Tatsache, dass dieser Abwägungsvorgang nach § 2 Abs. 2 BKatV überhaupt zwingend stattfinden muss.

---

42 Vgl. dazu näher *Göhler/Gürtler*, § 17 OWiG Rn. 16.

43 *Bayerisches Oberstes Landesgericht*, Beschl. v. 3.9.1981 – 1 Ob OWi 375/81, juris.

44 Nicht bei Doppelverwertung, wenn also der Grundtatbestand bereits mit einer Gefährdung oder Schädigung einhergeht.

45 *OLG Düsseldorf*, Beschl. v. 19.11.2001 – 2b Ss (OWi) 265/01–64/01 IV, LSK 2002, 210117, beck-online.

46 *OLG Koblenz*, Beschl. v. 4.5.1984 – 2 Ss 100/84, juris.

47 *Hanseatisches Oberlandesgericht Hamburg*, Beschl. v. 9.11.1976 – 2 Ss 346/76 OWi, Rn. 3, juris.

In einem rein maschinellen Verfahren, ist dieser Abwägungsvorgang wegen seiner hohen Komplexität in den Verfahrensablauf nicht in allen einzelnen Verfahrensschritten einzuprogrammieren. Er kann daher nur durch menschliches Handeln erfolgen. Dafür gibt es zeitlich und verfahrenspraktisch gesehen zwei Möglichkeiten. Entweder stellt die den Verstoß feststellende Person diese Abwägung an oder eine sachbearbeitende Person in der Bußgeldbehörde. Da es in den oben genannten Kriterien zumeist um Tatsachenfeststellungen geht, spricht nahezu alles für die Anwendung der Vorschrift durch die feststellende Person im Außendienst der Verfolgungsbehörde. Wird diesem Personenkreis diese Möglichkeit der Ermessensabwägung durch verwaltungsinterne Richtlinien oder Dienstanweisungen abgesprochen, findet eine solche Ermessensabwägung nur in dem Fall zwingend statt, wenn sich der Betroffene gegenüber der Bußgeldbehörde nach Übersendung des Anhörungsbogens im schriftlichen Verfahren darauf beruft, doch bitte im behördlichen Handeln eine Verwarnung ohne Verwarnungsgeld in Betracht zu ziehen. Ob solche Gegenvorstellungen überhaupt an eine Bußgeldbehörde herangetragen werden, darf bezweifelt werden, weil bereits die Vorschrift des § 2 Abs. 2 BKatV den Betroffenen unbekannt sein dürfte und erst recht deren Auslegung durch die Rechtsprechung. Zudem dürften auch Rechtsanwälte kaum mit diesem Praxisproblem behelligt werden, weil die allenthalben in Rechtsschutzversicherungen geforderte Selbstbeteiligung kaum Verwarnungsverfahren auf ihren Schreibtisch gelangen lässt.

Reagieren Betroffene nach Übersendung des Anhörungsbogens – wie dies vielfach üblich ist – überhaupt nicht, findet der Abwägungsvorgang des § 2 Abs. 2 BKatV nicht statt, sondern das Verwarnungsverfahren wird als schriftliches Bußgeldverfahren fortgeführt.

Findet der beschriebene Abwägungsvorgang – aus welchen Gründen auch immer – nicht statt, handelt die Exekutive entgegen Art. 20 Abs. 3 GG und ignoriert geltendes Recht. Bislang hat noch keine staatliche oder nichtstaatliche Instanz diesen Abwägungsvorgang eingefordert.

Generell eignen sich für Verwarnungen ohne Verwarnungsgeld diejenigen Ordnungswidrigkeiten, die im Bußgeldkatalog mit den niedrigsten Verwarnungsgeldbeträgen bewehrt sind.

Auch eine **körperliche Verletzung** eines Unfallgegners kann zunächst zur Qualifizie- 33
rung als bedeutende Ordnungswidrigkeit und in einem zweiten Schritt bei der Bemessung einer Geldbuße berücksichtigt werden.[48]

Ist die Bedeutung der Ordnungswidrigkeit nach dem Maßstab dieser Kriterien als ge- 34
ringfügig und unbedeutend einzustufen, kommt die Verwarnung ohne Verwarnungsgeld in Betracht, d. h. die verwarnende Behörde oder Amtsperson muss im Rahmen ihren pflichtgemäßen, allerdings nunmehr determinierten Ermessens prüfen, ob die zu verwarnende Person durch eine **Pflichtenmahnung** ohne Verwarnungsgeld auch hinreichend auf die Belange der Verkehrssicherheit aufmerksam gemacht werden kann. Dies geschieht durch den gem. § 2 Abs. 1 BKatV notwendigen Hinweis auf die Verkehrszuwiderhandlung, der durch Behörde und/oder handelnde Amtsperson

48 *Kammergericht*, Beschl. v. 17.02.2012 – 3 Ws (B) 52/12, BeckRS 2012, 11909.

kreativ im Rahmen des pflichtgemäßen Ermessens mit Hinweisen auf **Verkehrsgefahren** verbunden werden kann. Zumeist verbleibt es im Rahmen schriftlicher Verwarnungsgeldangebote lediglich bei der Aufzählung der verletzten Verkehrsvorschriften, sodass der Zweck einer verkehrspädagogischen Aufklärung über das festgestellte Fehlverhalten – wie es § 2 Abs. 1 BKatV fordert – nicht erreicht werden kann. Einfacher haben es in dieser Hinsicht Polizeibeamte, die Verkehrsteilnehmer im Anschluss an eine Zuwiderhandlung mündlich verwarnen und schlagkräftige verkehrspädagogische Argumente in ihre Belehrungen einfließen lassen können.

35 Für den Fall, dass eines der vier genannten Kriterien jedoch für eine Einordnung der zu beurteilenden Ordnungswidrigkeit als bedeutende Ordnungswidrigkeit spricht, entfällt die Möglichkeit einer Verwarnung ohne Verwarnungsgeld.

Als **Faustregel** gilt: Je näher die Summe eines möglichen Verwarnungsgeldes sich an der unteren Grenze für ein Bußgeld von 60 € bewegt, umso eher liegt, bedingt durch die vom Verordnungsgeber bewusst erfolgte Festlegung des Regelsatzes, ein bedeutender Ordnungsverstoß vor.

Ordnungswidrigkeitenrechtlich fragwürdig ist die in Hessen derzeit praktizierte Anwendung der §§ 56 ff. OWiG, 1 Abs. 1 Satz 2, 2 Abs. 2 BKatV.

Die Regelung Ziff. 4.3.1 des Erlasses des Hessischen Ministeriums des Innern und für Sport (Titel des Erlasses: »Verfolgung von Ordnungswidrigkeiten durch die Polizeibehörden«, Staatsanzeiger für das Land Hessen Nr. 19 vom 07.05.2018, S. 602 ff.) lautet wie folgt:

*4.3.1 Verwarnung ohne Verwarnungsgeld*

*§ 56 Abs. 1 S. 2 OWiG ist zu entnehmen, dass bei Ordnungswidrigkeiten grundsätzlich auch eine Verwarnung ohne Verwarnungsgeld ausgesprochen werden kann. Für den Bereich der Verkehrsordnungswidrigkeiten ist jedoch nach § 1 Abs. 1 Satz 2 BKatV ein Verwarnungsgeld zu erheben, wenn für die Verkehrsordnungswidrigkeit ein entsprechender Regelsatz im Bußgeldkatalog hinterlegt ist.*

*Eine mündliche Verwarnung einer Verkehrsordnungswidrigkeit ohne die Erhebung eines Verwarnungsgeldes ist nach § 2 Abs. 2 BKatV nur bei »unbedeutenden« Ordnungswidrigkeiten möglich. Unbedeutend in diesem Sinne ist ein ordnungswidriges Verhalten, das nicht nach BKatV mit einem Bußgeld oder einem Verwarnungsgeld bewehrt ist.«*

Diese Rechtsauffassung wird vom Ministerium inhaltlich nicht begründet. Infolge dieser Definition sind allerdings Polizeibeamte in Hessen sowie die Mitarbeiter der Ordnungsämter und Bußgeldbehörden dienstrechtlich dazu gezwungen, bei sämtlichen nach der BKatV mit Geldbuße oder Verwarnungsgeld bewehrten Verkehrsverstößen eine Verwarnung ausschließlich mit Verwarnungsgeld zu erheben. Im Umkehrschluss würde diese Regelung aber auch bedeuten, dass Geldbußen und Verwarnungsgelder, die ausschließlich im Bundeseinheitlichen Tatbestandskatalog (BT-KAT-OWi) aufgelistet worden sind, als »unbedeutend« angesehen werden müssen. Lediglich diejenigen Tatbestände, die übereinstimmend in der BKatV und im Bundeseinheitlichen Tatbestandskatalog aufgelistet worden sind, scheiden also für die Verwarnung ohne Verwarnungsgeld aus.

Es drängen sich die Rechtsfragen auf, ob das in der Definition des Merkmales »unbedeutend« anklingende Rechtsverständnis und die daraus gezogene Schlussfolgerung mit dem OWiG vereinbar sind.

Die in Nr. 4.3.1 Satz 4 des Erlasses verwendete Begrifflichkeit »Bußgeld« bildet gem. § 17 Abs. 1 OWiG den Oberbegriff für Geldbußen ab 60 € und Verwarnungsgelder von 5 – 55 €. Verwarnungsfähig ist jedoch gem. § 56 Abs. 1 Satz 1 OWiG (anwendbar für Beamte des Polizeivollzugsdienstes gem. § 57 Abs. 2 OWiG) ausschließlich ein ordnungswidriges Handeln, das mit einem Verwarnungsgeld i. H. v. 5 – 55 € bewehrt ist. Der zusätzlich verwandte Begriff »Bußgeld« ist daher überflüssig, weil er zu der irrigen Annahme verleitet, auch Geldbußen seien verwarnungsfähig.

Gem. § 56 Abs. 1 Satz 1 OWiG dürfen ausschließlich »geringfügige Ordnungswidrigkeiten« verwarnt werden. Dieser Begriff ist zwar nicht gesetzlich definiert, aber der gesetzliche Rahmen für geringfügige Ordnungswidrigkeiten ist gem. § 56 Abs. 1 Satz 1 OWiG durch die Festsetzung eines Höchstbetrages von 55 Euro für das Verwarnungsgeld festgelegt worden.

Gem. § 56 Abs. 1 Satz 2 OWiG kann bei geringfügigen Ordnungswidrigkeiten eine Verwarnung ohne Verwarnungsgeld erteilt werden.

Gem. § 2 Abs. 2 BKatV kommt ausschließlich bei unbedeutenden Ordnungswidrigkeiten eine Verwarnung ohne Verwarnungsgeld in Betracht. Die BKatV definiert den unbestimmten Rechtsbegriff »unbedeutend« jedoch nicht.

Der Begriff der »Bedeutung« ist allerdings gesetzlich vorgegeben in § 17 Abs. 3 Satz 1 OWiG. Die »Bedeutung« der Ordnungswidrigkeit ist in aller Regel zuerst und augenscheinlich daran abzulesen, welche Einstufung der Verordnungsgeber ihr im Bußgeldkatalog mit der festgesetzten Höhe des Verwarnungs- oder Bußgeldes hat zukommen lassen.[49]

Die »Bedeutung« der Ordnungswidrigkeit wird zudem in Rechtsprechung und Kommentarliteratur u. a. aufgrund folgender Kriterien eingeschätzt:[50]
- Einstufung in der Regelsatzhöhe des Bußgeldkataloges als Indiz für die Gefährlichkeit und Bedeutung des Verstoßes,
- Gefährlichkeit des Handelns (bußgelderhöhend),
- Bedeutung des geschützten Rechtsgutes (bei Personen bußgelderhöhend),
- Dauer der Zuwiderhandlung (je länger, desto stärker der Verstoß),
- Formalverstöße (bußgeldermäßigend),
- Gewicht der Tat (je größer, desto bußgelderhöhender),
- Art und Weise der Begehung der Ordnungswidrigkeit.

Diese Kriterien sind auf sämtliche als geringfügig eingestufte Ordnungswidrigkeiten anzuwenden, sodass bei der Überprüfung der Bedeutung in zwei parallel verlaufenden Prüfungsschritten zunächst in einem Abwägungsvorgang eingeschätzt werden muss,

49 KK-OWiG/*Mitsch*, OWiG § 17 Rn. Randnummer 35, auch zum Folgenden.
50 Vgl. dazu auch *Müller*, Dieter, OWiG Kommentar, Luchterhand Verlag, § 17 OWiG Rn. 3 ff.

ob eine solche Ordnungswidrigkeit eher als bedeutend oder unbedeutend anzusehen ist und sodann, ob eine Verwarnung ohne Verwarnungsgeld in Betracht kommt.

Fehlerhaft, weil der o. g. Auslegung widersprechend und zu Unrecht nivellierend ist in jedem Fall die in Nr. 4.3.1 des hessischen Erlasses vorgegebene Definition, keine der in der BKatV mit Bußgeld oder einem Verwarnungsgeld bewehrten Ordnungswidrigkeiten seien unbedeutend.

Vielmehr können sämtliche im Bußgeldkatalog aufgelisteten geringfügigen Ordnungswidrigkeiten per se unbedeutend sein, was letztendlich durch die Anwendung der o. g. Kriterien in jedem Einzelfall festgestellt werden müsste. Nicht alle geringfügigen Ordnungswidrigkeiten sind daher in direkter Ausprägung des Opportunitätsgrundsatzes der §§ 47 Abs. 1, 53 OWiG durch eine Verwarnung mit Verwarnungsgeld zu ahnden, weil eine derartige nivellierende Rechtspraxis von Polizei und Bußgeldbehörde dem Opportunitätsgrundsatz zuwiderlaufen würde.[51]

Die Definition des Erlasses beruht offensichtlich auf einem Missverständnis der Regelung des § 1 Abs. 1 Satz 2 BKatV und der darin genannten Formulierung »ist eine Geldbuße nach den dort bestimmten Beträgen festzusetzen«. Diese wird in dem Sinne fehlinterpretiert, dass bei allen im BKat festgelegten Bußgeldbeträgen ausschließlich mit Verwarnungsgeld verwarnt werden soll. Das korrekte Verständnis der Vorschrift lautet jedoch sowohl für einen Bußgeldbescheid, als auch für ein Verwarnungsgeldangebot dahingehend, dass für den Fall der Entscheidung, einen Bußgeldbescheid zu erlassen oder eine Verwarnung mit Verwarnungsgeld anzubieten, die Regelsätze des BKat angewendet werden müssen (Ist-Regelung) und nur in den genau in der BKatV definierten Fällen davon abgewichen werden darf. Dadurch darf jedoch in keinem Fall die Möglichkeit des § 2 Abs. 2 BKatV abgeschnitten werden, bei geringfügigen unbedeutenden Ordnungswidrigkeiten ohne Verwarnungsgeld zu verwarnen.[52]

Die vom Hessischen Ministerium des Innern und für Sport vorgenommene Definition widerspricht daher höherrangigem Recht und sollte dringend korrigiert werden. Halten sich Polizeibeamte und kommunale Bedienstete von Polizeibehörden an diese dienstrechtlich verbindliche Vorgabe, handeln sie zwar im Sinne des bestehenden öffentlichen Dienstrechts in Hessen, aber durch dessen rechtswidriger Regelung entgegen dem höherrangigen Ordnungswidrigkeitenrecht. Hessische Beamte sind daher befugt, gegen diese rechtswidrige Regelung zu remonstrieren.

36 Mündlich ausgesprochene Verwarnungen ohne Erhebung eines Verwarnungsgeldes sind keine Verwaltungsakte und damit nicht mittels eines förmlichen Rechtsbehelfs anfechtbar. Das allgemeine Recht einer **Gegenvorstellung** als formlosem Rechtsbehelf eines jeden Bürgers darf jedoch von der betreffenden Behörde nicht verweigert werden und muss sachlich geprüft und beschieden werden.[53]

51 Im Ergebnis ebenso KK-OWiG/*Lutz*, OWiG § 56 Rn. 6.

52 Vgl. dazu schon *Müller*, Leitfaden S. 132 ff.

53 Vgl. *Göhler/Gürtler*, § 56 Rn. 35.

Eine Verwarnung durch eine Verwaltungsbehörde ohne Verwarnungsgeld stellt jedenfalls dann eine Maßnahme i. S. von § 62 dar, wenn sie schriftlich erfolgt ist und in den von der Verwaltungsbehörde über den Betroffenen geführten Akten vermerkt wird. Gegen sie ist deshalb der Antrag auf gerichtliche Entscheidung des nach § 68 zuständigen Amtsgerichts und nicht der Rechtsweg nach § 23 EGGVG zulässig.[54] 37

## 4. Absatz 3

Die Stufen der Regelsätze für Geldbußen sind für Ordnungswidrigkeiten im Bereich eines Verwarnungsgeldes sowie im Bereich eines Bußgeldes in der BKatV und im BT-Kat-OWi in Absatz 3 verbindlich normiert. Zwischenbeträge dürfen nicht festgesetzt werden, weil sie der BKatV widersprechen. 38

Die in der Bußgeldkatalogverordnung vorgesehenen Regelsätze können jedoch unterschritten werden, wenn ein Festhalten dazu führen würde, dass gegen den Betroffenen eine unverhältnismäßige, da von ihm nicht zu leistende, Sanktion festgesetzt wird.[55] Es ist jedoch nur eine Festsetzung der genannten Beträge zulässig. 39

Nimmt ein **Tatrichter**, orientiert an den Ahndungsrichtlinien der an dem Verfahren beteiligten Verwaltungsbehörde, eine grundsätzliche Bewertung der Bußgeldtatbestände vor und stellt für Fälle der Tateinheit wie auch für die Abstufung zwischen vorsätzlichem und fahrlässigem Handeln »*Grundsätze für eine mathematische Herleitung der im Einzelfall festzusetzenden Geldbuße*« auf, so entspricht ein solches Vorgehen nicht der Aufgabe eines Tatrichters, im Wege einer Gesamtwürdigung aller zu berücksichtigenden Umstände die angemessene Geldbuße festzusetzen. Ein derart handelnder Tatrichter lässt das Ausüben des richterlichen Ermessens vermissen.[56] 40

**Heranwachsende** werden im Bußgeldverfahren sanktionsrechtlich wie Erwachsene behandelt.[57] Bei der Bemessung einer gegen einen Heranwachsenden zu verhängenden Geldbuße sind daher allein die nach § 17 Abs. 3 OWiG maßgebenden Umstände zu berücksichtigen.[58] 41

Die Erhöhung des Regelsatzes ist fehlerhaft, wenn sie mit der bloßen **Uneinsichtigkeit** des Betroffenen und damit begründet wird, bei der Festsetzung des Regelsatzes im Bußgeldbescheid werde davon ausgegangen, dass der Betroffene schuldeinsichtig ist.[59] Auch die Regelsätze im Bereich des Verwarnungsgeldes dürfen von der Bußgeldbehörde, Polizeibeamten und Bußgeldrichtern nach den Vorgaben des § 17 OWiG angehoben werden. Ein Tatrichter kann im Einzelfall von den vorgegebenen Sätzen des Verwarnungsgeldes abweichen, wenn besondere Umstände dies rechtfertigen. Hält er eine an sich zu den Regelfällen des Verwarnungsgeldes zählende 42

54 *OLG Hamburg*, Beschl. v. 14.05.1987 – VAs 19/86, NJW 1987, 2173.
55 *OLG Karlsruhe*, Beschl. v. 13.10.2006 – 1 Ss 82/06, juris.
56 *OLG Koblenz*, Beschl. v. 26.08.2011 – 1 SsBs 63/11, juris.
57 *KKOWi/Rengier* § 12 Rn. 15 m.w.N.
58 *OLG Frankfurt*, Beschl. v. 08.03.2012 – 2 Ss-OWi 181/12, BeckRS 2012, 06446.
59 *Bayerisches Oberstes Landesgericht*, Beschl. v. 8.2.1995 – 2 ObOWi 690/94, juris.

Verkehrsordnungswidrigkeit nicht für geringfügig, muss er dies allerdings in seinem Urteil darlegen und begründen.[60]

43 Ein besonderes Hilfsbedürfnis kann nach richtiger Ansicht des *Amtsgerichts Bergisch Gladbach* sogar bußgeldmindernd berücksichtigt werden.[61] Im entschiedenen Fall war eine fahrlässige Geschwindigkeitsüberschreitung in einer geschlossenen Ortschaft um 25 km/h zwar nicht dadurch gerechtfertigt, dass der Fahrer um Abhilfe von akuten Atembeschwerden seiner an Asthma erkrankten alten Tante durch schnellere Fahrt zu einem Beatmungsgerät bemüht war, weil durch den Geschwindigkeitsverstoß lediglich ein Zeitgewinn von 23 Sekunden erzielt wurde; die sittlich-moralisch nachvollziehbaren Beweggründe für den Geschwindigkeitsverstoß sei aber, so der Amtsrichter, zugunsten des Betroffenen schuldmildernd zu berücksichtigen.

### 5. Absatz 4

44 Bewegen sich die Verstöße von Radfahrern und Fußgängern im Bereich geringfügiger Ordnungswidrigkeiten, so gelten die Regelungen aus § 2 Abs. 4 BKatV, wonach das Verwarnungsgeld bei Fußgängern »in der Regel« 5 Euro und bei Radfahrern 15 Euro betragen soll.[62]

45 Eine derartige Soll-Vorschrift ist von den Rechtsanwendern von ihrem Grad ihrer Verbindlichkeit regelmäßig wie eine Muss-Vorschrift zu verstehen, die nur bei außergewöhnlichen Sachlagen ein Abweichen gestattet. Auch im Verwarnungsgeldbereich gilt somit eine in dem örtlichen Zuständigkeitsbereich von Polizei und Bußgeldbehörde besondere **Bonusregelung** für die durch Radfahrer und Fußgänger begangenen Verkehrsverstöße. Allerdings normiert der BKat auch Ausnahmen, wie die beiden folgenden Beispiele zeigen.

46

| Lfd. Nr. | Tatbestand | StVO | Regelsatz in € |
|---|---|---|---|
| 86 | Als zu Fuß Gehender Autobahn betreten oder Kraftfahrstraße an dafür nicht vorgesehener Stelle betreten. | § 18 Absatz 9<br>§ 49 Absatz 1 Nummer 18 | 10 |
| 246 | Elektronisches Gerät rechtswidrig benutzt | § 23 Absatz 1a<br>§ 49 Absatz 1 Nummer 22 | |
| 246.4 | beim Radfahren | | 55 |

60 *Bayerisches Oberstes Landesgericht*, Beschl. v. 22.08.1994 – 1 ObOWi 275/94, juris.

61 *AG Bergisch Gladbach*, Beschl. v. 16.7.1996 – 49 OWi 284/95, juris, auch zum Folgenden.

62 Fehlerhaft insoweit *Kehr/Lempp/Krumm*, S. 141 Rn. 3, die bei nicht motorisierten Verkehrsteilnehmern § 3 Abs. 6 BKatV als einschlägig ansehen, der allerdings nur bei Verstößen im Bußgeldbereich ab 60 Euro gilt.

Allerdings gilt diese Soll-Vorschrift nicht, wenn der BKat für ein bestimmtes Fehlverhalten einen höheren Betrag vorsieht oder wenn kein Regelfall vorliegt. 47

Die Art der Verkehrsteilnahme muss für die Anwendbarkeit des Abweichens von der Regel im Tatbestand ausdrücklich erwähnt sein, wie dies bei der lfd. Nr. 246.4 BKat der Fall ist. Liegt kein Regelfall vor, kann bei erschwerenden Tatumständen der übliche Regelbetrag angesetzt werden oder bei erleichternden Tatumständen auf die Möglichkeit gem. Abs. 2 zurückgegriffen und ohne Verwarnungsgeld verwarnt werden. 48

Von der Soll-Vorschrift darf auch dann abgewichen werden, wenn in dem örtlichen Zuständigkeitsbereich von Polizei und Bußgeldbehörde z.B. durch das Fehlverhalten von Radfahrern oder Fußgängern permanent Unfallgefahren entstehen. In diesen Fällen gibt es eine sachliche Grundlage für das Abweichen von der Soll-Vorschrift, indem auf die nicht motorisierten Verkehrsteilnehmer mittels des vollen Regelsatzes in Richtung auf eine Verhaltensänderung eingewirkt werden soll. 49

### 6. Absatz 5

Als rechtlicher Grund für die Herabsetzung des Verwarnungsgeldes wird von den Beamten der Länderpolizei und den Mitarbeitern der Bußgeldbehörden die bundeseinheitliche Regelung des BKatV i.V.m. der entsprechenden Regelung im Bundeseinheitlichen Tatbestandskatalog herangezogen, der jedoch im Gegensatz zur BKatV lediglich den Rechtsrang einer Verwaltungsvorschrift einnimmt. Bei der Ermäßigung des Verwarnungsgeldes können sich Polizeibeamte und Mitarbeiter von Bußgeldbehörden, soweit mit der Norm bekannt, dabei auf die bundesweit einheitlich die Verwarnungspraxis regelnde Rechtsvorschrift des § 2 Abs. 5 BKatV stützen. Bestärkt werden die Rechtsanwender, die Milde walten lassen wollen, durch die der BKatV entsprechende Regelung im Vorwort zum Bundeseinheitlichen Tatbestandskatalog unter Nr. 7.4.9, die lautet: 50

> *Ist im Bußgeldkatalog ein Regelsatz von mehr als 20,00 Euro vorgesehen, so kann er bei offenkundig außergewöhnlich schlechten wirtschaftlichen Verhältnissen des Betroffenen bis auf 20,00 Euro ermäßigt werden (§ 2 Abs. 5 BKatV).* 51

Eingangsüberlegung für die Rechtsanwender ist, ob sie ihr Ermessen zur Herabsetzung eines Verwarnungsgeldes überhaupt ausüben wollen. Sie können auch darauf verzichten, jedoch dürfen sie nicht willkürlich, mal so oder mal so, je nach Gefühl entscheiden, sondern ihr Ermessen stets nur auf sachlicher Grundlage ausüben. Zudem benötigen die Rechtsanwender einen Anlass, um in ihr Ermessen eintreten zu können. Diesen Anlass können sie sich selbst geben, indem sie überschlägig die Anwendbarkeit der beiden vorgenannten Vorschriften als eine Form ihrer üblichen Verwaltungspraxis prüfen oder wenn sie durch den Betroffenen daraufhin angesprochen werden. Es ist allerdings zweifelhaft, ob die bislang insbesondere von zahlreichen Beamten der Polizei geübte Verwarnungspraxis, die sich in der Herabsetzung von Verwarnungsgeld äußert, rechtmäßig ist. Beiden eben genannten Rechtsquellen der BKatV und des BTKat ist gemein, dass sie sich als Voraussetzung für die Herabsetzung des Verwarnungsgeldes auf das Vorliegen »offenkundig außergewöhnlich schlechter wirtschaftlicher 52

Verhältnisse« beim Betroffenen beziehen. Diese in ihrem Wortlaut und Umfang komplizierte Begriffsschöpfung ist rechtstechnisch gesehen ein unbestimmter Rechtsbegriff und bedürfte vor deren Anwendung in der Rechtspraxis zunächst einmal einer einheitlichen Auslegung.

53 Wenn man nun die Ermäßigungsregel in ihrem Wortlaut etwas näher betrachten möchte, ergibt sich für den unbestimmten Rechtsbegriff der »offenkundig außergewöhnlich schlechten wirtschaftlicher Verhältnisse« beim Betroffenen lediglich für die Wortkombination wirtschaftliche Verhältnisse ein gesetzlicher Anknüpfungspunkt, der die Auslegung erleichtert.

54 Im Rahmen der allgemeinen gesetzlichen Rechtsgrundlage für die Höhe von Geldbußen im Recht der Ordnungswidrigkeiten hebt § 17 OWiG in seinem dritten Absatz insbesondere auf die wirtschaftlichen Verhältnisse des Täters ab:

55 **§ 17 OWiG**

*(3) Grundlage für die Zumessung der Geldbuße sind die Bedeutung der Ordnungswidrigkeit und der Vorwurf, der den Täter trifft. Auch die wirtschaftlichen Verhältnisse des Täters kommen in Betracht; bei geringfügigen Ordnungswidrigkeiten bleiben sie jedoch in der Regel unberücksichtigt.*

56 Nach dieser gesetzlichen Grundlage bleibt also für eine Herabsetzung des vorgesehenen Verwarnungsgeldes nur für diejenigen Ausnahmefälle Raum, die von der Regel abweichen. Ein derartiger Ausnahmefall ist gemeint, wenn die beiden Handlungsvorschriften des § 2 Abs. 5 BKatV und Nr. 7.4.9 des Vorwortes zum BT-Kat-OWi von *»offenkundig außergewöhnlich schlechten wirtschaftlichen Verhältnissen«* beim Betroffenen sprechen.

57 Die Entscheidung darüber, ob offenkundig außergewöhnlich schlechte wirtschaftliche Verhältnisse beim Betroffenen vorliegen, müssen Polizeibeamte und kommunale Vollzugsbedienstete regelmäßig auf der Straße vor Ort des Geschehens treffen, und zwar aufgrund der Anhaltspunkte, die sie mit eigenen Augen sehen können und beurteilen müssen.

58 *»Offenkundig«* müssten die schlechten wirtschaftlichen Verhältnisse sein, also für jeden Betrachter sichtbar. Aber wodurch dokumentiert sich diese Sichtbarkeit?

59 Indizien für schlechte wirtschaftliche Verhältnisse könnten z.B. eine verschlissene Bekleidung des Betroffenen oder der bei einem Betrachten der Karosserie schlechte äußere Zustand des Kraftfahrzeuges sein. Beide Beispiele können aber ebenso gut auf eine allgemeine Nachlässigkeit des im Übrigen finanziell nicht in Armut lebenden Betroffenen hindeuten, so dass der Nachweis der Offenkundigkeit vor Ort des Geschehens niemals mit letzter Sicherheit geführt werden könnte. Fraglich ist aber schon, ob überhaupt ein Nachweis geführt werden muss oder ob nicht ein Glaubhaftmachen dieser besonderen Verhältnisse den Anforderungen der beiden Ermessensvorschriften genügt.

60 *»Außergewöhnlich schlecht«* müssen die wirtschaftlichen Verhältnisse allerdings zusätzlich sein und damit de facto weit von dem im Normalfall vorhandenen Maß nach

unten hin abweichen. Es muss, um dem allgemeinen Verwaltungsrecht eine Formulierung zu entlehnen, dem Betroffenen quasi auf seine Stirn geschrieben sein, dass er in wirtschaftlich schlechten Verhältnissen lebt.

Man müsste für das Vorliegen oder Glaubhaftmachen dieser Bedingungen sicherlich 61
von einem Einkommen des Betroffenen ausgehen, das sich im Rahmen des maßgeblichen Satzes des Arbeitslosengeldes II oder Sozialgeldes bewegt, der bekanntlich den Hilfeempfängern erlaubt, äußerlich nicht als Transferleistungsempfänger erkennbar am gesellschaftlichen Leben teilnehmen zu können. Ein Kraftfahrzeug kann sich ein solche Empfänger allerdings nur dann halten, wenn er neben den Transferleistungen noch über weitere Einkünfte verfügt, da die Regelsätze nach dem ihnen zugrunde liegenden Warenkorb keine Unterhaltungskosten für Kraftfahrzeuge vorsehen.

Eine andere Sachlage ergibt sich in den Fällen, in denen der Hilfeempfänger als solcher 62
den kontrollierenden Personen bekannt ist oder wenn der Verkehrsteilnehmer mit einem Kfz unterwegs ist, das nicht auf ihn zugelassen ist. Dieser Sachverhalt ist häufig bei Studenten anzutreffen, die mit Kfz an ihren Studienorten unterwegs sind, die auf Familienmitglieder zugelassen sind und auch finanziell von der Verwandtschaft unterhalten werden. Da Studenten regelmäßig auch mit Studentenausweisen ihren Status nachweisen können und außer über BAföG-Leistungen und/oder familiären Unterhaltsleistungen höchstens noch über übliche studentische Zusatzverdienste verfügen, fallen sie ebenfalls in die Kategorie »*außergewöhnlich schlechter wirtschaftlicher Verhältnisse*« und Verwarnungsgelder können daher ermäßigt werden.

Polizeibeamte oder kommunale Vollzugsbedienstete können nach alledem das Vorliegen 63
dieser Voraussetzung »*offenkundig außergewöhnlich schlechter wirtschaftlicher Verhältnisse*« beim Betroffenen vor Ort mit letzter Sicherheit weder feststellen noch überprüfen, so dass eine Entscheidung, das Verwarnungsgeld herabzusetzen, regelmäßig einer exakt nachweisbaren sachlichen Grundlage entbehrt. Zur Lösung des jeweiligen Falles hilft eine Anleihe im Zivilrecht, wo die Glaubhaftmachung öfter eine Rolle spielt.

Nach den vom *BGH* zu § 294 ZPO entwickelten Grundsätzen ist eine Tatsache dann 64
im Sinne von § 236 Abs. 2 Satz 1 Halbsatz 2 i.V.m. § 294 ZPO glaubhaft gemacht, wenn eine überwiegende Wahrscheinlichkeit dafür besteht, dass sie zutrifft.[63] Diese Voraussetzung ist regelmäßig dann erfüllt, wenn bei der erforderlichen umfassenden Würdigung der Umstände des jeweiligen Falls mehr für das Vorliegen der in Rede stehenden Behauptung spricht als dagegen. Daher können Rechtsanwender sich auf ihren gesunden Menschenverstand und ihre Erfahrungswerte verlassen und dem Betroffenen seine Argumentation entweder glauben und das Verwarnungsgeld ermäßigen oder sie glauben ihm eben nicht und belassen es bei dem für den Verstoß fälligen Regelsatz.

Alternativ zu den vorgenannten Überlegungen könnte die Möglichkeit des § 2 Abs. 2 65
BKatV, mündlich zu verwarnen, ohne ein Verwarnungsgeld zu erheben, großzügig angewendet werden, jedoch nicht ohne die Wahrung der Pflicht aus § 2 Abs. 1 BKatV, die Verwarnung mit einem deutlichen Hinweis auf die Verkehrszuwiderhandlung zu

63 *BGH*, Beschl. v. 30.03.2017 – III ZB 50/16, Rn. 10, juris, auch zum Folgenden.

verknüpfen. Diese Praxis schafft Akzeptanz beim Verkehrsteilnehmer als Betroffenen und ist dazu geeignet, den vielfach durch eine überbordende Ahndungspraxis hinsichtlich bestimmter Delikte verlorenen Kredit an Vertrauen in rechtmäßiges Verwaltungshandeln zurück zu gewinnen. Überdies gewinnen Polizeibeamte und Kommunalbedienstete zusätzlichen Freiraum für den notwendigen Blick auf die dringenderen Probleme in der Verkehrsüberwachung, die sich problemlos in der örtlichen Unfallbilanz ablesen lassen können.

### 7. Verbot der Ermäßigung eines Verwarnungsgeldes auf Beträge unter 20 Euro

66 Nach den bereits genannten Tatbestandsmerkmalen besteht für Ermäßigungen unter Beträge von 20 Euro im Absatz 5 keine Rechtsgrundlage. Da jedoch die Vorschriften den Wortlaut »bis auf 20 Euro« wählen, ist damit lediglich eine absolute Untergrenze festgelegt und es kann ein höheres Verwarnungsgeld sehr wohl auf Beträge oberhalb von 20 Euro ermäßigt werden wie etwa ein Verwarnungsgeld von 55 Euro auf 30 Euro oder ein Verwarnungsgeld von 40 Euro auf 25 Euro usw., jedoch nur im Rahmen der 5-Euro-Schritte des § 2 Abs. 3 BKatV. Unbenommen ist den Rechtsanwendern jedoch die Möglichkeit einer mündlichen Verwarnung ohne Verwarnungsgeld bei Vorliegen der Voraussetzungen des Abs. 2.

### 8. Ermäßigungen von Geldbußen durch Bußgeldbehörden und Bußgeldgerichte

67 Auf der Grundlage von § 17 Abs. 3 Satz 1 OWiG dürfen Geldbußen je nach der Bedeutung der Ordnungswidrigkeit und dem Vorwurf, der den Täter trifft, entweder erhöht oder ermäßigt werden. Die Entbehrlichkeit von Feststellungen zu den wirtschaftlichen Verhältnissen ergibt sich daher für Bußgeldbehörden regelmäßig daraus, dass die Zumessung der Geldbuße gemäß § 17 Abs. 3 S. 1 OWiG zuerst an der Bedeutung der Ordnungswidrigkeit und dem Vorwurf, der den Täter trifft, ausgerichtet ist.

68 Für eine Ermäßigung einer Geldbuße ab 60 Euro Bußgeld aus wirtschaftlichen Gründen gelten allerdings spezielle Regelungen. Nach § 17 Abs. 3 Satz 2 OWiG sind nämlich erst bei nicht geringfügigen Ordnungswidrigkeiten die wirtschaftlichen Verhältnisse des Täters bei der Bußgeldbemessung »in Betracht« zu ziehen, d. h. sie müssen nicht zwingend angewandt werden. M. a. W. kann davon ausgegangen werden, dass der Verordnungsgeber einen nach der BKatV festgelegten Regelsatz bei durchschnittlichen wirtschaftlichen Verhältnissen als angemessen ansieht. Erst bei einer relativ hohen Geldbuße ab einer die Geringfügigkeitsgrenze von 250,00 € überschreitende muss auch die Leistungsfähigkeit des Täters berücksichtigt werden, weil es von ihr abhängt, wie empfindlich und damit nachhaltig die Geldbuße den Täter trifft.[64]

69 Es ist in der obergerichtlichen Rechtsprechung inzwischen ebenfalls allgemein anerkannt, dass im Hinblick auf den in § 79 Abs. 1 Nr. 1 OWiG festgeschriebenen Schwellenwert für die Geringfügigkeit von 250,00 Euro eine Prüfung der wirtschaftlichen Verhältnisse prinzipiell entbehrlich ist, wenn das für den Verkehrsverstoß des

64 *OLG Frankfurt*, Beschl. v. 19.06.2015 – 2 Ss-OWi 474/15, 2 Ss OWi 474/15, Rn. 10, juris.

Betroffenen ermittelte Regelbußgeld diesen Betrag nicht übersteigt und keine Besonderheiten vorliegen.[65]

Einem Bußgeldrichter erster Instanz steht es nach Sinn und Zweck der Regelungen des OWiG nicht zu, einen Regelsatz aus dem Bereich des Bußgeldes in den Bereich eines Verwarnungsgeldes zu ermäßigen. Eine solche Entscheidung würde dem vom *BVerfG* definierten präventiven Sinn des Bußgeldverfahrens als besondere Pflichtenmahnung widersprechen, die ganz bewusst zwischen verwarnungsfähigen und bußgeldpflichtigen Rechtsfolgen unterscheidet. Über diese Unterscheidung würde sich ein Bußgeldrichter bewusst hinwegsetzen. Daher ist die Entscheidung des *AG Lüdinghausen* abzulehnen, die für einen Grenzfall des § 4 Abs. 3 StVO die hierfür vorgesehene Regelgeldbuße von 80 Euro auf nicht registerpflichtige 35 Euro herabsetzte.[66] 70

Liegt ein Verkehrsverstoß vor, für den im Bußgeldkatalog eine Regelsanktion vorgesehen ist und stellt das Gericht Milderungsgründe oder erschwerende Umstände fest, so muss es zu erkennen geben, dass es diese besonderen Umstände erkannt und berücksichtigt hat mit der Folge, dass der für den Regelfall vorgesehene Betrag unterschritten oder erhöht wird. Dabei können insbesondere Vorbelastungen – auch nicht einschlägige – zu einer Erhöhung führen. Insgesamt muss die Höhe der Geldbuße jedoch zu dem Grad des vorwerfbaren Handelns des Täters in einem angemessenen Verhältnis stehen. Den Urteilsgründen muss zu entnehmen sein, ob das Gericht von der im Bußgeldkatalog vorgesehenen und damit bindenden Regelbuße ausgegangen ist.[67] 71

### 9. Absatz 6

Mehrere Gesetzesverletzungen und die sich daraus ergebenden Konkurrenzen zwischen diesen Delikten können grundsätzlich in den beiden Formen **Tateinheit** (§ 19 OWiG) und **Tatmehrheit** (§ 20 OWiG) auftreten. Die gesetzliche Grundregel für die Behandlung eines tateinheitlichen Verhaltens findet sich im § 19 OWiG. Die gesetzliche Formulierung »mehrere Gesetze« in § 19 Abs. 1 OWiG ist dabei in einem materiellen Sinne zu verstehen, so dass auch die Begehung unterschiedlicher Tatbestände einer Verordnung unter diese Voraussetzung subsumiert werden kann. Die gesetzliche Regelung der Tateinheit gem. § 19 OWiG wird in der BKatV für den Bereich der Verwarnung näher konkretisiert durch § 2 Abs. 6 BKatV. Für den Bereich des Bußgeldes wird die gesetzliche Regelung der Tateinheit konkretisiert durch § 3 Abs. 5 BKatV. 72

Rechtsfolge des Vorliegens einer Tateinheit ist eine Begünstigung des Betroffenen, der für zwei begangene Verstöße nur ein Verwarnungsgeld zahlen muss, und zwar den höheren Betrag der beiden angedrohten Beträge. Selbst diese klare und eindeutige Regelung wird von manchen Rechtsanwendern bis hin zu Bußgeldrichtern nicht verstanden, indem auch bei Tateinheit die beiden Beträge addiert werden. So musste das *OLG Zweibrücken* korrigierend eingreifen, indem es entschied, dass es bei zwei 73

65 *OLG Braunschweig*, Beschl. v. 08.12.2015 – 1 Ss (OWi) 163/15, Rn. 14, juris.
66 *AG Lüdinghausen*, Urt. v. 04.02.2013 – 19 OWi 239/12, juris.
67 *Kammergericht*, Beschl. v. 18.05.2015 – 3 Ws (B) 168/15, juris.

verwirkten Geldbußen für tateinheitlich begangene Ordnungswidrigkeiten rechtsfehlerhaft ist, eine Verurteilung zu nur einer Geldbuße auszusprechen, die sich aus den beiden verwirkten Geldbußen zusammensetzt.[68]

74 Als »dieselbe Handlung« kann dabei auch die **natürliche Handlungseinheit** gelten.[69] Sie ist gegeben, wenn mehrere Verhaltensweisen in einem solchen unmittelbaren Zusammenhang stehen, dass das gesamte Tätigwerden bei natürlicher Betrachtungsweise auch für einen Dritten (objektiv) als ein einheitlich zusammengefasstes Tun anzusehen ist.[70] In Anwendung dieser Grundsätze bilden Tätigkeitsdelikte und Unterlassungsdelikte grundsätzlich keine materiell-rechtliche Tateinheit. Etwas anderes kann gelten, wenn sich die Ausführungshandlungen teilweise decken und in einem inneren Bedingungszusammenhang – mit den Worten des Amtsgerichts in der Vorinstanz: »untrennbare(m) Sinnzusammenhang« – zueinander stehen.

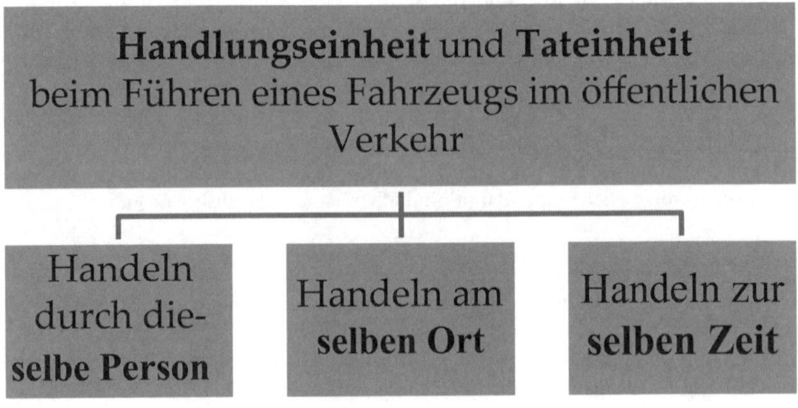


75 Dem *Kammergericht* ist es wie kaum einem anderen Gericht gelungen, den Unterschied zwischen Tateinheit und Tatmehrheit in Worte zu fassen, wenn es formuliert:

76 »*Zwar besteht der Grundsatz, dass zwischen den auf einer Fahrt begangenen bußgeldbewehrten Verstößen gegen die Straßenverkehrsordnung Tatmehrheit besteht. Dies erfährt jedoch dann eine Ausnahme und es besteht Tateinheit, wenn ein Geschehensablauf vorliegt, in dem die einzelnen Verstöße aufgrund ihres unmittelbaren zeitlich-räumlichen und inneren Zusammenhangs so eng miteinander verknüpft sind, dass das gesamte Geschehen sich bei natürlicher Betrachtungsweise durch einen unbeteiligten Dritten (objektiv) als ein einheitliches zusammengehörendes Tun darstellt.*«[71]

68 *OLG Zweibrücken*, Beschl. v. 23.05.2011 – 1 SsBs 16/11, juris.

69 Vgl. dazu auch *Fromm*, Konkurrenzregeln, S. 112 f.

70 *OLG Köln*, Beschl. v. 21.06.2017 – 1 RBs 127/17, Rn. 10, juris, auch zum Folgenden.

71 *Kammergericht*, Beschl. v. 03.06.2016 – 3 Ws (B) 207/16, juris.

Ein wichtiges Kriterium für die Verneinung oder Bejahung eines einheitlichen Tatgeschehens ist der zeitliche Abstand zwischen den einzelnen Handlungen und auch die Frage, ob beide Verkehrsverstöße in subjektiver Hinsicht auf der gleichen Willensbildung des Betroffenen beruhen. Entscheidend für die Beurteilung, ob eine einheitliche Tat vorliegt, sind jedoch jeweils die Umstände des Einzelfalls.[72] Mehrere Verkehrsverstöße sind auch in subjektiver Hinsicht als miteinander verbunden anzusehen, wenn sie erkennbar auf dem Willen des Betroffenen beruhen, die vor ihm liegende Fahrtstrecke möglichst schnell zu durchfahren. Der zwischenzeitlichen Veränderung der Verkehrssituation kommt dann angesichts des äußerst engen zeitlichen und räumlichen Zusammenhangs und des verbindenden subjektiven Elements keine erhebliche Bedeutung zu.[73]

Unproblematisch liegt tateinheitliches Handeln vor, wenn der Betroffene zum einen den vorgeschriebenen Führerschein nicht mitgeführt und zum anderen für das Fahrzeug die Zulassungsbescheinigung Teil I nicht bei sich gehabt hat. Damit sind die Tatbestände der §§ 4 Abs. 2, 75 FeV, §§ 11 Abs. 5, 48 FZV, § 24 StVG, § 174 BKat, § 19 OWiG erfüllt.[74] Auch das Führen des Kraftfahrzeuges mit überhöhter Geschwindigkeit i. S. d. § 41 Abs. 2 Nr. 7 (Zeichen 274) StVO und das teils zeitgleiche Verwenden des Mobiltelefons i. S. d. § 23 Abs. 1a StVO stehen im Konkurrenzverhältnis der Tateinheit i. S. d. § 19 OWiG.[75] Auch zwischen den während der Fahrt begangenen Ordnungswidrigkeiten des Nichtanlegens des vorgeschriebenen **Sicherheitsgurtes** und des Überschreitens der zulässigen Höchstgeschwindigkeit besteht Tateinheit.[76] Ähnlich ist der Dauerverstoß des Nichtanlegens eines Sicherheitsgurtes mit dem punktuellen Verstoß des Nichtbeachtens von **Weisungen** eines Polizeibeamten als in Tateinheit (natürliche Handlungseinheit) stehend zu bewerten, sodass gem. § 19 Abs. 1 OWiG nur auf eine einzige Geldbuße erkannt werden darf.[77] Selbst ein Vorwurf zu schnellen Fahrens nach StVO bildet mit einem Verstoß wegen abgenutzten Reifen nach StVZO materiell- und verfahrensrechtlich eine einheitliche Tat.[78] 77

Hat ein Amtsgericht wegen fahrlässigen Unterlassens der ordnungsgemäßen Ladungssicherung eine Geldbuße von 50 €, wegen Nichtmitführens einer Bescheinigung für lenkfreie Tage eine Geldbuße von 300 € und wegen Nichtmitführens eines Versicherungsnachweises über den Abschluss einer Güterschadenshaftpflichtversicherung eine Geldbuße von 25 € festgesetzt, ist diese Bewertung rechtswidrig, weil gemäß § 19 Abs. 1 OWiG wird nur eine einzelne Geldbuße festgesetzt wird, wenn dieselbe Handlung mehrere Gesetze verletzt, nach denen sie als Ordnungswidrigkeit geahndet werden kann und weil § 19 Abs. 2 S. 1 OWiG bestimmt, dass in diesem Fall die 78

72 *Brandenburgisches Oberlandesgericht*, Beschl. v. 01.06.2016 – (1 B) 53 Ss-OWi 99/16 (128/16), juris.
73 *OLG Celle*, Beschl. v. 25.10.2011 – 322 SsBs 295/11, juris.
74 *AG Aichach*, Urt. v. 25.06.2014 – 3 OWi 606 Js 130832/13, Rn. 6, juris.
75 *Thüringer Oberlandesgericht*, Beschl. v. 15.10.2009 – 1 Ss 230/09, juris.
76 *OLG Stuttgart*, Beschl. v. 22.12.2006 – 4 Ss 596/06, juris.
77 *LG Frankfurt*, Beschl. v. 05.08.2002 – 5/9 Qs OWi 48/02, juris.
78 *OLG Karlsruhe*, Beschl. v. 30.11.1997 – 1 Ss 44/97, juris.

Geldbuße nach dem Gesetz festgelegt wird, das die höchste Buße androht. Für alle drei genannten Verstöße war mithin eine einzige Geldbuße zu verhängen.[79]

79 Ein Fall der Handlungseinheit und Tateinheit ist nach Ansicht des *OLG Celle* dann gegeben, wenn der Zeitraum zwischen einem Rotlichtverstoß und der Missachtung eines Überholverbots maximal 120 Sekunden beträgt.[80] Diese Bewertung ist nicht mehr vertretbar, weil sie die Abgrenzung zwischen Tatmehrheit und Tateinheit praktisch aufhebt und zwei unterschiedliche Tatorte und Tatzeiten in begünstigender Wirkung für den Betroffenen zusammenfasst, die keine natürliche Handlungseinheit mehr bilden. Auch in subjektiver Hinsicht ist ein Rotlichtverstoß vom Tatentschluss her ein vollkommen anderes Delikt als ein Verstoß gegen ein Überholverbot. Während beim Rotlichtverstoß der geschützte Bereich des § 37 StVO die gesamte Fläche der geregelten Kreuzung oder Einmündung abdeckt, ist es die Aufgabe eines Überholverbots, die Insassen des überholten Fahrzeugs sowie des Gegenverkehrs zu schützen. Sich über diesen Schutz im Kontakt von nur wenigen Metern Abstand zum anderen Fahrzeugführer hinweg zu setzen, erfordert eine deutlich andere Abweichung vom erforderlichen Verkehrsverhalten. Tateinheit ist nämlich mit dem *OLG Braunschweig* nur dann anzunehmen, wenn die verwirklichten Bußgeldvorschriften einem einheitlichen Schutzzweck dienen, die Verstöße auf einer gleichen Motivationslage beruhen und nur eine quantitative Steigerung der Zuwiderhandlung vorliegt.[81]

80 Ganz anders liegt der Fall nach Ansicht des *OLG Hamm* und ist als tateinheitliches Handeln zu bewerten, wenn zwei Geschwindigkeitsverstöße im Abstand von einer Minute und 11 Sekunden auf einer 2,3 km langen Strecke derselben Autobahn begangen wurden, und sich im Zeitraum zwischen den Verstößen weder die Fahrgeschwindigkeit noch die äußere Verkehrssituation (bei zwischenzeitlich wiederholter Beschilderung der Geschwindigkeitsbeschränkung) erkennbar geändert hatte, so dass die Verstöße offenbar auf einer fortwährenden Missachtung der verkehrsüblichen Sorgfalt seitens des Fahrers beruht haben.[82] Davon abweichend rechtfertigen mehrere fahrlässig begangene Geschwindigkeitsverstöße, die in einer veränderten Verkehrssituation begangen wurden und unschwer voneinander abzugrenzen sind, die Annahme einer tatmehrheitlichen Begehungsweise, selbst wenn man zugunsten des Betroffenen davon ausgeht, dass er die einzelnen Geschwindigkeitsüberschreitungen auf einer nicht durch Pausen unterbrochenen Fahrt und aus einem einheitlichen Motiv heraus beging.[83] Die zunächst geäußerte Rechtsauffassung des *OLG Hamm* ist abzulehnen, weil sie aus tatmehrheitlich begangenen Verhaltensverstößen sinnwidrig eine Tateinheit konstruiert, die dem Grad der Vorwerfbarkeit des Tatgeschehens nicht gerecht wird und im Ergebnis zu negativen Beispielwirkung für andere Fahrzeugführer führt. Diese berufen sich seither mit ihren Rechtsbeiständen auf die milde Rechtsprechung

---

79 *OLG Düsseldorf*, Urt. v. 21.09.2011 – IV-3 RBs 133/11, Rn. 1, juris.

80 *OLG Celle*, Beschl. v. 07.02.2011 – 322 SsBs 354/10, juris; ebenso *Brandenburgisches Oberlandesgericht*, Beschl. v. 01.06.2016 – (1 B) 53 Ss-OWi 99/16 (128/16), juris.

81 *OLG Braunschweig*, Beschl. v. 18.02.2000 – 1 Ss (B) 61/99, juris.

82 *OLG Hamm*, Beschl. v. 09.06.2009 – 5 Ss OWi 297/09, juris.

83 *OLG Düsseldorf*, Beschl. v. 07.02.2001 – 2a Ss (OWi) 284/00 – (OWi) 4/01 II, juris.

und fordern die Streichung als tatmehrheitlich festgestellter Geschwindigkeitsverstöße und Bußgelder ein. In der Sache liegt tatmehrheitliches Handeln gem. § 20 OWiG deshalb vor, weil schlechterdings nicht von einem Handeln zur selben Zeit und am selben Ort gesprochen werden kann, wenn derart große Streckenabschnitte und Zeitdifferenzen zwischen den Messorten der Geschwindigkeitsmessungen liegen und somit die abstrakten Gefahren für andere Verkehrsteilnehmer auf mehrere Tatorte verteilt im Verkehrsraum vorliegen. Auch aus dem Gesichtspunkt der Spezialprävention ist vorgenannte Bewertung kontraproduktiv, weil für die Geschwindigkeitstäter ein Gesamtvorsatz, permanent schneler als zulässig zu fahren, von den Richtern des Senates belohnt wurde, sodass – verkehrspsychologisch gesehen – ein Lernen am »gnädigen Modell« vorliegt.

Im praktischen Arbeitsalltag ist daher vom Rechtsanwender zunächst eine Entschei- 81
dung über die Vorfrage zu treffen, ob eine Handlungseinheit oder eine Handlungsmehrheit vorliegt. Beide Begriffe sind allerdings nicht vom Gesetzgeber definiert worden, so dass die Auslegung dieser für die Bewertung von Konkurrenzfragen so wichtigen Begriffe – wie in den beiden genannten Entscheidungen beschrieben – der näheren Ausgestaltung durch die Rechtsprechung überlassen bleibt. Der Begriff der Handlungseinheit wird getrennt zwischen den beiden Formen einer natürlichen und rechtlichen Handlungseinheit. Eine natürliche Handlungseinheit liegt daher zusammenfassend bei allen Handlungen im natürliche Sinn vor, bei denen mehrere Handlungen räumlich und zeitlich in einem so engen Zusammenhang zueinander stehen, dass die gesamte Tätigkeit bei Betrachtung von außen als ein einheitlich zusammengefasstes Tun anzusehen ist. Die Einzelakte beruhen dabei regelmäßig auf einer einzigen Willensbetätigung.

### 10. Absatz 7

Für das Konkurrenzverhältnis der Tatmehrheit besteht die gesetzliche Regelung des 82
§ 20 OWiG, nach der sich sämtliche nachrangigen Regelungen der BKatV sowie des BT-Kat-OWi richten müssen. Die gesetzliche Regelung der Tatmehrheit gem. § 20 OWiG wird in der BKatV für den Bereich der Verwarnung näher konkretisiert durch § 2 Abs. 7 BKatV. Für den Bereich des Bußgeldes wird die gesetzliche Regelung der Tatmehrheit näher konkretisiert durch Ziff. 6 des Vorwortes zum BT-Kat-OWi. Die Regelung der Tatmehrheit aus § 2 Abs. 7 BKatV wird im BT-Kat-OWi umgesetzt für den Bereich der Verwarnung durch Ziff. 7.4.10 der des Vorwortes.

Grundsätzlich gilt, dass mehrere – auch gleichartige – Verkehrsverstöße, die auf einer ununterbrochenen Fahrt begangen werden, nicht nur im materiellen, sondern auch im prozessualen Sinn als mehrere Taten zu bewerten sind.[84] Der Umstand, dass mehrere Verstöße auf der gleichen Fahrt begangen wurden, ändert nichts daran, dass das Fahren als solches keine rechtliche Klammer im Sinne einer rechtlichen Tateinheit zu den einzelnen Fehlverhaltensweisen im Verkehr bildet. Dies gilt jedenfalls für

84 *Kammergericht*, Beschl. v. 14.06.2021 – 3 Ws (B) 109/21, Rn. 14, juris, auch zum Folgenden.

fahrlässig begangene Verkehrsverstöße. Eine Ausnahme – eine einzige Tat im Sinne einer natürlichen Handlungseinheit – kommt nur dann in Betracht, wenn ordnungswidrigkeitenrechtlich erhebliche Verhaltensweisen durch einen derart unmittelbaren zeitlich-räumlichen und inneren Zusammenhang gekennzeichnet sind, dass sich der gesamte Vorgang bei natürlicher Betrachtungsweise auch für einen unbeteiligten Dritten als einheitliches zusammengehöriges Tun darstellt und auf einer einheitlichen Willensbetätigung i.S.v. derselben Willensrichtung beruht. Dies kann nur ein Handeln innerhalb weniger Sekunden umfassen.

83 Eine **Handlungsmehrheit** kann in zwei Fällen vorliegen. Einmal dann, wenn durch unterschiedliche Handlungen mehrere Bußgeldtatbestände verwirklicht wurden oder wenn ein bestimmter Bußgeldtatbestand mehrfach begangen wurde. Juristisch liegt durch die Handlungsmehrheit das Konkurrenzverhältnis der Tatmehrheit vor. Dieses Konkurrenzverhältnis wird dadurch gekennzeichnet, dass zwei oder mehrere Ordnungswidrigkeiten nicht tateinheitlich Zusammentreffen und die Verstöße nur zum Zweck ihrer Ahndung gemeinsam betrachtet werden.

84 Interessant für eine Bewertung der Konkurrenzen sind regelmäßig mehrere Geschwindigkeits- bzw. Rotlicht- oder Abstandsverstöße.

85 Mehrere in kurzem zeitlichen Abstand zueinander auf einer Autobahn erfolgte fahrlässige Geschwindigkeitsüberschreitungen können in Tatmehrheit zueinander stehen, wenn sie in unterschiedlichen Verkehrssituationen (hier: zwischenzeitliches Passieren einer weiteren **Schilderbrücke**) begangen worden sind.[85] Bei Überfahren des Rotlichts zweier nur 50 m voneinander entfernt stehender und gleichzeitig auf Rot schaltender Ampeln ist eine Tatmehrheit ausschließende natürliche Handlungseinheit jedenfalls dann nicht anzunehmen, wenn beide Lichtzeichenanlagen unterschiedliche Straßenbereiche mit unterschiedlichen Verkehrsbeziehungen regeln.[86] Wenn also das Rotlicht zweier Lichtzeichenanlagen an verschiedenen Straßenkreuzungen überfahren wird, die unterschiedliche Straßenbereiche schützen, liegen, auch wenn die Verstöße anlässlich einer Fahrt erfolgt sind, auch nach Ansicht des *OLG Düsseldorf* jeweils selbständige Handlungen vor und nicht insgesamt ein tateinheitliches Geschehen.[87]

86 Wenn durch mehrere Handlungen Bußgeldvorschriften verletzt werden und diese in Tatmehrheit zueinander stehen, so sind in der Rechtsfolge dieses Konkurrenzverhältnisses die Geldbußen gesondert festzusetzen, auch wenn diese Handlungen gleichzeitig geahndet werden. Sie können nicht zu einer »Gesamtgeldbuße« zusammengezogen werden.[88] Anders als § 53 StGB, der bei Tatmehrheit das **Gesamtstrafenprinzip** vorsieht, gilt im Ordnungswidrigkeitsrecht bei Tatmehrheit das Kumulationsprinzip. Gemäß § 20 OWiG sind daher beim Zusammentreffen mehrerer selbständiger Ordnungswidrigkeiten jeweils gesonderte Geldbußen festzusetzen.[89]

---

85 *Brandenburgisches Oberlandesgericht*, Beschl. v. 30.05.2005 – 1 Ss (OWi) 87 B/05, juris.

86 *Thüringer Oberlandesgericht*, Beschl. v. 10.12.1998 – 1 Ss 219/98, juris.

87 *OLG Düsseldorf*, Beschl. v. 29.04.1997 – 5 Ss (OWi) 93/97 – (OWi) 68/97 I, juris.

88 *OLG Celle*, Beschl. v. 06.04.2016 – 2 Ss 15/16, juris.

89 *Brandenburgisches Oberlandesgericht*, Beschl. v. 18.02.2008 – 1 Ss (OWi) 266 B/07, juris.

Wird über zwei Ordnungswidrigkeiten, die in Tatmehrheit stehen und jeweils mit einem Fahrverbot als Nebenfolge geahndet werden können, gleichzeitig entschieden, so ist nur ein einheitliches Fahrverbot zu verhängen.[90] 87

## 11. Absatz 8

Auf der Grundlage der Regelungen in § 2 Abs. 8 BKatV und in Ziff. 7.4.10 des Vorwortes zum BT-Kat-OWi muss bei allen Konkurrenzverhältnissen im Verwarnungsgeldbereich mit verbindlicher Wirkung geprüft werden, ob die tateinheitlich oder tatmehrheitlich begangenen Ordnungswidrigkeiten insgesamt noch als geringfügig anzusehen sind. Beide Regelungen lassen der Polizei und den Bußgeldbehörden kein Ermessen bei der Beurteilung der Frage, ob die **Gesamtgeringfügigkeit** der tatbestandsmäßigen Handlung oder der Handlungen geprüft werden muss. Der Verordnungsgeber hat die Thematik für so wichtig erachtet, dass kein Rechtsanwender diese Überprüfung unterlassen darf, ohne dadurch rechtswidrig zu handeln. Dennoch werden die beiden genannten Regelungen in großen Teilen der Anwendungspraxis entweder ignoriert oder doch nur lückenhaft angewendet. Keineswegs findet eine bundesweit auch nur annähernd als einheitlich zu bezeichnende Behördenpraxis statt. Die verbindliche Rechtsfolge des »Ob« der Anwendung sieht anders aus bei der Beurteilung der Frage, wie die Gesamtgeringfügigkeit überhaupt praktisch geprüft werden muss. Für diese Situationen werden von staatlicher Seite keine Regelungen vorgegeben, so dass sich die Praxis in ihrer täglichen Arbeit mit Faustregeln behelfen muss, die in eine Ermessenspraxis erwachsen können. Die Beurteilung der Problematik ist nicht ganz ohne eine gewisse Brisanz, weil es insgesamt um das Überschreiten der Grenze des Verwarnungsgeldbereichs zum Bußgeldbereich geht. 88

Folgendes Verfahren kann bei Tateinheit im Bereich des Verwarnungsgeldes als Rechenmodell angewandt werden: 89

- Von den tateinheitlich verwirklichten Ordnungswidrigkeiten wird zunächst der höchste Regelsatz festgestellt,
- der oder die Regelsätze der weiteren Delikte werden halbiert und zu dem höchsten Regelsatz addiert,
- ergibt sich nach der Addition ein Gesamtergebnis im Bereich von bis zu 55 €, wird nach den üblichen Regeln verfahren, d.h. bei Tateinheit wird nur das höchste Verwarnungsgeld erhoben,
- ergibt sich nach der Addition ein Gesamtergebnis von 60 € oder mehr, wird eine Bußgeldanzeige gefertigt und der Bußgeldbehörde übersandt.

Mathematisch einfacher als die Faustregel für die Bewertung tateinheitlicher Handlungen im Verwarnungsgeldbereich ist die rechnerische Bewertung tatmehrheitlichen Verhaltens. 90

- Von den tatmehrheitlich verwirklichten Ordnungswidrigkeiten werden zunächst die Regelsätze festgestellt,
- die Regelsätze der Delikte werden addiert,

90 *BGH*, Beschl. v. 16.12.2015 – 4 StR 227/15, BGHSt 61, 100–110.

- ergibt sich nach der Addition ein Gesamtergebnis im Bereich von bis zu 55 €, wird nach den üblichen Regeln verfahren, d.h. die einzelnen Verstöße werden getrennt verwarnt,
- ergibt sich nach der Addition ein Gesamtergebnis von 60 € oder mehr, wird eine Bußgeldanzeige gefertigt und der Bußgeldbehörde übersandt.

91 Von entscheidender Bedeutung für die Beurteilung dieser Problematik sind die gesetzliche Regelung des § 56 Abs. 1 Satz 1 OWiG, wonach überhaupt nur bei geringfügigen Ordnungswidrigkeiten verwarnt werden darf sowie die Gesamtsystematik der gesetzlichen Konstruktion der Verwarnung. Demnach ist die Grenze der Geringfügigkeit durch den obersten Regelsatz für eine Verwarnung von 55 € nach oben hin gesetzlich festgeschrieben. Die Frage der Beurteilung der Bedeutung einer Ordnungswidrigkeit gem. § 17 Abs. 3 OWiG eignet sich ebenfalls für die Beurteilung der Frage, wann eine Handlung oder mehrere Handlungen so bedeutend sind, dass die Grenze der Geringfügigkeit nach oben hin überschritten werden muss. Eine Faustregel ist für die Lösung dieses vergleichsweise wichtigen Problems aufgrund ihrer pauschalen Betrachtungsweise eher weniger geeignet. Bessere Abgrenzungskriterien für die Gesamtgeringfügigkeit einer Handlung sind auch in diesen Fällen die Grundregeln der Zumessung von Geldbußen gem. § 17 Abs. 3 Satz 1 OWiG, also die Bedeutung der Ordnungswidrigkeit und der Grad der Vorwerfbarkeit. Zum Kriterium der Bedeutung der Ordnungswidrigkeit kann gesagt werden, dass diese umso höher zu bewerten ist und daher umso eher als insgesamt nicht geringfügig anzusehen ist, wenn die von einem Fahrverhalten oder einem Fahrzeug ausgehende Gefährdung für die Verkehrssicherheit als hoch einzuschätzen ist.[91]

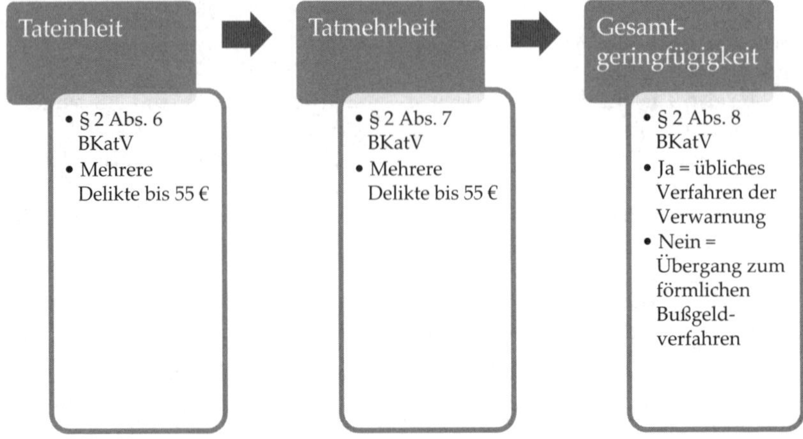


92 Beide vorgeschlagene Berechnungsmodelle müssen zwischen den Polizeidienststellen und den Bußgeldbehörden vereinbart werden, damit Amtshandlungen gleichförmig verlaufen und der Opportunitätsgrundsatz gewahrt bleibt.

91 *OLG Düsseldorf*, VRS 72, 285 f.

## § 3 Bußgeldregelsätze

(1) Etwaige Eintragungen des Betroffenen im Fahreignungsregister sind im Bußgeldkatalog nicht berücksichtigt, soweit nicht in den Nummern 152.1, 241.1, 241.2, 242.1 und 242.2 des Bußgeldkatalogs etwas anderes bestimmt ist.

(2) Wird ein Tatbestand der Nummer 119, der Nummer 198.1 in Verbindung mit Tabelle 3 des Anhangs oder der Nummern 212, 214.1, 214.2 oder 223 des Bußgeldkatalogs, für den ein Regelsatz von mehr als 55 Euro vorgesehen ist, vom Halter eines Kraftfahrzeugs verwirklicht, so ist derjenige Regelsatz anzuwenden, der in diesen Fällen für das Anordnen oder Zulassen der Inbetriebnahme eines Kraftfahrzeugs durch den Halter vorgesehen ist.

(3) Die Regelsätze, die einen Betrag von mehr als 55 Euro vorsehen, erhöhen sich bei Vorliegen einer Gefährdung oder Sachbeschädigung nach Tabelle 4 des Anhangs, soweit diese Merkmale oder eines dieser Merkmale nicht bereits im Tatbestand des Bußgeldkatalogs enthalten sind.

(4) Wird von dem Führer eines kennzeichnungspflichtigen Kraftfahrzeugs mit gefährlichen Gütern oder eines Kraftomnibusses mit Fahrgästen ein Tatbestand

1. der Nummern 8.1, 8.2, 15, 19, 19.1, 19.1.1, 19.1.2, 21, 21.1, 21.2, 212, 214.1, 214.2, 223,
2. der Nummern 12.5, 12.6 oder 12.7, jeweils in Verbindung mit Tabelle 2 des Anhangs, oder
3. der Nummern 198.1 oder 198.2, jeweils in Verbindung mit Tabelle 3 des Anhangs,

des Bußgeldkatalogs verwirklicht, so erhöht sich der dort genannte Regelsatz, sofern dieser einen Betrag von mehr als 55 Euro vorsieht, auch in den Fällen des Absatzes 3, jeweils um die Hälfte. Der nach Satz 1 erhöhte Regelsatz ist auch anzuwenden, wenn der Halter die Inbetriebnahme eines kennzeichnungspflichtigen Kraftfahrzeugs mit gefährlichen Gütern oder eines Kraftomnibusses mit Fahrgästen in den Fällen

1. der Nummern 189.1.1, 189.1.2, 189.2.1, 189.2.2, 189.3.1, 189.3.2, 213 oder
2. der Nummern 199.1, 199.2, jeweils in Verbindung mit der Tabelle 3 des Anhangs, oder 224

des Bußgeldkatalogs anordnet oder zulässt.

(4a) Wird ein Tatbestand des Abschnitts I des Bußgeldkatalogs vorsätzlich verwirklicht, für den ein Regelsatz von mehr als 55 Euro vorgesehen ist, so ist der dort genannte Regelsatz zu verdoppeln, auch in den Fällen, in denen eine Erhöhung nach den Absätzen 2, 3 oder 4 vorgenommen worden ist. Der ermittelte Betrag wird auf den nächsten vollen Euro-Betrag abgerundet.

(5) Werden durch eine Handlung mehrere Tatbestände des Bußgeldkatalogs verwirklicht, die jeweils einen Bußgeldregelsatz von mehr als 55 Euro vorsehen, so ist nur ein Regelsatz anzuwenden; bei unterschiedlichen Regelsätzen ist der höchste anzuwenden. Der Regelsatz kann angemessen erhöht werden.

(6) Bei Ordnungswidrigkeiten nach § 24 des Straßenverkehrsgesetzes, die von nicht motorisierten Verkehrsteilnehmern begangen werden, ist, sofern der Bußgeldregelsatz mehr als 55 Euro beträgt und der Bußgeldkatalog nicht besondere Tatbestände für diese Verkehrsteilnehmer enthält, der Regelsatz um die Hälfte zu ermäßigen. Beträgt der nach Satz 1 ermäßigte Regelsatz weniger als 60 Euro, so soll eine Geldbuße nur festgesetzt werden, wenn eine Verwarnung mit Verwarnungsgeld nicht erteilt werden kann.

Übersicht — Rdn.



## 1. Rechtscharakter des Bußgeldverfahrens

1 Zum **Rechtscharakter** eines Bußgeldverfahrens nahm das *Bundesverfassungsgericht* schon im Jahr 1958 ebenso ausführlich wie selbst erklärend Stellung:

2 *»Das Bußgeldverfahren ist aber kein Strafverfahren. Die Entwicklung ist in den letzten Jahrzehnten dahin gegangen, aus dem Kreis der strafrechtlichen Tatbestände Fälle mit geringerem Unrechtsgehalt auszusondern und sie als bloßes »Verwaltungsunrecht« level1 =»Verwaltungsunrecht«der Ahndung durch Verwaltungsbehörden mit rechtlicher Kontrolle durch die Gerichte zu überlassen. Der Bürger wird so davor geschützt, wegen einer Handlung, die nach allgemeinen gesellschaftlichen Auffassungen nicht als kriminell strafwürdig gilt, deren Verbotensein häufig weiteren Kreisen gar nicht bekannt ist, mit dem Makel einer strafgerichtlichen Verurteilung behaftet zu werden. Das Bußgeldverfahren entfernt sich auch in seiner praktischen Ausgestaltung weit vom Strafverfahren; die Staatsanwaltschaft wirkt nicht mit; es besteht kein Verfolgungszwang; die Geldbuße kann nicht in eine Freiheitsstrafe umgewandelt werden; sie wird nicht in das Strafregister eingetragen. Den rechtsstaatlichen Erfordernissen ist dadurch Rechnung getragen, dass gegen jeden Bußgeldbescheid der Antrag auf gerichtliche Entscheidung durch die ordentlichen Strafgerichte grundsätzlich in zwei Instanzen möglich ist, wobei die Gerichte in der Feststellung und rechtlichen Würdigung des Sachverhalts weithin frei sind und auch die Höhe der Geldbuße – unter Ausschluss der reformatio in peius level1 =»reformatio in peius«nach eigenem Ermessen bestimmen können.«*[1]

1 *BVerfG*, Beschl. v. 14.10.1958 – 1 BvR 510/52, BVerfGE 8, 197–208, Rn. 38.

## 2. Prinzipien des Bußgeldverfahrens

Schon in einer frühen Entscheidung stellte das *Bundesverfassungsgericht* klar, dass im Bußgeldverfahren das **Opportunitätsprinzip** gilt: 3

*»Das Prinzip des Rechtsstaates fordert, dass der Einzelne wissen muss, inwieweit die Verwaltung in seinen Rechtskreis eingreifen darf; es fordert aber weder, dass der Gesetzgeber die Verwaltung bindet, den möglichen Eingriff immer zu vollziehen, noch dass der Gesetzgeber tatbestandsmäßig genau umreißt, wann die Verwaltung von einem zulässigen, nach Tatbestand und Folge eindeutig geregelte Eingriff Abstand nehmen darf.«*[2] 4

Die Entscheidung darüber, ob überhaupt ein Ordnungswidrigkeitenverfahren (kurz, aber rechtstechnisch unpräzise: Bußgeldverfahren) eingeleitet wird, trifft die zuständige Person im Rahmen ihres pflichtgemäßen Ermessens auf der Grundlage des **Opportunitätsprinzips** nach § 47 Abs. 1 Satz 1 OWiG (Verfolgungsbehörde) bzw. § 53 Abs. 1 Satz 1 OWiG (Polizei). Danach besteht grundsätzlich keine Verpflichtung, ein Ordnungswidrigkeitenverfahren einzuleiten. Eine konsequente Verfolgung von Verkehrsordnungswidrigkeiten führt nicht zum Außerkraftsetzen des Opportunitätsprinzips und der faktischen Einführung des Legalitätsprinzips,[3] sondern bedeutet im Ergebnis ein konsequentes Festhalten am Sinn und Zweck des Ordnungswidrigkeitenverfahrens, nämlich über die Pflichtenmahnungen die Verkehrssicherheit zu fördern. 5

Ist ein Ordnungswidrigkeitenverfahren eingeleitet worden, richtet sich dessen Durchführung nach dem Grundsatz der **Verhältnismäßigkeit**, der von ganz erheblicher Bedeutung ist.[4] Bei der Abwägung ist zu berücksichtigen, dass der Vorwurf einer Ordnungswidrigkeit stets weniger schwer wiegt als der einer Straftat. Zudem ist im Bußgeldverfahren das öffentliche Interesse an der Ahndung aufgrund der Nichtgeltung des Legalitätsprinzips niedriger als im Strafverfahren. 6

Die im BKat festgelegten Regelsätze passen zudem nicht auf 100 % aller im Straßenverkehr begangenen und auch tatsächlich verfolgten Verkehrsordnungswidrigkeiten, sondern nur auf diejenigen Fallgestaltungen, die in ihrem objektiven und subjektiven Tatbestand nicht positiv oder negativ aus der Masse aller Fälle herausragen.[5]

Auch das Prinzip des **pflichtgemäßen Ermessens** der Exekutive wurde vom *BVerfG* im Zusammenhang mit dem **Bestimmtheitsgebot** im Jahr 1959 geregelt: 7

*»Die Verwendung des Wortes »kann« in gesetzlichen Bestimmungen, die die Verwaltung zu Eingriffen in den Rechtskreis der Einzelnen ermächtigen, entspricht also dem* 8

2 *BVerfG*, Beschl. v. 03.02.1959 – 2 BvL 10/56, BVerfGE 9, 137–152.

3 So aber *Niehaus*, S. 20, der bemängelt, dass »in der Praxis nahezu das Legalitätsprinzip herrscht«; wer die hohen Einstellungsquoten im Bußgeldverfahren kennt, weiß, dass diese Vermutung falsch ist.

4 *BVerfG*, Stattgebender Kammerbeschluss vom 14. Juli 2016 – 2 BvR 2748/14, juris, auch zum Folgenden.

5 *Berr/Schäpe/Müller/Rebler*, Recht des ruhenden Verkehrs, 15. Kap. Ahndungsvorschriften Rn. 41, beck-online.

*grundsätzlichen Verhältnis von Legislative und Exekutive im Rechtsstaat: Die der Exekutive zukommende Macht wird durch die Ermächtigung erweitert; sie »kann« nunmehr etwas tun, was sie zuvor nicht tun durfte. In zahllosen Eingriffsermächtigungen findet sich darum die Formulierung, daß die Verwaltung bestimmte Maßnahmen treffen »kann«. Unter rechtsstaatlichem Aspekt entscheidend ist, ob das, wozu die Verwaltung ermächtigt wird, hinreichend klar umschrieben ist. … Wenn der Gesetzgeber die Eingriffsermächtigung in die Form einer »Kann« -Vorschrift fasst, so stellt er damit der Verwaltung diesen Eingriff als ein Mittel zur Verfügung, mittels dessen sie die ihr gestellten Aufgaben verwirklichen kann. Er zwingt aber die Verwaltung nicht, in allen tatbestandsmäßigen Fällen davon Gebrauch zu machen, da gerade nach Ansicht des Gesetzgebers die Verwaltung dieses den Einzelnen belastenden Mittels nicht in allen Fällen bedarf. Er begrenzt also den Eingriff und verweist auf das pflichtmäßige Ermessen der Verwaltung, die unter Berücksichtigung aller Umstände und unter Beachtung des jede Rechtsanwendung beherrschenden Gleichheitssatzes entscheiden soll, ob sie von diesem Mittel Gebrauch machen will oder nicht. Die Einräumung einer solchen Entscheidungsfreiheit an die Verwaltung, ob sie von den ihr vom Gesetzgeber zur Verfügung gestellten und klar umrissenen Eingriffsmöglichkeiten Gebrauch machen will, ist durchaus rechtsstaatsgemäß. Sie entspricht dem Verhältnis von Legislative und Exekutive und wird in besonderem Maße der vom Rechtsstaat intendierten Freiheit des Einzelnen von unnötigen Eingriffen der öffentlichen Gewalt gerecht. Eine solche Regelung entspricht dem Grundsatz der Opportunität, der das praktische Wirken der Verwaltung beherrscht.«*[6]

9 Der grundlegende Unterschied zwischen der Begehung einer Straftat und einer Ordnungswidrigkeit ist aus Sicht eines Täters durch eine vollkommen unterschiedliche Qualität der **Schuld** gekennzeichnet. Dieser Unterschied wird ebenfalls vom *BVerfG* klargestellt:

10 *»Es handelt sich um eine reine Ordnungswidrigkeit (im Gegensatz zu den Wirtschaftsstraftaten und den Taten, die je nach ihrer Schwere Wirtschaftsstraftaten oder Ordnungswidrigkeiten sein können). Das bedeutet, dass der Schuldvorwurf hier die Sphäre des Ethischen nicht erreicht. Dem Täter wird – der Idee nach – nicht Auflehnung gegen die staatliche Rechtsordnung in einem grundsätzlichen, mit fehlerhafter Persönlichkeitshaltung zusammenhängenden Sinne zur Last gelegt; demgemäß fehlt der Geldbuße der Ernst der staatlichen Strafe. Es liegt bloßer Ungehorsam gegen »technisches«, zeit- und verhältnisbedingtes Ordnungsrecht der staatlichen Verwaltung vor, auf den diese mit einer scharfen »Pflichtenmahnung« (Erik Wolf) antwortet.*[7]

11 Die Verfolgung und Ahndung von Ordnungswidrigkeiten im Straßenverkehr soll nach dieser maßgebenden Auslegung bei den Behörden oder Dienststellen der Polizei zusammengefasst werden, die nach Zuständigkeitsbereich und personeller Besetzung eine Gewähr für eine sachgemäße und reibungslose Erledigung bieten.[8] Dieser aus § 26 StVG folgende verfassungsrechtliche Auftrag zu einer effizienten Gestaltung

6 *BVerfG*, Beschl. v. 03.02.1959 – 2 BvL 10/56, BVerfGE 9, 137–152, Rn. 53.

7 *BVerfG*, Beschl. v. 04.02.1959 – 1 BvR 197/53, BVerfGE 9, 167–174, Rn. 17.

8 *BVerfG*, Beschl. v. 16.07.1969 – 2 BvL 2/69, BVerfGE 27, 18–36, Rn. 46.

der Zuständigkeiten und einer Personalausstattung, die dem Ziel der Verfolgung und Ahndung gerecht wird, leidet seit vielen Jahren in Polizei und Kommunen und ist bei allem Bemühen um eine »schlanke Verwaltung« vielfach in sein Gegenteil verkehrt worden. Es ist eben eine Frage des Setzens von innenpolitischen Prioritäten, wobei es oft und vollkommen zu Unrecht in Vergessenheit gerät, dass es im Verkehrsordnungswidrigkeitenrecht um den Schutz der beiden Individualrechtsgüter Leben und körperliche Unversehrtheit geht. Diesen zu gewährleisten, benötigt es konsequentes Handeln der Exekutive, wobei den Taten der Verkehrsordnungswidrigkeiten die dazu passenden Pflichtenmahnungen auf dem Fuße folgen sollten. Möglichst sollten Anhörungen sogar im Rahmen eines Gespräches erfolgen, idealtypisch – wie bei einer **Anhaltekontrolle** der Polizei – zwischen dem Betroffenen und dem Tatzeugen. Wer aber mangels konsequenter Verkehrsüberwachung gar nicht erst nicht gemahnt wird, fühlt sich in seinem gefährlichen Fehlverhalten bestätigt und wird weiterhin ordnungswidrig handeln.

Wird ein ausländischer Fahrzeugführer mit Wohnsitz im Ausland bei einer Ord- 12
nungswidrigkeit betroffen, die nicht verwarnungsfähig ist oder verweigert er seine Zustimmung zu einer Verwarnung mit Verwarnungsgeld, kommt die Anordnung einer **Sicherheitsleistung** gem. § 46 Abs. 1 OWiG i.V.m. § 132 Abs. 1 S. 1 Nr. 1 StPO gegen den Betroffenen als zulässige Amtshandlung in Betracht, um den staatlichen Verfolgungsanspruch zu sichern.[9] Anordnungen von Sicherheitsleistungen dürfen gemäß § 46 OWiG i.V.m. § 132 Abs. 2 StPO durch einen Richter, bei Gefahr im Verzug auch die Verfolgungsbehörde i. S. d. § 36 OWiG oder Polizeibeamte getroffen werden, wobei die Polizeibeamten gem. § 152 GVG Ermittlungspersonen der Staatsanwaltschaft sind.[10] Die Höhe der Sicherheitsleistung errechnet sich aus der Summe zu erwartenden Geldbuße und den Kosten des Verfahrens. Neben der Erhebung der Sicherheitsleistung wird angeordnet, dass der Betroffene eine im Bezirk des zuständigen Gerichts (§ 68 OWiG) wohnende Person zum Empfang von Zustellungen bevollmächtigt, die er oder sein Auftraggeber entweder kennt oder die im grundsätzlichen, vorab hergestellten Einvernehmen mit den Verwaltungs- und Justizbehörden ersatzweise für ihn benannt wird.[11]

Das *OLG Koblenz* weist in einer Entscheidung aus dem Jahr 2009 darauf hin, dass 13
eine Geldbuße i.H.v. 1.000 € nicht geringfügig i.S.d. § 17 Abs. 3 Satz 2 ist und es bei einer solchen Geldbuße nicht ausreiche, lediglich auf ein geregeltes Einkommen des Betroffenen hinzuweisen. Die Feststellung, er habe ein **geregeltes Einkommen**, sei nichtssagend und träfe auch auf einen Empfänger von »Hartz IV-Leistungen« zu. Auch Ahndungsrichtlinien würden in diesen Fällen eine einzelfallbezogene Prüfung nicht entbehrlich machen.[12]

9 *LG Erfurt*, Beschl. v. 20.12.1995 – 1 Qs 207/95, juris, für eine Sicherheitsleistung gegenüber einem in Großbritannien ansässigen britischen Staatsbürger.

10 Ungenau *Kehr/Lempp/Krumm*, S. 142 Rn. 8, die Polizeibeamten das Verhängen von Geldbußen absprechen, was eine Sicherheitsleistung de facto jedoch ist.

11 Näher zum Verfahren *Albrecht*, Grenzüberschreitende Verfolgung, S. 362.

12 OLG Koblenz Beschl. v. 11.08.2009 – 1 SsBs 5/09 bei *Korte*, S. 23.

14 Ist ein Betroffener bei einem Verstoß gegen das Sonntagsfahrverbot zugleich **Halter und Fahrer** des benutzten Lkw, so richtet sich die Höhe der zu verhängenden Geldbuße nach dem den Fahrer betreffenden Regelsatz der BKatV.[13] Dieser Rechtsauffassung ist nur so lange zu folgen, als die Regelgeldbuße für einen Fahrer zumindest die gleiche Höhe wie die Regelgeldbuße für den Halter des Lkw erreicht. Sollte die Regelgeldbuße für einen Fahrzeughalter höher ausfallen, wäre diese anzusetzen, weil der Fahrer ansonsten in nicht gerechtfertigter Weise ohne Rechtsgrundlage begünstigt würde.

### 3. Absatz 1

15 Die in der Bußgeldkatalogverordnung vorgesehenen Regelahndungen gehen von fahrlässiger Begehung, gewöhnlichen Tatumständen und fehlenden Vorahndungen eines Betroffenen aus.[14] Bevor ein Bußgeldbescheid erlassen wird, muss daher von der Bußgeldbehörde erst einmal geprüft werden, ob der Betroffene im FAER mit Vorahndungen registriert ist. Die Vorahndungen müssen verwertbar sein, d. h. sie dürfen nicht tilgungsreif sein. Rechtsfehlerhaft ist eine Verwertung von Vorahndungen, wenn nach der Darstellung der Vorahndungslage davon auszugehen ist, dass Eintragungen am Tag des Erlasses eines tatrichterlichen Urteils bereits tilgungsreif waren.[15]

16 Voreintragungen des Betroffenen im FAER führen daher regelmäßig zu einer Erhöhung des Bußgeldes, es sei denn, die Voreintragungen sind im BKat bereits berücksichtigt wie es bei den folgenden Tatbeständen der Fall ist.

17

| Lfd. Nr. | Tatbestand | StVO | Regelsatz in €, Fahrverbot |
|---|---|---|---|
| 152 | Eine für kennzeichnungspflichtige Kraftfahrzeuge mit gefährlichen Gütern (Zeichen 261) oder für Kraftfahrzeuge mit wassergefährdender Ladung (Zeichen 269) gesperrte Straße befahren | § 41 Absatz 1 i.V.m. Anlage 2 lfd. Nr. 35, 43 (Zeichen 261, 269) Spalte 3 § 49 Absatz 3 Nummer 4 | |
| 152.1 | bei Eintragung von bereits einer Entscheidung wegen Verstoßes gegen Zeichen 261 oder 269 im Fahreignungsregister | | 250 € **1 Monat** |
| 241 | Kraftfahrzeug geführt mit einer Atemalkoholkonzentration von 0,25 mg/l oder mehr oder mit einer Blutalkoholkonzentration von 0,5 Promille oder mehr oder mit einer Alkoholmenge im Körper, die zu einer solchen Atem- oder Blutalkoholkonzentration führt | § 24a Absatz 1 | 500 € **1 Monat** |

13 *OLG Celle*, Beschl. v. 17.05.2004 – 211 Ss 61/04 (OWi), juris.

14 *OLG Bamberg*, Beschl. v. 02.01.2018 – 3 Ss OWi 1704/17, Rn. 6, juris.

15 *OLG Bamberg*, Beschl. v. 29.04.2016 – 2 Ss OWi 5/16, Rn. 20, juris; *OLG Hamm*, Beschl. v. 03.05.2005 – 3 Ss 228/05, juris.

| | | | |
|---|---|---|---|
| 241.1 | bei Eintragung von bereits einer Entscheidung nach § 24a StVG, § 316 oder § 315c Absatz 1 Nummer 1 Buchstabe a StGB im Fahreignungsregister | | 1.000 €<br>**3 Monate** |
| 241.2 | bei Eintragung von bereits mehreren Entscheidungen nach § 24a StVG, § 316 oder § 315c Absatz 1 Nummer 1 Buchstabe a StGB im Fahreignungsregister | | 1.500 €<br>**3 Monate** |
| 242 | Kraftfahrzeug unter Wirkung eines in der Anlage zu § 24a Absatz 2 StVG genannten berauschenden Mittels geführt | § 24a Absatz 2 Satz 1 i.V.m. Absatz 3 | 500 €<br>**1 Monat** |
| 242.1 | bei Eintragung von bereits einer Entscheidung nach § 24a StVG, § 316 oder § 315c Absatz 1 Nummer 1 Buchstabe a StGB im Fahreignungsregister | | 1.000 €<br>**3 Monate** |
| 242.2 | bei Eintragung von bereits mehreren Entscheidungen nach § 24a StVG, § 316 oder § 315c Absatz 1 Nummer 1 Buchstabe a StGB im Fahreignungsregister | | 1.500 €<br>**3 Monate** |

Den Gerichten ist in den Fällen des § 24a StVG bei der Entscheidung darüber, ob von einem Fahrverbot im Einzelfall ausnahmsweise abgesehen oder seine Dauer abgekürzt werden kann, ein geringerer Ermessensspielraum als in den Fällen nach § 4 Abs. 1 und § 4 Abs. 2 BKatV eingeräumt. Angesichts des höheren Unrechtsgehalts und der Gefährlichkeit der in Rede stehenden Bußgeldtatbestände versteht sich die grundsätzliche Angemessenheit des Fahrverbots und seiner vorgesehenen Regeldauer von selbst.[16]

Auch bei Nichterreichen des sog. Nachweisgrenzwertes bleibt eine Ahndung wegen einer tatbestandsmäßigen Drogenfahrt nach § 24a Abs. 2 StVG möglich, sofern neben der den analytischen Nachweisgrenzwert nicht erreichenden konkreten Konzentration des berauschenden Mittels im Blut des Betroffenen weitere Umstände, insbesondere drogenbedingte Verhaltensauffälligkeiten oder rauschmitteltypische Ausfallerscheinungen festgestellt werden, die es als möglich erscheinen lassen, dass der Betroffene am Straßenverkehr teilgenommen hat, obwohl seine Fahrtüchtigkeit durch die Wirkung des berauschenden Mittels eingeschränkt war.[17]

16 *OLG Bamberg*, Beschl. v. 02.07.2018 – 3 Ss OWi 754/18, juris.
17 *OLG Bamberg*, Beschl. v. 11.12.2018 – 3 Ss OWi 1526/18, juris.

18 Eine der Aufgaben des FAER ist es, ein detailgetreues und aktuelles Abbild der Bilanz verkehrswidrigen Handelns eines Kraftfahrzeugführers wiederzugeben, um auskunftsberechtigten Dienststellen jederzeit einen Einblick in das verkehrsrechtliche Vorleben des jeweiligen Verkehrsteilnehmers zu gestatten. Seine gesetzliche Grundlage findet dieser notwendige Blick in das FAER in der Regelung des § 28 Abs. 2 Nr. 3 StVG, wonach das FAER u.a. deswegen geführt wird, um bei bestimmten Personen eine Ahndung von Verstößen vornehmen zu können, »die wiederholt Straftaten oder Ordnungswidrigkeiten, die im Zusammenhang mit dem Straßenverkehr stehen, begehen«. Demnach können Polizeibeamte und Mitarbeiter von Bußgeldbehörden, da die Regelung nicht zwischen geringfügigen und bedeutenden Ordnungswidrigkeiten differenziert, nicht nur vor dem Erlass eines Bußgeldbescheides, sondern auch vor dem Angebot einer Verwarnung eine aktuelle Mitteilung aus dem FAER anfordern oder online einsehen, um zu einer gerechten Entscheidung über den aktuellen Verkehrsverstoß gelangen zu können.[18] Die erforderlichen Daten können rund um die Uhr über das Zentrale Verkehrsinformationssystem (ZEVIS) von den berechtigten Stellen online abgerufen werden wie es täglich in ca. 400.000 Fällen bundesweit geschieht.

19 Für eine Verwertung von Voreintragungen aus dem FAER im Bußgeldverfahren zum Nachteil eines Betroffenen gelten grundsätzlich drei verschiedene Voraussetzungen:
- ein innerer sachlicher Zusammenhang zur neuen OWi,
- ein innerer zeitlicher Zusammenhang zur neuen OWi,
- die Verwertbarkeit der Voreintragungen im FAER.

20 Ein innerer sachlicher Zusammenhang zwischen Voreintragungen und neuen Delikten wird regelmäßig innerhalb einer gleichen Gruppe von Verstößen zu konstatieren sein wie z.B. bei den verschiedenen Varianten von Geschwindigkeitsverstößen der StVO wie z.B. Verstößen gegen §§ 3, 18, 20 sowie Anlage 2 zu § 41 Abs. 2 StVO Zeichen 274, 274.1 etc., sodass die nachfolgende Tabelle als Hilfsmittel herangezogen werden kann:

**Zusammenhang zwschen Geschwindigkeitsverstößen**

| Vorschrift | Bezeichnung |
|---|---|
| § 3 Abs. 1 Satz 1, 2 StVO | Nicht angepasste Geschwindigkeit |
| § 3 Abs. 1 Satz 3 StVO | Zulässige Höchstgeschwindigkeit bei Sicht von weniger als 50 m durch Nebel, Schneefall oder Regen |
| § 3 Abs. 3 StVO | Zulässige Höchstgeschwindigkeit |
| § 3 Abs. 4 StVO | Geschwindigkeit für Kfz mit Schneeketten |
| § 18 Abs. 5 StVO | Zulässige Höchstgeschwindigkeit auf Autobahnen und Kraftfahrstraßen |

18 Ebenso *Göhler/Gürtler*, § 17 OWiG Rn. 20.

| | |
|---|---|
| § 20 Abs. 2, 4 StVO | Schrittgeschwindigkeit beim Passieren von Öffentlichen Verkehrsmitteln und Schulbussen |
| § 41 Abs. 2 Nr. 7 Zeichen 274 StVO | Zulässige Höchstgeschwindigkeit |
| § 41 Abs. 2 Nr. 7 Zeichen 274.1 StVO | Zulässige Höchstgeschwindigkeit in Tempo 30-Zone |
| § 42 Abs. 4a Nr. 2 StVO | Schrittgeschwindigkeit in verkehrsberuhigtem Bereich |

Der geforderte innere sachliche Zusammenhang wird sich jedoch nicht nur auf gleiche Delikte erstrecken dürfen, sondern auch solche Delikte umfassen müssen, die miteinander verknüpft sind oder eine vergleichbare innere Haltung des Betroffenen zu seiner Tat deutlich werden lassen. So stehen verschiedene Delikte in einem inneren sachlichen Zusammenhang, für deren Begehung eine bestimmte Handlungsweise im fließenden Verkehr typischerweise miteinander verbunden ist wie z.B. Abstandsverstöße gegen § 4 StVO gekoppelt sind mit verschiedenen Geschwindigkeiten wie es die Tabelle 2 zur BKatV beweist, die zwischen Abstandsverstößen bei Geschwindigkeiten von mehr als 80 km/h bis 100 km/h sowie Abstandsverstößen bei Geschwindigkeiten von mehr als 130 km/h unterscheidet.[19] 21

Es ist nicht rechtsfehlerhaft, bei Übersehen einer Rotampel infolge ungedrängt zu dichtem Auffahren auf einen sichtverdeckenden Lkw und fünf vorangegangenen Bußgeldbescheiden wegen Verkehrsverstößen innerhalb eines Jahres das Regelbußgeld zu verdoppeln.[20]

Nach einer nicht näher begründeten Auffassung des *Kammergerichts* und des *OLG Bremen* können auch nicht einschlägige Verkehrsordnungswidrigkeiten als erschwerende Umstände und damit im Ergebnis das Bußgeld erhöhend berücksichtigt werden, solange die Geldbuße zu dem Grad des vorwerfbaren Handelns des Täters in einem angemessenen Verhältnis steht.[21] Diese Auffassung ist bestens vertretbar, weil sie sich an der Wiederholungsgefahr eines Betroffenen orientiert, der bereits mehrfach durch verschiedene Verkehrsordnungswidrigkeiten aufgefallen ist und daher bewiesen hat, dass er es mit Verkehrsverhaltensvorschriften nicht so genau nimmt. Gerade diese Fahrzeugführer bedürfen einer verstärkten Pflichtenmahnung, die allerdings bei den maßvollen Erhöhungen der Bußgeldgerichte in der Praxis kaum spürbar sein dürfte. Überdies erfordert der Wortlaut von § 3 Abs. 1 BKatV keinen inhaltlichen Zusammenhang zwischen der aktuell zu ahndenden Verkehrsordnungswidrigkeit und Voreintragungen, weil die Vorschrift lediglich von »etwaigen Eintragungen« spricht. Es 22

19 Vgl. dazu näher *Müller*, Leitfaden, S. 150 ff.

20 *OLG Köln*, Beschl. v. 12.06.1981 – 1 Ss 432/81 Z, juris.

21 *Kammergericht*, Beschl. v. 18.05.2015 – 3 Ws (B) 168/15, juris; *Hanseatisches Oberlandesgericht in Bremen*, Beschl. v. 19.10.2009 – 2 SsBs 38/09, Rn. 16, juris; beide im Anschluss an *OLG Düsseldorf*, Beschl. v. 07.07.1995 – 5 Ss (OWi) 244/95 – (OWi) 99/95 I, juris.

kommt im Ergebnis mit dem *AG Landstuhl* einfach darauf an, dass ein Betroffener in zeitlich dichten Abständen und offensichtlich mit einem gehörigen Einsichtsdefizit im Straßenverkehr unterwegs ist und dementsprechend die gegen ihn angezeigten Rechtsfolgen zu tragen hat.[22]

Bei einer Geschwindigkeitsüberschreitung (68 km/h außerorts) ist die Geldbuße bei vorhandenen Voreintragungen (hier: verbotswidrige Benutzung eines elektronischen Geräts und eine Geschwindigkeitsüberschreitung um 23 km/h außerorts) nach Auffassung des *AG Cottbus* auf einen Betrag von 620 Euro angemessen zu erhöhen.[23] Da gem. Tabelle 1 c) lfd. Nr. 11.3.9 BKat der Grundbetrag ohne Erhöhung aber bereits 600 Euro beträgt, ist eine derartige Erhöhung um nicht einmal 4 % nur als marginal zu bewerten und kann den notwendigen verkehrspädagogischen Effekt auf den Täter, der immerhin aus den beiden vorangegangenen Sanktionen ersichtlich keine Lehre auf ein zukünftig normkonformes Verkehrsverhalten gezogen hat, nicht erreichen. Sinnvoller wäre eine vom Verordnungsgeber vorgegebene prozentuale Erhöhung, etwa nach dem folgenden Muster:

| Ordnungswidrigkeit | 1 verwertbares Vordelikt | 2 verwertbare Vordelikte | Mehr als 2 verwertbare Vordelikte |
|---|---|---|---|
| Geschwindigkeit | Plus 50 % | Plus 100 % | Erhöhung nach pflichtgemäßem Ermessen |

Eine derartige Praxis stünde auch mit der generellen Bewertung in § 17 Abs. 3 OWiG im Einklang.

Auch geringfügige Ordnungswidrigkeiten, wegen derer lediglich ein Verwarnungsgeld erhoben worden ist, dürfen jedenfalls dann zum Nachteil des Betroffenen verwertet werden, wenn sie in einem inneren Zusammenhang mit der neuen Ordnungswidrigkeit stehen. Die Zulässigkeit einer solchen Verwertung unterliegt jedoch denselben zeitlichen Begrenzungen, wie eine in das Verkehrszentralregister einzutragende Ahndung.[24] Werden in einem Bußgeldverfahren bei der Bemessung der Geldbuße durch den Amtsrichter zum Nachteil des Betroffenen frühere Verkehrsordnungswidrigkeiten berücksichtigt, so muss der Tatrichter in seinem Urteil Zeit, Art und Umfang der Verfehlungen sowie das Datum der betreffenden Bußgeldbescheide bzw Verurteilungen darlegen.[25]

Im Rahmen der Beurteilung von Voreintragungen ist es wichtig, stets nur einen aktuellen Auszug aus dem Fahreignungsregister in die Bewertung einzubeziehen. Eintragungen dürfen nämlich nur dann im Sinne von § 28 Abs. 2 Nr. 3 StVG verwertet

22 *AG Landstuhl*, Urt. v. 05.06.2014 – 2 OWi 4286 Js 1100/14, Rn. 18, juris.
23 *AG Cottbus*, Urt. v. 20.08.2020 – 66 OWi 1511 Js-OWi 12316/20 (267/20), juris.
24 *OLG Hamm*, Beschl. v. 10.02.1983 – 3 Ss OWi 162/83, juris.
25 *OLG Koblenz*, Beschl. v. 18.10.1982 – 1 Ss 499/82, juris.

werden, wenn diese nicht tilgungsreif oder bereits aus dem Fahreignungsregister getilgt sind.[26] Da getilgte oder tilgungsreife Voreintragungen bei der Bemessung der Geldbuße nicht mehr berücksichtigt werden dürfen, muss im Urteil angegeben werden, wann eine zum Nachteil des Betroffenen gewertete Bußgeldentscheidung (Voreintragung) rechtskräftig geworden ist. Außerdem muss die Art des Verkehrsverstoßes mitgeteilt werden.[27] Neben Voreintragungen im FAER können selbstverständlich auch weitere behördlich bekannte Delikte aus dem Bereich des Verwarnungsgeldes bußgelderhöhend herangezogen werden, weil es oft nur vom Zufall abhängt, ob ein Geschwindigkeitsverstoß noch verwarnungsfähig oder schon bußgeldfähig ist. Zudem zeigen die Erkenntnisse der Verkehrspsychologie, dass die Gefährlichkeit eines Täters mit der Anzahl seiner behördlich bekannt gewordenen Verstöße wächst und nicht mit der Anzahl der insgesamt eingetragenen Punkte.

Auch bei einer Fahrt unter der Wirkung eines berauschenden Mittels i.S.v. § 24a Abs. 2 StVG setzt eine qualifizierte Ahndung nach Nr. 242.1 BKat voraus, dass die Vorahndung nach § 24a StVG schon im Tatzeitpunkt und nicht erst im Zeitpunkt der späteren bußgeldrechtlichen Ahndung im Fahreignungsregister eingetragen war.[28] 23

Auch Gesichtspunkte der Generalprävention können in die Bemessung der Geldbuße einfließen.[29]

## 4. Absatz 2

Die Bußgeldandrohungen für Fahrer und Halter von gewerblich genutzten Kraftfahrzeugen, insbesondere von Lkw, differieren teilweise sehr deutlich. Die Verstöße für Fahrzeughalter sind nochmals erhöht, wenn sie Fahrten oder eine Inbetriebnahme anordnen oder zulassen. Die unterschiedliche Behandlung berücksichtigt die Tatsache, dass die Halter im Regelfall über eine wirtschaftlich deutlich bessere Position als ihre Fahrer verfügen und die von den Haltern begangenen Verstöße gerade infolge ihres Herrschaftswissens und ihrer wirtschaftlichen Machstellung einer deutlicher bemerkbaren Pflichtenmahnung bedürfen. 24

Ist der Fahrzeughalter selbst der Fahrer, soll auch ihn im Sinne einer notwendigen Pflichtenmahnung die höhere Bußgeldandrohung derjenigen Halter treffen, die Fahrten oder eine Inbetriebnahme anordnen oder zulassen. Diese Tatbestände sind in § 3 Abs. 2 besonders aufgezählt. 25

26 Ebenso *Haus/Zwerger* § 41 Rn. 1, 25 ff.; näher *Bode/Winkler* § 6 Rn. 117 ff.
27 *Kammergericht*, Beschl. v. 13.5.2019 – 3 Ws (B) 113/19, juris.
28 *OLG Bamberg*, Beschl. v. 08.08.2017 – 3 Ss OWi 958/17, juris.
29 Ebenso *Krenberger/Krumm*, § 17 OWiG Rn. 12; *Gassner/Seith*, § 17 OWiG Rn. 12.

26

| Lfd. Nr. | Tatbestand | StVO | Regelsatz in € |
|---|---|---|---|
| 119 | Verbotswidrig an einem Sonntag oder Feiertag gefahren | § 30 Absatz 3 Satz 1<br>§ 49 Absatz 1 Nummer 25 | **120** |
| 198 | Kraftfahrzeug, Anhänger oder Fahrzeugkombination in Betrieb genommen, obwohl die zulässige Achslast, das zulässige Gesamtgewicht oder die zulässige Anhängelast hinter einem Kraftfahrzeug überschritten war | | |
| 198.1 | bei Kraftfahrzeugen mit einem zulässigen Gesamtgewicht über 7,5 t oder Kraftfahrzeugen mit Anhängern, deren zulässiges Gesamtgewicht 2 t übersteigt | | Tabelle 3 Buchstabe a |
| 212 | Kraftfahrzeug (außer Mofa) oder Anhänger in Betrieb genommen, dessen Reifen keine ausreichenden Profilrillen oder Einschnitte oder keine ausreichende Profil oder Einschnitttiefe besaß | § 36 Absatz 3 Satz 3 bis 5<br>§ 31d Absatz 4 Satz 1<br>§ 69a Absatz 3 Nummer 1c, 8 | **60** |
| 214 | Kraftfahrzeug oder Kraftfahrzeug mit Anhänger in Betrieb genommen, das sich in einem Zustand befand, der die Verkehrssicherheit wesentlich beeinträchtigt insbesondere unter Verstoß gegen eine Vorschrift über Lenkeinrichtungen, Bremsen, Einrichtungen zur Verbindung von Fahrzeugen | § 30 Absatz 1<br>§ 69a Absatz 3 Nummer 1<br>§ 38<br>§ 41 Absatz 1 bis 12, 15 Satz 1, 3, 4, Absatz 16, 17<br>§ 43 Absatz 1 Satz 1 bis 3, Absatz 4 Satz 1, 3<br>§ 69a Absatz 3 Nummer 3, 9, 13 | |
| 214.1 | bei Lastkraftwagen oder Kraftomnibussen bzw. ihren Anhängern | | **180** |
| 214.2 | bei anderen als in Nummer 214.1 genannten Fahrzeugen | | **90** |

| Lfd. Nr. | Tatbestand | StVO | Regelsatz in € |
|---|---|---|---|
| 223 | Kraftfahrzeug in Betrieb genommen, das nicht mit dem vorgeschriebenen Geschwindigkeitsbegrenzer ausgerüstet war, oder den Geschwindigkeitsbegrenzer auf unzulässige Geschwindigkeit eingestellt oder nicht benutzt, auch wenn es sich um ein ausländisches Kfz handelt | § 57c Absatz 2, 5<br>§ 31d Absatz 3<br>§ 69a Absatz 3 Nummer 1c, 25b | **100** |

### 5. Absatz 3

Zur Anwendung der Erhöhungsregelung bei Vorliegen einer Gefährdung oder Sachbeschädigung muss in einem ersten Schritt aus den Regelungen der betreffenden Verordnung erst einmal der verwirklichte Grundtatbestand herausgefunden werden. Nach dem Herausfinden des passenden Tatbestands muss in einem zweiten Schritt festgestellt werden, ob der Grundtatbestand bereits eine Gefährdung enthält. Wenn sich der Regelsatz für den Grundtatbestand bei 60 Euro und mehr bewegt, besagt der daraufhin notwendige dritte Prüfungsschritt, dass die Erhöhungsregelung dann anwendbar ist, wenn zu dem Grundtatbestand tatsächlich eine Gefährdung hinzugetreten ist. 27

Die konkrete Gefährdung oder die eingetretene Sachbeschädigung müsste in einem vierten Schritt anhand der Vorgaben des objektiven Tatbestands von § 1 Abs. 2 StVO geprüft werden. Für eine konkrete Gefährdung müsste demnach eine Verkehrssituation bestanden haben, in der es nur von zufälligen Gesichtspunkten abhing, dass keine Schädigung einer anderen Person eingetreten ist, in der also ein außenstehender Betrachter bei sich gedacht hätte: »Das ist ja gerade noch einmal gut gegangen.« In derartigen Fällen ist also der Schadenseintritt regelmäßig wahrscheinlicher als dessen Ausbleiben und der Täter hat die (auch fahrerische) Bewältigung des Geschehens nicht mehr in der Hand. 28

Fünfter und letzter Prüfungsschritt ist nun das Herausfinden des passenden Regelsatzes in der Tabelle. Dieser beläuft sich für den Fall, dass der Grundtatbestand 60 Euro beträgt, bei einer hinzutretenden Gefährdung auf 70 Euro, die somit in einer Bußgeldanzeige sowie dem nachfolgenden Bescheid anzusetzen wären. 29

Praktisch sieht dies wie folgt aus: 30

▶ **Beispiel:**

Ein Fahrzeugführer muss gem. § 8 StVO die Vorfahrt beachten, verstößt aber gegen die Wartepflicht des § 8 Abs. 2 Satz 2 StVO und gefährdet nicht nur einen anderen Fahrzeugführer, sondern verursacht sogar einen Verkehrsunfall mit Sachschaden. 31

32 Nach der lfd. Nr. 34 des BKat ist für einen Verstoß gegen § 8 Abs. 2 Satz 2 StVO in Form einer Gefährdung des Vorfahrtberechtigten ein Regelsatz i. H. v. 100 Euro vorgesehen. Ein Blick in die Tabelle 4 des BKat zeigt, dass bei einer im Grundtatbestand bereits enthaltenen Gefährdung wie in diesem Fall der Regelsatz von 100 Euro auf 120 Euro erhöht wird.

33 Grob fehlerhaft und rechtswidrig wäre es in diesen und vergleichbaren Fällen, wenn Rechtsanwender – aus welcher Motivation auch immer – von einer Anwendung dieser Erhöhungsregelung absehen.

Einmal abgesehen von der vorgenannten schematischen Erhöhungsregelung ist es aus dem Gesichtspunkt der Verkehrssicherheit und des potenziellen Opferschutzes sinnwidrig, die geringen tabellarisch vorgegebenen Erhöhungsbeträge schematisch anzuwenden. Neben dieser Tabelle können die in BKat und BT-KAT-OWi vorgesehenen Grundbeträge zusätzlich oder alternativ gem. § 17 Abs. 3 OWiG auf gesetzlicher Grundlage bei vorliegenden Gefährdungen oder Schädigungen noch wesentlich deutlicher erhöht werden als es durch die Tabelle der Fall ist. Die gesetzliche Regelung verdrängt dabei als höherwertige Rechtsquelle die Regelungen der BKatV und erst Recht die Regelungen der Verwaltungsvorschrift BT-KAT-OWi.

### 6. Absatz 4

34 Zwei besondere Gruppen von Fahrzeugführern erwartet bei der Begehung bestimmter Tatbestände eine obligatorische Erhöhung der Bußgeldbeträge um 50 %.

35 Fahrer von kennzeichnungspflichtigen Kfz mit gefährlichen Gütern sowie Fahrer von KOM mit Fahrgästen tragen eine besondere fahrerische Verantwortung für andere Menschen und für die Umwelt. Gerade im System des **Gefahrgutrechts**, also der Beförderung von gefährlichen Gütern, das diese durch Transportketten auf verschiedene Verkehrsträger und Transportmittel verteilt, bedarf es zum Schutz der Allgemeinheit vor möglichen Gefahren einer besonderen Einwirkung des Staates, die dieser auch durch eine besonders intensive Verkehrsüberwachung von Fahrzeugen und Personal wahrzunehmen hat.

36 Aber auch im **ÖPNV** trägt der Staat eine Verantwortung dafür, dass insbesondere das eingesetzte Fahrpersonal verantwortungsbewusst handelt und sich der möglichen Folgen seines fahrerischen Handelns stets bewusst ist. Dieser besonderen staatlichen Verantwortung werden im Bereich der Sanktionen auch BKatV sowie BT-KAT-OWi gerecht, indem für die Fahrer dieser besonderen Fahrzeuge bei Verkehrsverstößen auch besondere Regelsätze gelten.

37 Auch in Fällen wie diesen führt zunächst kein Weg an der Suche des begangenen Tatbestandes vorbei, der sich bei einer zureichenden Kenntnis der Systematik der Geschwindigkeitsverstöße in der StVO unschwer in der allgemeinen Geschwindigkeitsvorschrift des § 3 Abs. 1 Satz 2 StVO finden lässt. Ist dieser Tatbestand gefunden, müsste von den Sachbearbeitern in dem nachfolgenden Prüfungsschritt erkannt werden, dass es sich um einen Fahrer handelt, dem vom Verordnungsgeber besondere Sorgfaltspflichten auferlegt worden sind. Über diesen Erkenntnisprozess gelangen spätestens die Sachbearbeiter in der Bußgeldbehörde zur Anwendung des Abs. 4, wonach

bei einem Verstoß ein besonderer Erhöhungssatz anzuwenden ist, um dem Fahrer die besondere abstrakte Gefährlichkeit seines Handelns zu verdeutlichen. 38

Die obligatorische Erhöhung gilt für Verstöße von Fahrzeugführern, die in den drei Tabellen zu Abs. 4 Satz 1 Nr. 1 – 3 abschließend aufgeführt sind. 39

a) **Abs. 4 Satz 1 Nr. 1**

| Lfd. Nr. | Tatbestand | StVO | Regelsatz in € Fahrverbot |
|---|---|---|---|
| 8 | Mit nicht angepasster Geschwindigkeit gefahren | | |
| 8.1 | trotz angekündigter Gefahrenstelle, bei Unübersichtlichkeit, an Straßenkreuzungen, Straßeneinmündungen, Bahnübergängen oder bei schlechten Sicht- oder Wetterverhältnissen (z.B. Nebel, Glatteis) | § 3 Absatz 1 Satz 1, 2, 4,5<br>§ 19 Absatz 1 Satz 2<br>§ 49 Absatz 1 Nummer 3, 19 Buchstabe a | **100** |
| 8.2 | in anderen als in Nummer 8.1 genannten Fällen mit Sachbeschädigung | § 3 Absatz 1 Satz 1, 2, 4, 5<br>§ 1 Absatz 2<br>§ 49 Absatz 1 Nummer 1, 3 | **35** |
| 19 | Überholt, obwohl nicht übersehen werden konnte, dass während des ganzen Überholvorgangs jede Behinderung des Gegenverkehrs ausgeschlossen war, oder bei unklarer Verkehrslage | § 5 Absatz 2 Satz 1, Absatz 3 Nummer 1<br>§ 49 Absatz 1 Nummer 5 | **100** |
| 19.1 | und dabei ein Überholverbot (§ 19 Absatz 1vSatz 3 StVO, Zeichen 276, 277) nicht beachtet oder Fahrstreifenbegrenzung (Zeichen 295, 296) überquert oder überfahren oder der durch Pfeile vorgeschriebenen Fahrtrichtung (Zeichen 297) nicht gefolgt | § 5 Absatz 2 Satz 1, Absatz 3 Nummer 1<br>§ 19 Absatz 1 Satz 3<br>§ 49 Absatz 1 Nummer 5, 19a<br>§ 41 Absatz 1 i.V.m. Anlage 2 zu lfd. Nr. 53 und 54 und lfd. Nr. 53 und 54 (Zeichen 276, 277) Spalte 3, lfd. Nr. 68 (Zeichen 295) Spalte 3 Nummer 1a, lfd. Nr. 69, 70 (Zeichen 296, 297) Spalte 3 Nummer 1<br>§ 49 Absatz 3 Nummer 4 | **150** |

| Lfd. Nr. | Tatbestand | StVO | Regelsatz in € Fahrverbot |
|---|---|---|---|
| 19.1.1 | – mit Gefährdung | § 5 Absatz 2 Satz 1, Absatz 3 Nummer 1<br>§ 19 Absatz 1 Satz 3<br>§ 49 Absatz 1 Nummer 5, 19a<br>§ 41 Absatz 1 i.V.m. Anlage 2 zu lfd. Nr. 53 und 54 und lfd. Nr. 53 und 54 (Zeichen 276, 277) Spalte 3,lfd.<br>Nr. 68 (Zeichen 295) Spalte 3 Nummer 1a, lfd. Nr. 69, 70 (Zeichen 296, 297) Spalte 3 Nummer 1<br>§ 49 Absatz 3 Nummer 4<br>§ 1 Absatz 2<br>§ 49 Absatz 1 Nummer 1 | **250**<br>**1 Monat** |
| 19.1.2 | – mit Sachbeschädigung | | **300**<br>**1 Monat** |
| 21 | Mit einem Kraftfahrzeug mit einer zulässigen Gesamtmasse über 7,5 t überholt, obwohl die Sichtweite durch Nebel, Schneefall oder Regen weniger als 50 m betrug | § 5 Absatz 3a<br>§ 49 Absatz 1 Nummer 5 | **120** |
| 21.1 | – mit Gefährdung | § 5 Absatz 3a<br>§ 1 Absatz 2<br>§ 49 Absatz 1 Nummer 1, 5 | **200**<br>**1 Monat** |
| 21.2 | – mit Sachbeschädigung | | **240**<br>**1 Monat** |

| Lfd. Nr. | Tatbestand | StVZO | Regelsatz in € Fahrverbot |
|---|---|---|---|
| 212 | Kraftfahrzeug (außer Mofa) oder Anhänger in Betrieb genommen, dessen Reifen keine ausreichenden Profilrillen oder Einschnitte oder keine ausreichende Profil- oder Einschnitttiefe besaß | § 36 Absatz 3 Satz 3 bis 5<br>§ 31d Absatz 4 Satz 1<br>§ 69a Absatz 3 Nummer 1c, 8 | 60 |

| Lfd. Nr. | Tatbestand | StVZO | Regelsatz in € Fahrverbot |
|---|---|---|---|
| 214 | Kraftfahrzeug oder Kraftfahrzeug mit Anhänger in Betrieb genommen, das sich in einem Zustand befand, der die Verkehrssicherheit wesentlich beeinträchtigt insbesondere unter Verstoß gegen eine Vorschrift über Lenkeinrichtungen, Bremsen, Einrichtungen zur Verbindung von Fahrzeugen | § 30 Absatz 1<br>§ 69a Absatz 3 Nummer 1<br>§ 38 § 41 Absatz 1 bis 12, 15 Satz 1, 3, 4, Absatz 16, 17<br>§ 43 Absatz 1 Satz 1 bis 3, Absatz 4 Satz 1, 3<br>§ 69a Absatz 3 Nummer 3, 9, 13 | |
| 214.1 | bei Lastkraftwagen oder Kraftomnibussen bzw. ihren Anhängern | | **180** |
| 214.2 | bei anderen als in Nummer 214.1 genannten Fahrzeugen | | **90** |
| 223 | Kraftfahrzeug in Betrieb genommen, das nicht mit dem vorgeschriebenen Geschwindigkeitsbegrenzer ausgerüstet war, oder den Geschwindigkeitsbegrenzer auf unzulässige Geschwindigkeit eingestellt oder nicht benutzt, auch wenn es sich um ein ausländisches Kfz handelt | § 57c Absatz 2, 5<br>§ 31d Absatz 3<br>§ 69a Absatz 3 Nummer 1c, 25b | **100** |

b) **Abs. 4 Satz 1 Nr. 2** 40

| Lfd. Nr. | Tatbestand | StVO | Regelsatz in € Fahrverbot |
|---|---|---|---|
| 12 | Erforderlichen Abstand von einem vorausfahrenden Fahrzeug nicht eingehalten | § 4 Absatz 1 Satz 1<br>§ 49 Absatz 1 Nummer 4 | |
| 12.5 | bei einer Geschwindigkeit von mehr als 80 km/h, sofern der Abstand in Metern weniger als ein Viertel des Tachowertes betrug | | **Tabelle 2 Buchstabe a** |
| 12.6 | bei einer Geschwindigkeit von mehr als 100 km/h, sofern der Abstand in Metern weniger als ein Viertel des Tachowertes betrug | | **Tabelle 2 Buchstabe b** |

| Lfd. Nr. | Tatbestand | StVO | Regelsatz in € Fahrverbot |
|---|---|---|---|
| 12.7 | bei einer Geschwindigkeit von mehr als 130 km/h, sofern der Abstand in Metern weniger als ein Viertel des Tachowertes betrug | | **Tabelle 2 Buchstabe c** |

41 Die lfd. Nr. 12.6 und 12.7 dürften kaum praxisrelevant sein, weil die beiden Fahrzeuggruppen der kennzeichnungspflichtigen Kraftfahrzeuge mit gefährlichen Gütern oder Kraftomnibussen mit Fahrgästen in den meisten Fällen im Geschwindigkeitsbereich zwischen 80 – 100 km/h fahren (Ausnahme: Reisebusse, die mit 100 km/h fahren dürfen).

42 c) **Abs. 4 Satz 1 Nr. 3**

| Lfd. Nr. | Tatbestand | StVZO | Regelsatz in € Fahrverbot |
|---|---|---|---|
| 198 | Kraftfahrzeug, Anhänger oder Fahrzeugkombination in Betrieb genommen, obwohl die zulässige Achslast, das zulässige Gesamtgewicht oder die zulässige Anhängelast hinter einem Kraftfahrzeug überschritten war | § 34 Absatz 3 Satz 3<br>§ 31d Absatz 1<br>§ 42 Absatz 1, 2 Satz 2<br>§ 69a Absatz 3 Nummer 4 | |
| 198.1 | bei Kraftfahrzeugen mit einem zulässigen Gesamtgewicht über 7,5 t oder Kraftfahrzeugen mit Anhängern, deren zulässiges Gesamtgewicht 2 t übersteigt | | **Tabelle 3 Buchstabe a** |
| 198.2 | bei anderen Kraftfahrzeugen bis 7,5 t zulässiges Gesamtgewicht | | **Tabelle 3 Buchstabe b** |

43 Die obligatorische Erhöhung der Regelsätze gilt auch für die bereits gem. Abs. 3 wegen eines besonderen Taterfolges der Gefährdung oder Sachbeschädigung erhöhten Regelsätze. Ist also eine Gefährdung oder Sachbeschädigung durch einen Gefahrgutfahrer eines kennzeichnungspflichtigen Kraftfahrzeugs mit gefährlichen Gütern oder durch einen Fahrer eines KOM mit Fahrgästen begangen worden, greift bei den abschließend in Abs. 4 Satz 1 Nr. 1 – 3 aufgeführten Tatbeständen eine nochmalige Erhöhung des aus Tabelle 4 abgelesenen Erhöhungssatzes um 50 %. Auch in diesen Fällen gilt die gesetzliche Möglichkeit der Erhöhung gem. § 17 Abs. 3 OWiG alternativ oder zusätzlich.

44 Der Arbeitsablauf folgt der Systematik des folgenden Schaubildes.

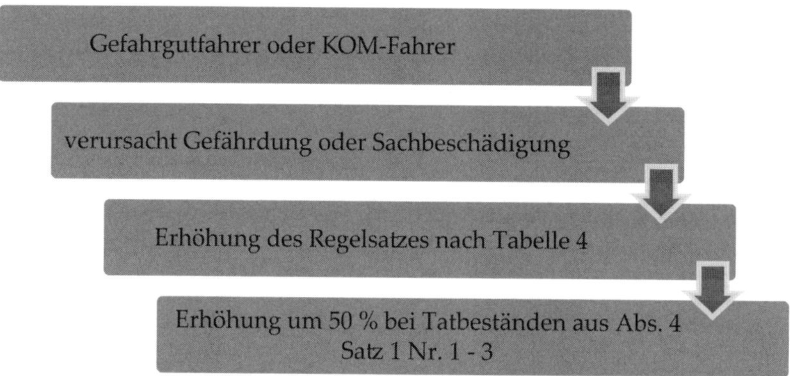


Die obligatorische Erhöhung gilt aber auch für Halter der in Abs. 4 Satz 1 beschriebenen Fahrzeuge, für die in den beiden Tabellen zu Abs. 4 Satz 2 Nr. 1 und 2 abschließend aufgeführten Tatbestände, wenn die Halter die Inbetriebnahme eines kennzeichnungspflichtigen Kraftfahrzeugs mit gefährlichen Gütern oder eines Kraftomnibusses mit Fahrgästen anordnen oder zulassen. 45

### d) Abs. 4 Satz 2 Nr. 1 46

| Lfd. Nr. | Tatbestand | StVZO | Regelsatz in €<br>Fahrverbot |
|---|---|---|---|
| 189 | Als Halter die Inbetriebnahme eines Fahrzeugs oder Zuges angeordnet oder zugelassen, obwohl | § 31 Absatz 2<br>§ 69a Absatz 5 Nummer 3 | |
| 189.1 | der Führer zur selbstständigen Leitung nicht geeignet war | | |
| 189.1.1 | bei Lastkraftwagen oder Kraftomnibussen | | **180** |
| 189.1.2 | bei anderen als in Nummer 189.1.1 genannten Fahrzeugen | | **90** |
| 189.2 | das Fahrzeug oder der Zug nicht vorschriftsmäßig war und dadurch die Verkehrssicherheit wesentlich beeinträchtigt war, insbesondere unter Verstoß gegen eine Vorschrift über Lenkeinrichtungen, Bremsen, Einrichtungen zur Verbindung von Fahrzeugen | § 31 Absatz 2<br>§ 69a Absatz 5 Nummer 3<br>§ 31 Absatz 2, jeweils i.V.m.<br>§ 38<br>§ 41 Absatz 1 bis 12, 15 bis 17<br>§ 43 Absatz 1 Satz 1 bis 3, Absatz 4 Satz 1, 3<br>§ 69a Absatz 5 Nummer 3 | |

| Lfd. Nr. | Tatbestand | StVZO | Regelsatz in € Fahrverbot |
|---|---|---|---|
| 189.2.1 | bei Lastkraftwagen oder Kraftomnibussen bzw. ihren Anhängern | | 270 |
| 189.2.2 | bei anderen als in Nummer 189.2.1 genannten Fahrzeugen | | 135 |
| 189.3 | die Verkehrssicherheit des Fahrzeugs oder des Zuges durch die Ladung oder die Besetzung wesentlich litt | § 31 Absatz 2<br>§ 69a Absatz 5 Nummer 3 | |
| 189.3.1 | bei Lastkraftwagen oder Kraftomnibussen bzw. ihren Anhängern | | 270 |
| 189.3.2 | bei anderen als in Nummer 189.3.1 genannten Fahrzeugen | | 135 |
| 213 | Als Halter die Inbetriebnahme eines Kraftfahrzeugs (außer Mofa) oder Anhängers angeordnet oder zugelassen, dessen Reifen keine ausreichenden Profilrillen oder Einschnitte oder keine ausreichende Profil- oder Einschnitttiefe besaß | § 31 Absatz 2 i.V.m.<br>§ 36 Absatz 3 Satz 3 bis 5<br>§ 31d Absatz 4 Satz 1<br>§ 69a Absatz 5 Nummer 3 | 75 |

47 e) **Abs. 4 Satz 2 Nr. 2**

| Lfd. Nr. | Tatbestand | StVZO | Regelsatz in € Fahrverbot |
|---|---|---|---|
| 199 | Als Halter die Inbetriebnahme eines Kraftfahrzeugs, eines Anhängers oder einer Fahrzeugkombination angeordnet oder zugelassen, obwohl die zulässige Achslast, das zulässige Gesamtgewicht oder die zulässige Anhängelast hinter einem Kraftfahrzeug überschritten war | § 31 Absatz 2 i.V.m.<br>§ 34 Absatz 3 Satz 3<br>§ 42 Absatz 1, 2 Satz 2<br>§ 31d Absatz 1<br>§ 69a Absatz 5 Nummer 3 | |
| 199.1 | bei Kraftfahrzeugen mit einem zulässigen Gesamtgewicht über 7,5 t oder Kraftfahrzeugen mit Anhängern, deren zulässiges Gesamtgewicht 2 t übersteigt | | Tabelle 3 Buchstabe a |
| 199.2 | bei anderen Kraftfahrzeugen bis 7,5 t zulässiges Gesamtgewicht | | Tabelle 3 Buchstabe b |

| Lfd. Nr. | Tatbestand | StVZO | Regelsatz in €<br>Fahrverbot |
|---|---|---|---|
| 224 | Als Halter die Inbetriebnahme eines Kraftfahrzeugs angeordnet oder zugelassen, das nicht mit dem vorgeschriebenen Geschwindigkeitsbegrenzer ausgerüstet war oder dessen Geschwindigkeitsbegrenzer auf eine unzulässige Geschwindigkeit eingestellt war oder nicht benutzt wurde | § 31 Absatz 2 i.V.m.<br>§ 57c Absatz 2, 5<br>§ 31d Absatz 3<br>§ 69a Absatz 5 Nummer 3 | **150** |

## 7. Absatz 4a

Vorsatztäter, die einen Tatbestand des Abschnitts I begehen, müssen nach Abs. 4a mit einer Verdoppelung des Regelsatzes rechnen. Diese vor der Einführung des Abs. 4a als rechtswidrig angesehene Praxis einer pauschalen Verdoppelung ist nun als gesetzlich legitimierte Regelung der BKatV obligatorisch und gilt auch für Tatbestände, die bereits nach den besonderen Erhöhungsregelungen der Abs. 2 – 4 erhöht worden sind.[30] Generell gilt auch für die Rechtsanwendung des Abs. 4a, dass zusätzliche Erkenntnisse gem. § 17 Abs. 3 OWiG zu weiteren Erhöhungen des für den Grundtatbestand vorgesehenen Regelsatzes führen können. Diese Erhöhungen wären objektiv tatangemessen und sibjektiv der individuellen Vorwerfbarkeit angemessen so anzuwenden, dass sie nach der pauschalen Erhöhung gem. Abs. 4a hinzugerechnet werden können. Diese Berechnung folgt dem Grundsatz der Spezialprävention und soll zukünftigen ähnlichen Verstößen entgegenwirken. 48

Ebenso wie Verkehrsstraftaten, so können auch Verkehrsordnungswidrigkeiten auf verschiedene Art und Weise vorsätzlich begangen werden, jedoch definieren weder § 15 StGB, noch § 10 OWiG, was unter einem vorsätzlichen Verhalten zu verstehen ist. Somit blieb es der Rechtsprechung der Strafgerichte überlassen, geeignete Kriterien für den Vorsatz in seiner notwendigen Anwendungsbreite und –tiefe zu entwickeln. Diese Aufgabe haben die Gerichte seit langer Zeit verbindlich gelöst.

Gemein ist allen drei Formen des Vorsatzes der allgemeine Wille des Täters zur Verwirklichung des Tatbestandes eines Strafgesetzes oder eines Ordnungswidrigkeitengesetzes sowie die Kenntnis aller objektiven Tatumstände.

Der abzuarbeitende Mechanismus lautet demnach für einen allgemeinen Vorsatztäter:

30 Zur vorherigen Rechtslage vgl. *Krumm*, Verschiebung, S. 494.

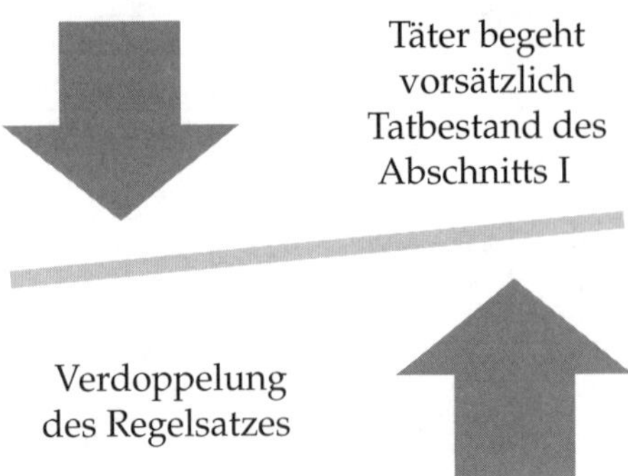


49 Für einen Vorsatztäter, der unter die besonderen Tatbedingungen der Abs. 2 – 4 fällt, lautet der Mechanismus wie folgt:

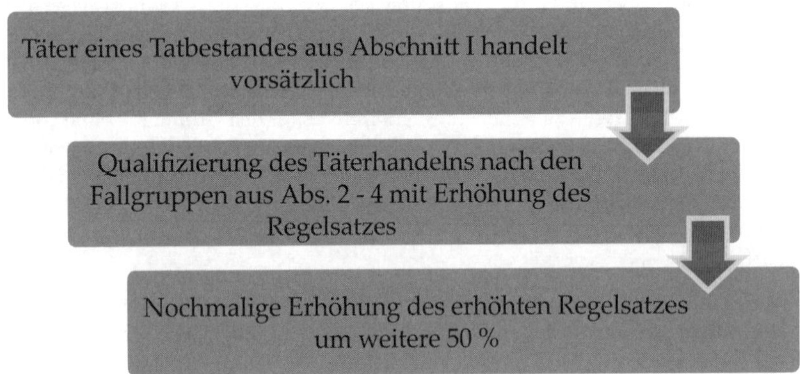


50 Von dem Regelfall, dass der Betroffene die Anordnung einer Geschwindigkeitsbegrenzung wahrgenommen hat, dürfen die Bußgeldstellen und Gerichte grundsätzlich ausgehen. Etwas anderes gilt nur, wenn sich hierfür Anhaltspunkte ergeben oder der Betroffene dies im Verfahren einwendet.[31]

Der Grad der Überschreitung der zulässigen Höchstgeschwindigkeit kann ein starkes Indiz für vorsätzliches Handeln sein, wobei es auf das Verhältnis zwischen der gefahrenen und der vorgeschriebenen Geschwindigkeit ankommt. Es ist von dem Erfahrungssatz auszugehen, dass einem Fahrzeugführer die erhebliche Überschreitung der zulässigen Geschwindigkeit aufgrund der Fahrgeräusche und der vorüberziehenden Umgebung jedenfalls dann nicht verborgen bleibt, wenn die zulässige Höchstgeschwindigkeit um mehr als 40 % überschritten wird.[32] Auch bei einem Elektrofahrzeug steigen mit zunehmender Geschwindigkeit die Fahraußengeräusche und die

31 *Kammergericht*, Beschl. v. 16.10.2020 – 3 Ws (B) 221/20, juris.
32 *OLG Hamm*, Beschl. v. 10.05.2016 – III-4 RBs 91/16, juris.

durch das Abrollen der Räder erzeugten Fahrzeugvibrationen, so dass der Fahrzeugführer die hohe Geschwindigkeit hieran sowie an der schnell vorbeiziehenden Umgebung erkennen kann.[33]

Für die Frage, ob die Geschwindigkeitsübertretung (bereits) so eklatant ist, dass sie dem Betroffenen nicht verborgen geblieben sein kann, ist nach der neueren Rechtsprechung, der auch das *OLG Zweibrücken* folgt, nicht auf das absolute, sondern auf das relative Maß der Überschreitung, mithin auf das Verhältnis zwischen der gefahrenen und der vorgeschriebenen Geschwindigkeit abzustellen.[34]

**Tabelle vorsätzlicher Geschwindigkeitsüberschreitungen**

| Zulässige Höchstgeschwindigkeit in km/h | Festgestellte Geschwindigkeit in km/h | Abweichen vom Regelsatz gem. § 1 Abs. 2 BKatV erlaubt |
|---|---|---|
| 30 | 60 km/h und mehr | Ja[35] |
| 50 | 81 km/h und mehr | Ja[36] |
| 60 | 91 km/h | Ja[37] |
| 80 | 125 km/h | Ja[38] |
| 100 | 142 km/h und mehr | Ja[39] |

Eine solche Begründung für eine Erhöhung des Bußgeldes gem. § 3 Abs. 4a BKatV könnte wie folgt formuliert werden (das ebenfalls zu verhängende Fahrverbot bleibt bei der nachfolgenden Formulierung außer Betracht):

*»Sie überschritten die zulässige Höchstgeschwindigkeit außerhalb geschlossener Ortschaften um 56 km/h. Zulässige Geschwindigkeit: 100 km/h. Festgestellte Geschwindigkeit (nach Toleranzabzug): 156 km/h.*

*§ 3 Abs. 3 Nummer 2 c) StVO; § 24 StVG; 11.3.8 BKat*

*Beweismittel: Foto Film-Nr. XXX*

*Zeuge: Herr Mustermann*

33 *OLG Zweibrücken*, Beschl. v. 05.11.2018 – 1 OWi 2 Ss Bs 75/18, juris.

34 *OLG Zweibrücken*, Beschl. v. 14.04.2020 – 1 OWi 2 SsBs 8/20, juris.

35 *OLG Schleswig*, Beschl. v. 25.07.2003 – 1 SsOWi 66/03 (42/03), juris.

36 *Kammergericht*, Beschl. v. 18.08.2020 – 3 Ws (B) 152/20, juris; Beschl. v. 15.04.2005 – 3 Ws (B) 132/05, juris; *OLG Zweibrücken*, Beschl. v. 26.05.2020 – 1 OWi 2 SsBs 49/20, Rn. 2, juris.

37 *OLG Hamm*, Beschl. v. 05.12.2019 – 2 RBs 267/19, Rn. 3, juris.

38 *Kammergericht*, Beschl. v. 02.08.2018 – 3 Ws (B) 202/18, Rn. 1, juris.

39 Um 42 km/h nach *OLG Hamm*, Beschl. v. 10.03.2020 – III-4 RBs 87/20, Rn. 1, juris; *Bayerisches Oberstes Landesgericht*, Beschl. v. 27.04.2020 – 202 ObOWi 492/20, Rn. 1, juris; *BGH*, Beschl. v. 11.09.1997 – 4 StR 557/97, juris.

*Sie überschritten damit die zulässige Höchstgeschwindigkeit um 56 %. Diese Überschreitung wird als vorsätzliche Tathandlung bewertet. Diese Bewertung wird wie folgt begründet:*

*Wenn ein Betroffener die außerorts allgemein zulässige Höchstgeschwindigkeit von 100 km/h um ein Beträchtliches überschritten hat, drängt sich die Annahme einer vorsätzlichen Begehung auf (BGH, Beschluss vom 11. September 1997 – 4 StR 557/96, juris).*

*Wenn die Differenz zwischen erlaubter und tatsächlich gefahrener Geschwindigkeit so erheblich ist, muss jeder Kraftfahrer merken, dass er nicht nur zu schnell, sondern erheblich zu schnell fuhr. Auch ohne einen ständigen Blick auf den Tachometer seines Fahrzeugs kann im Normalfall davon ausgegangen werden, dass ein geübter Kraftfahrer, der die erlaubte Höchstgeschwindigkeit von 100 km/h um mehr als 50 % überschreitet, dies beispielsweise anhand der Motorgeräusche des ihm vertrauten Fahrzeugs, der sonstigen Fahrgeräusche, der Fahrzeugvibration und anhand der Schnelligkeit, mit der sich die Umgebung um ihn herum ändert, zuverlässig einschätzen und dadurch erkennen kann, dass er die erlaubte Höchstgeschwindigkeit wesentlich überschreitet.*

*Infolge der somit vorsätzlich begangenen Geschwindigkeitsüberschreitung wird der in lfd. Nr. 11.3.8 BKat für einen fahrlässig begangenen Verstoß vorgesehene Regelsatz i.H.v. 480,00 Euro gem. § 3 Abs. 4a BKatV verdoppelt auf den Regelsatz i.H.v. 960,00 Euro.«*

Bei einem Geschwindigkeitsverstoß trotz beidseitig angeordneter, als Geschwindigkeitstrichter ausgestalteter Beschilderung mit zusätzlichen Warnschildern für verkehrsbedingte Besonderheiten ist bei einer Überschreitung von relativen 40 % der zulässigen Höchstgeschwindigkeit von wenigstens bedingt vorsätzlichem Verhalten auszugehen. Dies gilt erst recht, wenn der Betroffene sich eingelassen hat, unter Zeitdruck gefahren zu sein und während der Messung ein kurz davor angenommenes dienstlich veranlasstes Telefonat geführt und damit seine Aufmerksamkeit vorsätzlich verringert zu haben.[40]

Generell ist bei Spontanäußerungen vor Ort einer mobilen Laser-Geschwindigkeitsmessung, der Fahrer sei »in Eile« gewesen, von einem Geständnis zumindest bedingt vorsätzlichen Handelns auszugehen. Der betreffende Fahrer bringt damit zum Ausdruck, er habe das subjektive Motiv gehabt, so schnell wie möglich voranzukommen.

Ein Tatgericht stützt seine Entscheidung über die Kenntnis des Betroffenen vor der Geschwindigkeitsüberschreitung auf die Erkennbarkeit der Gefahrensituation bei einer bestehenden Baustelle (»Großbaustelle«, »dreispuriger Ausbau«), das Führen des gesamten Verkehrs (»sämtlicher Verkehr«) auf einer Fahrbahnseite (Abgrenzung durch »Betonelemente«), die besondere Länge der Baustelle, wiederholt aufgestellte Verkehrsschilder mit einer zulässigen Höchstgeschwindigkeit von 60 km/h (Zeichen 274, § 41 Abs. 1 StVO), zuletzt 200 Meter und 1.000 Meter vor der Messstelle. Bei einer Wertung all dieser objektiven Umstände in einer Gesamtschau ist der von der

40 *AG Landstuhl*, Urt. v. 11.05.2021 – 2 OWi 4211 Js 4647/21, juris.

Bußgeldrichterin gezogene Schluss, dass der Betroffene Kenntnis von der Geschwindigkeitsüberschreitung hatte, rechtlich nicht zu beanstanden.[41]

Bei einer Geschwindigkeitsüberschreitung im Fahrverbotsbereich innerhalb einer Autobahnbaustelle mit vorgelagertem Geschwindigkeitstrichter ist der Verstoß vorsätzlich begangen. Bei einem Fußballprofi mit Einkommen im mittleren siebenstelligen Bereich kann die Geldbuße wegen eines Geschwindigkeitsverstoßes auf das mögliche Maximalmaß angehoben werden.[42]

Wird die zulässige Höchstgeschwindigkeit um mehr als 100 km/h überschritten, bedarf die tatrichterliche Feststellung, der Betroffene habe »nur fahrlässig« gehandelt, auch dann einer qualifizierten und nachvollziehbaren Begründung, wenn die Tat mit einem Motorrad begangen und damit begründet wird, der Betroffene habe das Drehmoment des Gasdrehgriffs der ihm unvertrauten Maschine unterschätzt.[43] Diesem sprachlich durchaus kreativen Erklärungsversuch war also im Ergebnis kein Erfolg beschieden. Vielmehr hätte aufgrund dieser »Begründung« durchaus ein Anlass für eine Pflichtmitteilung an die Fahrerlaubnisbehörde gem. § 2 Abs. 12 StVG bestanden, weil Zweifel an den praktischen Fahrfähigkeiten des Fahrerlaubnisinhabers bestanden, ein Motorrad sicher zu führen. Die Fahrerlaubnisbehörde hätte daraufhin gem. § 11 Abs. 4 Nr. 1 FeV durchaus die Beibringung eines Gutachtens eines amtlich anerkannten Sachverständigen oder Prüfers für den Kraftfahrzeugverkehr zur Klärung der entstandenen Eignungszweifel anordnen können.

Eine Verurteilung wegen vorsätzlicher Nichteinhaltung des Mindestabstandes kann zwar in der Regel nicht allein mit dem Ausmaß der Abstandsunterschreitung begründet werden.[44] Ohne Vorliegen konkreter dagegen sprechender Anhaltspunkte muss jedoch – wie hier – davon ausgegangen werden, dass einem Fahrzeugführer das Unterschreiten des Sicherheitsabstandes jedenfalls dann bewusst gewesen ist und er dies zumindest billigend in Kauf genommen hat, wenn er über einen Zeitraum, in dem er den Abstand zum vorausfahrenden Fahrzeug bei gehöriger Aufmerksamkeit wahrnehmen, mittels der in der Fahrschülerausbildung üblicherweise gelehrten Methoden (2-Sekunden-Test für Außerortsverkehr, Anzahl der Fahrzeuglängen oder Anzahl der zwischen den Fahrzeugen befindlichen Leitpfosten) überprüfen und korrigieren konnte, bei nicht abnehmender Geschwindigkeit des vorausfahrenden Fahrzeugs lediglich einen Abstand von weniger als 3/10 des Tachowertes einhält, so dass ein Schätzfehler fernliegt und die Begründung von Fahrlässigkeit gleichsam rechtsfehlerfrei nicht mehr möglich wäre.

Erst bei einem ungenügenden Sicherheitsabstand von 2/10 des halben Tachowertes kann im Regelfall ohne Hinzutreten weiterer Umstände ein vorsätzliches Verhalten

41 *Brandenburgisches Oberlandesgericht*, Beschl. v. 19.02.2021 – 1 OLG 53 Ss-OWi 684/20, Rn. 23, juris.

42 *AG Schwelm*, Urt. v. 14.08.2020 – 60 OWi 185/20, SVR 2021, 317, beck-online.

43 *OLG Bamberg*, Beschl. v. 19.06.2013 – 3 Ss OWi 474/12, juris.

44 *AG Landstuhl*, Urt. v. 20.04.2021 – 2 OWi 4211 Js 1233/21, Rn. 12, juris, auch zum Folgenden.

angenommen werden, aber nicht bereits bei einem Abstand von weniger als 3/10 des halben Tachowertes.[45]

51 Mit § 3 Abs. 4a BKatV hat der Verordnungsgeber für die Fälle vorsätzlichen Handelns einen eigenständigen Regelsatz gebildet. Auch auf diesen eigenständigen Regelsatz für vorsätzliches Handeln ist nach Ansicht des *OLG Jena* die Rechtsprechung des Senats zur ausnahmsweisen Entbehrlichkeit von Feststellungen zu den wirtschaftlichen Verhältnissen bei Geldbußen bis 500 Euro anzuwenden. Es ist kein Grund ersichtlich, diese auf die Regelsätze für fahrlässiges Handeln zu beschränken.[46] Im Bereich der Verkehrsordnungswidrigkeiten sind auch bei Geldbußen über 250,- € nähere Feststellungen zu den wirtschaftlichen Verhältnissen des Betroffenen entbehrlich, so das *OLG Zweibrücken*, solange die im Bußgeldkatalog vorgesehene Regelgeldbuße verhängt wird und sich keine Anhaltspunkte dafür ergeben, dass die wirtschaftlichen Verhältnisse des Betroffenen außergewöhnlich gut oder schlecht sind. Gleiches gilt, wenn die für eine vorsätzliche Begehungsweise nach § 3 Abs. 4a BKatV verdoppelte Regelgeldbuße festgesetzt wird. Diese Rechtsprechung ist auch auf Fälle anzuwenden, bei denen der Regelbußgeldsatz bzw. der gemäß § 3 Abs. 4a BKatV verdoppelte Regelsatz nur um einen geringen Betrag erhöht wird.[47]

Die vorsätzliche Verwirklichung des Tatbestandes gibt bei dem unzulässigen Benutzen eines Gerätes zur Telekommunikation keinen Anlass für eine Erhöhung des Bußgeldes; vielmehr beschreibt § 23 Abs. 1a StVO ein Fehlverhalten, das regelmäßig vorsätzlich begangen wird.[48] Sollten allerdings verwertbare Voreintragungen vorliegen, kann das Bußgeld gem. § 17 Abs. 3 OWiG neben dem dann obligatorischen Fahrverbot wegen beharrlichen Zuwiderhandelns erhöht werden.

52 Feststellungen zu den wirtschaftlichen Verhältnissen sind auch bei Überschreiten des Schwellenwerts von 250,00 Euro nicht allein wegen der Höhe der Geldbuße erforderlich, wenn zwei tateinheitlich verwirklichte Ordnungswidrigkeitstatbestände die Grundlage für die Bußgeldmessung bilden, die verhängte Geldbuße den höheren der für diese Ordnungswidrigkeiten vorgesehenen Regelsätze – im Falle vorsätzlichen Handelns den gemäß § 3 Abs. 4a BKatV erhöhten – um nicht mehr als 10 Prozent überschreitet und der höhere der beiden Regelsätze um maximal 50 Prozent des niedrigeren Regelsatzes erhöht wurde.[49]

### 8. Absatz 5

53 Ein wichtiges Kriterium für die Verneinung oder Bejahung eines einheitlichen Tatgeschehens ist der zeitliche Abstand zwischen den einzelnen Handlungen als auch die Frage, ob beide Verkehrsverstöße in subjektiver Hinsicht auf der gleichen Willensbildung

45 *Bayerisches Oberstes Landesgericht*, Beschl. v. 02.08.2019 – 201 ObOWi 1338/19, juris.
46 *Thüringer Oberlandesgericht*, Beschl. v. 01.09.2011 – 1 Ss Bs 66/11, juris.
47 *OLG Zweibrücken*, Beschl. v. 24.11.2017 – 1 OWi 2 Ss Bs 87/17, juris.
48 *OLG Braunschweig*, Beschl. v. 8.9.2021 – 1 Ss (OWi) 126/21, BeckRS 2021, 33332, beck-online.
49 *OLG Braunschweig*, Beschl. v. 08.12.2015 – 1 Ss (OWi) 163/15, juris.

des Betroffenen beruhen. Entscheidend für die Beurteilung, ob eine einheitliche Tat vorliegt, sind jedoch jeweils die Umstände des Einzelfalles.[50]

Hinsichtlich der Abgrenzung zwischen Tatmehrheit und Tateinheit gelten zunächst die Kommentierungen und Hinweise zu § 2 Abs. 6 und 7 BKatV. Hinzu treten allerdings weitere relevante Entscheidungen aus neuerer Zeit.

Zwar kann ein Betroffener auch während einer einzigen, nicht unterbrochenen Fahrt mehrere Geschwindigkeitsverstöße begehen, welche sich als voneinander verschiedene Taten darstellen. Bei einem engen räumlich-zeitlichen Zusammenhang, wie sie bei einem Verstoß gegen eine fortdauernde, in demselben Autobahnabschnitt angeordnete Geschwindigkeitsbegrenzung innerhalb von höchstens einer Minute gegeben ist, liegt jedoch ein einziges zusammengehöriges Tun, mithin eine natürliche Handlungseinheit und damit nur eine Tat vor.[51]

Das *OLG Celle* überdehnt allerdings die Auslegung eines Tatgeschehens als tateinheitliches Handeln deutlich, indem es ein tateinheitliches Handeln ansieht, wenn die Tatzeiten nur nach Minuten und nicht – zusätzlich – nach Sekunden festgestellt worden sind, sodass der Zeitraum zwischen beiden Verkehrsverstößen maximal 120 Sekunden und minimal 62 Sekunden beträgt, wobei zugunsten des Betroffenen von Letzterem auszugehen ist.[52] Es besteht somit zwischen den Verkehrsverstößen ein äußerst enger zeitlicher und räumlicher Zusammenhang. Darüber hinaus sind beide Verkehrsverstöße auch in subjektiver Hinsicht miteinander verbunden, denn beide begangenen Verstöße beruhen ersichtlich auf dem Willen des Betroffenen, die vor ihm liegende Fahrtstrecke möglichst schnell zu durchfahren.

Derartige Entscheidungen, die ignorieren, dass von den betreffenden Tätern auch bei zeitlich zusammenhängenden verschiedenartigen Verkehrsverstößen unterschiedliche Tatentschlüsse hinsichtlich verschiedener Verkehrsvorschriften vorgenommen werden, laufen dem Sinn und Zweck der Verhaltensvorschriften der StVO zuwider, das Leben und die körperliche Unversehrtheit anderer Verkehrsteilnehmer umfassend zu schützen. Der Grund liegt darin, dass Täter, denen die großzügige gesetzliche Regelung des § 19 OWiG zuteil wird, bei Eintragungen in das Fahreignungsregister gem. § 4 Abs. 2 Satz 3 StVG soweit in Entscheidungen über Straftaten oder Ordnungswidrigkeiten auf Tateinheit entschieden worden ist, nur die Zuwiderhandlung mit der höchsten Punktzahl berücksichtigt wird.

Das formelle Ordnungswidrigkeitenrecht führt demnach dazu, dass in das Fahreignungsrecht dergestalt eingegriffen wird, sodass ein mit Punkten gem. Anlage 13 zur FeV bewertetes Fehlverhalten als nicht geschehen bewertet wird und demnach auch bei nachfolgenden medizinisch-psychologischen Begutachtungen der charakterlichen Fahreignung nicht auftaucht. Es ist nämlich kaum davon auszugehen, dass beteiligte Richter der ordentlichen Gerichtsbarkeit derartige Sachverhalte gem. Nr. 45

50 *OLG Celle*, Beschl. v. 07.02.2011 – 322 SsBs 354/10, Rn. 17, juris.
51 *OLG Koblenz*, Beschl. v. 24.09.2018 – 1 OWi 6 SsBs 99/18, Rn. 5, juris.
52 *OLG Celle*, Beschl. v. 07.02.2011 – 322 SsBs 354/10, Rn. 19, juris, auch zum Folgenden.

MiStra – wie von dieser Vorschrift ausdrücklich gefordert – den Fahrerlaubnisbehörden mitteilen. Dadurch leidet potenziell die Verkehrssicherheit auf den Straßen.

Die herrschende Meinung sieht offensichtlich diese Problematik, zwar ohne diese ausdrücklich zu erwähnen, aber dennoch im Ergebnis ebenso.

So sieht das *OLG Hamm* mehrere fahrlässige Geschwindigkeitsüberschreitungen in unterschiedlicher Höhe im Verlauf einer ununterbrochenen Fahrt auch dann im Verhältnis der Tatmehrheit zueinander stehend, wenn sie zwar in einem engen zeitlichen und örtlichen Zusammenhang, jedoch in unterschiedlichen Verkehrssituationen begangen wurden und daher unschwer abzugrenzen sind.[53] Mehrere in kurzem zeitlichen Abstand zueinander auf einer Autobahn erfolgte fahrlässige Geschwindigkeitsüberschreitungen können auch nach Auffassung des *OLG Brandenburg* ausnahmsweise in Tatmehrheit zueinander stehen, wenn sie in unterschiedlichen Verkehrssituationen (hier: zwischenzeitliches Passieren einer weiteren Schilderbrücke) begangen worden sind.[54] Die materiell-rechtliche Beurteilung mehrerer Geschwindigkeitsüberschreitungen, die im Verlauf einer Fahrt im verfahrensrechtlichen Sinn begangen wurden, bestimmt sich nach den Umständen des Einzelfalles; in der Regel handelt es sich um selbständige Taten, die zueinander im Verhältnis der Tatmehrheit stehen.[55]

Extensiv im Sinne tatmehrheitlichen Handelns interpretiert das *OLG Düsseldorf*, dass mehrere fahrlässig begangene Geschwindigkeitsverstöße, die in einer veränderten Verkehrssituation begangen wurden und unschwer voneinander abzugrenzen sind, die Annahme einer tatmehrheitlichen Begehungsweise rechtfertigen, selbst wenn man zugunsten des Betroffenen davon ausgeht, daß er die einzelnen Geschwindigkeitsüberschreitungen auf einer nicht durch Pausen unterbrochenen Fahrt und aus einem einheitlichen Motiv heraus beging.[56] So sieht es auch das *OLG Jena*, indem die Annahme von Tatmehrheit bei wiederholter Überschreitung der zulässigen Höchstgeschwindigkeit nicht zu beanstanden ist, wenn die mehreren (fahrlässigen) Geschwindigkeitsverstöße in jeweils veränderter Verkehrssituation begangen wurden und unschwer voneinander abzugrenzen sind. Dies gilt auch, wenn die einzelnen Überschreitungen auf einer nicht durch Pausen unterbrochenen Fahrt und aus einem einheitlichen Motiv heraus erfolgten.[57]

Eine vermittelnde Auffassung nimmt das *OLG Köln* ein, wonach mehrere aufgrund von Fahrtenschreiberaufzeichnungen festgestellte Geschwindigkeitsverstöße eine prozessuale Tat im Sinne von § 264 StPO sein können, wenn sie derart miteinander verknüpft sind, daß sie als Teile eine geschichtlichen Vorgangs zu gelten haben, deren getrennte Würdigung als unnatürliche Aufspaltung eines einheitlichen Lebensverhältnisses betrachtet werden müßte. Liegen allerdings die einzelnen Geschwindigkeitsüberschreitungen etwa 30 bis 35 Minuten auseinander und waren sie durch

53 *OLG Hamm*, Beschl. v. 15.08.2006 – 2 Ss OWi 455/06, juris.

54 *Brandenburgisches Oberlandesgericht*, Beschl. v. 30.05.2005 – 1 Ss (OWi) 87 B/05, juris.

55 *Bayerisches Oberstes Landesgericht*, Beschl. v. 16.01.1997 – 1 ObOWi 801/96, juris.

56 *OLG Düsseldorf*, Beschl. v. 07.02.2001 – 2a Ss (OWi) 284/00 – (OWi) 4/01 II, juris.

57 *Thüringer Oberlandesgericht*, Beschl. v. 27.09.2004 – 1 Ss 112/04, juris.

»Anhaltevorgänge« unterbrochen, handelt es sich um verfahrensrechtlich selbständige Taten.[58]

Hinzu tritt jedoch das im Ermessen der Bußgeldbehörde stehende Prinzip einer angemessenen Erhöhung. Der Mechanismus der Berechnung des Bußgeldbetrages funktioniert wie folgt:

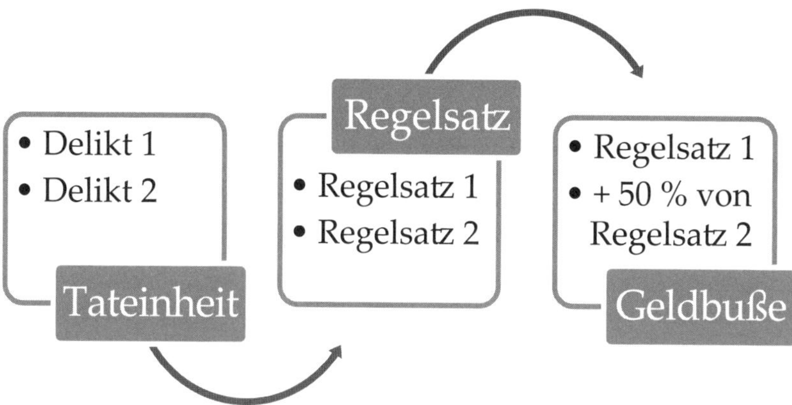


Eine angemessene Erhöhung kann direkt auf die Rechtsgrundlage des § 3 Abs. 5 Satz 2 BKatV (selbstredend in Verbindung mit der übergeordneten gesetzlichen Regelung des § 17 Abs. 3 OWiG) immer dann gestützt werden, wenn es sich um Verkehrsordnungswidrigkeiten kandelt, die mit Regelsätzen im BKat oder dem untergeordneten BT-KAT-OWi bewehrt sind. Handelt es sich um Verkehrsordnungswidrigkeiten, die nicht in diesen beiden Rechtsquellen erwähnt sind – wie z.B. Verstöße gegen das Fahrpersonalrecht, Güterkraftverkehrsrecht oder Personenbeförderungsrecht – darf bei tateinheitlichem Handeln beider Delikte oberhalb des Bereichs des Verwarnungsgeldes auch der höhere Bußgeldbetrag erhöht werden, dann allerdings ausschließlich aufgrund der gesetzlichen Rechtsgrundlage des § 17 Abs. 3 OWiG.

In jedem Bußgeldbescheid. Jedem schriftlichen Beleg über Verwarnungen oder Sicherheitsleistungen, muss die jeweilige Rechtsgrundlage für die Erhöhung ausdrücklich erwähnt werden.

Ein Ausnahmefall von dem Grundsatz, dass zwischen den auf einer Fahrt begangenen 54
bußgeldbewehrten Verstößen gegen die Straßenverkehrsordnung Tatmehrheit besteht, liegt bei einem vorsätzlichen qualifizierten Rotlichtverstoß im Zusammenhang mit Abbiegen ohne ordnungsgemäßes Einordnen und ohne Betätigung des Fahrrichtungsanzeigers vor, wenn die Verstöße auf Grund eines einheitlichen Entschlusses begangen werden.[59]

58 *OLG Köln*, Beschl. v. 01.03.1994 – Ss 15/94 (B) – 13 B, juris.
59 *Kammergericht*, Beschl. v. 03.06.2016 – 3 Ws (B) 207/16, juris.

55 Bei wiederholten Abstandsunterschreitungen und/oder wiederholten Verstößen gegen ein Überholverbot auch im Verlaufe einer Fahrt liegen regelmäßig mehrere Taten vor.[60]

### 9. Absatz 6

56 Auch der Abs. 6 beinhaltet in Satz 1 eine systematisch mit § 2 Abs. 4 vergleichbare Ermäßigungsregel für nicht motorisierte Verkehrsteilnehmer im Bußgeldbereich. Demnach sollen Radfahrer und Fußgänger allein aus dem Grund bevorzugt behandelt werden, weil sie nicht motorisiert sind. Es handelt sich um eine obligatorische Ermäßigung, von der die Rechtsanwender nicht abweichen dürfen. Liegen also Tatbestände vor, die mit einem Regelsatz im Bußgeldbereich im BKat eingeordnet sind, müssen diese halbiert werden, wenn sie von einem nicht motorisierten Verkehrsteilnehmer begangen worden sind. Diese verkehrspolitisch begründete Ungleichbehandlung ist aus Sicht der Verkehrssicherheit nicht nachvollziehbar, weil auch nicht motorisierte Verkehrsteilnehmer zumeist nur zeitweise nicht motorisiert unterwegs sind und in den meisten Fällen sehr wohl der im BKat für motorisierte Fahrer vorgesehenen Pflichtenmahnung bedürfen, um ihr zukünftiges Verhalten positiv zu verändern.

57 Im zweiten Satz folgt die Soll-Vorschrift, dass bei einem errechneten ermäßigten Regelsatz regelmäßig eine Verwarnung mit Verwarnungsgeld erteilt werden soll und nur zweitrangig ein Bußgeldbescheid. Der Unterschied liegt darin, dass ein Bußgeldbescheid mit der Auferlegung von Gebühren und Auslagen verbunden ist, während eine Verwarnung mit Verwarnungsgeld gebühren- und auslagenfrei erteilt wird.

58 Eine Verwarnung ist jedoch nur bei Vorliegen der gesetzlich definierten Voraussetzungen des § 56 OWiG i.V.m. § 2 BKatV möglich. Demnach muss es sich um eine geringfügige Ordnungswidrigkeit handeln. Da jedoch diese Ermäßigungsregel für ordnungswidriges Handeln gelten soll, für das ein Regelsatz im Bußgeldbereich festgelegt wurde, ist keine Verwarnung mit Verwarnungsgeld möglich, weil eine solche Regelung der Vorschrift des § 56 Abs. 1 OWiG widersprechen würde. Es liegt keine geringfügige, sondern eine bedeutende Ordnungswidrigkeit vor. Die Vorschrift des Abs. 6 Satz 2 ist daher lediglich quasi als eine Art Rechtsfolgenverweis rechtmäßig zu interpretieren, der zwar nicht zu einer Verwarnung mit Verwarnungsgeld führen kann, aber zur Festsetzung eines Regelsatzes im Bereich des Verwarnungsgeldes.

## § 4 Regelfahrverbot

**(1) Bei Ordnungswidrigkeiten nach § 24 des Straßenverkehrsgesetzes kommt die Anordnung eines Fahrverbots (§ 25 Absatz 1 Satz 1 des Straßenverkehrsgesetzes) wegen grober Verletzung der Pflichten eines Kraftfahrzeugführers in der Regel in Betracht, wenn ein Tatbestand**

60 *Saarländisches Oberlandesgericht Saarbrücken*, Beschl. v. 06.05.2014 – Ss (B) 82/2012 (59/ 12 OWi), juris.

1. der Nummern 9.1 bis 9.3, der Nummern 11.1 bis 11.3, jeweils in Verbindung mit Tabelle 1 des Anhangs,
2. der Nummern 12.6.3, 12.6.4, 12.6.5, 12.7.3, 12.7.4 oder 12.7.5 der Tabelle 2 des Anhangs,
3. der Nummern 19.1.1, 19.1.2, 21.1, 21.2, 39.1, 41, 50, 50.1, 50.2, 50.3, 50a, 50a.1, 50a.2, 83.3, 89b.2, 32.1, 132.2, 132.3, 132.3.1, 132.3.2, 135, 135.1, 135.2, 152.1 oder
4. der Nummern 244, 246.2, 246.3 oder 250a

des Bußgeldkatalogs verwirklicht wird. Wird in diesen Fällen ein Fahrverbot angeordnet, so ist in der Regel die dort bestimmte Dauer festzusetzen.

(2) Wird ein Fahrverbot wegen beharrlicher Verletzung der Pflichten eines Kraftfahrzeugführers zum ersten Mal angeordnet, so ist seine Dauer in der Regel auf einen Monat festzusetzen. Ein Fahrverbot kommt in der Regel in Betracht, wenn gegen den Führer eines Kraftfahrzeugs wegen einer Geschwindigkeitsüberschreitung von mindestens 26 km/h bereits eine Geldbuße rechtskräftig festgesetzt worden ist und er innerhalb eines Jahres seit Rechtskraft der Entscheidung eine weitere Geschwindigkeitsüberschreitung von mindestens 26 km/h begeht.

(3) Bei Ordnungswidrigkeiten nach § 24a des Straßenverkehrsgesetzes ist ein Fahrverbot (§ 25 Absatz 1 Satz 2 des Straßenverkehrsgesetzes) in der Regel mit der in den Nummern 241, 241.1, 241.2, 242, 242.1 und 242.2 des Bußgeldkatalogs vorgesehenen Dauer anzuordnen.

(4) Wird von der Anordnung eines Fahrverbots ausnahmsweise abgesehen, so soll das für den betreffenden Tatbestand als Regelsatz vorgesehene Bußgeld angemessen erhöht werden.

Übersicht



## 1. Sinn und Zweck von Fahrverboten

Das *Bundesverfassungsgericht* hat zur Nutzung der Verordnungsermächtigung des § 26a 1
hinsichtlich der Anordnung von **Regelfahrverboten** in zwei Grundsatzentscheidungen ausführlich Stellung genommen und deren verfassungsgemäße Gestaltung durch den Gesetzgeber bekräftigt.

*»Das Fahrverbot des § 25 StVG hat nach der gesetzgeberischen Intention in erster Linie eine* ***Erziehungsfunktion.*** *Es ist als* ***»Denkzettel- und Besinnungsmaßnahme«*** *(vgl. dazu etwa BT- Drucks. V/1319, S. 90) gedacht und ausgeformt. Die Anordnung des Fahrverbots wird nicht im Strafregister eingetragen, es gilt nicht als Vorstrafe. Ein ethischer Schuldvorwurf ist mit ihm ebenso wenig verbunden wie mit der Geldbuße.«* [1]

2 Das *BVerfG* betont mit dieser Aussage zweierlei, einmal die ausschließlich verkehrspädagogische Ausrichtung des Regelfahrverbotes und zweitens mit einer rechtsdogmatisch bedeutsamen Aussage die ausschließliche Qualität des Fahrverbotes außerhalb des Strafenkataloges des StGB. Diese deutliche dogmatische Grenzziehung zwischen dem Bußgeldverfahren und dem Strafverfahren wird in der heutigen rechtspolitischen Diskussion um eine mögliche Ausweitung der gesetzlichen Kostentragungspflicht des § 25a StVG auf Verstöße im fließenden Verkehr oder gar deren Erweiterung zu einer echten Halterhaftung stetig vernachlässigt.

Dadurch, dass das Fahrverbot vom höchsten deutschen Gericht aufgrund des Sinns und Zwecks der Vorschrift eine derart vorbehaltlose Anerkennung erlangt hat, darf durchaus darüber nachgedacht werden, die bislang geltende Höchstgrenze von 3 Monaten auf das Maß von bis zu 6 Monaten zu erweitern. Diese Erweiterung könnte über die innewohnende Phase der Disziplinierung erhebliche positive Wirkungen auf die verkehrssichere Fahrweise der Fahrerlaubnisinhaber zeigen. Noch sinnvoller als eine bloße Erweiterung wäre allerdings die ebenfalls in der Hand des Verordnungsgebers liegende zwingende Verknüpfung des Fahrverbots mit der verkehrspädagogischen Maßnahme eines Verkehrsunterrichts gem. § 48 StVO.

3 In einer weiteren Entscheidung äußerte das *BVerfG*:[2]

4 *»Der Gesetzgeber ist in Fällen, in denen die vom BVerfG unter früheren tatsächlichen Verhältnissen und auf die damalige Gesetzeslage bezogenen konkreten Folgerungen aus dem Verhältnismäßigkeitsgrundsatz überholt sind, grundsätzlich nicht gehindert, den Anwendungsbereich für eine Sanktionsvorschrift zu verbreitern und den ursprünglich vorhandenen Ausnahmecharakter der Regelung zu relativieren. …*

*Werden die konkreten Bedingungen für den Anwendungsbereich einer Norm nicht durch den Gesetzgeber selbst bestimmt, sondern im Wege einer Verordnungsermächtigung vom Verordnungsgeber unter Zugrundelegung der im Strafrecht geläufigen – verfassungsrechtlich unbedenklichen – Regelbeispielstechnik konkretisiert, so ist Art. 103 Abs. 2 GG auch dann nicht verletzt, wenn die Anwendungsfälle der Ermächtigungsnorm nicht erschöpfend bestimmt sind (hier: Normierung der ein Fahrverbot rechtfertigenden Fälle grober oder beharrlicher Pflichtverstöße durch die gemäß § 26a StVG vom Bundesverkehrsminister erlassene Bußgeldverordnung).*

1 *BVerfG*, Beschl. v. 16.07.1969 – 2 BvL 11/69, BVerfGE 27, 36–44, Rn. 15.
2 *BVerfG*, Beschl. v. 24.03.1996 – 2 BvR 616/91, 2 BvR 588/92, 2 BvR 1585/93, 2 BvR 1661/93, juris.

*Gegen die von den Gerichten im konkreten Fall anzuwendenden Bestimmungen der BKatV greifen verfassungsrechtliche Bedenken nicht durch:*

*Insbesondere lassen sich für die Regelungen des § 2 Abs. 1 S. 1 und Abs. 2 S. 2 BKatV sachlich einleuchtende und nachvollziehbare Gründe finden (besonderes Gefahrenpotential der genannten Verstöße sowie das Interesse der Allgemeinheit an einem sicheren Straßenverkehr), so dass eine willkürliche Ungleichbehandlung im Sinne des Art. 3 Abs. 1 GG nicht vorliegt. Darüber hinaus entfalten die Fallbeschreibungen der Katalogverordnung entsprechend der angewendeten Regelbeispielstechnik nur Indizwirkung und entbinden den Richter nicht von der Pflicht, dem Schuldprinzip (Art. 1 Abs. 1, Art. 20 Abs. 3 GG) und dem Verhältnismäßigkeitsprinzip (Art. 2 Abs. 1 i.V.m. Art. 20 Abs. 3 GG) durch eine Gesamtwürdigung zu entsprechen, in die alle Umstände der Tat und die Sanktionsempfindlichkeit des Betroffenen einzustellen sind. Dadurch wird den Gerichten gleichzeitig hinreichend Raum und Entscheidungsfreiheit eingeräumt, um Verstößen im Straßenverkehr mit der nach den konkreten Umständen angemessenen Sanktion zu begegnen und unerträgliche Härten zu vermeiden.«*

Mit dieser Entscheidung hat das *BVerfG* das wichtige Grundprizip des Ordnungswidrigkeitenrechts, den Opportunitätsgrundsatz, gemeinsam mit dem Leitgedanken der Steigerung der Verkehrssicherheit in einen engen Zusammenhang mit dem Justizgrundrecht des Art. 103 Abs. 2 GG gesetzt und damit nicht nur dem Gesetzgeber, sondern auch dem Verordnungsgeber und den Gerichten einen großen Auslegungsspielraum hinsichtlich der Ausgestaltung von Fahrverboten eröffnet. Damit stehen nach dem Willen des *BVerfG* aber auch gleichzeitig die drei genannten Staatsgewalten in der Verantwortung, das Fahrverbot stets am Ziel der Verkehrssicherheit auszurichten und jede gestalterische Entscheidung vor diesem Hintergrund zu bedenken, ohne dabei allerdings die Person des Betroffenen aus den Augen zu verlieren. Mit anderen Worten darf bei Entscheidungen über die Ausweitung und Anordnung von Fahrverboten niemals deren erhoffte Wirkung auf den Betroffenen außer Acht gelassen werden, nämlich dessen zukünftigen Fahrstil nachhaltig zugunsten der Verkehrssicherheit zu verbessern.

Die Vorschrift des § 25 StVG ist auch nach Inkrafttreten der BKatV am 1.1.1990 im Ordnungswidrigkeitenbereich alleinige Rechtsgrundlage für die Verhängung des Fahrverbots.[3]

Aufgrund dieses engen und komplexen Zusammenhangs soll die gesetzliche Grundlage für Fahrverbote im Folgenden im Wortlaut wiedergegeben werden:

## § 25 StVG – Fahrverbot

*(1) Wird gegen den Betroffenen wegen einer Ordnungswidrigkeit nach § 24, die er unter* 5
*grober oder beharrlicher Verletzung der Pflichten eines Kraftfahrzeugführers begangen hat, eine Geldbuße festgesetzt, so kann ihm die Verwaltungsbehörde oder das Gericht in der Bußgeldentscheidung für die Dauer von einem Monat bis zu drei Monaten verbieten, im Straßenverkehr Kraftfahrzeuge jeder oder einer bestimmten Art zu führen. Wird gegen*

3 *BGH*, Beschl. v. 28.11.1991 – 4 StR 366/91, NZV 1992, 117, beck-online.

*den Betroffenen wegen einer Ordnungswidrigkeit nach § 24a eine Geldbuße festgesetzt, so ist in der Regel auch ein Fahrverbot anzuordnen.*

*(2) Das Fahrverbot wird mit der Rechtskraft der Bußgeldentscheidung wirksam. Für seine Dauer werden von einer deutschen Behörde ausgestellte nationale und internationale Führerscheine amtlich verwahrt. Dies gilt auch, wenn der Führerschein von einer Behörde eines Mitgliedstaates der Europäischen Union oder eines anderen Vertragsstaates des Abkommens über den Europäischen Wirtschaftsraum ausgestellt worden ist, sofern der Inhaber seinen ordentlichen Wohnsitz im Inland hat. Wird er nicht freiwillig herausgegeben, so ist er zu beschlagnahmen.*

*(2a) Ist in den zwei Jahren vor der Ordnungswidrigkeit ein Fahrverbot gegen den Betroffenen nicht verhängt worden und wird auch bis zur Bußgeldentscheidung ein Fahrverbot nicht verhängt, so bestimmt die Verwaltungsbehörde oder das Gericht abweichend von Absatz 2 Satz 1, dass das Fahrverbot erst wirksam wird, wenn der Führerschein nach Rechtskraft der Bußgeldentscheidung in amtliche Verwahrung gelangt, spätestens jedoch mit Ablauf von vier Monaten seit Eintritt der Rechtskraft.*

*(2b) Werden gegen den Betroffenen mehrere Fahrverbote rechtskräftig verhängt, so sind die Verbotsfristen nacheinander zu berechnen. Die Verbotsfrist auf Grund des früher wirksam gewordenen Fahrverbots läuft zuerst. Werden Fahrverbote gleichzeitig wirksam, so läuft die Verbotsfrist auf Grund des früher angeordneten Fahrverbots zuerst, bei gleichzeitiger Anordnung ist die frühere Tat maßgebend.*

*(3) In anderen als in Absatz 2 Satz 3 genannten ausländischen Führerscheinen wird das Fahrverbot vermerkt. Zu diesem Zweck kann der Führerschein beschlagnahmt werden.*

*(4) Wird der Führerschein in den Fällen des Absatzes 2 Satz 4 oder des Absatzes 3 Satz 2 bei dem Betroffenen nicht vorgefunden, so hat er auf Antrag der Vollstreckungsbehörde (§ 92 des Gesetzes über Ordnungswidrigkeiten) bei dem Amtsgericht eine eidesstattliche Versicherung über den Verbleib des Führerscheins abzugeben. § 883 Abs. 2 und 3 der Zivilprozessordnung gilt entsprechend.*

*(5) Ist ein Führerschein amtlich zu verwahren oder das Fahrverbot in einem ausländischen Führerschein zu vermerken, so wird die Verbotsfrist erst von dem Tag an gerechnet, an dem dies geschieht. In die Verbotsfrist wird die Zeit nicht eingerechnet, in welcher der Täter auf behördliche Anordnung in einer Anstalt verwahrt wird.*

*(6) Die Dauer einer vorläufigen Entziehung der Fahrerlaubnis (§ 111a der Strafprozessordnung) wird auf das Fahrverbot angerechnet. Es kann jedoch angeordnet werden, dass die Anrechnung ganz oder zum Teil unterbleibt, wenn sie im Hinblick auf das Verhalten des Betroffenen nach Begehung der Ordnungswidrigkeit nicht gerechtfertigt 3ist. Der vorläufigen Entziehung der Fahrerlaubnis steht die Verwahrung, Sicherstellung oder Beschlagnahme des Führerscheins (§ 94 der Strafprozessordnung) gleich.*

*(7) Wird das Fahrverbot nach Absatz 1 im Strafverfahren angeordnet (§ 82 des Gesetzes über Ordnungswidrigkeiten), so kann die Rückgabe eines in Verwahrung genommenen, sichergestellten oder beschlagnahmten Führerscheins aufgeschoben werden, wenn der Betroffene nicht widerspricht. In diesem Fall ist die Zeit nach dem Urteil unverkürzt auf das Fahrverbot anzurechnen.*

*(8) Über den Zeitpunkt der Wirksamkeit des Fahrverbots nach Absatz 2 oder 2a Satz 1 und über den Beginn der Verbotsfrist nach Absatz 5 Satz 1 ist der Betroffene bei der Zustellung der Bußgeldentscheidung oder im Anschluss an deren Verkündung zu belehren.*

Die in § 25 Abs. 2a S. 1 StVG genannte Frist von zwei Jahren rechnet ab dem Zeitpunkt, in dem das frühere Fahrverbot rechtskräftig geworden ist; auf den Zeitpunkt der Entscheidung kommt es nicht an.[4] 6

Die Annahme, dass die Vollstreckung eines verfahrensfremden Fahrverbotes zwischen Tat und Urteil eine so weitgehende erzieherische Wirkung entfalten könnte, dass ein weiteres Fahrverbot entbehrlich wird, liegt bei einem Wiederholungstäter regelmäßig fern.[5] Dem steht nicht entgegen, dass im Falle gemeinsamer Verhandlung und Aburteilung der zugrunde liegenden Verkehrsordnungswidrigkeiten nur ein Fahrverbot zu verhängen gewesen wäre; aus der am 24. August 2017 in Kraft getretenen Neuregelung des § 25 Abs. 2b StVG ergibt sich vielmehr, dass mehrere Fahrverbote generell nacheinander vollstreckt werden, sich also nach dem Willen des Gesetzgebers in ihrer erzieherischen Wirkung nicht gegenseitig »vertreten« sollen.

Es gibt drei Arten von Fahrverboten: 7

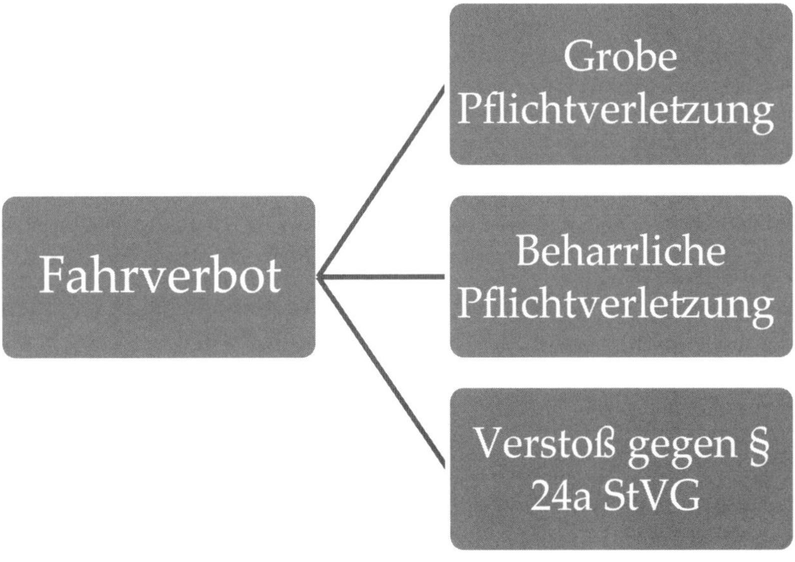

4 *BGH*, Beschl. v. 29.06.2000 – 4 StR 40/00, BGHSt 46, 88–93; zahlreiche Beispielfälle zu allen Arten von Fahrverboten gibt *Krumm*, Arbeitshilfe: Fahrverbot nach Geschwindigkeitsverstoß trotz Augenblicksversagens?, in: NZV 2013, 428 ff.

5 *Bayerisches Oberstes Landesgericht*, Beschl. v. 10.05.2021 – 201 ObOWi 445/21, juris, auch zum Folgenden.

Ein Fahrverbot gilt für alle Arten von Kraftfahrzeugen im Sinne der Definition des § 1 Abs. 2 StVG. Dazu zählen inzwischen gem. § 1 Abs. 1 eKFV auch die Elektrokleinstfahrzeuge im Sinne dieser Definition, aber auch illegale Elektrokleinstfahrzeuge wie E-Skateboards, E-Inlineskates und andere Kraftfahrzeuge mit Elektroantrieb. Eine Ausnahme bilden Elektrofahrräder im Sinne des § 1 Abs. 3 StVG.

Die Frage der Dauer eines zu verhängenden Fahrverbots liegt grundsätzlich im Verantwortungsbereich des Tatrichters, der innerhalb des ihm eingeräumten Beurteilungsspielraums die Wertungen nach eigenem pflichtgemäßem Ermessen zu treffen hat.[6]

Das gesetzliche Mindestmaß des bußgeldrechtlichen Fahrverbots beträgt einen Monat. Wird es angeordnet, darf die Mindestdauer weder aus Gründen des Übermaßverbotes oder des Zeitablaufs noch wegen des Vorliegens einer privilegierenden Fallkonstellation, aufgrund derer von einem Fahrverbot gänzlich abgesehen oder ein an sich über der Mindestdauer von einem Monat festgesetztes Regelfahrverbot auf dieses abgekürzt werden dürfte, unterschritten werden.[7] Aus der gesetzlichen Mindestdauer für das bußgeldrechtliche Fahrverbot folgt weiterhin, dass dieses auch nicht sukzessive, d.h. unterteilt in Etappen angeordnet werden darf.

Auch einer Person, die nicht Inhaber einer Fahrerlaubnis ist, kann das Führen fahrerlaubnisfreier Kraftfahrzeuge in rechtmäßiger Weise untersagt werden.[8] Zu dieser Fahrzeugkategorie zählen auch Elektrokleinstfahrzeuge im Sinne von § 1 Abs. 1 der Verordnung über die Teilnahme von Elektrokleinstfahrzeugen am Straßenverkehr (Elektrokleinstfahrzeuge-Verordnung – eKFV vom 6.6.2019 [BGBl I S. 756]), also beispielsweise Elektroroller (sog. E-Scooter). Hierbei handelt es sich um Kraftfahrzeuge (vgl. § 1 Abs. 2 und 3 des Straßenverkehrsgesetzes vom 5.3.2003 [StVG, BGBl I S. 310], zuletzt geändert durch Gesetz vom 7.5.2021 [BGBl I S. 850]). Wer ein solches Elektrokleinstfahrzeug führt, unterliegt zwar den Vorschriften der Straßenverkehrs-Ordnung (vgl. § 1 Abs. 1, § 9 i.V.m. §§ 10 bis 13 eKFV). Uneingeschränkt gelten auch die Regelungen des § 24a StVG zum Konsum von Alkohol und berauschenden Mitteln. Eine Fahrerlaubnis ist aber zum Führen von Elektrokleinstfahrzeugen im öffentlichen Straßenverkehr nicht erforderlich. Vielmehr genügt hierfür die Vollendung des 14. Lebensjahres (§ 3 eKFV).

6 *Brandenburgisches Oberlandesgericht*, Beschl. v. 25.02.2020 – (1 B) 53 Ss-OWi 708/19 (405/19), juris.

7 *Bayerisches Oberstes Landesgericht*, Beschl. v. 20.05.2019 – 201 ObOWi 569/19, juris, auch zum Folgenden.

8 *Bayerischer Verwaltungsgerichtshof*, Beschl. v. 08.06.2021 – 11 CS 21.968, Rn. 13, juris, auch zum Folgenden.

## 2. Absatz 1

Die verschiedenen Regelfälle des Fahrverbots für grobe und beharrliche Pflichtverstöße sind in § 4 Abs. 1 bis 3 BKatV verbindlich geregelt worden.[9] Dabei handelt es sich um ergänzende Auslegungsvorschriften für das gesetzlich in § 25 StVG umfangreich geregelte verwaltungsbehördliche Fahrverbot.[10] Alleinige Rechtsgrundlage für die Anordnung eines Fahrverbots wegen einer Verkehrsordnungswidrigkeit ist § 25 Abs. 1 Satz 1 StVG.[11] 8

Aufgrund der Vorbewertung des Verordnungsgebers in § 4 Abs. 1 BKatV ist das Vorliegen einer groben Pflichtverletzung im Sinne des § 25 Abs. 1 Satz 1 StVG indiziert, so dass es regelmäßig der Anordnung eines Fahrverbotes als Denkzettel und Besinnungsmaßnahme bedarf. Hierzu zählt jedoch nicht nur die Frage, ob gegen einen Betroffenen ein Fahrverbot zu verhängen ist, sondern auch die festzusetzende Dauer des verwirkten Fahrverbots.[12]

In den Fällen des § 2 Abs. 1 S. 1 Bußgeldkatalogverordnung ist die Anordnung eines Fahrverbots zulässig, ohne dass es näherer Feststellung bedarf, der durch das Fahrverbot angestrebte Erfolg könne auch mit einer erhöhten Geldbuße nicht erreicht werden. Der Tatrichter muß sich dessen aber ausweislich der Gründe seiner Entscheidung bewußt gewesen sein.[13] Nichts spricht dafür, dass das BVerfG, das das Fahrverbot als wirksame Denkzettel- und Besinnungsmaßnahme bestätigt hat, diesem erzieherischen Instrument durch erhöhte Anforderungen an die Voraussetzungen seine praktische Bedeutung hat nehmen wollen.

Absatz 1 behandelt Fahrverbote bei **groben Pflichtverletzungen**. 9

In den Fällen des Bußgeldkatalogverordnung § 2 Abs. 2 S. 2 BKatV ist die Anordnung eines Fahrverbots zulässig, ohne dass es näherer Feststellung bedarf, der durch das Fahrverbot angestrebte Erfolg könne auch mit einer erhöhten Geldbuße nicht erreicht werden. Der Tatrichter muss sich dessen aber ausweislich der Gründe seiner Entscheidung bewusst gewesen sein.[14] 10

Die Annahme einer groben Pflichtverletzung setzt zunächst voraus, dass der Zuwiderhandlung in objektiver Hinsicht Gewicht zukommt. Sie ist im Allgemeinen nur bei abstrakt oder konkret gefährlichen Ordnungswidrigkeiten gerechtfertigt, die immer 11

9 Vgl. dazu die Kommentierung zu § 25 StVG von *Ternig*, in *Bachmeier/Müller/Rebler*, Straßenverkehr, und zu den historischen Wurzeln des Regelfahrverbotes *Heck*, S. 173.

10 Ergänzend sei auf die verständliche Kommentierung zu § 25 StVG von *Ternig*, in: *Lütkes/Bachmeier/Müller/Rebler*, Straßenverkehr Band 1, hingewiesen.

11 *BGH*, Beschl. v. 11.09.1997 – 4 StR 638/96, BGHSt 43, 241–252, Rn. 18.

12 *Brandenburgisches Oberlandesgericht*, Beschl. v. 25.02.2020 – (1 B) 53 Ss-OWi 708/19 (405/19), juris.

13 *BGH*, Beschl. v. 28.11.1991 – 4 StR 366/91, BeckRS 9998, 96603, beck-online; auch zum Folgenden; die Entscheidung bezog sich noch auf die Rechtslage, als die Regelfahrverbote noch in § 2 Abs. 1 BKatV geregelt waren.

14 *BGH*, Beschl. v. 17.03.1992 – 4 StR 367/91, BGHSt 38, 231–237.

wieder die Ursache schwerer Unfälle bilden.[15] Das besondere objektive Gewicht einer Ordnungswidrigkeit vermag indes die Annahme einer groben Pflichtverletzung für sich allein nicht zu tragen. Hinzukommen muss vielmehr, dass der Täter auch subjektiv besonders verantwortungslos handelt. Eine grobe Pflichtverletzung kann ihm nur vorgehalten werden, wenn seine wegen ihrer Gefährlichkeit objektiv schwerwiegende Zuwiderhandlung subjektiv auf groben Leichtsinn, grobe Nachlässigkeit oder Gleichgültigkeit zurückgeht.

12 In vier Katalogen listet Abs. 1 eine Reihe von Tatbeständen auf, die grobe Pflichtverletzungen darstellen und in der Regel zu einem Fahrverbot führen.

### a) Abs. 1 Satz 1 Nr. 1

13 In der ersten Tabelle geht es um Verstöße gegen die zulässige Höchstgeschwindigkeit.

14

| Lfd. Nr. | Tatbestand | StVO | Regelsatz in €<br>Fahrverbot |
|---|---|---|---|
| 9 | Festgesetzte Höchstgeschwindigkeit bei Sichtweite unter 50 m durch Nebel, Schneefall oder Regen überschritten | § 3 Absatz 1 Satz 3<br>§ 49 Absatz 1 Nummer 3 | **80** |
| 9.1 | um mehr als 20 km/h mit einem Kraftfahrzeug der in § 3 Absatz 3 Nummer 2 Buchstabe a oder b StVO genannten Art | | **Tabelle 1 Buchstabe a** |
| 9.2 | um mehr als 15 km/h mit kennzeichnungspflichtigen Kraftfahrzeugen der in Nummer 9.1 genannten Art mit gefährlichen Gütern oder Kraftomnibussen mit Fahrgästen | | **Tabelle 1 Buchstabe b** |
| 9.3 | um mehr als 25 km/h innerorts oder 30 km/h außerorts mit anderen als den in Nummer 9.1 oder 9.2 genannten Kraftfahrzeugen | | **Tabelle 1 Buchstabe c** |

15 *BGH*, Beschl. v. 11.09.1997 – 4 StR 638/96, BGHSt 43, 241–252, Rn. 19, auch zum Folgenden.

| Lfd. Nr. | Tatbestand | StVO | Regelsatz in €<br>Fahrverbot |
|---|---|---|---|
| 11 | Zulässige Höchstgeschwindigkeit überschritten mit | § 3 Absatz 3 Satz 1, Absatz 4<br>§ 49 Absatz 1 Nummer 3<br>§ 18 Absatz 5 Satz 2<br>§ 49 Absatz 1 Nummer 18<br>§ 20 Absatz 2 Satz 1, Absatz 4 Satz 1, 2<br>§ 49 Absatz 1 Nummer 19 Buchstabe b<br>§ 41 Absatz 1 i.V.m. Anlage 2 lfd. Nr. 16, 17 (Zeichen 237, 238) Spalte 3 Nummer 3, lfd. Nr. 18 (Zeichen 239) Spalte 3 Nummer 2, lfd. Nr. 19 (Zeichen 240) Spalte 3 Nummer 3, lfd. Nr. 20 (Zeichen 241) Spalte 3 Nummer 4, lfd. Nr. 21 | |
| | | (Zeichen 239 oder 242.1 mit Zusatzzeichen, das den Fahrzeugverkehr zulässt) Spalte 3 Nummer 2 oder lfd. Nr. 23 (Zeichen 244.1 mit Zusatzzeichen, das den Fahrzeugverkehr zulässt) Spalte 3 Nummer 2, lfd. Nr. 49 (Zeichen 274), lfd. Nr. 50 (Zeichen 274.1, 274.2)<br>§ 49 Absatz 3 Nummer 4<br>§ 42 Absatz 2 i.V.m. Anlage 3 lfd. Nr. 12 (Zeichen 325.1, 325.2) Spalte 3 Nummer 1<br>§ 49 Absatz 3 Nummer 5 | |
| 11.1 | Kraftfahrzeugen der in § 3 Absatz 3 Nummer 2 Buchstabe a oder b StVO genannten Art | | **Tabelle 1 Buchstabe a** |
| 11.2 | kennzeichnungspflichtigen Kraftfahrzeugen der in Nummer 11.1 genannten Art mit gefährlichen Gütern oder Kraftomnibussen mit Fahrgästen | | **Tabelle 1 Buchstabe b** |
| 11.3 | anderen als den in Nummer 11.1 oder 11.2 genannten Kraftfahrzeugen | | **Tabelle 1 Buchstabe c** |

15 Bei einer Geschwindigkeitsüberschreitung innerhalb geschlossener Ortschaften um 50 km/h ist dabei die grobe Pflichtverletzung nach § 4 Abs. 1 BKatV indiziert. Bei einem solchen Verkehrsverstoß ist ein derart hohes Maß an Verantwortungslosigkeit im Straßenverkehr anzunehmen, dass es regelmäßig der Denkzettel- und Besinnungsmaßnahme eines Fahrverbotes bedarf.[16]

Eine erstmalige grobe Pflichtverletzung durch vorsätzliche Überschreitung der zulässigen Höchstgeschwindigkeit (in dem entschiedenen Fall: um mehr als das Doppelte) kann die Verhängung eines Fahrverbots rechtfertigen, ohne dass es der ausdrücklichen Feststellung bedarf, der durch das Fahrverbot angestrebte Erfolg könne auch mit einer erhöhten Geldbuße nicht erreicht werden.[17] Die Frage, ob im Falle einer Geschwindigkeitsüberschreitung, die einen der Regeltatbestände der Bußgeldkatalogverordnung erfüllt, auch dann auf eine grobe Pflichtwidrigkeit geschlossen und damit ein Fahrverbot verhängt werden kann, wenn der Betroffene das beschränkende Vorschriftszeichen fahrlässig übersehen hat, stellt sich nicht, wenn der Betroffene die außerorts allgemein zulässige Höchstgeschwindigkeit von 100 km/h um ein Beträchtliches (in dem entschiedenen Fall: 50 km/h) überschritten hat.[18]

16 Von einem wegen eines groben Pflichtenverstoßes (in dem entschiedenen Fall: Geschwindigkeitsüberschreitung um 32 km/h) i.S.v. § 25 Abs. 1 Satz 1 [1. Alt.] StVG i.V.m. § 4 Abs. 1 Satz 1 Nr. 1 BKatV verwirkten Regelfahrverbot kann bei einem innerorts bei freier Gegenfahrbahn durchgeführten Überholvorgang grundsätzlich nicht abgesehen werden; das Überholen begründet in einem solchen Fall keinen Ausnahmeumstand im Sinne geringen Verschuldens. Dies gilt regelmäßig auch dann, wenn es sich bei dem Tatort um eine übersichtliche, breit ausgebaute und schnurgerade verlaufende Fahrbahn ohne Wohnbebauung oder Fußgängerverkehr handelt.[19] Dass eine Geschwindigkeitsbeschränkung (nur) aus Lärmschutzgründen angeordnet ist, steht der Einordnung eines Verstoßes als grob pflichtwidrig nicht entgegen.[20]

17 Die Anordnung eines Fahrverbots gemäß § 25 Abs. 1 S. 1 StVG wegen grober Verletzung der Pflichten eines Kraftfahrzeugführers kommt auch bei einer die Voraussetzungen des § 2 Abs. 1 S. 1 Nr. 1 BKatV erfüllenden Geschwindigkeitsüberschreitung nicht in Betracht, wenn die Ordnungswidrigkeit darauf beruht, dass der Betroffene infolge einfacher Fahrlässigkeit ein die Geschwindigkeit begrenzendes Verkehrszeichen übersehen hat, und keine weiteren Anhaltspunkte vorliegen, aufgrund derer sich die Geschwindigkeitsbeschränkung aufdrängen musste.[21]

Wenn ein Regeltatbestand für ein Fahrverbot i.S.v. § 4 Abs. 1 Nr. 1 BKatV vorliegt, ist die Anordnung eines Fahrverbots auch dann rechtmäßig, wenn eine einschlägige Voreintragung gar nicht erst in die Verhandlung eingebracht worden ist.[22]

16 *AG Frankfurt*, Urt. v. 10.03.2020 – 971 OWi 955 Js-OWi 65423/19, juris.
17 *BGH*, Beschl. v. 05.11.1991 – 4 StR 350/91, BGHSt 38, 106–111.
18 *BGH*, Beschl. v. 11.09.1997 – 4 StR 557/96, juris.
19 *OLG Bamberg*, Beschl. v. 12.02.2018 – 2 Ss OWi 63/18, juris.
20 *OLG Karlsruhe*, Beschl. v. 09.10.2017 – 2 Rb 8 Ss 643/17, juris.
21 *BGH*, Beschl. v. 11.09.1997 – 4 StR 638/96, BGHSt 43, 241–252.
22 *OLG Zweibrücken*, Beschl. v. 28.02.2018 – 1 OWi 2 Ss Bs 106/ 17, Rn. 23, juris.

Es ist Bußgeldbehörden und Staatsanwaltschaften durchaus anzuraten, auf erstinstanzlich ohne fachliche Begründung oder mit fehlerhafter fachlicher Begründung herabgesetzte Fahrverbote mittels Rechtsbeschwerde zu reagieren wie es ein vom BayObLG entschiedener Fall erfolgversprechend nahelegt. Dabei wurde in einem Bußgeldbescheid wegen einer fahrlässigen Überschreitung der zulässigen Höchstgeschwindigkeit außerhalb geschlossener Ortschaften um 66 km/h eine Geldbuße in Höhe von 880 Euro sowie ein mit einer Anordnung nach § 25 Abs. 2a StVG versehenes Fahrverbot für die Dauer von zwei Monaten festgesetzt. Auf den Einspruch des Betroffenen verurteilte das Amtsgericht diesen daraufhin allerdings nur zu einer Geldbuße von 240 Euro und verhängte lediglich ein mit einer Anordnung nach § 25 Abs. 2a StVG versehenes Fahrverbot für die Dauer von einem Monat.[23]

Nur durch mutig eingelegte Rechtsbeschwerden kann in vielen Fällen möglicher amtsgerichtlicher Fehlentscheidungen dem Schutzzweck der Verkehrssicherheit zugunsten potenzieller Verkehrsunfallopfer Geltung verschafft werden.

#### b) Abs. 1 Satz 1 Nr. 2

In der zweiten Tabelle geht es um Verstöße gegen den Sicherheitsabstand gem. § 4 Abs. 1 StVO. 18

19

| Lfd. Nr. | Tatbestand | StVO | Regelsatz in € Fahrverbot |
|---|---|---|---|
| 12.6 | b) bei einer Geschwindigkeit von mehr als 100 km/h | | |
| 12.6.3 | weniger als 3/10 des halben Tachowertes | | 160<br>1 Monat |
| 12.6.4 | weniger als 2/10 des halben Tachowertes | | 240<br>2 Monate |
| 12.6.5 | weniger als 1/10 des halben Tachowertes | | 320<br>3 Monate |
| 12.7 | b) bei einer Geschwindigkeit von mehr als 130 km/h | | |
| 12.7.3 | weniger als 3/10 des halben Tachowertes | | 240<br>1 Monat |
| 12.7.4 | weniger als 2/10 des halben Tachowertes | | 320<br>2 Monate |
| 12.7.5 | weniger als 1/10 des halben Tachowertes | | 400<br>3 Monate |

Allgemein ist eine Voraussetzung für die Aburteilung eines Abstandsverstoßes, dass eine nur ganz vorübergehende Unterschreitung des zulässigen Abstands ausgeschlossen 20

23 *Bayerisches Oberstes Landesgericht*, Beschl. v. 16.05.2022 – 201 ObOWi 475/22, Rn. 1, juris.

werden kann. Dieses Postulat soll gewährleisten, dass der Verstoß auch vorwerfbar begangen wurde, was etwa bei einem plötzlichen Abbremsen oder einem unerwarteten Spurwechsel durch den Vorausfahrenden fraglich sein könnte.[24]

Genauer gesagt handelt tatbestandsmäßig im Sinne einer vorwerfbaren Abstandsunterschreitung gem. §§ 4 I 1, 49 I Nr. 4 StVO; § 24 StVG bereits, wer zu irgendeinem Zeitpunkt seiner Fahrt objektiv pflichtwidrig und subjektiv vorwerfbar den im einschlägigen Bußgeld-Tatbestand gewährten Abstand unterschreitet.[25] Auf das Vorliegen einer nicht nur ganz vorübergehenden Abstandsunterschreitung kommt es dagegen nur dann an, wenn Verkehrssituationen in Frage stehen, wie etwa das plötzliche Abbremsen des Vorausfahrenden oder der abstandsverkürzende Spurwechsel eines dritten Fahrzeugs, die kurzzeitig zu einem sehr geringen Abstand führen, ohne dass dem Nachfahrenden allein deshalb eine schuldhafte Pflichtverletzung angelastet werden könne.

Ohne Vorliegen konkreter dagegen sprechender Anhaltspunkte muss davon ausgegangen werden, dass einem Fahrzeugführer das Unterschreiten des Sicherheitsabstandes jedenfalls dann bewusst gewesen ist und er dies zumindest billigend in Kauf genommen hat, wenn er über einen Zeitraum, in dem er den Abstand zum vorausfahrenden Fahrzeug bei gehöriger Aufmerksamkeit wahrnehmen, mittels der in der Fahrschülerausbildung üblicherweise gelehrten Methoden (2-Sekunden-Test für Außerortsverkehr, Anzahl der Fahrzeuglängen oder Anzahl der zwischen den Fahrzeugen befindlichen Leitpfosten) überprüfen und korrigieren konnte, bei nicht abnehmender Geschwindigkeit des vorausfahrenden Fahrzeugs lediglich einen Abstand von weniger als 3/10 des Tachowertes einhält, so dass ein Schätzfehler fernliegt und die Begründung von Fahrlässigkeit gleichsam rechtsfehlerfrei nicht mehr möglich wäre.[26]

21 Wird einem Betroffenen ein Abstandsverstoß vorgeworfen, kann ein verkehrsrechtliches Fehlverhalten des Vorausfahrenden durch eine anlasslose Geschwindigkeitsreduzierung um fast 10 km/h und dessen Verbleib auf der linken von drei Autobahnfahrspuren trotz freier mittlerer Spur, dazu führen, dass ein Absehen vom Fahrverbot gegen Erhöhung der Geldbuße geboten sein kann, wenn auch die sonstigen Umstände kein Regelfahrverbot zwingend erforderlich erscheinen lassen.[27] Der gegen die Anordnung eines Regelfahrverbotes wegen eines Abstandsverstoßes vorgebrachte Einwand, ein unerwarteter Spurwechsel des vorausfahrenden Fahrzeugs vor der Beobachtungsstrecke bei gleichzeitigem gefahrvollen Auffahren des nachfolgenden Fahrzeugs ist nur beachtlich, wenn es dem Betroffenen bis zur Messung weder möglich war, die durch das Ausscheren des vorausfahrenden Fahrzeugs geschaffene Lücke auf der benachbarten Fahrspur zu nutzen, noch durch behutsame Verringerung der eigenen Geschwindigkeit den Abstand zum Vordermann signifikant zu steigern.[28] Von einem wegen

24 *OLG Karlsruhe*, Beschl. v. 08.04.2016 – 3 (4) SsBs 121/16, juris.

25 *OLG Hamm*, Beschl. v. 22.12.2014 – 3 RBs 264/14, BeckRS 2015, 2211, beck-online, auch zum Folgenden.

26 *AG Landstuhl*, Urt. v. 20.04.2021 – 2 OWi 4211 Js 1233/21, juris.

27 *AG Landstuhl*, Urt. v. 22.02.2016 – 2 OWi 4286 Js 14527/15, juris.

28 *OLG Bamberg*, Beschl. v. 17.09.2015 – 3 Ss OWi 1048/15, juris.

Unterschreitung des Mindestabstandes von einem vorausfahrenden Fahrzeug nach § 4 Abs. 1 Satz 1 Nr. 2 BKatV verwirkten Regelfahrverbot im Sinne von § 25 Abs. 1 Satz 1 1. Alt. StVG darf jedenfalls nicht allein mit der Begründung abgesehen werden, dass der die Fahrverbotsanordnung indizierende untere Tabellengrenzwert (sog. »Fahrverbotsschwelle«) nur knapp unterschritten wurde.[29]

### c) Abs. 1 Satz 1 Nr. 3

In der dritten Tabelle geht es um diverse Verstöße gegen Vorschriften der StVO mit besonderem Gefährdungspotenzial. 22

23

| Lfd. Nr. | Tatbestand | StVO | Regelsatz in €<br>Fahrverbot |
|---|---|---|---|
| 19 | Überholt, obwohl nicht übersehen werden konnte, dass während des ganzen Überholvorgangs jede Behinderung des Gegenverkehrs ausgeschlossen war, oder bei unklarer Verkehrslage | | **100** |
| 19.1 | und dabei ein Überholverbot (§ 19 Absatz 1 Satz 3 StVO, Zeichen 276, 277) nicht beachtet oder Fahrstreifenbegrenzung (Zeichen 295, 296) überquert oder überfahren oder der durch Pfeile vorgeschriebenen Fahrtrichtung (Zeichen 297) nicht gefolgt | | **150** |
| 19.1.1 | – mit Gefährdung | § 5 Absatz 2 Satz 1, Absatz 3 Nummer 1<br>§ 19 Absatz 1 Satz 3<br>§ 49 Absatz 1 Nummer 5, 19a § 41 Absatz 1 i.V.m. Anlage 2 zu lfd. Nr. 53 und 54 und lfd. Nr. 53 und 54 (Zeichen 276, 277) Spalte 3,lfd. Nr. 68 (Zeichen 295) Spalte 3 Nummer 1a, lfd. Nr. 69, 70 (Zeichen 296, 297) Spalte 3 Nummer 1<br>§ 49 Absatz 3 Nummer 4<br>§ 1 Absatz 2<br>§ 49 Absatz 1 Nummer 1 | **250**<br>**1 Monat** |

29 *OLG Bamberg*, Beschl. v. 28.12.2011 – 3 Ss OWi 1616/11, juris.

| Lfd. Nr. | Tatbestand | StVO | Regelsatz in €<br>Fahrverbot |
|---|---|---|---|
| 19.1.2 | – mit Sachbeschädigung | | **300**<br>**1 Monat** |
| 21 | Mit einem Kraftfahrzeug mit einer zulässigen Gesamtmasse über 7,5 t überholt, obwohl die Sichtweite durch Nebel, Schneefall oder Regen weniger als 50 m betrug | § 5 Absatz 3a<br>§ 49 Absatz 1 Nummer 5 | **120** |
| 21.1 | – mit Gefährdung | § 5 Absatz 3a<br>§ 1 Absatz 2<br>§ 49 Absatz 1 Nummer 1, 5 | **200**<br>**1 Monat** |
| 21.2 | – mit Sachbeschädigung | | **240**<br>**1 Monat** |
| 39 | Abgebogen, ohne Fahrzeug durchfahren zu lassen | § 9 Absatz 3 Satz 1, 2, Absatz 4 Satz 1<br>§ 49 Absatz 1 Nummer 9 | **40** |
| 39.1 | – mit Gefährdung | § 9 Absatz 3 Satz 1, 2, Absatz 4 Satz 1<br>§ 1 Absatz 2<br>§ 49 Absatz 1 Nummer 1, 9 | **140**<br>**1 Monat** |
| 41 | Beim Abbiegen auf zu Fuß Gehende keine besondere Rücksicht genommen und diese dadurch gefährdet | § 9 Absatz 3 Satz 3<br>§ 1 Absatz 2<br>§ 49 Absatz 1 Nummer 1, 9 | **140**<br>**1 Monat** |
| 50 | Bei stockendem Verkehr auf einer Autobahn oder Außerortsstraße für die Durchfahrt von Polizei oder Hilfsfahrzeugen keine vorschriftsmäßige Gasse gebildet | § 11 Absatz 2<br>§ 49 Absatz 1 Nummer 11 | **200** |
| 50.1 | – mit Behinderung | § 11 Absatz 2 § 1 Absatz 2<br>§ 49 Absatz 1 Nummer 11 | **240**<br>**1 Monat** |
| 50.2 | – mit Gefährdung | | **280**<br>**1 Monat** |
| 50.3 | – mit Sachbeschädigung | | **320**<br>**1 Monat** |
| 50a | Unberechtigt mit einem Fahrzeug auf einer Autobahn oder Außerortsstraße eine freie Gasse für die Durchfahrt von Polizei- oder Hilfsfahrzeugen benutzt | § 11 Absatz 2<br>§ 49 Absatz 1 Nummer 11 | **240**<br>**1 Monat** |

| Lfd. Nr. | Tatbestand | StVO | Regelsatz in €<br>Fahrverbot |
|---|---|---|---|
| 50a.1 | – mit Behinderung | § 11 Absatz 2<br>§ 1 Absatz 2<br>§ 49 Absatz 1 Nummer 1, 11 | **240**<br>**1 Monat** |
| 50a.2 | – mit Gefährdung | | **300**<br>**1 Monat** |
| 50a.3 | – mit Sachbeschädigung | | **320**<br>**1 Monat** |
| 83 | Gewendet, rückwärts oder entgegen der Fahrtrichtung gefahren | § 18 Absatz 7 § 2 Absatz 1<br>§ 49 Absatz 1 Nummer 2, 18 | |
| 83.3 | auf der durchgehenden Fahrbahn | | **200**<br>**1 Monat** |
| 89 b | Bahnübergang unter Verstoß gegen die Wartepflicht nach § 19 Absatz 2 StVO überquert | | |
| 89 b.2 | in den Fällen des § 19 Absatz 2 Satz 1 Nummer 2 bis 5 StVO (außer bei geschlossener Schranke) | § 19 Absatz 2 Satz 1 Nummer 2 bis 5<br>§ 49 Absatz 1 Nummer 19 Buchstabe a | **240**<br>**1 Monat** |
| 132 | Als Kfz-Führer in anderen als den Fällen des Rechtsabbiegens mit Grünpfeil rotes Wechsellichtzeichen oder rotes Dauerlichtzeichen nicht befolgt | § 37 Absatz 2 Nummer 1 Satz 7, 11, Nummer 2, Absatz 3 Satz 1, 2<br>§ 49 Absatz 3 Nummer 2 | **90** |
| 132.1 | – mit Gefährdung | § 37 Absatz 2 Nummer 1 Satz 7, 11, Nummer 2, Absatz 3 Satz 1, 2<br>§ 1 Absatz 2 § 49 Absatz 1 Nummer 1, Absatz 3 Nummer 2 | **200**<br>**1 Monat** |
| 132.2 | – mit Sachbeschädigung | | **240**<br>**1 Monat** |
| 132.3 | bei schon länger als 1 Sekunde andauernder Rotphase eines Wechsellichtzeichens | § 37 Absatz 2 Nummer 1 Satz 7, 11, Nummer 2<br>§ 49 Absatz 3 Nummer 2 | **200**<br>**1 Monat** |

| Lfd. Nr. | Tatbestand | StVO | Regelsatz in €<br>Fahrverbot |
|---|---|---|---|
| 132.3.1 | – mit Gefährdung | § 37 Absatz 2 Nummer 1 Satz 7, 11, Nummer 2<br>§ 1 Absatz 2<br>§ 49 Absatz 1 Nummer 1, Absatz 3 Nummer 2 | **320**<br>**1 Monat** |
| 132.3.2 | – mit Sachbeschädigung | | **360**<br>**1 Monat** |
| 135 | Einem Einsatzfahrzeug, das blaues Blinklicht zusammen mit dem Einsatzhorn verwendet hatte, nicht sofort freie Bahn geschaffen | § 38 Absatz 1 Satz 2<br>§ 49 Absatz 3 Nummer 3 | **240**<br>**1 Monat** |
| 135.1 | – mit Gefährdung | § 38 Absatz 1 Satz 2<br>§ 1 Absatz 2<br>§ 49 Absatz 1 Nummer 1, Absatz 3 Nummer 3 | **280**<br>**1 Monat** |
| 135.2 | – mit Sachbeschädigung | | **320**<br>**1 Monat** |
| 152 | Eine für kennzeichnungspflichtige Kraftfahrzeuge mit gefährlichen Gütern (Zeichen 261) oder für Kraftfahrzeuge mit wassergefährdender Ladung (Zeichen 269) gesperrte Straße befahren | § 41 Absatz 1 i.V.m. Anlage 2 lfd. Nr. 35, 43 (Zeichen 261, 269) Spalte 3<br>§ 49 Absatz 3 Nummer 4 | **100** |
| 152.1 | bei Eintragung von bereits einer Entscheidung wegen Verstoßes gegen Zeichen 261 oder 269 im Fahreignungsregister | | **250**<br>**1 Monat** |

Das *Kammergericht* macht den Schutzzweck dieser Fahrverbote in einer Entscheidung sehr gut deutlich:[30]

»Nach der auch von den Gerichten zu beachtenden Vorbewertung des Verordnungsgebers in § 4 Abs. 1 Satz 1 Nr. 3 BKatV ist eine grobe Pflichtverletzung im Sinne von § 25 Abs. 1 Satz 1 StVG bei der hier vorliegenden Verkehrsordnungswidrigkeit bereits indiziert, die zugleich ein derart hohes Maß an Verantwortungslosigkeit im Straßenverkehr offenbart, dass es regelmäßig zur Anordnung eines Fahrverbotes als

30 *Kammergericht*, Beschl. v. 21.04.2022 – 3 Ws (B) 64/22, Rn. 25, juris.

Denkzettel und Besinnungsmaßnahme Anlass gibt. Diese Bindung der Sanktionspraxis dient der Gleichbehandlung der Verkehrsteilnehmer und der Vorhersehbarkeit und Berechenbarkeit der durch bestimmte Verkehrsverstöße ausgelösten Rechtsfolgen. Das Tatgericht ist in diesen Fällen gehalten, ein Fahrverbot anzuordnen.«

Nach dem neu gefassten Tatbestand des § 11 Abs. 2 StVO ist eine Rettungsgasse bei stehenden oder nur Schrittgeschwindigkeit fahrenden Fahrzeugen u.a. auf der Autobahn zu bilden. Dagegen hat der Betroffene verstoßen. Denn nach den gerichtlichen Feststellungen befuhr er den mittleren Fahrstreifen der BAB. Es hatte sich bereits eine Rettungsgasse zwischen dem von ihm befahrenen Fahrstreifen und dem linken Fahrstreifen gebildet, als er seinen Fahrstreifenwechsel von dem mittleren in den linken Fahrstreifen einleitete. Er war aber nicht in der Lage, diesen zu beenden und blockierte daher die Rettungsgasse für das herannahende mit eingeschaltetem Martinshorn und Blaulicht fahrenden Einsatzfahrzeug der Polizei mit der Folge, dass dieses seine Geschwindigkeit auf 1 km/h reduzieren und das schräg in der Gasse stehende Fahrzeug des Betroffenen umfahren musste. Diese Feststellungen zur tatsächlichen Verkehrslage lassen den von Gericht gezogenen Schluss zu, dass die Fahrzeugkolonne auf der linken Spur entweder »stockte« oder »teilweise zum Stillstand« gekommen war.[31]

Für einen Rotlichtverstoß an einer Baustellenampel entschied unlängst das *OLG Zweibrücken*, der Normgeber habe für einen qualifizierten Rotlichtverstoß eine scharfe Ahndung der Missachtung eines Wechsellichtzeichens trotz bereits länger als eine Sekunde andauernder Rotphase im Hinblick darauf für angezeigt gehalten, dass dieses Verhalten als besonders gefährlich anzusehen ist, weil sich der Querverkehr nach dieser Zeit bereits in dem Bereich der durch Rotlicht gesperrten Fahrbahn befinden kann.[32] Der Anwendungsbereich der Bestimmung beschränke sich jedoch nicht auf den Schutz des Querverkehrs. Auch wenn ein Wechsellicht allein dem Schutz des Gegen- oder Diagonalverkehrs diene, seien ohne weiteres Gefährdungen bevorrechtigter Verkehrsteilnehmer, die auf das eigene Grünlicht vertrauen, möglich. Das Entstehen einer konkreten Gefährdungslage sei dabei – wie auch sonst – nicht erforderlich. 24

Nimmt ein Kraftfahrzeugführer ein Verkehrszeichen über die zulässige Höchstgeschwindigkeit (Zeichen 274) optisch war, ist er aber wegen eines darunter befindlichen **Überholverbotszeichens** (Zeichen 277) und hierzu angebrachter Zusatzschilder der Meinung, dies beziehe sich nicht auf ihn, unterliegt er keinem Tatbestandsirrtum (§ 11 Abs. 1 OWiG), sondern einem **Verbotsirrtum** im Sinne von § 11 Abs. 2 OWiG. Ein (vermeidbarer) Verbotsirrtum führt nicht zwangsläufig zum Wegfall des an sich verwirkten Regelfahrverbots.[33] 25

Wird die Rechtsbeschwerde in Bußgeldsachen wirksam auf den Rechtsfolgenausspruch beschränkt, erwachsen die tatrichterlichen Feststellungen zu der Dauer der **Rotphase** im Rahmen eines Verstoßes gegen ein rotes Wechsellichtzeichen als so 26

31 *Kammergericht*, Beschl. v. 26.02.2020 – 3 Ws (B) 27/20, Rn. 6, juris.

32 *OLG Zweibrücken*, Beschl. v. 08.03.2018 – 1 OWi 2 Ss Bs 107/18, Rn. 9, juris, auch zum Folgenden.

33 *OLG Bamberg*, Beschl. v. 27.01.2017 – 3 Ss OWi 50/17, juris.

genannte doppelrelevante Tatsachen in Rechtskraft und sind damit für das weitere Verfahren, insbesondere für die Frage, ob die Voraussetzungen eines Regelfahrverbots nach § 25 Abs. 1 StVG i.V.m. § 4 Abs. 1 Satz 1 Nr. 3 BKatV i.V.m. der Anlage (zu § 1 Abs. 1 BKatV) Abschnitt I. lfd. Nr. 132.3 BKat vorliegen, bindend.[34]

### d) Abs. 1 Satz 1 Nr. 4

27 Auch in der vierten Tabelle geht es um diverse Verstöße gegen Vorschriften der StVO mit besonderem Gefährdungspotenzial.

28

| Lfd. Nr. | Tatbestand | StVO | Regelsatz in € Fahrverbot |
|---|---|---|---|
| 244 | Beim Führen eines Kraftfahrzeugs Bahnübergang trotz geschlossener Schranke oder Halbschranke überquert | § 19 Absatz 2 Satz 1 Nummer 3<br>§ 49 Absatz 1 Nummer 19 Buchstabe a | **700 €<br>3 Monate** |
| 246 | Elektronisches Gerät rechtswidrig benutzt | § 23 Absatz 1a<br>§ 49 Absatz 1 Nummer 22 | |
| 246.2 | beim Führen eines Fahrzeugs<br>– mit Gefährdung | § 23 Absatz 1a Satz 1,<br>§ 1 Absatz 2<br>§ 49 Absatz 1 Nummer 1, 22 | **150<br>1 Monat** |
| 246.3 | – mit Sachbeschädigung | | **200<br>1 Monat** |
| 250a | Vorschriftswidrig ein Verbot für Kraftwagen mit einem die Gesamtmasse beschränkenden Zusatzzeichen (Zeichen 251 mit Zusatzzeichen 1053–33) oder eine tatsächliche Höhenbeschränkung (Zeichen 265) nicht beachtet, wobei die Straßenfläche zusätzlich durch Verkehrseinrichtungen (Anlage 4 lfd. Nr. 1 bis 4 zu § 43 Absatz 3) gekennzeichnet ist. | § 41 Absatz 1 i.V.m. Anlage 2 lfd. Nr. 27 Spalte 3, lfd. Nr. 29 (Zeichen 251) Spalte 3, lfd. Nr. zu 36 bis 40, lfd. Nr. 39 (Zeichen 265)<br>§ 43 Absatz 3 Satz 2<br>§ 49 Absatz 3 Nummer 4, 6 | **500<br>2 Monate** |

### 3. Absatz 2

29 Besser und verständlicher als das *OLG Hamm* kann man die Verhängung eines Fahrverbots bei beharrlichen Pflichtverletzungen nicht erklären:

34 *Kammergericht*, Beschl. v. 12.04.2017 – 3 Ws (B) 31/17, juris.

*»Eine **beharrliche Pflichtverletzung** i.S.v. § 25 Abs. 1 Satz 1 StVG liegt vor, wenn ein Verkehrsteilnehmer durch die wiederholte Verletzung von Rechtsvorschriften erkennen lässt, dass es ihm an der für die Teilnahme am Straßenverkehr erforderlichen rechtstreuen Gesinnung und der notwendigen Einsicht in zuvor begangenes Unrecht fehlt. Bei der Beurteilung, ob ein Verstoß beharrlich ist, kommt es auf die Zahl der Vorverstöße, ihren zeitlichen Abstand aber auch auf ihren Schweregrad an. Mangelnde Rechtstreue wird sich daher eher bei gravierenden Rechtsverstößen zeigen, kommt aber auch bei einer Vielzahl kleiner Rechtsverstöße in Betracht. Erforderlich (insbesondere bei einer Vielzahl kleinerer Regelverstöße) ist, dass ein innerer Zusammenhang i.S. einer auf mangelnder Verkehrsdisziplin beruhenden Unrechtskontinuität zwischen den Zuwiderhandlungen besteht.«*[35] 30

Die Notwendigkeit eines Fahrverbots kann auf rechtmäßige Weise auch aufgrund der spezifischen, eine auffällige Rückfallgeschwindigkeit aufweisenden Vorahndungslage des Betroffenen mit einem beharrlichen Pflichtenverstoß gemäß § 25 Abs. 1 Satz 1 [2. Alt.] StVG außerhalb eines Regelfalls i.S.v. § 4 Abs. 2 Satz 2 BKatV begründet werden.[36] 31

Die Regelahndung nach der Bußgeldkatalogverordnung geht nicht davon aus, dass der Betroffene vorbelastet ist.[37]

Die Wertung eines Pflichtenverstoßes als beharrlich im Sinne von § 25 Abs. 1 Satz 1 2. Alt. StVG setzt nicht ausnahmslos die Feststellung wenigstens einer rechtskräftig abgeschlossenen Ahndung einer früheren Zuwiderhandlung im Zeitpunkt der neuerlichen Tat voraus. Häufig kann und wird es genügen, wenn dem Betroffenen vor der neuen Tat das Unrecht einer früheren Tat auf andere Weise bewusst geworden ist, etwa dann, wenn er durch die Zustellung eines Bußgeldbescheids positive Kenntnis von der Verfolgung der früheren Ordnungswidrigkeit erlangt hatte.[38] Für die Verwirkung eines bußgeldrechtlichen Fahrverbots aufgrund eines Regelfalls im Sinne der §§ 25 Abs. 1 Satz 1 2. Alt. StVG i.V.m. § 4 Abs. 2 Satz 2 BKatV kommt es weder darauf an, ob sich der neuerliche Verkehrsverstoß zugleich als Regelfall nach § 4 Abs. 1 Satz 1 BKatV darstellt, noch darauf, dass der Betroffene bislang erst eine einschlägige Voreintragung aufweist oder darauf, dass die Jahresfrist des § 4 Abs. 2 Satz 2 BKatV nur knapp unterschritten worden ist. 32

Nach einhelliger obergerichtlicher Rechtsprechung ist von Beharrlichkeit im Sinne der §§ 24, 25 Abs. 1 Satz 1 2. Alternative StVG auszugehen bei Verkehrsverstößen, die zwar objektiv (noch) nicht zu den groben Zuwiderhandlungen zählen (Erfolgsunwert), die aber durch ihre zeit- und sachnahe wiederholte Begehung erkennen lassen, dass es dem Betroffenen subjektiv an der für die Straßenverkehrsteilnahme notwendigen rechtstreuen Gesinnung und Einsicht in zuvor begangenes Unrecht fehlt, so

35 *OLG Hamm*, Beschl. v. 17.09.2015 – III-1 RBs 138/15, juris.

36 *OLG Bamberg*, Beschl. v. 07.03.2018 – 3 Ss OWi 284/18, Rn. 8, juris.

37 *OLG Hamm*, Beschl. v. 06.10.2020 – III-4 RBs 321/20, juris.

38 *OLG Bamberg*, Beschl. v. 22.07.2016 – 3 Ss OWi 804/16, juris, auch zum Folgenden.

dass er Verkehrsvorschriften unter Missachtung einer oder mehrerer Vorwarnungen wiederholt verletzt (Handlungsunwert). Auch eine Häufung nur leicht fahrlässiger Verstöße kann unter diesen Umständen mangelnde Rechtstreue offenbaren.[39]Eine noch nicht rechtskräftige Ahndung wegen einer Verkehrsordnungswidrigkeit kann im Rahmen der Beurteilung, ob eine nicht durch den Regelfall des § 4 Abs. 2 Satz 2 BKatV indizierte Beharrlichkeit vorliegt, auch dann berücksichtigt werden, wenn dem Betroffenen das Unrecht der früheren Tat auf andere Weise bewusst geworden war.[40]

33 Auch ein »einfacher« Rotlichtverstoß kann aufgrund der Vorahndungslage des Betroffenen ohne weiteres die mit der Ahndung mit einem bußgeldrechtlichen Fahrverbot verbundene Wertung als beharrlicher Pflichtenverstoß gemäß § 25 Abs. 1 Satz 1 2. Alt. StVG außerhalb eines Regelfalls im Sinne von § 4 Abs. 2 Satz 2 BKatV rechtfertigen.[41] Die wiederholte unbefugte Benutzung eines Mobiltelefons kann die Verhängung eines Fahrverbotes rechtfertigen,[42] jedoch darf auch hierbei das Zeitmoment nicht aus den Augen verloren werden.[43] Dem Zeitmoment kommt, wie sich der Vorschrift des § 4 Abs. 2 Satz 2 BKatV entnehmen lässt, Bedeutung für das Vorliegen eines beharrlichen Pflichtenverstoßes insoweit zu, als nicht nur der Zeitablauf zwischen dem jeweiligen Eintritt der Rechtskraft der Vorahndungen, sondern auch zwischen den jeweiligen Tatzeiten (Rückfallgeschwindigkeit) zu berücksichtigen ist.[44] Dies ist etwa dann anzunehmen, wenn der Betroffene von deren Verfolgung durch die polizeiliche Anhaltung unmittelbar nach der Messung, dem nachweislichen Erhalt eines Anhörungsbogens oder die Zustellung eines Bußgeldbescheides bereits Kenntnis erlangt hatte.

Verstöße gegen § 23 Abs. 1a StVO stehen wegen ihrer regelmäßig gravierenden Beeinträchtigung der Fahrleistung bei gleichzeitig massiver Steigerung des Gefährdungspotentials für Dritte wertungsmäßig anderen typischen Massenverstößen im Straßenverkehr wie Geschwindigkeitsüberschreitungen und Abstandsunterschreitungen gleich, weshalb bei Vorliegen entsprechender Vorahndungen die Anordnung eines Fahrverbots wegen eines (unbenannten) beharrlichen Pflichtenverstoßes vielfach naheliegen wird. Insoweit ist ohne Belang, ob der Verstoß gegen § 23 Abs. 1a StVO als relevante Vorahndung oder aber als Anlasstat selbst die Frage nach der Notwendigkeit einer Fahrverbotsanordnung aufwirft.[45] Der Verstoß gegen § 23 Abs. 1a StVO steht wertungsmäßig anderen typischen Massenverstößen wie Geschwindigkeitsüberschreitungen und Abstandsunterschreitungen auch dann gleich, wenn die Voraussetzungen

39 *Bayerisches Oberstes Landesgericht*, Beschl. v. 10.05.2021 – 201 ObOWi 445/21, Rn. 4, juris.

40 *Bayerisches Oberstes Landesgericht*, Beschl. v. 16.11.2020 – 201 ObOWi 1375/20, juris, auch zum Folgenden.

41 *OLG Bamberg*, Beschl. v. 06.03.2014 – 3 Ss OWi 228/14, juris.

42 *OLG Düsseldorf*, Beschl. v. 11.04.2014 – IV-2 RBs 37/14, juris.

43 *OLG Bamberg*, Beschl. v. 23.11.2012 – 3 Ss OWi 1576/12, juris.

44 *Bayerisches Oberstes Landesgericht*, Beschl. v. 10.05.2021 – 201 ObOWi 445/21, Rn. 4, juris.

45 *Bayerisches Oberstes Landesgericht*, Beschl. v. 15.09.2020 – 202 ObOWi 1044/20, juris.

eines Regelfahrverbots nach § 4 Abs. 1 Satz 1 Nr. 4 BKatV i.V.m. lfd. Nrn. 246.2 und 246.3 BKat nicht gegeben sind. Bei Vorliegen entsprechender Vorahndungen wird deshalb die Anordnung eines Fahrverbots wegen eines (unbenannten) beharrlichen Pflichtenverstoßes vielfach naheliegen. Dies gilt erst recht, wenn der Betroffene bereits wegen eines Verstoßes nach § 23 Abs. 1a StVO einschlägig vorgeahndet ist.[46] 34

Bei einer erheblichen Geschwindigkeitsüberschreitung ist ausnahmsweise von der Verhängung eines Regelfahrverbots nach § 4 Abs. 2 Satz 2 BKatV gegen Erhöhung der Geldbuße abzusehen, wenn sich durch die Beiziehung der Akte außergewöhnliche Umstände der Vortat belegen lassen, so z. B., dass die örtlichen Gegebenheiten Anlass für ein Absehen vom Fahrverbot gegeben haben. Damit ist das Merkmal der »Beharrlichkeit« nicht erfüllt.[47]

Sieht der Tatrichter von der Verhängung eines im Bußgeldbescheid vorgesehenen und wegen mehrerer Voreintragungen auf Beharrlichkeit gestützten Fahrverbots nach § 25 StVG, § 4 Abs. 2 BKatV ab, so kann die Entscheidung des Tatrichters vom Rechtsbeschwerdegericht nur daraufhin überprüft werden, ob er sein Ermessen deshalb fehlerhaft ausgeübt hat, weil er die anzuwendenden Rechtsbegriffe verkannt, die Grenzen des Ermessens durch unzulässige Erwägungen überschritten und sich nicht nach den Grundsätzen und Wertmaßstäben des Gesetzes gerichtet hat; liegt der Entscheidung des Tatrichters keine rechtsfehlerhafte Ermessensabwägung zu Grunde, muss sie als vertretbar hingenommen werden.[48]

### 4. Absatz 3

Laut Absatz 3 wird in der Regel bei den folgenden Bußgeldtatbeständen ein Fahrverbot angeordnet: 35

36

| Lfd. Nr. | Tatbestand | StVO | Regelsatz in €, Fahrverbot |
|---|---|---|---|
| 241 | Kraftfahrzeug geführt mit einer Atemalkoholkonzentration von 0,25 mg/l oder mehr oder mit einer Blutalkoholkonzentration von 0,5 Promille oder mehr oder mit einer Alkoholmenge im Körper, die zu einer solchen Atem- oder Blutalkoholkonzentration führt | § 24a Absatz 1 | 500 €<br>**1 Monat** |
| 241.1 | bei Eintragung von bereits einer Entscheidung nach § 24a StVG, § 316 oder § 315c Absatz 1 Nummer 1 Buchstabe a StGB im Fahreignungsregister | | 1.000 €<br>**3 Monate** |

46 *Bayerisches Oberstes Landesgericht*, Beschl. v. 29.10.2019 – 202 ObOWi 1997/19, juris.
47 *AG Niebüll*, Beschl. v. 20.01.2017 – 6 OWi 110 Js 15152/16 (54/16), juris.
48 *OLG Bamberg*, Beschl. v. 12.12.2007 – 2 Ss OWi 953/07, BeckRS 2008, 7774, beck-online.

| | | | |
|---|---|---|---|
| 241.2 | bei Eintragung von bereits mehreren Entscheidungen nach § 24a StVG, § 316 oder § 315c Absatz 1 Nummer 1 Buchstabe a StGB im Fahreignungsregister | | 1.500 €<br>**3 Monate** |
| 242 | Kraftfahrzeug unter Wirkung eines in der Anlage zu § 24a Absatz 2 StVG genannten berauschenden Mittels geführt | § 24a Absatz 2 Satz 1 i.V.m. Absatz 3 | 500 €<br>**1 Monat** |
| 242.1 | bei Eintragung von bereits einer Entscheidung nach § 24a StVG, § 316 oder § 315c Absatz 1 Nummer 1 Buchstabe a StGB im Fahreignungsregister | | 1.000 €<br>**3 Monate** |
| 242.2 | bei Eintragung von bereits mehreren Entscheidungen nach § 24a StVG, § 316 oder § 315c Absatz 1 Nummer 1 Buchstabe a StGB im Fahreignungsregister | | 1.500 €<br>**3 Monate** |

Bei der Durchführung einer Atemalkoholmessung mit dem Gerät Dräger Alcotest 9510 handelt es sich um ein standardisiertes Messverfahren, weshalb in den Urteilsgründen grundsätzlich die Angabe des Messverfahrens und des von dem Gerät ermittelten Messergebnisses genügt, sofern nicht konkrete Anhaltspunkte für einen Messfehler behauptet werden oder sonst ersichtlich sind.[49] Nur wenn die Beweisaufnahme konkrete Hinweise für Unregelmäßigkeiten ergeben hat, die über pauschale Behauptungen zur Fehlerhaftigkeit der Messung und grundsätzlichen Einwänden des Betroffenen gegen das dem Gerät zugrundeliegende Wirkprinzip hinausgehen, muss das Tatgericht Verfahrensbestimmungen wie Zeitablauf ab Trinkende und Messablauf darstellen.[50] Im Falle eines Freispruchs aus tatsächlichen Gründen ist es rechtsfehlerhaft, wenn das Tatgericht lediglich einzelne Umstände herausgreift, die einer Verurteilung entgegenstehen, nicht aber zunächst die Tatsachen aufführt, die es für erwiesen hält, und sodann darlegt, aus welchen Gründen die für einen Schuldspruch erforderlichen zusätzlichen Feststellungen nicht getroffen werden konnten.

Auch bei Nichterreichen des sog. Nachweisgrenzwertes bleibt eine Ahndung wegen einer tatbestandsmäßigen Drogenfahrt nach § 24a Abs. 2 StVG möglich, sofern neben der den analytischen Nachweisgrenzwert nicht erreichenden konkreten Konzentration des berauschenden Mittels im Blut des Betroffenen weitere Umstände, insbesondere drogenbedingte Verhaltensauffälligkeiten oder rauschmitteltypische Ausfallerscheinungen festgestellt werden, die es als möglich erscheinen lassen, dass der Betroffene am Straßenverkehr teilgenommen hat, obwohl seine Fahrtüchtigkeit durch die

49 *Bayerisches Oberstes Landesgericht*, Beschl. v. 07.01.2021 – 201 ObOWi 1683/20, juris, auch zum Folgenden.

50 *Kammergericht*, Beschl. v. 24.03.2022 – 3 Ws (B) 53/22, juris.

Wirkung des berauschenden Mittels eingeschränkt war.[51] Eine Ahndung nach § 24a Abs. 2 StVG setzt auch unter Berücksichtigung der Rechtsprechung des Bundesverfassungsgerichts nicht voraus, dass bestimmte Grenzwerte erreicht werden.[52] Der analytische Grenzwert, ab dem sicher mit dem Auftreten von Ausfallerscheinungen, also mit einer Einschränkung der Fahrtüchtigkeit im Sinn der Rechtsprechung des Bundesverfassungsgerichts zu rechnen ist, beträgt für Amphetamin 25 ng/ml. Wird dieser Grenzwert nicht erreicht, kommt eine Verurteilung nach § 24a Abs. 2 StVG nur in Betracht, wenn Umstände festgestellt werden, aus denen sich ergibt, dass die Fahrtüchtigkeit des Angeklagten trotz der verhältnismäßig niedrigen Betäubungsmittelkonzentration zwar nicht aufgehoben, aber doch eingeschränkt war.

Möchte das Tatgericht bei einer Verurteilung nach § 24a StVG Ausfallerscheinungen und Fahrfehler bußgelderhöhend berücksichtigen, so hat es diese Umstände darzustellen. Der richtige Ort hierfür sind die Urteilsfeststellungen.[53]

Auch mit Elektrokleinstfahrzeugen können die Tatbestände des § 24a StVG begangen werden.[54] Der Art des geführten Kraftfahrzeugs (hier E-Scooter) kommt für die abstrakte Gefahr, die von einer Trunkenheitsfahrt für die Sicherheit des Straßenverkehrs ausgeht, keine derart bestimmende Bedeutung zu, dass dieser Umstand allein schon die Indizwirkung des Regelbeispiels nach §§ 25 Abs. 1 Satz 2, 24a StVG entfallen lässt.[55]

Weder aus Art. 2 Abs. 1 GG noch aus sonstigem Verfassungsrecht lässt sich die Not- 37
wendigkeit einer weiterreichenden einschränkenden Auslegung von § 24a Abs. 2 StVG des Inhalts herleiten, dass erst ab Erreichen einer bestimmten Wirkstoffkonzentration im Blut im Sinne eines analytischen, lediglich einen Qualitätsstandard beschreibenden Grenzwertes eine Ahndung nach § 24a Abs. 2 StVG in Betracht kommt.[56]

Angesichts des erhöhten Unrechtsgehalts und der Gefährlichkeit einer Ordnungswidrigkeit nach § 24a Abs. 2 StVG versteht sich die Angemessenheit der Anordnung eines Fahrverbots von selbst.[57] In Fällen, in denen das Ermessen des Tatrichters ersichtlich auf Null reduziert ist – etwa, weil der Grenzwert im Rahmen des § 24a StVG um ein Vielfaches überschritten wurde oder es sich um einen unbelehrbaren Wiederholungstäter handelt – erscheint es ausnahmsweise als vertretbar, wenn die Prüfung des Vorliegens eines Ausnahmefalles in den Urteilsgründen nicht zum Ausdruck kommt.

Ein Absehen vom gesetzlichen Regelfahrverbot nach § 25 Abs. 1 Satz 2 StVG kommt 38
unbeschadet der Gültigkeit des rechtsstaatlichen Übermaßverbotes nur in Härtefällen ganz außergewöhnlicher Art in Betracht oder wenn wegen besonderer Umstände das

51 *OLG Bamberg*, Beschl. v. 11.12.2018 – 3 Ss OWi 1526/18, juris.
52 *OLG München*, Beschl. v. 13.03.2006 – 4St RR 199/05, juris, auch zum Folgenden.
53 *Kammergericht*, Beschl. v. 23.04.2021 – 3 Ws (B) 87/21, juris.
54 *Fromm*, Alkoholfahrten, S. 234.
55 *OLG Zweibrücken*, Beschl. v. 29.06.2021 – 1 OWi 2 SsBs 40/21, juris.
56 *OLG Bamberg*, Beschl. v. 27.02.2007 – 3 Ss OWi 688/2005, juris.
57 *OLG Celle*, Beschl. v. 18.12.2019 – 2 Ss (OWi) 338/19, juris, auch zum Folgenden.

Tatgeschehen ausnahmsweise aus dem Rahmen einer typischen Ordnungswidrigkeit nach § 24a Abs. 1 StVG derart herausfällt, dass die Verhängung des Regelfahrverbots als offensichtlich unpassend anzusehen wäre.[58] Eine Ausnahme von einem nach §§ 24a Abs. 1 und 3, 25 Abs. 1 Satz 2 StVG i.V.m. § 4 Abs. 3 BKatV verwirkten Regelfahrverbot kann jedoch nicht damit begründet werden, dass die in § 24a Abs. 1 StVG genannten Grenzwerte für die bußgeldbewehrte Atemalkohol- oder Blutalkoholkonzentration nur geringfügig überschritten wurden.

39 Das Absehen von der Verhängung eines Fahrverbots nach §§ 24a, 25 Abs. 1 S. 2 StVG kommt nur bei Vorliegen ganz besonderer Ausnahmeumstände äußerer und innerer Art in Betracht oder wenn das Fahrverbot für den Betroffenen eine außergewöhnliche Härte bedeuten würde. Berufliche und wirtschaftliche Schwierigkeiten bringt das Fahrverbot nicht nur in Ausnahmefällen mit sich, sondern solche entstehen regelmäßig und sind grundsätzlich vom Betroffenen als selbst verschuldet in Kauf zu nehmen.[59]

### 5. Absatz 4

40 Nach der Vorschrift des § 4 Abs. 4 BKatV soll, wenn von der Anordnung eines Fahrverbots ausnahmsweise abgesehen wird, das für den betreffenden Tatbestand als Regelsatz vorgesehene Bußgeld angemessen erhöht werden. Dies ist nach dem Wortlaut sowie Sinn und Zweck dieser Regelung aber nur dann zulässig, wenn die Voraussetzungen für die Verhängung eines Fahrverbots an sich vorliegen, denn eine angemessene Erhöhung der Regelgeldbuße ist nur anstelle eines grundsätzlich verwirkten Fahrverbots zulässig.[60]

41 Es gibt zahlreiche Gründe, von einem Fahrverbot ausnahmsweise abzusehen, jedoch haben alle Bußgeldbehörden und –gerichte zu beachten, dass es sich um Ausnahmen handeln muss, die nicht zur Regel werden dürfen. Der Ausnahmecharakter dieser Regelung erfordert es daher in jeder Bußgeldbehörde, die prozentuale Anwendung dieser Ausnahmereglung zu erfassen.

42 Von der Anordnung eines Fahrverbotes nach einer Trunkenheitsfahrt kann jedenfalls dann abgesehen werden, wenn dem Fahrverbot wegen Anrechnung einer vorläufigen Fahrerlaubnisentziehung nur noch deklaratorische Bedeutung zukommen würde und die Zeit der vorläufigen Fahrerlaubnismaßnahmen die Dauer des eigentlich anzuordnenden Regelfahrverbots deutlich überschritten hat.[61]

### 6. Absehen vom Fahrverbot

43 Ausnahmen des Absehens vom Regelfahrverbot nach § 4 Abs. 1 Nr. 1 BKatV in Verbindung mit Nr. 11.3.6 der Anlage zu § 1 Abs. 1 BKatV sind nur dann in Betracht zu

58 *OLG Bamberg*, Beschl. v. 29.10.2012 – 3 Ss OWi 1374/12, juris, auch zum Folgenden.
59 *OLG Hamm*, Beschl. v. 17.09.2009 – 2 Ss OWi 641/09, juris.
60 *OLG Koblenz*, Beschl. v. 07.05.2014 – 2 SsBs 22/14, juris.
61 *AG Lüdinghausen*, Urt. v. 06.05.2008 – 9 Ds 82 Js 64/08 – 35/08, juris.

ziehen, wenn die Tatumstände vom Regelfall so erheblich zugunsten des Betroffenen abweichen, dass es sich um einen ganz besonderen Ausnahmefall handelt, den der Gesetzgeber mit der Regelung des Bußgeldkataloges und dem dort normierten Regelfahrverbot nicht erfassen wollte, oder aber dass die Anordnung der Maßregel für den Betroffenen eine ganz **außergewöhnliche Härte** darstellt, die er nicht durch ihm zumutbare Maßnahmen abfedern kann.[62] Bei der Prüfung des Vorliegens einer außergewöhnlicher Härte ist nach der Einführung des § 25 Abs. 2a StVG mit der Möglichkeit, den Beginn der Wirksamkeit des Verbots innerhalb eines Zeitraums von vier Monaten selbst zu bestimmen, ein noch strengerer Maßstab als in der Vergangenheit anzulegen. Insbesondere ist es einem Betroffenen zuzumuten, durch – gegebenenfalls unbezahlten – Urlaub die Zeit eines Fahrverbots zu überbrücken und für die finanziellen Belastungen notfalls einen Kredit aufzunehmen.[63]

Außergewöhnliche Verkehrssituationen können ein Absehen vom Fahrverbot rechtfertigen, wenn diese auf eine plausibel erklärte Weise fehlbeurteilt werden und dadurch keine nachteilige Verkehrsgesinnung deutlich wird. Von der Verhängung des Regelfahrverbots nach einem Rotlichtverstoß kann daher ohne Erhöhung der Geldbuße abgesehen werden, wenn der Fahrzeugführer an einer Baustelle die kleinere, etwas rechtsstehende Baustellenampel übersieht, weil das Blickfeld durch die Größe der außer Betrieb gesetzten Lichtzeichenanlage, die nicht abgedeckt ist, und deren zusätzliche weiße Umrandung der Wechsellichtzeichen dominiert wird, und weil er ohne die weitere Ersatzlichtzeichenanlage aufgrund der Beschilderung Vorfahrt gehabt hätte.[64] Zwar ist wegen des Missachtens des Rotlichts eine entsprechende Geldbuße zu verhängen, aber der Fahrer hat nicht gröblich gegen die Pflichten eines Fahrzeugführers verstoßen, weil bei ihm das subjektiv erforderliche besonders verantwortungslose Verhalten fehlt.

Bei einer dreispurig autobahnmäßig ausgebauten Landstraße mit Mittelleitplanke braucht ein auswärtiger Verkehrsteilnehmer außerhalb geschlossener Ortschaften nicht mit einer Geschwindigkeitsbegrenzung auf 70 km/h zu rechnen, wenn keine Gründe für eine solche Einschränkung, wie z.B. Baustelle, Belagsmängel oder ähnliches vorhanden sind. Ergibt sich diese Verkehrssituation aus einem zulässiger Weise zur Identifizierung des Betroffenen aus den Akten in Bezug genommenen Lichtbild, so muss sich der Tatrichter auch dann mit dem Vorliegen eines Augenblickversagens auseinandersetzen, wenn sich der Betroffene nach den Urteilsgründen nicht ausdrücklich hierauf berufen hat.[65]

Auch bei einem qualifizierten Rotlichtverstoß mit schon länger als eine Sekunde andauernder Rotphase ist ausnahmsweise von der Verhängung eines Fahrverbots abzusehen, wenn auf dem durch das Rotlicht geschützten, gut überschaubaren Fußgängerüberweg

62 *Kammergericht*, Beschl. v. 31.10.2014 – 3 Ws (B) 487/14, juris.
63 *Kammergericht*, Beschl. v. 05.11.2014 – 3 Ws (B) 528/14, juris.
64 *AG Mettmann*, Urt. v. 06.02.2020 – 32 OWi – 923 Js 1085/19 – 251/19, juris, auch zum Folgenden.
65 *OLG Karlsruhe*, Beschl. v. 30.11.2005 – 1 Ss 120/05, NZV 2006, 325 ff.

kein Fußgänger zu sehen ist, der Fahrzeugführer zunächst vor der Rotlicht zeigenden Lichtzeichenanlage anhält und sodann aufgrund bloßer Unaufmerksamkeit mit geringer Geschwindigkeit anfährt, sodass die Möglichkeit einer abstrakten Gefährdung von Fußgängern äußerst gering ist.[66]

Macht der Betroffene geltend, aufgrund einer Fahrt mit einem ihm fremden Fahrzeug eine Beschränkung der zulässigen Höchstgeschwindigkeit verkannt zu haben, scheidet eine Ausnahme von einem an sich verwirkten Regelfahrverbot aufgrund besonderer Tatumstände, insbesondere die Anerkennung eines privilegierenden sog. Augenblicksversagens, regelmäßig aus.[67]

Mit welcher Chuzpe zuweilen die Verteidiger gemeinsam mit den Mandanten gegen Regelfahrverbote vorgehen wollen, zeigt augenfällig eine Entscheidung des *AG Dortmund:*[68]

*»Hinsichtlich des Regelfahrverbotes hat der Betroffene geltend gemacht, dass er seinen Führerschein benötige, um seine geplante Selbständigkeit anschieben zu können. Auf Nachfrage hatte er keinerlei Unterlagen insoweit dabei. Er erklärte auch, dass er sich noch nicht selbständig gemacht habe, dies nur plane und Kontaktgespräche führe. Er könne insoweit auch keinerlei Unterlagen vorlegen, die derartiges belegen würden. Keiner seiner Geschäftspartner könne ihm bescheinigen, dass er Informationsgespräche über eine beabsichtigte Selbständigkeit mit ihm geführt habe. Der Angeklagte konnte auch nicht erklären, wie oft und wohin ihn die angeblichen Fahrten in Deutschland führen. Dem Angeklagten wurde die strenge Rechtsprechung zum Absehen vom Regelfahrverbot der Oberlandesgerichte vorgestellt. Der Angeklagte fand dies ebenso wie sein Verteidiger übermäßig hart. Bei anderen Gerichten sei es eine Frage von 2 Minuten, dass vom Fahrverbot abgesehen werde. Das Gericht hier erklärte, dass es schon Mittel der Glaubhaftmachung zu beruflichen Härten benötige, soweit solche geltend gemacht würden. Der Betroffene erklärte, er könne keine solche Glaubhaftmachungen vortragen. Dementsprechend hat das Gericht das vorgesehene 1-monatige Regelfahrverbot festgesetzt.«*

Stützt sich der Tatrichter für seine Überzeugung vom Vorliegen eines das Absehen vom Fahrverbot rechtfertigenden Härtefalls auf eine schriftliche Bestätigung des Arbeitgebers, ist deren Inhalt zumindest sinngemäß im Urteil derart wiederzugeben, dass dem Rechtsbeschwerdegericht eine hinreichende Überprüfung ermöglicht ist. Darüber hinaus besteht in aller Regel Anlass, deren Stichhaltigkeit kritisch zu überprüfen und das Ergebnis im Urteil darzustellen. Um das Vorliegen einer bloßen Gefälligkeitserklärung auszuschließen, wird regelmäßig die Vernehmung des Arbeitgebers, seines Personalverantwortlichen oder des sonstigen Ausstellers veranlasst sein.[69]

Dass ein Betroffener berufsbedingt stärker dem Risiko wiederholter straßenverkehrsrechtlicher Auffälligkeit ausgesetzt ist, rechtfertigt ein Abweichen von einem nach

---

66 *OLG Düsseldorf*, Beschl. v. 30.08.2019 – IV-1 RBs 270/18, juris.

67 *Bayerisches Oberstes Landesgericht*, Beschl. v. 17.09.2019 – 201 ObOWi 1580/19, juris.

68 *AG Dortmund*, Urt. v. 04.09.2020 – 729 OWi – 264 Js 1158/20 – 104/20, Rn. 6 – 7, juris.

69 *Bayerisches Oberstes Landesgericht*, Beschl. v. 31.07.2019 – 202 ObOWi 1244/19, juris.

§ 4 Abs. 2 Satz 2 BKatV verwirkten Regelfahrverbot auch bei einer geständigen Einlassung oder einem sonst günstigen, ggf. in einer Einspruchsbeschränkung auf den Rechtsfolgenausspruch zum Ausdruck gebrachten Eindruck oder einer aus sonstigen Gründen positiven Prognose hinsichtlich des zukünftigen Verkehrsverhaltens grundsätzlich nicht; dies liefe auf eine ungerechtfertigte Privilegierung von sich über wiederholte Warnappelle beharrlich hinwegsetzenden ›Wiederholungstätern‹ hinaus, was mit der vom Verordnungsgeber mit der Umschreibung des Regelfalls eines beharrlichen Pflichtenverstoßes zu entnehmenden Wertung unvereinbar wäre.[70]

Auch eine in vier erheblichen Geschwindigkeitsüberschreitungen zum Ausdruck gekommene Rücksichtslosigkeit des Betroffenen gegenüber Leib und Leben anderer Verkehrsteilnehmer lässt ein Absehen von einem Fahrverbot nicht mehr zu.[71]

Sieht ein Tatgericht von der Verhängung eines Regelfahrverbotes wegen eines Härtefalls ab, so stellt es einen sachlich-rechtlichen Fehler dar, wenn die den **Härtefall** begründenden Feststellungen auf der Einlassung des Betroffenen beruhen, der Tatrichter die Richtigkeit dieser Einlassung aber nicht überprüft hat.[72] Eine unkritische Würdigung der Einlassung des Betroffenen und seiner Zeugen rechtfertigt es nämlich nicht, vom Verhängen eines Regelfahrverbotes abzusehen.[73]

Nach den allein maßgeblichen Urteilsgründen kann auch aus der Tatsache, dass ein Betroffener selbstständiger Bauleiter ist, ein Verstoß gegen den Verhältnismäßigkeitsgrundsatz nicht festgestellt werden.[74] Insoweit hat die Generalstaatsanwaltschaft in ihrer Antragsschrift bereits zutreffend darauf hingewiesen, dass allein das berufliche Angewiesensein auf die Fahrerlaubnis ein Absehen vom Fahrverbot nicht rechtfertigt. Das Gericht stellt auch fest, dass das Fahrverbot »keine Härte ganz außergewöhnlicher Art« darstellt. Die vom Verteidiger mit der Rechtsbeschwerdebegründung vorgebrachten beruflichen Einschränkungen des Betroffenen infolge der Anordnung des Fahrverbotes sind urteilsfremd und damit unbeachtlich.

Behauptet der Betroffene, er könne in absehbarer Zeit keinen **Urlaub** nehmen, so müssen daher die Urteilsgründe den Grund hierfür mitteilen und erkennen lassen, dass der Tatrichter die Behauptung kritisch hinterfragt und ggf. überprüft hat und verhängt das Amtsgericht das Regelfahrverbot nicht, weil der Betroffene für die Fahrt zur Arbeit mit öffentlichen Verkehrsmitteln unzumutbar lange benötigen würde, so muss das Urteil mitteilen, wo sich die Arbeitsstelle befindet.[75]

---

70 *Bayerisches Oberstes Landesgericht*, Beschl. v. 01.10.2019 – 202 ObOWi 1797/19, juris.

71 *Brandenburgisches Oberlandesgericht*, Beschl. v. 03.01.2020 – (1 B) 53 Ss-OWi 709/19 (403/19), juris.

72 *OLG Bamberg*, Beschl. v. 17.01.2017 – 3 Ss OWi 1620/16, juris.

73 *Kammergericht*, Beschl. v. 11.07.2014 – 3 Ws (B) 355/14, juris, ebenso *OLG Frankfurt*, Beschl. v. 26.04.2022 – 3 Ss-OWi 415/22, juris.

74 *Kammergericht*, Beschl. v. 26.02.2020 – 3 Ws (B) 27/20, Rn. 12, juris, auch zum Folgenden.

75 *Kammergericht*, Beschl. v. 03.05.2017 – 3 Ws (B) 102/17, juris.

Allein die mit nächtlicher Rufbereitschaft an Wochenenden und im Urlaub verbundene leitende ärztliche Funktion in der zentralen Notaufnahme eines Klinikums mit Schwerpunktversorgung rechtfertigt ein Absehen von einem bußgeldrechtlichen Regelfahrverbot oder sonstige Fahrverbotsprivilegierungen als im »überwiegenden öffentlichen Interesse« liegend auch dann nicht, wenn der oder die Betroffene daneben im Notarztdienst engagiert und zur Gewährleistung der Einsatzbereitschaft und zur beruflichen Pflichtenerfüllung auf eine private Kraftfahrzeugnutzung angewiesen ist.[76] Wird ein Absehen von einem an sich verwirkten Fahrverbot mit der Angewiesenheit auf die Kraftfahrzeugnutzung zur Erreichung des Arbeitsplatzes begründet, müssen sich die Urteilsgründe auch dazu verhalten, warum der oder die Betroffene nicht darauf verwiesen werden kann, vorübergehend eine angemessene Unterkunft in Arbeitsplatznähe anzumieten.

Dass die Anordnung des Fahrverbots eine solche ganz außergewöhnliche Härte darstellt, ist bei einem freiberuflichen Zahnarzt, der außerhalb der Sprechzeiten seiner Praxis auch Hausbesuche durchführt, nicht ersichtlich.[77]

44 Bei der Beurteilung, ob eine für das Absehen vom Fahrverbot erforderliche Abweichung von einem Regelfall in Betracht kommt, sind dem Bußgeldrichter wegen der erforderlichen **Gleichbehandlung** und Rechtssicherheit im Interesse der allgemeinen **Verkehrssicherheit** enge Grenzen gesetzt. Dabei muss das Urteil die Erwägungen hinsichtlich der **Glaubwürdigkeit** von Angaben des Beschuldigten darlegen, der sich auf besondere Härte, wie etwa bedrohender Existenz- oder **Arbeitsplatzverlust**, beruft.[78] Will der Tatrichter das von der BKatV vorgesehene Regelfahrverbot nicht verhängen, so müssen die schriftlichen Urteilsgründe konkrete Feststellungen enthalten, die die Annahme eines besonderen Ausnahmefalles nachvollziehbar erscheinen lassen. Das Absehen vom Fahrverbot muss dann auf einer eingehenden und nachvollziehbaren, auf Tatsachen gestützten Begründung beruhen.[79] Liegen die Voraussetzungen eines Regelfalles iSd § 2 Abs. 1 S. 1 Nr. 1 BKatV vor, so kann von der Verhängung eines Fahrverbotes jedenfalls nicht allein mit der Begründung abgesehen werden, dass es sich bei dem Betroffenen um einen straßenverkehrsrechtlich nicht vorbelasteten Vielfahrer handele und die festgestellte Geschwindigkeitsüberschreitung am unteren Rand der Fälle liege, in denen die Anordnung eines Fahrverbotes die Regel sei.[80]

Ein Betroffener kann sich grundsätzlich nicht darauf berufen, aus beruflichen Gründen auf die Fahrerlaubnis angewiesen zu sein, wenn er den Führerschein in Kenntnis der Bedeutung, die dieser für ihn hat, infolge mangelnder Verkehrsdisziplin leichtfertig riskiert.[81]

---

76 *Bayerisches Oberstes Landesgericht*, Beschl. v. 19.01.2021 – 202 ObOWi 1728/20, juris, auch zum Folgenden.

77 *Kammergericht*, Beschl. v. 13.05.2019 – 3 Ws (B) 111/19, juris.

78 *Brandenburgisches Oberlandesgericht*, Beschl. v. 27.10.2014 – (1 B) 53 Ss-OWi 529/14 (286/14), Rn. 30, juris.

79 *Kammergericht*, Beschl. v. 15.12.2020 – 3 Ws (B) 289 – 290/20, juris.

80 *Oberlandesgericht Sachsen-Anhalt*, Beschl. v. 07.12.1994 – 1 Ss (B) 131/94, juris.

81 *Kammergericht*, Beschl. v. 21.08.2018 – 3 Ws (B) 185/18, juris.

Einer Betroffenen, die als Suchttherapeutin bei der Betreuung verschiedener Wohngruppen tätig ist, und weiter als selbständige Mitarbeiterin eines ambulanten Jugendhilfeträgers arbeitet, ist es zuzumuten, für die Dauer des Regelfahrverbots ihren **Jahresurlaub** einzusetzen, von der vier-Monate-Abgabefrist nach § 25 Abs. 2a StVO Gebrauch zu machen und/oder in Anbetracht der guten finanziellen Verhältnisse der Familie für die Dauer des Fahrverbots einen Fahrer einzustellen oder mit dem Taxi zu fahren. Denn es ist letztlich so, dass die Betroffene nur berufliche Schwierigkeiten geltend macht, aber keinen Arbeitsplatzverlust oder gar eine Existenzgefährdung.[82]

Ein Absehen vom Regelfahrverbot unter Erhöhung der Regelgeldbuße ist allerdings bei einer verheirateten Mutter in Ausbildung, beengten wirtschaftlichen Verhältnissen und mit 3 Kindern und fehlenden Möglichkeiten zur Milderung der Folgen des drohenden Fahrverbots als verhältnismäßig anzusehen.[83]

Dass ein Betroffener als Schauspieler (hier: als »Fernseh-Kommissar«) allerdings in Ausübung seiner künstlerischen Tätigkeit regelmäßig beim Führen von Kraftfahrzeugen einem großen Publikum präsentiert wird, rechtfertigt das Absehen von einem Fahrverbot als Regelfolge der Ordnungswidrigkeit (§ 25 I StVG, § 4 I 1 Nrn. 1, 2 BKatV) grundsätzlich nicht.[84]

Kommt die Anordnung eines Regelfahrverbotes in Betracht, besteht für die Gerichte keine Verpflichtung, die Angemessenheit des verhängten Regelfahrverbotes besonders zu begründen, wenn keine Anhaltspunkte für ein Abweichen vorliegen. Der Tatrichter muss nicht ausdrücklich feststellen, dass der durch das Fahrverbot angestrebte Erfolg auch mit einer erhöhten Geldbuße erreicht werden kann. Er muss sich dessen aber ausweislich der Gründe der Entscheidung bewusst gewesen sein.[85] 45

In Betracht kommt ein Wegfall der Nebenfolge unter Verhältnismäßigkeitsgesichtspunkten nur dann, wenn greifbare und hinreichend belegte Anhaltspunkte für eine durch das Fahrverbot eintretende Existenzgefährdung bestehen, oder wenn sich die Maßnahme nach den Umständen des Einzelfalles anderweitig als eine für den Betroffenen besondere Härte darstellen würde. Damit kommt es darauf an, ob die für den Betroffenen zu erwartenden persönlichen und beruflichen Einschränkungen einzeln oder in ihrer Summe eine derartige Härte bedeuten würden, dass von der Maßnahme abgesehen werden muss.[86] Hierbei ist allerdings zu berücksichtigen, dass es gerade zum Wesen und Zweck des Fahrverbotes als einer Denkzettel- und Besinnungsmaßnahme mit Erziehungsfunktion für den Betroffenen gehört, dass mit ihm – auch erhebliche – Erschwernisse in persönlicher und wirtschaftlicher Hinsicht einhergehen. Ein Ausnahmefall liegt danach nur dann vor, wenn dem Betroffenen infolge des Fahrverbotes der Verlust der wirtschaftlichen Existenz droht und diese Konsequenz nicht durch

82 *AG Lüdinghausen*, Urt. v. 18.01.2016 – 19 OWi 214/15, juris.

83 *AG Dortmund*, Urt. v. 05.08.2021 – 729 OWi – 253 Js 1054/21 – 83/21, juris.

84 *OLG Bamberg*, Beschl. v. 31.3.2005 – 2 Ss OWi 78/05, BeckRS 2005, 12243, beck-online.

85 *Kammergericht*, Beschl. v. 12.07.2016 – 3 Ws (B) 342/16, juris, auch zum Folgenden.

86 *OLG Karlsruhe*, Beschl. v. 26.11.2019 – 2 Rb 35 Ss 795/19, Rn. 15, juris, auch zum Folgenden.

zumutbare Vorkehrungen abgewendet oder vermieden werden kann; diesbezügliches Vorbringen ist vom Tatrichter einer kritischen Überprüfung zu unterziehen. Als gegen eine durch das Fahrverbot drohende wirtschaftliche Existenzgefährdung sprechendes Indiz durfte das Amtsgericht dabei auch den Umstand werten, dass es zuvor bereits zur Anordnung eines Fahrverbots gekommen war, als die Betroffene nach den getroffenen Feststellungen bereits ihrer selbständigen Tätigkeit nachging. Ohnehin – erst recht unter Berücksichtigung der Feststellung, dass die Betroffene noch 2017 einen Verlust aus ihrer selbständigen Tätigkeit erwirtschaftet hat – versteht es sich nicht von selbst, dass der zeitweilige Wegfall des aus einer selbständigen Tätigkeit erzielten Einkommens zu einer wirtschaftlichen Existenzgefährdung führt. Auch im Hinblick auf die Sicherung des Existenzminimums durch sozialhilferechtliche Ansprüche wird dies vielmehr nur dann in Betracht kommen, wenn vom Einkommen unabhängige Belastungen bestehen, deren vorübergehende Nichtbedienung mit erheblichen wirtschaftlichen Folgen verbunden ist, oder bereits die vorübergehende Unterbrechung der selbständigen Tätigkeit infolge eines Fahrverbots schwer wiegende wirtschaftliche Einbußen nach ihrer Fortsetzung, z.B. wegen Wegbrechens des Kundenstamms, erwarten lassen, was vorliegend weder vorgetragen noch sonst ersichtlich ist.

Ist aus den Urteilsgründen zu erkennen, dass der Tatrichter keine Besonderheiten festgestellt hat, sondern von einem »Fall mit durchschnittlichem Gepräge«, also dem Regelfall, ausgegangen ist, wird ausreichend deutlich, dass er in diesem Einzelfall keine Veranlassung hatte, durch Erhöhung der Geldbuße ausnahmsweise von dem Regelfahrverbot abzusehen.

Eine wirtschaftliche Existenzgefährdung durch ein Fahrverbot ist insbesondere fraglich, wenn der Betroffene selbst angibt, dass er wegen der »Covid-19-Pandemie« 2 Monate lang nicht habe arbeiten können und seine wirtschaftliche Existenz trotzdem nicht gefährdet war, zumal wenn er diese Zeit nicht sozialadäquat dazu genutzt hat das Fahrverbot wahrzunehmen.[87]

Bei drei gewichtigen Verkehrsverstößen innerhalb von wenig mehr als einem halben Jahr, von denen einer bereits mit einem Fahrverbot geahndet wurde, ist die Anordnung eines Fahrverbots auch bei Gefährdung der wirtschaftlichen Existenz geboten.[88]

87 *AG Mainz*, Urt. v. 09.07.2020 – 405 OWi 3200 Js 34083/19, juris.
88 *OLG Karlsruhe*, Beschl. v. 23.04.2019 – 2 Rb 8 Ss 229/19, juris.

Generell bestehen zwei Kategorien von Ausnahmefällen von Fahrverbot: 46

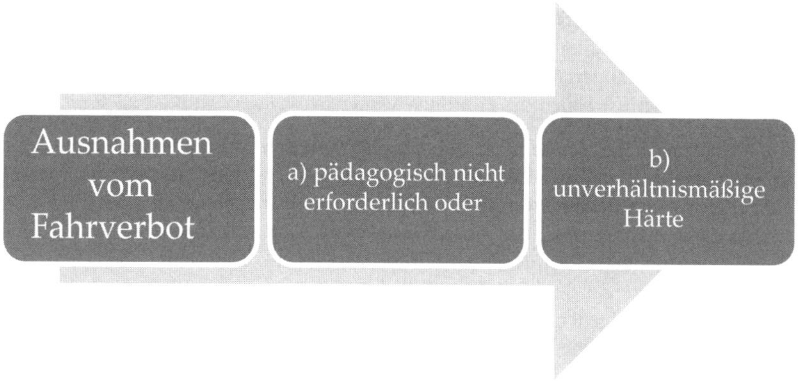

Ausnahmen vom Fahrverbot

a) pädagogisch nicht erforderlich oder

b) unverhältnismäßige Härte

Stellt das Tatgericht dem Betroffenen in Aussicht, vom Fahrverbot abzusehen, und hat dies sodann vollzogen, weil es ohne eine geständige Einlassung ein **anthropologisches Sachverständigengutachten** hätte einholen müssen und weil es der Frage hätte nachgehen müssen, ob das Messgerät nach Austausch des Verbindungskabels geeicht werden musste, so ist diese Abkürzung des Prozesses kein Umstand, der die Durchbrechung der Indizwirkung einer Verkehrsordnungswidrigkeit für eine grobe Pflichtverletzung rechtfertigt.[89] Die Urteilsgründe stellen in einem derartigen Fall in systematisch unzulässiger Weise auf die äußere Prozessökonomie ab. Etwas anderes könnte, wohl eher theoretisch, allenfalls gelten, wenn ein außergewöhnliches Prozessverhalten des Betroffenen den Tatrichter zu der Überzeugung veranlasst, dass es der erzieherischen Wirkung eines Fahrverbots ausnahmsweise nicht bedarf, weil sich der Betroffene außergewöhnlich reuig und einsichtig gezeigt hätte. 47

Ohnehin zulässig ist die Beiziehung des beim zuständigen Einwohnermeldeamt hinterlegten Personalausweisfotos des Betroffenen zur Fahreridentifizierung in Verkehrsordnungswidrigkeitsverfahren durch die Bußgeldbehörde und dieser Vorgang stellt auch keinen Verstoß gegen das Personalausweisgesetz (PauswG) dar.[90] § 24 Abs. 2 Satz 1 Nr. 2 PAuswG ist im Lichte von § 22 Abs. 2 Satz 2 Nr. 3 PAuswG und des insoweit spezielleren § 25 Abs. 2 Satz 1 PAuswG auszulegen, wonach die Übermittlung von Lichtbildern durch die Passbehörden an die Ordnungsbehörden im Rahmen der Verfolgung von Verkehrsordnungswidrigkeiten ausdrücklich ermöglicht werden sollte.

Soweit ein Amtsgericht darauf abstellt, dass eine Betroffene bislang verkehrsrechtlich nicht in Erscheinung getreten ist, vermag eine solche Erwägung ein Absehen vom Fahrverbot nicht zu rechtfertigen.[91] Die in der Bußgeldkatalogverordnung vorgesehenen 48

89 *Kammergericht*, Beschl. v. 29.08.2016 – 3 Ws (B) 410/16, juris, auch zum Folgenden.

90 *OLG Koblenz*, Beschl. v. 02.10.2020 – 3 OWi 6 SsBs 258/20, juris, auch zum Folgenden.

91 *OLG Bamberg*, Beschl. v. 01.12.2015 – 3 Ss OWi 834/15, Rn. 28, juris, auch zum Folgenden.

Regelahndungen gehen von fahrlässiger Begehung, gewöhnlichen Tatumständen und fehlenden Vorahndungen des Betroffenen aus. Dass ein Betroffener bislang straßenverkehrsrechtlich unauffällig geblieben ist, rechtfertigt ein Abweichen von der Regelahndung deshalb auch in Verbindung mit einer teilgeständigen Einlassung oder einem etwaigen in der Hauptverhandlung hinterlassenen günstigen Eindruck und einer positiven Prognose hinsichtlich des künftigen Verkehrsverhaltens grundsätzlich nicht.

49 Auch der gegen die Anordnung eines Regelfahrverbotes wegen eines Abstandsverstoßes vorgebrachte Einwand, ein unerwarteter **Spurwechsel** des vorausfahrenden Fahrzeugs vor der **Beobachtungsstrecke** bei gleichzeitigem gefahrvollen Auffahren des nachfolgenden Fahrzeugs ist nur beachtlich, wenn es dem Betroffenen bis zur Messung weder möglich war, die durch das Ausscheren des vorausfahrenden Fahrzeugs geschaffene Lücke auf der benachbarten Fahrspur zu nutzen, noch durch behutsame Verringerung der eigenen Geschwindigkeit den Abstand zum Vordermann signifikant zu steigern.[92] Selbst eine Verwechslung der für den fließenden Verkehr maßgeblichen Lichtzeichenanlage mit dem Grünlicht der in gleiche Richtung führenden Fußgängerampel rechtfertigt regelmäßig nicht den Wegfall des wegen eines qualifizierten Rotlichtverstoßes verwirkten Fahrverbots unter dem Gesichtspunkt eines sog. »**Augenblicksversagens**«.[93] Wenn sich ein Fahrzeugführer nach Verlassen des Ortskerns aufgrund dünner werdender Besiedelung und weitgehend fehlender Bebauung zu der Annahme verleiten lässt, er sei bereits außerhalb der Ortslage, vermag dies ebenfalls keinen Ausnahmefall, der entgegen der Regelanordnung von § 4 Abs. 1 Satz 1 BKatV, § 25 Abs. 1 Satz 1 StVG ein Absehen vom Fahrverbot rechtfertigt, zu begründen.[94] Auch das plötzliche Aufleuchten einer Kontrollleuchte im Fahrzeug allein rechtfertigt nicht den Wegfall des wegen eines qualifizierten Rotlichtverstoßes verwirkten Fahrverbots unter dem Gesichtspunkt eines sog. »Augenblicksversagens«, wenn konkrete Feststellungen dazu fehlen, welche Warnleuchten aufleuchteten, ob und ggf. welche sonstigen Auffälligkeiten am Fahrzeug des Betroffenen plötzlich auftraten, in welcher zeitlichen Phase der Annäherung an die Ampelanlage dies erfolgte und wie sich das sonstige Verkehrsgeschehen darstellte.[95]

Überhaupt sollte im realen Verkehrsgeschehen ein behauptetes »Augenblicksversagen« von Bußgeldbehörde und Bußgeldgericht, aber eigentlich bereits durch einen integren Verteidiger, der seinem Mandanten nicht blindlings vertraut, sehr kritisch geprüft werden.

Auf eine die Regelvermutung des § 25 Abs. 1 StVG ausschließende, augenblickliche Unachtsamkeit, die jedem sorgfältigen und pflichtbewussten Verkehrsteilnehmer einmal unterlaufen kann, kann sich derjenige nicht berufen, der die an sich gebotene

92 *OLG Bamberg*, Beschl. v. 17.09.2015 – 3 Ss OWi 1048/15, juris.

93 *OLG Bamberg*, Beschl. v. 10.08.2015 – 3 Ss OWi 900/15, juris.

94 *Brandenburgisches Oberlandesgericht*, Beschl. v. 31.05.2016 – (2 B) 53 Ss-OWi 116/16 (57/16), juris.

95 *Bayerisches Oberstes Landesgericht*, Beschl. v. 04.08.2020 – 201 ObOWi 927/20, juris.

Aufmerksamkeit in grob pflichtwidriger Weise unterlassen hat.[96] Das ist im Hinblick auf die 3-sekündige Gelbphase durch das Tatgericht jedenfalls nicht ohne nähere Feststellungen auszuschließen, wenn der Betroffene sich dahingehend einlässt, das Rotlicht nicht rechtzeitig wahrgenommen zu haben, weil er hinter einem anderen Fahrzeug hergefahren sei, das kurz zuvor auf seinen Fahrstreifen gewechselt war. Dem Betroffenen könnte zum Vorwurf gemacht werden, dass er keine hinreichenden Anstrengungen unternommen hat, sich selbst von der Ampelschaltung in Kenntnis zu setzen.

Die Annahme eines Augenblicksversagens durch punktuelles Übersehen eines einzelnen geschwindigkeitsbegrenzenden Verkehrszeichens scheidet aus, wenn sich die die zulässige Höchstgeschwindigkeit regelnden Verkehrsschilder (Zeichen 274 der Anlage 2 zur StVO) in regelmäßigen Abständen rechts- und linksseitig bis zur Tatörtlichkeit befinden. Auf die Frage der der (fehlenden) Ortskenntnis des Betroffenen kommt es dann nicht an.[97]

Ein qualifizierter Rotlichtverstoß indiziert grundsätzlich auch dann ein (Regel-)Fahrverbot, wenn dieser aufgrund irrtümlicher Zuordnung des für eine andere Fahrbahn erfolgten Grünlichts begangen wird.[98] Ein Absehen von einem Fahrverbot wegen Wegfalls des Erfolgs- oder Handlungsunrechts kommt nur dann in Betracht, wenn entweder besondere Ausnahmeumstände in der Tat (z.B. Ausschluss einer Gefahrenlage) oder in der Persönlichkeit des Betroffenen (z.B. »Augenblicksversagen«) offensichtlich gegeben sind und deshalb erkennbar nicht der von § 4 BKatV erfasste Normalfall vorliegt. Von der Anordnung eines Fahrverbots beim Rotlichtverstoß kann nach richtiger Ansicht des Kammergerichts abgesehen werden, wenn ein atypischer Fall vorliegt, bei dem der Erfolgsunwert verringert ist, insbesondere wenn jede konkrete Gefährdung ausgeschlossen gewesen ist oder eine Verkehrssituation vorliegt, welche die Unaufmerksamkeit des Betroffenen und seine Sorgfaltswidrigkeit im Sinne eines so genannten Augenblicksversagens in einem signifikant milderen Licht erscheinen lassen könnten. Ein Augenblicksversagen kann bei einem »Frühstart« oder »Mitzieheffekt« vorliegen. Kein Augenblicksversagen ist anzunehmen, wenn ein ortskundiger Taxifahrer bei Dunkelheit mit unverminderter Geschwindigkeit eine bereits seit Längerem Rotlicht zeigende Lichtzeichenanlage überfährt, weil er diese überhaupt nicht wahrgenommen hat.[99]

Vorgenannte Tatsachen waren sauber vom erkennenden Amtsrichter herausgearbeitet, begründet und konsequent am Schutzzweck der BKatV orientiert bewertet worden und in ein somit gerechtes erstinstanzliches Urteil eingeflossen.

96 *Brandenburgisches Oberlandesgericht*, Beschl. v. 01.07.2019 – (1 B) 53 Ss-OWi 353/19 (210/19), juris, auch zum Folgenden.
97 *Kammergericht*, Beschl. v. 16.08.2018 – 3 Ws (B) 189/18, juris.
98 *OLG Karlsruhe*, Beschl. v. 24.01.2019 – 2 Rb 8 Ss 830/18, juris, auch zum Folgenden.
99 *Kammergericht*, Beschl. v. 21.04.2022 – 3 Ws (B) 64/22, juris.

Die Anerkennung einer Privilegierungswirkung im Hinblick auf das in diesem Fall aufgrund der abstrakten Gefährlichkeit des Verkehrsvorgangs verwirkte Regelfahrverbot mit der Begründung, durch den Fahrspurwechsel seien andere Verkehrsteilnehmer nicht konkret gefährdet worden, ist schon deshalb rechtsfehlerhaft, weil damit das Fehlen des besonderen Sanktionsschärfungsgrundes nach lfd.Nr. 132.3.1 BKat dem Betroffenen zu Unrecht zugute gebracht würde.[100]

50 Ein Fahrverbot kann unterbleiben, wenn es bei der Ermittlung der zugrundeliegenden Ordnungswidrigkeit zu einer Abweichung von der üblichen Verfahrensweise gekommen ist. Wird etwa von einem an sich verwirkten Regelfahrverbot wegen einer innerorts begangenen Geschwindigkeitsüberschreitung mit der Begründung abgesehen, dass die Messung entgegen der polizeilichen Verkehrsüberwachungsrichtlinien in einem zu geringen Abstand vor der das Ende der innerörtlichen Höchstgeschwindigkeit markierenden Ortstafel (Zeichen 311) durchgeführt wurde, haben sich die Urteilsgründe dazu zu verhalten, ob sachliche Gründe für die Wahl und Einrichtung der konkreten Messstelle bestanden haben.[101]

51 Ein (vermeidbarer) **Verbotsirrtum** führt nicht zwangsläufig zum Wegfall des an sich verwirkten Regelfahrverbots. Vielmehr kommt dies nur in Ausnahmefällen in Betracht, wobei auf den von der höchstrichterlichen Rechtsprechung entwickelten Rechtsgedanken des Augenblicksversagens zurückgegriffen werden kann.[102]

52 Es ist rechtsfehlerhaft, die **Verkürzung** der Dauer des an sich verwirkten Regelfahrverbots damit zu begründen, die Geschwindigkeitsüberschreitung sei aus »Unachtsamkeit« erfolgt.[103]

Auch eine ehrenamtliche Tätigkeit als Vorsitzender des Vorstands einer gemeinnützigen Stiftung ist nicht geeignet, ein Absehen vom Fahrverbot begründen zu können. Dies gilt umso mehr, wenn der Betroffene als Pensionär im öffentlichen Dienst gut abgesichert ist und ihm zudem eine sogenannte Schonfrist nach § 25 Abs. 2a StVG gewährt wird.[104]

Die mit der Ausübung des Amtes eines katholischen Priesters oder derjenigen eines jeden (hauptamtlichen) Geistlichen einer anderen Konfession oder Glaubensrichtung typischerweise verbundenen wesentlichen Aufgaben, darunter die ggf. kirchenrechtlich exklusive Legitimation zur (Einzel-) Sakramentsspendung, rechtfertigen regelmäßig für sich allein nicht das Absehen von einem verwirkten Regelfahrverbot oder die Anerkennung einer sonstigen Fahrverbotsprivilegierung.[105]

53 Von einem Fahrverbot können bestimmte Gruppen von Fahrzeugen ausgenommen werden, weil auch bei dieser Entscheidung nach Gesichtspunkten der

100 *OLG Bamberg*, Beschl. v. 22.01.2019 – 3 Ss OWi 1698/18, juris.
101 *OLG Bamberg*, Beschl. v. 22.02.2017 – 3 Ss OWi 178/17, juris.
102 *OLG Bamberg*, Beschl. v. 27.01.2017 – 3 Ss OWi 50/17, juris.
103 *OLG Bamberg*, Beschl. v. 04.05.2017 – 3 Ss OWi 550/17, juris.
104 *AG Dortmund*, Urt. v. 15.11.2019 – 729 OWi – 267 Js 1718/19 – 287/19, juris.
105 *Bayerisches Oberstes Landesgericht*, Beschl. v. 27.04.2020 – 202 ObOWi 492/20, juris.

Verhältnismäßigkeit entschieden werden muss. »**Krankenkraftwagen**« können aufgrund ihrer über den bloßen Verwendungszweck und ihre Ausrüstung hinausgehende bauartbedingten Abgrenzbarkeit von anderen Fahrzeugen derselben Fahrzeugart oder -klasse als Kraftfahrzeuge »einer bestimmten Art« gemäß § 25 Abs. 1 Satz 1 StVG vom bußgeldrechtlichen Fahrverbot ausgenommen werden.[106] Ein Fahrverbot kann auch beschränkt werden auf Fahrzeuge mit bestimmter Motorleistung (in dem entschiedenen Fall: 44 kw).[107] Von einer Fahrverbotsanordnung können Fahrzeuge der Fahrerlaubnisklassen D1, D, D1 E, DE ausgenommen werden, wenn der Betroffene als Busfahrer die Anlasstat mit einem Privat-Pkw begangen hat.[108]

Nicht immer ist jedoch ein Fahrverbot notwendig, wenn der Zweck einer solchen Besinnungsmaßnahme bereits auf anderem Wege erreicht worden ist. 54

Eine Ausnahme vom Fahrverbot kann nach richtiger Ansicht des *OLG Bamberg* aufgrund der vom Gesetzgeber verfolgten Zielrichtung und der Intensität des bußgeldrechtlichen Fahrverbots nur dann in Betracht kommen, wenn neben dem Seminarbesuch an einer verkehrspsychologischen Nachschulung zusätzlich eine Vielzahl anderer zu Gunsten des Betroffenen sprechender Gesichtspunkte im Rahmen einer wertenden Gesamtschau durch den Tatrichter festgestellt werden können.[109] Zwar kann auch die freiwillige Teilnahme an einer verkehrspsychologischen Schulung durchaus als weiteres Zeichen für Einsicht und Reue gewertet werden. Gleichwohl sind Zielrichtung und Intensität des bußgeldrechtlichen Fahrverbots mit derjenigen einer verkehrspsychologischen Beratung und der Teilnahme an psychologischen Schulungen nicht vergleichbar. Mit dem bußgeldrechtlichen Fahrverbot soll dem Betroffenen seine Verfehlung deutlich vor Augen geführt und er ausdrücklich zur Beachtung der Verkehrsvorschriften angehalten werden, weshalb es der Gesetzgeber für erforderlich hält, bei einem Versagen, das deutlich über den üblichen nur bußgeldbewehrten Verfehlungen liegt, eindringlich auf den Betroffenen dort einzuwirken, wo er gefehlt hat, nämlich bei der Ausübung seiner Berechtigung zum Führen von Kraftfahrzeugen im Straßenverkehr. Mit der Erziehungs- und Denkzettelfunktion des Regelfahrverbots ist folglich ein fühlbarer und abschreckender Einschnitt gerade in die persönliche Handlungsfreiheit des Betroffenen in diesem Bereich intendiert. Demgegenüber verfolgt die verkehrspsychologische Einzelschulung ebenso wie die regelmäßig preisgünstigeren Formen der psychologischen Gruppenschulung die zukünftige **Legalbewährung** der Teilnehmer unter besonderer Berücksichtigung und Aufarbeitung von biographischem Werdegang, Vorgeschichte der Tat und Tatanreizen mit dem Ziel der Entwicklung individuell zugeschnittener tragfähiger Vermeidungsstrategien. Unabhängig von der Freiwilligkeit schränkt die Teilnahme an einer solchen Schulung die persönliche Freiheit der Teilnehmer in einem ungleich geringerem Ausmaß ein als ein zu verhängendes 55

106 *OLG Bamberg*, Beschl. v. 09.11.2017 – 3 Ss OWi 1556/17, juris.

107 *AG Dortmund*, Urt. v. 07.11.2017 – 729 OWi – 264 Js 1906/17 – 300/17, juris.

108 *AG Lüdinghausen*, Urt. v. 13.10.2014 – 19 OWi 125/14, juris.

109 *OLG Bamberg*, Beschl. v. 02.01.2018 – 3 Ss OWi 1704/17, Rn. 7, juris, auch zum Folgenden.

Fahrverbot, was nicht dadurch in Frage gestellt wird, dass die Betroffenen die nicht unerheblichen Kosten der Schulung selbst zu tragen haben.

Es besteht kein Automatismus dergestalt, dass nach einem bestimmten Zeitablauf stets von der Verhängung eines Fahrverbots abzusehen ist. Wurde ein mehrmonatiges Fahrverbot verwirkt, ist einer langen Verfahrensdauer im Regelfall nicht durch einen gänzlichen Wegfall des Fahrverbots, sondern nur durch eine angemessene Herabsetzung seiner Dauer Rechnung zu tragen.[110]

56 Die Auffassung des *AG Landstuhl*, dass nach der Teilnahme an einer verkehrspsychologischen **Nachschulung** die Anordnung eines Fahrverbotes gegen Erhöhung der Geldbuße für entbehrlich erachtet werden kann, auch wenn der Betroffene bereits Voreintragungen im FAER aufzuweisen hat, sofern die Umstände des Einzelfalles ergeben, dass die Besinnungs- und Belehrungsfunktion des Fahrverbotes nicht mehr erforderlich ist, um bei dem Betroffenen eine verkehrserzieherische Läuterung herbeizuführen, ist daher aus systematischen Gründen nach Sinn und Zweck des Fahrverbotes abzulehnen.[111] Die Rechtsauffassung eines Bußgeldrichters, dass die Teilnahme an der verkehrspsychologischen Maßnahme Mobil Plus Prävention – für sich genommen – noch nicht genügt, um von der Verhängung eines Fahrverbots abzusehen, ist rechtlich nicht zu beanstanden ist daher mit dem *OLG Zweibrücken* richtig im Sinne der gesetzgeberischen Aufgabe eines Fahrverbotes als Denkzettel.[112]

Auch eine Teilnahme an einer Maßnahme zur Förderung der Fahreignung (hier: »avanti – Fahrverbot« des Nord-Kurs – TUV NORD GROUP) kann weder für sich genommen noch im Zusammenhang mit den wenigen zusätzlichen, vom Bußgeldrichter für den Betroffenen angeführten Umständen, die Abstandnahme vom Fahrverbot rechtfertigen.[113]

57 Wann bei langer **Verfahrensdauer** der Zeitablauf entweder allein oder zusammen mit anderen Umständen ein Absehen vom Fahrverbot rechtfertigen kann, ist grundsätzlich eine Frage des Einzelfalls, die einen gewissen Beurteilungsspielraum eröffnet. Nach mittlerweile gefestigter obergerichtlicher Rechtsprechung ist der Sinn des Fahrverbots in Frage zu stellen, wenn die zu ahnende Tat mehr als zwei Jahre zurückliegt.[114] Dieser Zeitrahmen führt jedoch nicht automatisch zu einem Absehen von einem Fahrverbot, sondern ist lediglich ein Anhaltspunkt dafür, dass eine tatrichterliche Prüfung, ob das Fahrverbot seinen erzieherischen Zweck im Hinblick auf den Zeitablauf noch erfüllen kann, geboten ist. Bei der Abwägung der Umstände des konkreten Einzelfalls ist zu berücksichtigen, worauf die lange Verfahrensdauer zurückzuführen ist, insbesondere ob hierfür maßgebliche Umstände im Einflussbereich des Betroffenen liegen oder Folge gerichtlicher oder behördlicher Abläufe sind.

110 *Brandenburgisches Oberlandesgericht*, Beschl. v. 25.02.2020 – (1 B) 53 Ss-OWi 708/19 (405/19), juris.

111 *AG Landstuhl*, Beschl. v. 08.02.2016 – 2 OWi 4286 Js 11724/15, juris.

112 *OLG Zweibrücken*, Beschl. v. 12.05.2017 – 1 OWi 2 Ss Bs 5/17, juris.

113 *Brandenburgisches Oberlandesgericht*, Beschl. v. 11.06.2019 – (2 B) 53 Ss-OWi 244/19 (89/19), juris.

114 *Brandenburgisches Oberlandesgericht*, Beschl. v. 30.12.2020 – 1 OLG 53 Ss-OWi 630/20, Rn. 12, juris, auch zum Folgenden.

Ist zwischenzeitlich ein weiteres Fehlverhalten des Betroffenen im Straßenverkehr festgestellt worden, sollte der angefochtenen Entscheidung Ausführungen zu entnehmen sein, ob sich der Tatrichter jedenfalls der Möglichkeit bewusst gewesen war, ob nicht von der Verhängung des Fahrverbots bei gleichzeitiger (weiterer) Erhöhung der festgesetzten Geldbuße abgesehen werden kann, wenn die lange Verfahrensverzögerung auch auf Gründen außerhalb des Einflussbereichs des Betroffenen beruht.[115] Von der Anordnung eines Fahrverbots kann abgesehen werden, wenn zwischen der Tat und ihrer gerichtlichen Ahndung 23 Monate liegen, der Betroffene verkehrsrechtlich nicht mehr auffällig wurde und die lange Verfahrensdauer auch auf Gründen beruht, die außerhalb des Einflussbereichs des Betroffenen lagen.[116] Wenn seit der Tat mehr als zwei Jahre verstrichen sind, ist wegen der durch den Zeitablauf aufgehobenen verkehrspädagogischen Verbindung zwischen Tat und Rechtsfolge keine weitere sachliche Begründung für den Verzicht auf das Fahrverbot notwendig.[117]

### 7. Angemessene Erhöhung des Bußgeldes

Eine angemessene Erhöhung des Bußgeldes setzt den Betrag oder Prozentsatz der Erhöhung in das Ermessen von Bußgeldbehörde und Gerichten. Die Angemessenheit muss sich dabei stets an der Grundentscheidung des Bundesgesetzgebers orientieren, das ein Fahrverbot als »Denkzettel- und Besinnungsmaßnahme«[118] ansieht, die ihren Sinn verfehlen würde, wenn die Geldbuße ersatzweise erhöht würde. Zudem wirkt eine monetäre Erhöhung höchst unterschiedlich auf die betreffende Person ein, die durch ihr Handeln ein Regelfahrverbot verwirkt hat. Verfügt diese über ein vergleichsweise hohes Einkommen, wird eine erhöhte Geldbuße nicht die vom Gesetzgeber erwünschte verkehrspädagogische Wirkung entfalten, sondern aus verkehrspsychologischer Sicht (»Lernen am Modell«) genau das Gegenteil erreichen. Eine Verhaltensänderung wird nicht eintreten, weil der Person durch die Bußgeldbehörde oder den Bußgeldrichter der Eindruck vermittelt wurde, sie könne sich nach Belieben von der unerwünschten Nebenfolge freikaufen. 58

Eine üblicherweise anzutreffende Praxis ist die Verdoppelung des Regelsatzes, aber auch eine Verdreifachung ist stets in rechtmäßiger Anwendung des Ermessens möglich. Die **Erhöhungspraxis** sollte sich an der Gefährlichkeit des Verkehrsverstoßes orientieren und kann sich sehr wohl nach dem örtlichen **Unfalllagebild** richten, in dem die örtliche übergeordnete Polizeidienststelle die Hauptunfallursachen des jeweils vergangenen Jahres, geordnet nach dem **Unfallursachenverzeichnis**, akribisch auflistet. Eine pauschale Erhöhung kann demnach in ihren Vervielfachungsbeträgen auch jährlich wechseln, sie muss nur entsprechend mit sachlichen Gründen zu begründen sein und diese Gründe müssen im betreffenden Bußgeldbescheid auch schriftlich angeführt werden. 59

115 *Oberlandesgericht des Landes Sachsen-Anhalt*, Beschl. v. 13.06.2017 – 2 Ws 132/17, juris.
116 *OLG Karlsruhe*, Beschl. v. 22.06.2007 – 1 Ss 44/07, juris.
117 Im Ergebnis ebenso *Schleswig-Holsteinisches OLG*, Beschl. v. 22.10.2021 – I OLG 230/21, Rn. 14, juris.
118 Vgl. dazu BT- Drucks. V/1319, S. 90.

Eine solche Begründung könnte wie folgt formuliert werden:

*»Von der Verhängung eines Fahrverbots wird gem. § 4 Abs. 4 BKatV aus den folgenden Gründen ausnahmsweise abgesehen … .*

*Von dem für den Tatbestand der lfd. Nr. 132.3 BKat vorgesehenen Farverbot von einem Monat wird wegen der außergewöhnlichen Härte … ausnahmsweise abgesehen. Aufgrund der Ausnahmereglung soll gem. § 4 Abs. 4 zweiter Halbsatz BKatV der ursprünglich für den Verkehrsverstoß vorgesehene Regelsatz i.H.v. 200,00 Euro angemessen erhöht werden.*

*Die Angemessenheit der Erhöhung richtet sich u.a. auch nach der tatsächlich vorhandenen örtlichen Gefährdungssituation durch Verkehrsverstöße gegen die betreffende Vorschrift des § 37 Absatz 2 Nummer 1 Satz 7, 13, Nummer 2, § 49 Absatz 3 Nummer 2 StVO.*

*Diese Gefährdungssituation gestaltet sich nach amtlicher Auskunft der örtlich zuständigen Polizeidirektion X. (hier die zuständige Polizeidienststelle mit Anschrift benennen) wie folgt:*

*In den Jahren 2020 und 2021 belegten Vorfahrtverstöße, zu denen auch Rotlichtverstöße zählen, in der statistischen Erfassung der Hauptunfallursachen für Verkehrsunfälle mit Personenschäden den ersten Rang.*

*Aufgrund der dargestellten abstrakten Gefährlichkeit des von Ihnen begangenen Verkehrsverstoßes wird eine Erhöhung des ursprünglich vorgesehenen Bußgeldes von 200,00 Euro um 200 %, also auf eine Geldbuße i.H.v. 600,00 Euro als angemessen bewertet.«*

Mit freundlichen Grüßen

Name

Eine Erhöhung der Geldbuße wegen des Absehens vom Fahrverbot gemäß § 4 Abs. 4 BKatV kommt allerdings dann nicht mehr in Betracht, wenn es der Anordnung eines Fahrverbots wegen des langen Zeitablaufs zwischen der Tat und deren Ahndung zur erzieherischen Wirkung auf den Betroffenen nicht mehr bedarf. Da die Denkzettel- und Warnungsfunktion des Fahrverbots entfallen ist, hat auch eine Erhöhung der Geldbuße zur Erreichung dieses spezialpräventiven Zweckes zu unterbleiben.[119]

Ein genereller Ausnahmefall des Absehens vom Fahrverbot liegt bei Betroffenen mit Wohnsitz im Ausland vor. Bei diesen Täterinnen und Tätern kann das Fahrverbot mit seinem gesetzlichen Zweck nicht greifen, weil eine spezialpräventiv notwendige Pflichtenmahnung nur dann ihr Ziel erreichen kann, wenn die Betroffenen auch ihre Dokumente in amtliche Verwahrung geben können, um somit tatsächlich auf das Führen von Kraftfahrzeugen verzichten zu müssen und für die Zukunft aus Fehlverhalten und Sanktion lernen können. In diesen Fällen ist eine Erhöhung der Geldbuße um mindestens 200 % angebracht und folgende Staffelung ist anzuraten:

119 *Schleswig-Holsteinisches OLG*, Beschl. v. 22.10.2021 – I OLG 230/21, Rn. 15, juris.

1 Monat Fahrverbot = 200 % Erhöhung des Bußgeldes
2 Monate Fahrverbot = 300 % Erhöhung des Bußgeldes
3 Monate Fahrverbot = 400 % Erhöhung des Bußgeldes

In entsprechender Höhe muss in diesen Fällen dann auch konsequent die Sicherheitsleistung angehoben werden. Rechtsgrundlage für diese Erhöhung ist § 4 Abs. 4 BKatV i.V.m. § 17 Abs. 3 OWiG.

## § 5 Inkrafttreten, Außerkrafttreten

**Diese Verordnung tritt am 1. April 2013 in Kraft. Gleichzeitig tritt die Bußgeldkatalog-Verordnung vom 13. November 2001 (BGBl. I S. 3033), die zuletzt durch Artikel 3 der Verordnung vom 19. Oktober 2012 (BGBl. I S. 2232) geändert worden ist, außer Kraft.**

# Anhang

1. **Anlage zu § 1 Absatz 1 – Bußgeldkatalog (BKat)**
2. **Anhang zu Nr. 11 BKat** – Tabelle 1 Geschwindigkeitsüberschreitungen
3. **Anhang zu Nr. 12 BKat** – Tabelle 2 Nichteinhalten des Abstandes von einem vorausfahrenden Fahrzeug
4. **Anhang zu den Nrn. 198 und 199 BKat** – Tabelle 3 Überschreiten der zulässigen Achslast oder des zulässigen Gesamtgewichts
5. **Anhang zu § 3 Absatz 3 BKat** – Tabelle 4 Erhöhung der Regelsätze bei Hinzutreten einer Gefährdung oder Sachbeschädigung
6. **Anlage 13 zu § 40 FeV** – Bezeichnung und Bewertung der im Rahmen des Fahreignungs-Bewertungssystems zu berücksichtigenden Straftaten und Ordnungswidrigkeiten
7. **Anlage 12 zu § 34 FeV** – Bewertung der Straftaten und Ordnungswidrigkeiten im Rahmen der Fahrerlaubnis auf Probe (§ 2a des Straßenverkehrsgesetzes)
8. **Auszug aus der FeV**
9. **Auszug aus dem StVG**
10. **Stichwortverzeichnis**

# 1. Anlage
## Anlage (zu § 1 Absatz 1)

### Bußgeldkatalog (BKat)

**Abschnitt I** Fahrlässig begangene Ordnungswidrigkeiten

| Lfd. Nr. | Tatbestand | | Straßenverkehrs-Ordnung (StVO) | Regelsatz in Euro (€), Fahrverbot in Monaten |
|---|---|---|---|---|
| | **A. Zuwiderhandlungen gegen § 24 Absatz 1 StVG** | | | |
| | **a) Straßenverkehrs-Ordnung** | | | |
| | Grundregeln | | | |
| 1 | Durch Außer-Acht-Lassen der im Verkehr erforderlichen Sorgfalt | | § 1 Absatz 2<br>§ 49 Absatz 1 Nummer 1 | |
| 1.1 | | einen Anderen mehr als nach den Umständen unvermeidbar belästigt | | 10 € |
| 1.2 | | einen Anderen mehr als nach den Umständen unvermeidbar behindert | | 20 € |
| 1.3 | | einen Anderen gefährdet | | 30 € |
| 1.4 | | einen Anderen geschädigt, soweit im Folgenden nichts anderes bestimmt ist | | 35 € |
| 1.5 | Beim Fahren in eine oder aus einer Parklücke stehendes Fahrzeug beschädigt | | § 1 Absatz 2<br>§ 49 Absatz 1 Nummer 1 | 30 € |
| | **Straßenbenutzung durch Fahrzeuge** | | | |
| 2 | Vorschriftswidrig Gehweg, linksseitig angelegten Radweg, Seitenstreifen (außer auf Autobahnen oder Kraftfahrstraßen), Verkehrsinsel oder Grünanlage benutzt | | § 2 Absatz 1<br>§ 49 Absatz 1 Nummer 2 | 55 € |
| 2.1 | | – mit Behinderung | § 2 Absatz 1<br>§ 1 Absatz 2<br>§ 49 Absatz 1 Nummer 1, 2 | 70 € |
| 2.2 | | – mit Gefährdung | | 80 € |
| 2.3 | | – mit Sachbeschädigung | | 100 € |

| **Lfd. Nr.** | **Tatbestand** | | **Straßenverkehrs-Ordnung (StVO)** | **Regelsatz in Euro (€), Fahrverbot in Monaten** |
|---|---|---|---|---|
| 3 | Gegen das Rechtsfahrgebot verstoßen durch Nichtbenutzen | | | |
| 3.1 | | der rechten Fahrbahnseite | § 2 Absatz 2<br>§ 49 Absatz 1<br>Nummer 2 | 15 € |
| 3.1.1 | | – mit Behinderung | § 2 Absatz 2<br>§ 1 Absatz 2<br>§ 49 Absatz 1<br>Nummer 1, 2 | 25 € |
| 3.2 | | des rechten Fahrstreifens (außer auf Autobahnen oder Kraftfahrstraßen) und dadurch einen Anderen behindert | § 2 Absatz 2<br>§ 1 Absatz 2<br>§ 49 Absatz 1<br>Nummer 1, 2 | 20 € |
| 3.3 | | der rechten Fahrbahn bei zwei getrennten Fahrbahnen | § 2 Absatz 1<br>§ 49 Absatz 1<br>Nummer 2 | 25 € |
| 3.3.1 | | – mit Gefährdung | § 2 Absatz 1<br>§ 1 Absatz 2<br>§ 49 Absatz 1<br>Nummer 1, 2 | 35 € |
| 3.3.2 | | – mit Sachbeschädigung | § 2 Absatz 1<br>§ 1 Absatz 2<br>§ 49 Absatz 1<br>Nummer 1, 2 | 40 € |
| 3.4 | | eines markierten Schutzstreifens als Radfahrer | § 2 Absatz 2<br>§ 49 Absatz 1<br>Nummer 2 | 15 € |
| 3.4.1 | | – mit Behinderung | § 2 Absatz 2<br>§ 1 Absatz 2<br>§ 49 Absatz 1<br>Nummer 1, 2 | 20 € |
| 3.4.2 | | – mit Gefährdung | | 25 € |
| 3.4.3 | | – mit Sachbeschädigung | | 30 € |

| Lfd. Nr. | Tatbestand | | Straßenverkehrs-Ordnung (StVO) | Regelsatz in Euro (€), Fahrverbot in Monaten |
|---|---|---|---|---|
| 4 | Gegen das Rechtsfahrgebot verstoßen | | § 2 Absatz 2<br>§ 1 Absatz 2<br>§ 49 Absatz 1 Nummer 1, 2 | |
| 4.1 | | bei Gegenverkehr, beim Überholtwerden, an Kuppen, in Kurven oder bei Unübersichtlichkeit und dadurch einen Anderen gefährdet | | 80 € |
| 4.2 | | auf Autobahnen oder Kraftfahrstraßen und dadurch einen Anderen behindert | | 80 € |
| 5 | Schienenbahn nicht durchfahren lassen | | § 2 Absatz 3<br>§ 49 Absatz 1 Nummer 2 | 5 € |
| 5a | Fahren bei Glatteis, Schneeglätte, Schneematsch, Eis- oder Reifglätte ohne Bereifung, welche die in § 36 Absatz 4 StVZO beschriebenen Eigenschaften erfüllt | | § 2 Absatz 3a Satz 1<br>§ 49 Absatz 1 Nummer 2 | 60 € |
| 5a.1 | | – mit Behinderung | § 2 Absatz 3a Satz 1<br>§ 1 Absatz 2<br>§ 49 Absatz 1 Nummer 1, 2 | 80 € |
| 6 | Beim Führen eines kennzeichnungspflichtigen Kraftfahrzeugs mit gefährlichen Gütern bei Sichtweite unter 50 m, bei Schneeglätte oder Glatteis sich nicht so verhalten, dass die Gefährdung eines anderen ausgeschlossen war, insbesondere, obwohl nötig, nicht den nächsten geeigneten Platz zum Parken aufgesucht | | § 2 Absatz 3a Satz 4<br>§ 49 Absatz 1 Nummer 2 | 140 € |
| 7 | Beim Radfahren oder Mofafahren, soweit dies durch Treten fortbewegt wird | | | |

| Lfd. Nr. | | Tatbestand | Straßenverkehrs-Ordnung (StVO) | Regelsatz in Euro (€), Fahrverbot in Monaten |
|---|---|---|---|---|
| 7.1 | | Radweg (Zeichen 237, 240, 241) nicht benutzt | § 41 Absatz 1 i.V.m. Anlage 2 lfd. Nr. 16, 19, 20 (Zeichen 237, 240, 241) Spalte 3 Nummer 1 auch i.V.m. § 2 Absatz 4 Satz 6 § 49 Absatz 3 Nummer 4 auch i.V.m. Absatz 1 Nummer 2 | 20 € |
| 7.1.1 | | – mit Behinderung | § 41 Absatz 1 i.V.m. Anlage 2 lfd. Nr. 16, 19, 20 (Zeichen 237, 240, 241) Spalte 3 Nummer 1 auch i.V.m. § 2 Absatz 4 Satz 6 § 1 Absatz 2 § 49 Absatz 1 Nummer 1, Absatz 3 Nummer 4 auch i.V.m. Absatz 1 Nummer 2 | 25 € |
| 7.1.2 | | – mit Gefährdung | | 30 € |
| 7.1.3 | | – mit Sachbeschädigung | | 35 € |
| 7.2 | | Fahrbahn, Radweg oder Seitenstreifen nicht vorschriftsmäßig benutzt | | |
| 7.2.1 | | – mit Behinderung | § 2 Absatz 4 Satz 1, 5 § 1 Absatz 2 § 49 Absatz 1 Nummer 1, 2 | 20 € |

| Lfd. Nr. | Tatbestand | | Straßenverkehrs-Ordnung (StVO) | Regelsatz in Euro (€), Fahrverbot in Monaten |
|---|---|---|---|---|
| 7.2.2 | | – mit Gefährdung | | 25 € |
| 7.2.3 | | – mit Sachbeschädigung | | 30 € |
| 7.3 | | Radweg in nicht zulässiger Richtung befahren, obwohl Radweg oder Seitenstreifen in zulässiger Richtung vorhanden | § 2 Absatz 4 Satz 4 § 49 Absatz 1 Nummer 2 | 20 € |
| 7.3.1 | | – mit Behinderung | § 2 Absatz 4 Satz 4 § 1 Absatz 2 § 49 Absatz 1 Nummer 1, 2 | 25 € |
| 7.3.2 | | – mit Gefährdung | | 30 € |
| 7.3.3 | | – mit Sachbeschädigung | | 35 € |
| | **Geschwindigkeit** | | | |
| 8 | Mit nicht angepasster Geschwindigkeit gefahren | | | |
| 8.1 | | trotz angekündigter Gefahrenstelle, bei Unübersichtlichkeit, an Straßenkreuzungen, Straßeneinmündungen, Bahnübergängen oder bei schlechten Sicht- oder Wetterverhältnissen (z.B. Nebel, Glatteis) | § 3 Absatz 1 Satz 1, 2, 4,5 § 19 Absatz 1 Satz 2 § 49 Absatz 1 Nummer 3, 19 Buchstabe a | 100 € |
| 8.2 | | in anderen als in Nummer 8.1 genannten Fällen mit Sachbeschädigung | § 3 Absatz 1 Satz 1, 2, 4, 5 § 1 Absatz 2 § 49 Absatz 1 Nummer 1, 3 | 35 € |
| 9 | Festgesetzte Höchstgeschwindigkeit bei Sichtweite unter 50 m durch Nebel, Schneefall oder Regen überschritten | | § 3 Absatz 1 Satz 3 § 49 Absatz 1 Nummer 3 | 80 € |
| 9.1 | | um mehr als 20 km/h mit einem Kraftfahrzeug der in § 3 Absatz 3 Nummer 2 Buchstabe a oder b StVO genannten Art | | Tabelle 1 Buchstabe a |

| **Lfd. Nr.** | **Tatbestand** | | **Straßenverkehrs-Ordnung (StVO)** | **Regelsatz in Euro (€), Fahrverbot in Monaten** |
|---|---|---|---|---|
| 9.2 | | um mehr als 15 km/h mit kennzeichnungspflichtigen Kraftfahrzeugen der in Nummer 9.1 genannten Art mit gefährlichen Gütern oder Kraftomnibussen mit Fahrgästen | | Tabelle 1 Buchstabe b |
| 9.3 | | um mehr als 25 km/h innerorts oder 30 km/h außerorts mit anderen als den in Nummer 9.1 oder 9.2 genannten Kraftfahrzeugen | | Tabelle 1 Buchstabe c |
| 10 | Beim Führen eines Fahrzeugs ein Kind, einen Hilfsbedürftigen oder älteren Menschen gefährdet, insbesondere durch nicht ausreichend verminderte Geschwindigkeit, mangelnde Bremsbereitschaft oder unzureichenden Seitenabstand beim Vorbeifahren oder Überholen | | § 3 Absatz 2a<br>§ 49 Absatz 1 Nummer 3 | 80 € |
| 11 | Zulässige Höchstgeschwindigkeit überschritten mit | | | |
| | | | § 3 Absatz 3 Satz 1, Absatz 4<br>§ 49 Absatz 1 Nummer 3<br>§ 18 Absatz 5 Satz 2<br>§ 49 Absatz 1 Nummer 18<br>§ 20 Absatz 2 Satz 1, Absatz 4 Satz 1, 2<br>§ 49 Absatz 1 Nummer 19 Buchstabe b<br>§ 41 Absatz 1 i.V.m. Anlage 2 lfd. Nr. 16, 17 (Zeichen 237, 238) | |

| Lfd. Nr. | Tatbestand | Straßenverkehrs-Ordnung (StVO) | Regelsatz in Euro (€), Fahrverbot in Monaten |
|---|---|---|---|
| | | Spalte 3 Nummer 3, lfd. Nr. 18 (Zeichen 239) Spalte 3 Nummer 2, lfd. Nr. 19 (Zeichen 240) Spalte 3 Nummer 3, lfd. Nr. 20 (Zeichen 241) Spalte 3 Nummer 4, lfd. Nr. 21 (Zeichen 239 oder 242.1 mit Zusatzzeichen, das den Fahrzeugverkehr zulässt)<br>Spalte 3 Nummer 2, lfd. Nr. 23 (Zeichen 244.1 mit Zusatzzeichen, das den Fahrzeugverkehr zulässt) Spalte 3 Nummer 2, lfd. Nr. 24.1 (Zeichen 244.3 mit Zusatzzeichen, das den Fahrzeugverkehr zulässt) Spalte 3 Nummer 2, lfd. Nr. 49 (Zeichen 274), lfd. Nr. 50 (Zeichen 274.1, 274.2)<br>§ 49 Absatz 3 Nummer 4<br>§ 42 Absatz 2 i.V.m. Anlage 3 lfd. Nr. 12 (Zeichen 325.1) Spalte 3 Nummer 1<br>§ 49 Absatz 3 Nummer 5 | |

| Lfd. Nr. | Tatbestand | | Straßenverkehrs-Ordnung (StVO) | Regelsatz in Euro (€), Fahrverbot in Monaten |
|---|---|---|---|---|
| 11.1 | | Kraftfahrzeugen der in § 3 Absatz 3 Nummer 2 Buchstabe a oder b StVO genannten Art | | Tabelle 1 Buchstabe a |
| 11.2 | | kennzeichnungspflichtigen Kraftfahrzeugen der in Nummer 11.1 genannten Art mit gefährlichen Gütern oder Kraftomnibussen mit Fahrgästen | | Tabelle 1 Buchstabe b |
| 11.3 | | anderen als den in Nummer 11.1 oder 11.2 genannten Kraftfahrzeugen | | Tabelle 1 Buchstabe c |
| | **Abstand** | | | |
| 12 | Erforderlichen Abstand von einem vorausfahrenden Fahrzeug nicht eingehalten | | § 4 Absatz 1 Satz 1<br>§ 49 Absatz 1 Nummer 4 | |
| 12.1 | | bei einer Geschwindigkeit bis 80 km/h | | 25 € |
| 12.2 | | – mit Gefährdung | § 4 Absatz 1 Satz 1<br>§ 1 Absatz 2<br>§ 49 Absatz 1 Nummer 1, 4 | 30 € |
| 12.3 | | – mit Sachbeschädigung | | 35 € |
| 12.4 | | bei einer Geschwindigkeit von mehr als 80 km/h, sofern der Abstand in Metern nicht weniger als ein Viertel des Tachowertes betrug | § 4 Absatz 1 Satz 1<br>§ 49 Absatz 1 Nummer 4 | 35 € |
| 12.5 | | bei einer Geschwindigkeit von mehr als 80 km/h, sofern der Abstand in Metern weniger als ein Viertel des Tachowertes betrug | | Tabelle 2 Buchstabe a |
| 12.6 | | bei einer Geschwindigkeit von mehr als 100 km/h, sofern der Abstand in Metern weniger als ein Viertel des Tachowertes betrug | | Tabelle 2 Buchstabe b |
| 12.7 | | bei einer Geschwindigkeit von mehr als 130 km/h, sofern der Abstand in Metern weniger als ein Viertel des Tachowertes betrug | | Tabelle 2 Buchstabe c |

| Lfd. Nr. | Tatbestand | Straßenverkehrs-Ordnung (StVO) | Regelsatz in Euro (€), Fahrverbot in Monaten |
|---|---|---|---|
| 13 | Vorausgefahren und ohne zwingenden Grund stark gebremst | | |
| 13.1 | – mit Gefährdung | § 4 Absatz 1 Satz 2<br>§ 1 Absatz 2<br>§ 49 Absatz 1 Nummer 1, 4 | 20 € |
| 13.2 | – mit Sachbeschädigung | | 30 € |
| 14 | Den zum Einscheren erforderlichen Abstand von dem vorausfahrenden Fahrzeug außerhalb geschlossener Ortschaften nicht eingehalten | § 4 Absatz 2 Satz 1<br>§ 49 Absatz 1 Nummer 4 | 25 € |
| 15 | Mit Lastkraftwagen (zulässige Gesamtmasse über 3,5 t) oder Kraftomnibus bei einer Geschwindigkeit von mehr als 50 km/h auf einer Autobahn Mindestabstand von 50 m von einem vorausfahrenden Fahrzeug nicht eingehalten | § 4 Absatz 3<br>§ 49 Absatz 1 Nummer 4 | 80 € |
| | **Überholen** | | |
| 16 | Innerhalb geschlossener Ortschaften rechts überholt | § 5 Absatz 1<br>§ 49 Absatz 1 Nummer 5 | 30 € |
| 16.1 | – mit Sachbeschädigung | § 5 Absatz 1<br>§ 1 Absatz 2<br>§ 49 Absatz 1 Nummer 1, 5 | 35 € |
| 17 | Außerhalb geschlossener Ortschaften rechts überholt | § 5 Absatz 1<br>§ 49 Absatz 1 Nummer 5 | 100 € |
| 18 | Mit nicht wesentlich höherer Geschwindigkeit als der zu Überholende überholt | § 5 Absatz 2 Satz 2<br>§ 49 Absatz 1 Nummer 5 | 80 € |
| 19 | Überholt, obwohl nicht übersehen werden konnte, dass während des ganzen Überholvorgangs jede Behinderung des Gegenverkehrs ausgeschlossen war, oder bei unklarer Verkehrslage | § 5 Absatz 2 Satz 1, Absatz 3 Nummer 1<br>§ 49 Absatz 1 Nummer 5 | 100 € |

| **Lfd. Nr.** | **Tatbestand** | | **Straßenverkehrs-Ordnung (StVO)** | **Regelsatz in Euro (€), Fahrverbot in Monaten** |
|---|---|---|---|---|
| 19.1 | | und dabei ein Überholverbot (§ 19 Absatz 1 Satz 3 StVO, Zeichen 276, 277, 277.1) nicht beachtet oder Fahrstreifenbegrenzung (Zeichen 295, 296) überquert oder überfahren oder der durch Pfeile vorgeschriebenen Fahrtrichtung (Zeichen 297) nicht gefolgt | § 5 Absatz 2 Satz 1, Absatz 3 Nummer 1 § 19 Absatz 1 Satz 3 § 49 Absatz 1 Nummer 5, 19a § 41 Absatz 1 i.V.m. Anlage 2 zu lfd. Nr. 53, 54 und 54.4 (Zeichen 276, 277, 277.1) Spalte 3, lfd. Nr. 68 (Zeichen 295) Spalte 3 Nummer 1a, lfd. Nr. 69, 70 (Zeichen 296, 297) Spalte 3 Nummer 1 § 49 Absatz 3 Nummer 4 | 150 € |
| 19.1.1 | | – mit Gefährdung | § 5 Absatz 2 Satz 1, Absatz 3 Nummer 1 § 19 Absatz 1 Satz 3 § 49 Absatz 1 Nummer 5, 19a § 41 Absatz 1 i.V.m. Anlage 2 zu lfd. Nr. 53, 54 und 54.4 (Zeichen 276, 277, 277.1) Spalte 3, | 250 € **Fahrverbot 1 Monat** |

| Lfd. Nr. | Tatbestand | Straßenverkehrs-Ordnung (StVO) | Regelsatz in Euro (€), Fahrverbot in Monaten |
|---|---|---|---|
| | | lfd. Nr. 68 (Zeichen 295) Spalte 3 Nummer 1a, lfd. Nr. 69, 70 (Zeichen 296, 297) Spalte 3 Nummer 1<br>§ 49 Absatz 3 Nummer 4<br>§ 1 Absatz 2<br>§ 49 Absatz 1 Nummer 1 | |
| 19.1.2 | – mit Sachbeschädigung | | 300 €<br>**Fahrverbot 1 Monat** |
| (20) | (aufgehoben) | | |
| 21 | Mit einem Kraftfahrzeug mit einer zulässigen Gesamtmasse über 7,5 t überholt, obwohl die Sichtweite durch Nebel, Schneefall oder Regen weniger als 50 m betrug | § 5 Absatz 3a<br>§ 49 Absatz 1 Nummer 5 | 120 € |
| 21.1 | – mit Gefährdung | § 5 Absatz 3a<br>§ 1 Absatz 2<br>§ 49 Absatz 1 Nummer 1, 5 | 200 €<br>**Fahrverbot 1 Monat** |
| 21.2 | – mit Sachbeschädigung | | 240 €<br>**Fahrverbot 1 Monat** |
| 22 | Zum Überholen ausgeschert und dadurch nachfolgenden Verkehr gefährdet | § 5 Absatz 4 Satz 1<br>§ 49 Absatz 1 Nummer 5 | 80 € |
| 23 | Beim Überholen ausreichenden Seitenabstand zu anderen Verkehrsteilnehmern nicht eingehalten | § 5 Absatz 4 Satz 2, 3<br>§ 49 Absatz 1 Nummer 5 | 30 € |

| Lfd. Nr. | Tatbestand | Straßenverkehrs-Ordnung (StVO) | Regelsatz in Euro (€), Fahrverbot in Monaten |
|---|---|---|---|
| 23.1 | – mit Sachbeschädigung | § 5 Absatz 4 Satz 2, 3<br>§ 1 Absatz 2<br>§ 49 Absatz 1 Nummer 1, 5 | 35 € |
| 24 | Nach dem Überholen nicht so bald wie möglich wieder nach rechts eingeordnet | § 5 Absatz 4 Satz 5<br>§ 49 Absatz 1 Nummer 5 | 10 € |
| 25 | Nach dem Überholen beim Einordnen, denjenigen, der überholt wurde, behindert | § 5 Absatz 4 Satz 6<br>§ 49 Absatz 1 Nummer 5 | 20 € |
| 26 | Beim Überholtwerden Geschwindigkeit erhöht | § 5 Absatz 6 Satz 1<br>§ 49 Absatz 1 Nummer 5 | 30 € |
| 27 | Ein langsameres Fahrzeug geführt und die Geschwindigkeit nicht ermäßigt oder nicht gewartet, um mehreren unmittelbar folgenden Fahrzeugen das Überholen zu ermöglichen | § 5 Absatz 6 Satz 2<br>§ 49 Absatz 1 Nummer 5 | 10 € |
| 28 | Vorschriftswidrig links überholt, obwohl der Fahrer des vorausfahrenden Fahrzeugs die Absicht, nach links abzubiegen, angekündigt und sich eingeordnet hatte | § 5 Absatz 7 Satz 1<br>§ 49 Absatz 1 Nummer 5 | 25 € |
| 28.1 | – mit Sachbeschädigung | § 5 Absatz 7 Satz 1<br>§ 1 Absatz 2<br>§ 49 Absatz 1 Nummer 1, 5 | 30 € |
| | **Fahrtrichtungsanzeiger** | | |
| 29 | Fahrtrichtungsanzeiger nicht wie vorgeschrieben benutzt | § 5 Absatz 4a<br>§ 49 Absatz 1 Nummer 5<br>§ 6 Satz 3<br>§ 49 Absatz 1 Nummer 6 | 10 € |

| Lfd. Nr. | Tatbestand | Straßenverkehrs-Ordnung (StVO) | Regelsatz in Euro (€), Fahrverbot in Monaten |
|---|---|---|---|
| | | § 7 Absatz 5 Satz 2<br>§ 49 Absatz 1 Nummer 7<br>§ 9 Absatz 1 Satz 1<br>§ 49 Absatz 1 Nummer 9<br>§ 10 Satz 2<br>§ 49 Absatz 1 Nummer 10<br>§ 42 Absatz 2 i.V.m. Anlage 3 lfd. Nr. 2.1 (Zusatzzeichen zu Zeichen 306) Spalte 3 Nummer 1<br>§ 49 Absatz 3 Nummer 5 | |
| | **Vorbeifahren** | | |
| 30 | An einer Fahrbahnverengung, einem Hindernis auf der Fahrbahn oder einem haltenden Fahrzeug auf der Fahrbahn links vorbeigefahren, ohne ein entgegenkommendes Fahrzeug durchfahren zu lassen | § 6 Satz 1<br>§ 49 Absatz 1 Nummer 6 | 20 € |
| 30.1 | – mit Gefährdung | § 6 Absatz 1<br>§ 1 Absatz 2<br>§ 49 Absatz 1 Nummer 1, 6 | 30 € |
| 30.2 | – mit Sachbeschädigung | | 35 € |
| | **Benutzung von Fahrstreifen durch Kraftfahrzeuge** | | |
| 31 | Fahrstreifen gewechselt und dadurch einen anderen Verkehrsteilnehmer gefährdet | § 7 Absatz 5 Satz 1<br>§ 49 Absatz 1 Nummer 7 | 30 € |

| Lfd. Nr. | Tatbestand | Straßenverkehrs-Ordnung (StVO) | Regelsatz in Euro (€), Fahrverbot in Monaten |
|---|---|---|---|
| 31.1 | – mit Sachbeschädigung | § 7 Absatz 5 Satz 1<br>§ 1 Absatz 2<br>§ 49 Absatz 1 Nummer 1, 7 | 35 € |
| 31a | Auf einer Fahrbahn für beide Richtungen den mittleren oder linken von mehreren durch Leitlinien (Zeichen 340) markierten Fahrstreifen zum Überholen benutzt | § 7 Absatz 3a Satz 1, 2, Absatz 3b<br>§ 49 Absatz 1 Nummer 7 | 30 € |
| 31a.1 | – mit Gefährdung | § 7 Absatz 3a Satz 1, 2, Absatz 3b<br>§ 1 Absatz 2<br>§ 49 Absatz 1 Nummer 1, 7 | 40 € |
| 31b | Außerhalb geschlossener Ortschaften linken Fahrstreifen mit einem Lastkraftwagen mit einer zulässigen Gesamtmasse von mehr als 3,5 t oder einem Kraftfahrzeug mit Anhänger zu einem anderen Zweck als dem des Linksabbiegens benutzt | § 7 Absatz 3c Satz 3<br>§ 49 Absatz 1 Nummer 7 | 15 € |
| 31b.1 | – mit Behinderung | § 7 Absatz 3c Satz 3<br>§ 1 Absatz 2<br>§ 49 Absatz 1 Nummer 1, 7 | 20 € |
| | **Vorfahrt** | | |
| 32 | Nicht mit mäßiger Geschwindigkeit an eine bevorrechtigte Straße herangefahren | § 8 Absatz 2 Satz 1<br>§ 49 Absatz 1 Nummer 8 | 10 € |
| 33 | Vorfahrt nicht beachtet und dadurch eine vorfahrtberechtigte Person wesentlich behindert | § 8 Absatz 2 Satz 2<br>§ 49 Absatz 1 Nummer 8 | 25 € |
| 34 | Vorfahrt nicht beachtet und dadurch eine vorfahrtberechtigte Person gefährdet | § 8 Absatz 2 Satz 2<br>§ 49 Absatz 1 Nummer 8 | 100 € |

| Lfd. Nr. | Tatbestand | Straßenverkehrs-Ordnung (StVO) | Regelsatz in Euro (€), Fahrverbot in Monaten |
|---|---|---|---|
| | **Abbiegen, Wenden, Rückwärtsfahren** | | |
| 35 | Abgebogen, ohne sich ordnungsgemäß oder rechtzeitig eingeordnet oder ohne vor dem Einordnen oder Abbiegen auf den nachfolgenden Verkehr geachtet zu haben | § 9 Absatz 1 Satz 2, 4<br>§ 49 Absatz 1 Nummer 9 | 10 € |
| 35.1 | – mit Gefährdung | § 9 Absatz 1 Satz 2, 4<br>§ 1 Absatz 2<br>§ 49 Absatz 1 Nummer 1, 9 | 30 € |
| 35.2 | – mit Sachbeschädigung | | 35 € |
| 36 | Beim Linksabbiegen auf längs verlegten Schienen eingeordnet und dadurch ein Schienenfahrzeug behindert | § 9 Absatz 1 Satz 3<br>§ 49 Absatz 1 Nummer 9 | 5 € |
| (37 bis 37.3) | (aufgehoben) | | |
| 38 | Beim Linksabbiegen mit dem Fahrrad nach einer Kreuzung oder Einmündung die Fahrbahn überquert und dabei den Fahrzeugverkehr nicht beachtet oder einer Radverkehrsführung im Kreuzungs- oder Einmündungsbereich nicht gefolgt | § 9 Absatz 2 Satz 2, 3<br>§ 49 Absatz 1 Nummer 9 | 15 € |
| 38.1 | – mit Behinderung | § 9 Absatz 2 Satz 2, 3<br>§ 1 Absatz 2<br>§ 49 Absatz 1 Nummer 1, 9 | 20 € |
| 38.2 | – mit Gefährdung | | 25 € |
| 38.3 | – mit Sachbeschädigung | | 30 € |
| 39 | **Abgebogen, ohne Fahrzeug durchfahren zu lassen** | § 9 Absatz 3 Satz 1, 2, Absatz 4 Satz 1<br>§ 49 Absatz 1 Nummer 9 | 40 € |

| Lfd. Nr. | Tatbestand | Straßenverkehrs-Ordnung (StVO) | Regelsatz in Euro (€), Fahrverbot in Monaten |
|---|---|---|---|
| 39.1 | – mit Gefährdung | § 9 Absatz 3 Satz 1, 2, Absatz 4 Satz 1<br>§ 1 Absatz 2<br>§ 49 Absatz 1 Nummer 1, 9 | 140 €<br>**Fahrverbot 1 Monat** |
| (40) | (aufgehoben) | | |
| 41 | Beim Abbiegen auf zu Fuß Gehende keine besondere Rücksicht genommen und diese dadurch gefährdet | § 9 Absatz 3 Satz 3<br>§ 1 Absatz 2<br>§ 49 Absatz 1 Nummer 1, 9 | 140 €<br>**Fahrverbot 1 Monat** |
| 42 | Beim Linksabbiegen nicht voreinander abgebogen | § 9 Absatz 4 Satz 2<br>§ 49 Absatz 1 Nummer 9 | 10 € |
| 42.1 | – mit Gefährdung | § 9 Absatz 4 Satz 2<br>§ 1 Absatz 2<br>§ 49 Absatz 1 Nummer 1, 9 | 70 € |
| (43) | (aufgehoben) | | |
| 44 | Beim Abbiegen in ein Grundstück, beim Wenden oder Rückwärtsfahren einen anderen Verkehrsteilnehmer gefährdet | § 9 Absatz 5<br>§ 49 Absatz 1 Nummer 9 | 80 € |
| 45 | Mit einem Kraftfahrzeug mit einer zulässigen Gesamtmasse über 3,5 t innerorts beim Rechtsabbiegen nicht mit Schrittgeschwindigkeit gefahren | § 9 Absatz 6<br>§ 49 Absatz 1 Nummer 9 | 70 € |
| (46) | (aufgehoben) | | |
| | **Einfahren und Anfahren** | | |
| 47 | Aus einem Grundstück, einem Fußgängerbereich (Zeichen 242.1, 242.2), einem verkehrsberuhigten Bereich (Zeichen 325.1, 325.2) auf die Straße oder von einem anderen Straßenteil oder über einen abgesenkten Bordstein hinweg auf die Fahrbahn eingefahren oder vom Fahrbahnrand angefahren und dadurch einen anderen Verkehrsteilnehmer gefährdet | § 10 Satz 1<br>§ 49 Absatz 1 Nummer 10 | 30 € |

| Lfd. Nr. | Tatbestand | Straßenverkehrs-Ordnung (StVO) | Regelsatz in Euro (€), Fahrverbot in Monaten |
|---|---|---|---|
| 47.1 | – mit Sachbeschädigung | § 10 Satz 1<br>§ 1 Absatz 2<br>§ 49 Absatz 1<br>Nummer 1, 10 | 35 € |
| (48) | (aufgehoben) | | |
| | **Besondere Verkehrslagen** | | |
| 49 | Trotz stockenden Verkehrs in eine Kreuzung oder Einmündung eingefahren und dadurch einen Anderen behindert | § 11 Absatz 1<br>§ 1 Absatz 2<br>§ 49 Absatz 1<br>Nummer 1, 11 | 20 € |
| 50 | Bei stockendem Verkehr auf einer Autobahn oder Außerortsstraße für die Durchfahrt von Polizei- oder Hilfsfahrzeugen keine vorschriftsmäßige Gasse gebildet | § 11 Absatz 2<br>§ 49 Absatz 1<br>Nummer 11 | 200 €<br>**Fahrverbot 1 Monat** |
| 50.1 | – mit Behinderung | § 11 Absatz 2<br>§ 1 Absatz 2<br>§ 49 Absatz 1<br>Nummer 1, 11 | 240 €<br>**Fahrverbot 1 Monat** |
| 50.2 | – mit Gefährdung | | 280 €<br>**Fahrverbot 1 Monat** |
| 50.3 | – mit Sachbeschädigung | | 320 €<br>**Fahrverbot 1 Monat** |
| 50a | Unberechtigt mit einem Fahrzeug auf einer Autobahn oder Außerortsstraße eine freie Gasse für die Durchfahrt von Polizei- oder Hilfsfahrzeugen benutzt | § 11 Absatz 2<br>§ 49 Absatz 1<br>Nummer 11 | 240 €<br>**Fahrverbot 1 Monat** |
| 50a.1 | – mit Behinderung | § 11 Absatz 2<br>§ 1 Absatz 2<br>§ 49 Absatz 1<br>Nummer 1, 11 | 280 €<br>**Fahrverbot 1 Monat** |
| 50a.2 | – mit Gefährdung | | 300 €<br>**Fahrverbot 1 Monat** |
| 50a.3 | – mit Sachbeschädigung | | 320 €<br>**Fahrverbot 1 Monat** |

| Lfd. Nr. | Tatbestand | Straßenverkehrs-Ordnung (StVO) | Regelsatz in Euro (€), Fahrverbot in Monaten |
|---|---|---|---|
| | **Halten und Parken** | | |
| 51 | Unzulässig gehalten | § 12 Absatz 1<br>§ 49 Absatz 1 Nummer 12<br>§ 37 Absatz 1 Satz 2, Absatz 5<br>§ 49 Absatz 3 Nummer 2<br>§ 41 Absatz 1 i.V.m. Anlage 2 lfd. Nr. 1, 2, 3 (Zeichen 201, 205, 206) Spalte 3 Nummer 2, lfd. Nr. 8 (Zeichen 215) Spalte 3 Nummer 3, lfd. Nr. 15 (Zeichen 229) Spalte 3 Satz 1, lfd. Nr. 62 (Zeichen 283) Spalte 3, lfd. Nr. 63, 64 (Zeichen 286, 290.1) Spalte 3 Nummer 1, lfd. Nr. 66 (Zeichen 293) Spalte 3, lfd. Nr. 68 (Zeichen 295) Spalte 3 Nummer 2a, lfd. Nr. 70 (Zeichen 297) Spalte 3 Nummer 2, lfd. Nr. 73 (Zeichen 299) Spalte 3 Satz 1<br>§ 49 Absatz 3 Nummer 4 | 20 € |

| Lfd. Nr. | Tatbestand | | Straßenverkehrs-Ordnung (StVO) | Regelsatz in Euro (€), Fahrverbot in Monaten |
|---|---|---|---|---|
| 51.1 | | – mit Behinderung | § 12 Absatz 1<br>§ 1 Absatz 2<br>§ 49 Absatz 1 Nummer 1,12<br>§ 37 Absatz 1 Satz 2, Absatz 5<br>§ 1 Absatz 2<br>§ 49 Absatz 1 Nummer 1, Absatz 3 Nummer 2<br>§ 41 Absatz 1 i.V.m. Anlage 2 lfd. Nr. 1, 2, 3 (Zeichen 201, 205, 206) Spalte 3 Nummer 2, lfd. Nr. 8 (Zeichen 215) Spalte 3 Nummer 3, lfd. Nr. 15 (Zeichen 229) Spalte 3 Satz 1, lfd. Nr. 62 (Zeichen 283) Spalte 3, lfd. Nr. 63, 64 (Zeichen 286, 290.1) Spalte 3 Nummer 1, lfd. Nr. 66 (Zeichen 293) Spalte 3, lfd. Nr. 68 (Zeichen 295) Spalte 3 Nummer 2a, lfd. Nr. 70 (Zeichen 297) Spalte 3 Nummer 2, lfd. Nr. 73 (Zeichen 299) Spalte 3 Satz 1<br>§ 1 Absatz 2<br>§ 49 Absatz 1 Nummer 1, Absatz 3 Nummer 4 | 35 € |

| Lfd. Nr. | Tatbestand | | Straßenverkehrs-Ordnung (StVO) | Regelsatz in Euro (€), Fahrverbot in Monaten |
|---|---|---|---|---|
| 51a | | Unzulässig in »zweiter Reihe« gehalten | § 12 Absatz 4 Satz 1, 2 Halbsatz 2<br>§ 49 Absatz 1 Nummer 12 | 55 € |
| 51a.1 | | – mit Behinderung | § 12 Absatz 4 Satz 1, 2 Halbsatz 2<br>§ 1 Absatz 2<br>§ 49 Absatz 1 Nummer 1, 12 | 70 € |
| 51a.2 | | – mit Gefährdung | | 80 € |
| 51a.3 | | – mit Sachbeschädigung | | 100 € |
| 51b | An einer engen oder unübersichtlichen Straßenstelle oder im Bereich einer scharfen Kurve geparkt (§ 12 Absatz 2 StVO) | | § 12 Absatz 1 Nummer 1, 2<br>§ 49 Absatz 1 Nummer 12 | 35 € |
| 51b.1 | | – mit Behinderung | § 12 Absatz 1 Nummer 1, 2<br>§ 1 Absatz 2<br>§ 49 Absatz 1 Nummer 1, 12 | 55 € |
| 51b.2 | | länger als 1 Stunde | § 12 Absatz 1 Nummer 1, 2<br>§ 49 Absatz 1 Nummer 12 | 55 € |
| 51b.2.1 | | – mit Behinderung | § 12 Absatz 1 Nummer 1, 2<br>§ 1 Absatz 2<br>§ 49 Absatz 1 Nummer 1, 12 | 55 € |
| 51b.3 | | wenn ein Rettungsfahrzeug im Einsatz behindert worden ist | § 12 Absatz 1 Nummer 1, 2<br>§ 1 Absatz 2<br>§ 49 Absatz 1 Nummer 1, 12 | 100 € |

| Lfd. Nr. | Tatbestand | Straßenverkehrs-Ordnung (StVO) | Regelsatz in Euro (€), Fahrverbot in Monaten |
|---|---|---|---|
| 52 | Unzulässig geparkt (§ 12 Absatz 2 StVO) in den Fällen, in denen das Halten verboten ist | § 12 Absatz 1 Nummer 3, 4 § 49 Absatz 1 Nummer 12 § 37 Absatz 1 Satz 2, Absatz 5 § 49 Absatz 3 Nummer 2 § 41 Absatz 1 i.V.m. Anlage 2 lfd. Nr. 1, 2, 3 (Zeichen 201, 205, 206) Spalte 3 Nummer 2, | 25 € |
| | | lfd. Nr. 8 (Zeichen 215) Spalte 3 Nummer 3, lfd. Nr. 15 (Zeichen 229) Spalte 3 Satz 1, lfd. Nr. 17 (Zeichen 238) Spalte 3 Nummer 2, lfd. Nr. 62 (Zeichen 283) Spalte 3, lfd. Nr. 63, 64 (Zeichen 286, 290.1) Spalte 3 Nummer 1, lfd. Nr. 66 (Zeichen 293) Spalte 3, lfd. Nr. 68 (Zeichen 295) Spalte 3 Nummer 2a, lfd. Nr. 70 | |

| Lfd. Nr. | Tatbestand | | Straßenverkehrs-Ordnung (StVO) | Regelsatz in Euro (€), Fahrverbot in Monaten |
|---|---|---|---|---|
| | | | (Zeichen 297) Spalte 3 Nummer 2, lfd. Nr. 73 (Zeichen 299) Spalte 3 Satz 1 § 49 Absatz 3 Nummer 4 | |
| 52.1 | | – mit Behinderung | § 12 Absatz 1 Nummer 3, 4 § 1 Absatz 2 § 49 Absatz 1 Nummer 1, 12 § 41 Absatz 1 i.V.m. Anlage 2 lfd. Nr. 1, 2, 3 (Zeichen 201, 205, 206) Spalte 3 Nummer 2, lfd. Nr. 8 (Zeichen 215) Spalte 3 Nummer 3, lfd. Nr. 15 (Zeichen 229) Spalte 3 Satz 1, lfd. Nr. 17 (Zeichen 238) Spalte 3 Nummer 2, lfd. Nr. 62 (Zeichen 283) Spalte 3, lfd. Nr. 63, 64 (Zeichen 286, 290.1) Spalte 3 Nummer 1, lfd. Nr. 66 (Zeichen 293) Spalte 3, lfd. Nr. 68 (Zeichen 295) Spalte 3 Nummer 2a, lfd. Nr. 70 | 40 € |

| Lfd. Nr. | Tatbestand | | Straßenverkehrs-Ordnung (StVO) | Regelsatz in Euro (€), Fahrverbot in Monaten |
|---|---|---|---|---|
| | | | (Zeichen 297) Spalte 3 Nummer 2, lfd. Nr. 73 (Zeichen 299) Spalte 3 Satz 1<br>§ 1 Absatz 2<br>§ 49 Absatz 1 Nummer 1, Absatz 3 Nummer 4 | |
| 52.2 | | länger als 1 Stunde | § 12 Absatz 1 Nummer 3, 4<br>§ 49 Absatz 1 Nummer 12<br>§ 41 Absatz 1 i.V.m. Anlage 2 lfd. Nr. 1, 2, 3 (Zeichen 201, 205, 206) Spalte 3 Nummer 2, lfd. Nr. 8 (Zeichen 215) Spalte 3 Nummer 3, lfd. Nr. 15 (Zeichen 229) Spalte 3 Satz 1, lfd. Nr. 17 (Zeichen 238) Spalte 3 Nummer 2, lfd. Nr. 62 (Zeichen 283) Spalte 3, lfd. Nr. 63, 64 (Zeichen 286, 290.1) Spalte 3 Nummer 1, | 40 € |

| Lfd. Nr. | Tatbestand | | Straßenverkehrs-Ordnung (StVO) | Regelsatz in Euro (€), Fahrverbot in Monaten |
|---|---|---|---|---|
| | | | lfd. Nr. 66 (Zeichen 293) Spalte 3, lfd. Nr. 68 (Zeichen 295) Spalte 3 Nummer 2a, lfd. Nr. 70 (Zeichen 297) Spalte 3 Nummer 2, lfd. Nr. 73 (Zeichen 299) Spalte 3 Satz 1 § 49 Absatz 3 Nummer 4 | |
| 52.2.1 | | – mit Behinderung | § 12 Absatz 1 Nummer 3, 4 § 1 Absatz 2 § 49 Absatz 1 Nummer 1, 12 § 41 Absatz 1 i.V.m. Anlage 2 lfd. Nr. 1, 2, 3 (Zeichen 201, 205, 206) Spalte 3 Nummer 2, lfd. Nr. 8 (Zeichen 215) Spalte 3 Nummer 3, lfd. Nr. 15 (Zeichen 229) Spalte 3 Satz 1, lfd. Nr. 17 (Zeichen 238) Spalte 3 Nummer 2, | 50 € |

| Lfd. Nr. | Tatbestand | Straßenverkehrs-Ordnung (StVO) | Regelsatz in Euro (€), Fahrverbot in Monaten |
|---|---|---|---|
| | | lfd. Nr. 62 (Zeichen 283) Spalte 3, lfd. Nr. 63, 64 (Zeichen 286, 290.1) Spalte 3 Nummer 1, lfd. Nr. 66 (Zeichen 293) Spalte 3, lfd. Nr. 68 (Zeichen 295) Spalte 3 Nummer 2a, lfd. Nr. 70 (Zeichen 297) Spalte 3 Nummer 2, lfd. Nr. 73 (Zeichen 299) Spalte 3 Satz 1<br>§ 1 Absatz 2<br>§ 49 Absatz 1 Nummer 1, Absatz 3 Nummer 4 | |
| 52a | Unzulässig auf Geh- und Radwegen geparkt (§ 12 Absatz 2 StVO) | § 12 Absatz 4 Satz 1, Absatz 4a<br>§ 49 Absatz 1 Nummer 12<br>§ 41 Absatz 1 i.V.m. Anlage 2 lfd. Nr. 16, 19, 20 (Zeichen 237, 240, 241) Spalte 3 Nummer 2<br>§ 49 Absatz 3 Nummer 4 | 55 € |

| Lfd. Nr. | Tatbestand | | Straßenverkehrs-Ordnung (StVO) | Regelsatz in Euro (€), Fahrverbot in Monaten |
|---|---|---|---|---|
| 52a.1 | | – mit Behinderung | § 12 Absatz 4 Satz 1, Absatz 4a § 1 Absatz 2 § 49 Absatz 1 Nummer 1, 12 § 41 Absatz 1 i.V.m. Anlage 2 lfd. Nr. 16, 19, 20 (Zeichen 237, 240, 241) Spalte 3 Nummer 2 § 1 Absatz 2 § 49 Absatz 1 Nummer 1, Absatz 3 Nummer 4 | 70 € |
| 52a.2 | | länger als 1 Stunde | § 12 Absatz 4 Satz 1, Absatz 4a § 49 Absatz 1 Nummer 12 § 41 Absatz 1 i.V.m. Anlage 2 lfd. Nr. 16, 19, 20 (Zeichen 237, 240, 241) Spalte 3 Nummer 2 § 49 Absatz 3 Nummer 4 | 70 € |
| | | | § 41 Absatz 1 i.V.m. Anlage 2 lfd. Nr. 16, 19, 20 (Zeichen 237, 240, 241) Spalte 3 Nummer 2 § 49 Absatz 3 Nummer 4 | |

| Lfd. Nr. | Tatbestand | | Straßenverkehrs-Ordnung (StVO) | Regelsatz in Euro (€), Fahrverbot in Monaten |
|---|---|---|---|---|
| 52a.2.1 | | – mit Behinderung | § 12 Absatz 4 Satz 1, Absatz 4a § 1 Absatz 2 § 49 Absatz 1 Nummer 1, 12 § 41 Absatz 1 i.V.m. Anlage 2 lfd. Nr. 16, 19, 20 (Zeichen 237, 240, 241) Spalte 3 Nummer 2 § 1 Absatz 2 § 49 Absatz 1 Nummer 1, Absatz 3 Nummer 4 | 80 € |
| 52a.3 | | – mit Gefährdung | | 80 € |
| 52a.4 | | – mit Sachbeschädigung | | 100 € |
| 53 | Vor oder in amtlich gekennzeichneten Feuerwehrzufahrten geparkt (§ 12 Absatz 2 StVO) | | § 12 Absatz 1 Nummer 5 § 49 Absatz 1 Nummer 12 | 55 € |
| 53.1 | | und dadurch ein Rettungsfahrzeug im Einsatz behindert | § 12 Absatz 1 Nummer 5 § 1 Absatz 2 § 49 Absatz 1 Nummer 1, 12 | 100 € |
| 54 | Unzulässig geparkt (§ 12 Absatz 2 StVO) in den in § 12 Absatz 3 Nummer 1 bis 5 genannten Fällen oder in den Fällen der Zeichen 201, 295, 296, 306, 314 mit Zusatzzeichen und 315 StVO | | § 12 Absatz 3 Nummer 1 bis 5 § 49 Absatz 1 Nummer 12 § 41 Absatz 1 i.V.m. Anlage 2 lfd. Nr. 1 | 10 € |

| Lfd. Nr. | Tatbestand | | Straßenverkehrs-Ordnung (StVO) | Regelsatz in Euro (€), Fahrverbot in Monaten |
|---|---|---|---|---|
| | | | (Zeichen 201) Spalte 3 Nummer 3, lfd. Nr. 68 (Zeichen 295) Spalte 3 Nummer 1d, lfd. Nr. 69 (Zeichen 296) Spalte 3 Nummer 2, § 49 Absatz 3 Nummer 4 § 42 Absatz 2 i.V.m. Anlage 3 lfd. Nr. 2 (Zeichen 306) Spalte 3 Satz 1, lfd. Nr. 7 (Zeichen 314 mit Zusatzzeichen) Spalte 3 Nummer 1, 2, lfd. Nr. 10 (Zeichen 315) Spalte 3 Nummer 1, 2 § 49 Absatz 3 Nummer 5 | |
| 54.1 | | – mit Behinderung | § 12 Absatz 3 Nummer 1 bis 5 § 1 Absatz 2 § 49 Absatz 1 Nummer 1, 12 § 41 Absatz 1 i.V.m. Anlage 2 lfd. Nr. 1 | 15 € |

| Lfd. Nr. | Tatbestand | | Straßenverkehrs-Ordnung (StVO) | Regelsatz in Euro (€), Fahrverbot in Monaten |
|---|---|---|---|---|
| | | | (Zeichen 201) Spalte 3 Nummer 3, lfd. Nr. 68 (Zeichen 295) Spalte 3 Nummer 1d, lfd. Nr. 69 (Zeichen 296) Spalte 3 Nummer 2, | |
| 54.2 | | länger als 3 Stunden | § 12 Absatz 3 Nummer 1 bis 5<br>§ 49 Absatz 1 Nummer 12<br>§ 41 Absatz 1 i.V.m. Anlage 2 lfd. Nr. 1 (Zeichen 201) Spalte 3 Nummer 3, lfd. Nr. 68 (Zeichen 295) Spalte 3 Nummer 1d, lfd. Nr. 69 (Zeichen 296) Spalte 3 Nummer 2,<br>§ 49 Absatz 3 Nummer 4<br>§ 42 Absatz 2 i.V.m. Anlage 3 lfd. Nr. 2 | 20 € |

| Lfd. Nr. | Tatbestand | | Straßenverkehrs-Ordnung (StVO) | Regelsatz in Euro (€), Fahrverbot in Monaten |
|---|---|---|---|---|
| | | | (Zeichen 306) Spalte 3 Satz 1, lfd. Nr. 7 (Zeichen 314 mit Zusatzzeichen) Spalte 3 Nummer 1, 2, lfd. Nr. 10 (Zeichen 315) Spalte 3 Nummer 1, 2 § 49 Absatz 3 Nummer 5 | |
| 54.2.1 | | – mit Behinderung | § 12 Absatz 3 Nummer 1 bis 5 § 1 Absatz 2 § 49 Absatz 1 Nummer 1, 12 § 41 Absatz 1 i.V.m. Anlage 2 lfd. Nr. 1 (Zeichen 201) Spalte 3 Nummer 3, lfd. Nr. 68 (Zeichen 295) Spalte 3 Nummer 1d, lfd. Nr. 69 (Zeichen 296) Spalte 3 Nummer 2, § 1 Absatz 2 § 49 Absatz 1 Nummer 1, Absatz 3 Nummer 4 § 42 Absatz 2 i.V.m. Anlage 3 lfd. Nr. 2 (Zeichen 306) Spalte 3 Satz 1, | 30 € |

| Lfd. Nr. | Tatbestand | | Straßenverkehrs-Ordnung (StVO) | Regelsatz in Euro (€), Fahrverbot in Monaten |
|---|---|---|---|---|
| | | | lfd. Nr. 7 (Zeichen 314 mit Zusatzzeichen) Spalte 3 Nummer 1, 2, lfd. Nr. 10 (Zeichen 315) Spalte 3 Nummer 1, 2<br>§ 1 Absatz 2<br>§ 49 Absatz 1 Nummer 1, Absatz 3 Nummer 5 | |
| 54.3 | | Unzulässig gehalten in den Fällen der Zeichen 245, 299 | § 41 Absatz 1 i.V.m. Anlage 2 lfd. Nr. 25 (Zeichen 245), lfd. Nr. 73 (Zeichen 299) Spalte 3 Satz 1<br>§ 49 Absatz 3 Nummer 4 | 55 € |
| 54.3.1 | | – mit Behinderung | § 41 Absatz 1 i.V.m. Anlage 2 lfd. Nr. 25 (Zeichen 245), lfd. Nr. 73 (Zeichen 299) Spalte 3 Satz 1<br>§ 49 Absatz 3 Nummer 4 | 70 € |
| 54.3.2 | | – mit Gefährdung | § 41 Absatz 1 i.V.m. Anlage 2 lfd. Nr. 25 (Zeichen 245), lfd. Nr. 73 (Zeichen 299) Spalte 3 Satz 1<br>§ 49 Absatz 3 Nummer 4 | 80 € |

| Lfd. Nr. | Tatbestand | | Straßenverkehrs-Ordnung (StVO) | Regelsatz in Euro (€), Fahrverbot in Monaten |
|---|---|---|---|---|
| 54.3.3 | | – mit Sachbeschädigung | § 41 Absatz 1 i.V.m. Anlage 2 lfd. Nr. 25 (Zeichen 245), lfd. Nr. 73 (Zeichen 299) Spalte 3 Satz 1 § 49 Absatz 3 Nummer 4 | 100 € |
| 54.4 | | Unzulässig geparkt in den Fällen der Zeichen 224, 245, 299 | § 41 Absatz 1 i.V.m. Anlage 2 lfd. Nr. 14 (Zeichen 224) Spalte 3 Satz 1, lfd. Nr. 25 (Zeichen 245), lfd. Nr. 73 (Zeichen 299) Spalte 3 Satz 1 § 49 Absatz 3 Nummer 4 | 55 € |
| 54.4.1 | | – mit Behinderung | § 41 Absatz 1 i.V.m. Anlage 2 lfd. Nr. 14 (Zeichen 224) Spalte 3 Satz 1, lfd. Nr. 25 (Zeichen 245), lfd. Nr. 73 (Zeichen 299) Spalte 3 Satz 1 § 49 Absatz 3 Nummer 4 | 70 € |

| Lfd. Nr. | Tatbestand | | Straßenverkehrs-Ordnung (StVO) | Regelsatz in Euro (€), Fahrverbot in Monaten |
|---|---|---|---|---|
| 54.4.2 | | – mit Gefährdung | § 41 Absatz 1 i.V.m. Anlage 2 lfd. Nr. 14 (Zeichen 224) Spalte 3 Satz 1, lfd. Nr. 25 (Zeichen 245), lfd. Nr. 73 (Zeichen 299) Spalte 3 Satz 1 § 49 Absatz 3 Nummer 4 | 80 € |
| 54.4.3 | | – mit Sachbeschädigung | § 41 Absatz 1 i.V.m. Anlage 2 lfd. Nr. 14 (Zeichen 224) Spalte 3 Satz 1, lfd. Nr. 25 (Zeichen 245), lfd. Nr. 73 (Zeichen 299) Spalte 3 Satz 1 § 49 Absatz 3 Nummer 4 | 100 € |
| 54.4.4 | | länger als 3 Stunden | § 41 Absatz 1 i.V.m. Anlage 2 lfd. Nr. 14 (Zeichen 224) Spalte 3 Satz 1, lfd. Nr. 25 (Zeichen 245), lfd. Nr. 73 (Zeichen 299) Spalte 3 Satz 1 § 49 Absatz 3 Nummer 4 | 70 € |

| Lfd. Nr. | Tatbestand | | Straßenverkehrs-Ordnung (StVO) | Regelsatz in Euro (€), Fahrverbot in Monaten |
|---|---|---|---|---|
| 54.4.4.1 | | – mit Behinderung | § 41 Absatz 1 i.V.m. Anlage 2 lfd. Nr. 14 (Zeichen 224) Spalte 3 Satz 1, lfd. Nr. 25 (Zeichen 245), lfd. Nr. 73 (Zeichen 299) Spalte 3 Satz 1 § 49 Absatz 3 Nummer 4 | 80 € |
| 54.4.4.2 | | – mit Gefährdung | § 41 Absatz 1 i.V.m. Anlage 2 lfd. Nr. 14 (Zeichen 224) Spalte 3 Satz 1, lfd. Nr. 25 (Zeichen 245), lfd. Nr. 73 (Zeichen 299) Spalte 3 Satz 1 § 49 Absatz 3 Nummer 4 | 80 € |
| 54.4.4.3 | | – mit Sachbeschädigung | § 41 Absatz 1 i.V.m. Anlage 2 lfd. Nr. 14 (Zeichen 224) Spalte 3 Satz 1, lfd. Nr. 25 (Zeichen 245), lfd. Nr. 73 (Zeichen 299) Spalte 3 Satz 1 § 49 Absatz 3 Nummer 4 | 100 € |

| Lfd. Nr. | Tatbestand | | Straßenverkehrs-Ordnung (StVO) | Regelsatz in Euro (€), Fahrverbot in Monaten |
|---|---|---|---|---|
| 54a | Unzulässig auf Schutzstreifen für den Radverkehr gehalten | | § 42 Absatz 2 i.V.m. Anlage 3 lfd. Nr. 22 (Zeichen 340) Spalte 3 Nummer 3 § 49 Absatz 3 Nummer 5 | 55 € |
| 54a.1 | | – mit Behinderung | § 42 Absatz 2 i.V.m. Anlage 3 lfd. Nr. 22 (Zeichen 340) Spalte 3 Nummer 3 § 1 Absatz 2 § 49 Absatz 1 Nummer 1, Absatz 3 Nummer 5 | 70 € |
| 54a.2 | | – mit Gefährdung | | 80 € |
| 54a.3 | | – mit Sachbeschädigung | | 100 € |
| 54a.2.1 | | (weggefallen) | | |
| 55 | Unberechtigt auf Schwerbehinderten-Parkplatz geparkt (§ 12 Absatz 2 StVO) | | § 42 Absatz 2 i.V.m. Anlage 3 lfd. Nr. 7 (Zeichen 314) Spalte 3 Nummer 1, 2d, lfd. Nr. 10 (Zeichen 315) Spalte 3 Nummer 1 Satz 2, Nummer 2d § 49 Absatz 3 Nummer 5 | 55 € |

| Lfd. Nr. | Tatbestand | Straßenverkehrs-Ordnung (StVO) | Regelsatz in Euro (€), Fahrverbot in Monaten |
|---|---|---|---|
| 55a | Unberechtigt auf einem Parkplatz für elektrisch betriebene Fahrzeuge geparkt (§ 12 Absatz 2 StVO) | § 42 Absatz 2 i.V.m. Anlage 3 lfd. Nr. 7 (Zeichen 314) Spalte 3 Nummer 1, 3a, lfd. Nr. 10 (Zeichen 315) Spalte 3 Nummer 1 Satz 2, Nummer 3a § 49 Absatz 3 Nummer 5 | 55 € |
| 55b | Unberechtigt auf einem Parkplatz für Carsharingfahrzeuge geparkt (§ 12 Absatz 2 StVO) | § 42 Absatz 2 i.V.m. Anlage 3 lfd. Nr. 7 (Zeichen 314) Spalte 3 Nummer 1, 4a, lfd. Nr. 10 (Zeichen 315) Spalte 3 Nummer 1 Satz 2, Nummer 4a § 49 Absatz 3 Nummer 5 | 55 € |
| 56 | In einem nach § 12 Absatz 3a Satz 1 StVO geschützten Bereich während nicht zugelassener Zeiten mit einem Kraftfahrzeug über 7,5 t zulässiger Gesamtmasse oder einem Kraftfahrzeuganhänger über 2 t zulässiger Gesamtmasse regelmäßig geparkt (§ 12 Absatz 2 StVO) | § 12 Absatz 3a Satz 1 § 49 Absatz 1 Nummer 12 | 30 € |
| 57 | Mit Kraftfahrzeuganhänger ohne Zugfahrzeug länger als zwei Wochen geparkt (§ 12 Absatz 2 StVO) | § 12 Absatz 3b Satz 1 § 49 Absatz 1 Nummer 12 | 20 € |

| Lfd. Nr. | Tatbestand | | Straßenverkehrs-Ordnung (StVO) | Regelsatz in Euro (€), Fahrverbot in Monaten |
|---|---|---|---|---|
| 58 | In »zweiter Reihe« geparkt (§ 12 Absatz 2 StVO) | | § 12 Absatz 4 Satz 1<br>§ 49 Absatz 1 Nummer 12 | 55 € |
| 58.1 | | – mit Behinderung | § 12 Absatz 4 Satz 1<br>§ 1 Absatz 2<br>§ 49 Absatz 1 Nummer 1, 12 | 80 € |
| 58.1.1 | | – mit Gefährdung | | 90 € |
| 58.1.2 | | – mit Sachbeschädigung | | 110 € |
| 58.2 | | länger als 15 Minuten | § 12 Absatz 4 Satz 1<br>§ 49 Absatz 1 Nummer 12 | 85 € |
| 58.2.1 | | – mit Behinderung | § 12 Absatz 4 Satz 1<br>§ 1 Absatz 2<br>§ 49 Absatz 1 Nummer 1, 12 | 90 € |
| 59 | Im Fahrraum von Schienenfahrzeugen gehalten | | § 12 Absatz 4 Satz 5<br>§ 49 Absatz 1 Nummer 12 | 20 € |
| 59.1 | | – mit Behinderung | § 12 Absatz 4 Satz 5<br>§ 1 Absatz 2<br>§ 49 Absatz 1 Nummer 1, 12 | 30 € |
| 60 | Im Fahrraum von Schienenfahrzeugen geparkt (§ 12 Absatz 2 StVO) | | § 12 Absatz 4 Satz 5<br>§ 49 Absatz 1 Nummer 12 | 55 € |
| 60.1 | | – mit Behinderung | § 12 Absatz 4 Satz 5<br>§ 1 Absatz 2<br>§ 49 Absatz 1 Nummer 1, 12 | 70 € |

| Lfd. Nr. | Tatbestand | | Straßenverkehrs-Ordnung (StVO) | Regelsatz in Euro (€), Fahrverbot in Monaten |
|---|---|---|---|---|
| 61 | Vorrang des Berechtigten beim Einparken in eine Parklücke nicht beachtet | | § 12 Absatz 5<br>§ 49 Absatz 1 Nummer 12 | 10 € |
| 62 | Nicht Platz sparend gehalten oder geparkt (§ 12 Absatz 2 StVO) | | § 12 Absatz 6<br>§ 49 Absatz 1 Nummer 12 | 10 € |
| | **Einrichtungen zur Überwachung der Parkzeit** | | | |
| 63 | An einer abgelaufenen Parkuhr, ohne vorgeschriebene Parkscheibe, ohne Parkschein oder unter Überschreiten der erlaubten Höchstparkdauer geparkt (§ 12 Absatz 2 StVO) | | § 13 Absatz 1, 2<br>§ 49 Absatz 1 Nummer 13 | 20 € |
| 63.1 | | bis zu 30 Minuten | | 20 € |
| 63.2 | | bis zu 1 Stunde | | 25 € |
| 63.3 | | bis zu 2 Stunden | | 30 € |
| 63.4 | | bis zu 3 Stunden | | 35 € |
| 63.5 | | länger als 3 Stunden | | 40 € |
| | **Sorgfaltspflichten beim Ein- und Aussteigen** | | | |
| 64 | Beim Ein- oder Aussteigen einen anderen Verkehrsteilnehmer gefährdet | | § 14 Absatz 1<br>§ 49 Absatz 1 Nummer 14 | 40 € |
| 64.1 | | – mit Sachbeschädigung | § 14 Absatz 1<br>§ 1 Absatz 2<br>§ 49 Absatz 1 Nummer 1, 14 | 50 € |
| 65 | Fahrzeug verlassen, ohne die nötigen Maßnahmen getroffen zu haben, um Unfälle oder Verkehrsstörungen zu vermeiden | | § 14 Absatz 2 Satz 1<br>§ 49 Absatz 1 Nummer 14 | 15 € |
| 65.1 | | – mit Sachbeschädigung | § 14 Absatz 2 Satz 1<br>§ 1 Absatz 2<br>§ 49 Absatz 1 Nummer 1, 14 | 25 € |

| Lfd. Nr. | Tatbestand | Straßenverkehrs-Ordnung (StVO) | Regelsatz in Euro (€), Fahrverbot in Monaten |
|---|---|---|---|
| | **Liegenbleiben von Fahrzeugen** | | |
| 66 | Liegen gebliebenes mehrspuriges Fahrzeug nicht oder nicht wie vorgeschrieben abgesichert, beleuchtet oder kenntlich gemacht und dadurch einen Anderen gefährdet | § 15, auch i.V.m. § 17 Absatz 4 Satz 1, 3 § 1 Absatz 2 § 49 Absatz 1 Nummer 1, 15 | 60 € |
| | **Abschleppen von Fahrzeugen** | | |
| 67 | Beim Abschleppen eines auf der Autobahn liegen gebliebenen Fahrzeugs die Autobahn nicht bei der nächsten Ausfahrt verlassen oder mit einem außerhalb der Autobahn liegen gebliebenen Fahrzeug in die Autobahn eingefahren | § 15a Absatz 1, 2 § 49 Absatz 1 Nummer 15a | 20 € |
| 68 | Während des Abschleppens Warnblinklicht nicht eingeschaltet | § 15a Absatz 3 § 49 Absatz 1 Nummer 15a | 5 € |
| 69 | Kraftrad abgeschleppt | § 15a Absatz 4 § 49 Absatz 1 Nummer 15a | 10 € |
| | **Warnzeichen** | | |
| 70 | Missbräuchlich Schall- oder Leuchtzeichen gegeben und dadurch einen Anderen belästigt oder Schallzeichen gegeben, die aus einer Folge verschieden hoher Töne bestehen | § 16 Absatz 1, 3 § 1 Absatz 2 § 49 Absatz 1 Nummer 1, 16 | 10 € |
| 71 | Einen Omnibus des Linienverkehrs oder einen gekennzeichneten Schulbus geführt und Warnblinklicht bei Annäherung an eine Haltestelle oder für die Dauer des Ein- und Aussteigens der Fahrgäste entgegen der straßenverkehrsbehördlichen Anordnung nicht eingeschaltet | § 16 Absatz 2 Satz 1 § 49 Absatz 1 Nummer 16 | 10 € |
| 72 | Warnblinklicht missbräuchlich eingeschaltet | § 16 Absatz 2 Satz 2 § 49 Absatz 1 Nummer 16 | 5 € |

| Lfd. Nr. | Tatbestand | Straßenverkehrs-Ordnung (StVO) | Regelsatz in Euro (€), Fahrverbot in Monaten |
|---|---|---|---|
| | **Beleuchtung** | | |
| 73 | Vorgeschriebene Beleuchtungseinrichtungen nicht oder nicht vorschriftsmäßig benutzt, obwohl die Sichtverhältnisse es erforderten, oder nicht rechtzeitig abgeblendet oder Beleuchtungseinrichtungen in verdecktem oder beschmutztem Zustand benutzt | § 17 Absatz 1, 2 Satz 3, Absatz 3 Satz 2, 5, Absatz 6 § 49 Absatz 1 Nummer 17 | 20 € |
| 73.1 | – mit Gefährdung | § 17 Absatz 1, 2 Satz 3, Absatz 3 Satz 2, 5, Absatz 6 § 1 Absatz 2 § 49 Absatz 1 Nummer 1, 17 | 25 € |
| 73.2 | – mit Sachbeschädigung | | 35 € |
| 74 | Nur mit Standlicht oder auf einer Straße mit durchgehender, ausreichender Beleuchtung mit Fernlicht gefahren oder mit einem Kraftrad am Tage nicht mit Abblendlicht oder eingeschalteten Tagfahrleuchten gefahren | § 17 Absatz 2 Satz 1, 2, Absatz 2a § 49 Absatz 1 Nummer 17 | 10 € |
| 74.1 | – mit Gefährdung | § 17 Absatz 2 Satz 1, 2, Absatz 2a § 1 Absatz 2 § 49 Absatz 1 Nummer 1, 17 | 15 € |
| 74.2 | – mit Sachbeschädigung | | 35 € |
| 75 | Bei erheblicher Sichtbehinderung durch Nebel, Schneefall oder Regen innerhalb geschlossener Ortschaften am Tage nicht mit Abblendlicht gefahren | § 17 Absatz 3 Satz 1 § 49 Absatz 1 Nummer 17 | 25 € |
| 75.1 | – mit Sachbeschädigung | § 17 Absatz 3 Satz 1 § 1 Absatz 2 § 49 Absatz 1 Nummer 1, 17 | 35 € |

| Lfd. Nr. | Tatbestand | Straßenverkehrs-Ordnung (StVO) | Regelsatz in Euro (€), Fahrverbot in Monaten |
|---|---|---|---|
| 76 | Bei erheblicher Sichtbehinderung durch Nebel, Schneefall oder Regen außerhalb geschlossener Ortschaften am Tage nicht mit Abblendlicht gefahren | § 17 Absatz 3 Satz 1<br>§ 49 Absatz 1 Nummer 17 | 60 € |
| 77 | Haltendes mehrspuriges Fahrzeug nicht oder nicht wie vorgeschrieben beleuchtet oder kenntlich gemacht | § 17 Absatz 4 Satz 1, 3<br>§ 49 Absatz 1 Nummer 17 | 20 € |
| 77.1 | – mit Sachbeschädigung | § 17 Absatz 4 Satz 1, 3<br>§ 1 Absatz 2<br>§ 49 Absatz 1 Nummer 1, 17 | 35 € |
| | **Autobahnen und Kraftfahrstraßen** | | |
| 78 | Autobahn oder Kraftfahrstraße mit einem Fahrzeug benutzt, dessen durch die Bauart bestimmte Höchstgeschwindigkeit weniger als 60 km/h betrug oder dessen zulässige Höchstabmessungen zusammen mit der Ladung überschritten waren, soweit die Gesamthöhe nicht mehr als 4,20 m betrug | § 18 Absatz 1<br>§ 49 Absatz 1 Nummer 18 | 20 € |
| 79 | Autobahn oder Kraftfahrstraße mit einem Fahrzeug benutzt, dessen Höhe zusammen mit der Ladung mehr als 4,20 m betrug | § 18 Absatz 1 Satz 2<br>§ 49 Absatz 1 Nummer 18 | 70 € |
| 80 | An dafür nicht vorgesehener Stelle eingefahren | § 18 Absatz 2<br>§ 49 Absatz 1 Nummer 18 | 25 € |
| 80.1 | – mit Gefährdung | § 18 Absatz 2<br>§ 1 Absatz 2<br>§ 49 Absatz 1 Nummer 1, 18 | 75 € |
| (81) | (aufgehoben) | | |
| 82 | Beim Einfahren Vorfahrt auf der durchgehenden Fahrbahn nicht beachtet | § 18 Absatz 3<br>§ 49 Absatz 1 Nummer 18 | 75 € |

| Lfd. Nr. | Tatbestand | | Straßenverkehrs-Ordnung (StVO) | Regelsatz in Euro (€), Fahrverbot in Monaten |
|---|---|---|---|---|
| 83 | Gewendet, rückwärts oder entgegen der Fahrtrichtung gefahren | | § 18 Absatz 7<br>§ 2 Absatz 1<br>§ 49 Absatz 1 Nummer 2, 18 | |
| 83.1 | | in einer Ein- oder Ausfahrt | | 75 € |
| 83.2 | | auf der Nebenfahrbahn oder dem Seitenstreifen | | 130 € |
| 83.3 | | auf der durchgehenden Fahrbahn | | 200 €<br>**Fahrverbot 1 Monat** |
| 84 | Auf einer Autobahn oder Kraftfahrstraße gehalten | | § 18 Absatz 8<br>§ 49 Absatz 1 Nummer 18 | 30 € |
| 85 | Auf einer Autobahn oder Kraftfahrstraße geparkt (§ 12 Absatz 2 StVO) | | § 18 Absatz 8<br>§ 49 Absatz 1 Nummer 18 | 70 € |
| 86 | Als zu Fuß Gehender Autobahn betreten oder Kraftfahrstraße an dafür nicht vorgesehener Stelle betreten | | § 18 Absatz 9<br>§ 49 Absatz 1 Nummer 18 | 10 € |
| 87 | An dafür nicht vorgesehener Stelle ausgefahren | | § 18 Absatz 10<br>§ 49 Absatz 1 Nummer 18 | 25 € |
| 87a | Mit einem Lastkraftwagen über 7,5 t zulässiger Gesamtmasse, einschließlich Anhänger, oder einer Zugmaschine den äußerst linken Fahrstreifen bei Schneeglätte oder Glatteis oder, obwohl die Sichtweite durch erheblichen Schneefall oder Regen auf 50 m oder weniger eingeschränkt ist, benutzt | | § 18 Absatz 11<br>§ 49 Absatz 1 Nummer 18 | 80 € |
| 88 | Seitenstreifen zum Zweck des schnelleren Vorwärtskommens benutzt | | § 2 Absatz 1<br>§ 49 Absatz 1 Nummer 2 | 75 € |
| | **Bahnübergänge** | | | |
| 89 | Mit einem Fahrzeug den Vorrang eines Schienenfahrzeugs nicht beachtet | | § 19 Absatz 1 Satz 1<br>§ 49 Absatz 1 Nummer 19 Buchstabe a | 80 € |

| Lfd. Nr. | Tatbestand | | Straßenverkehrs-Ordnung (StVO) | Regelsatz in Euro (€), Fahrverbot in Monaten |
|---|---|---|---|---|
| 89a | Kraftfahrzeug an einem Bahnübergang (Zeichen 151, 156 bis einschließlich Kreuzungsbereich von Schiene und Straße) unzulässig überholt | | § 19 Absatz 1 Satz 3<br>§ 49 Absatz 1 Nummer 19 Buchstabe a | 70 € |
| 89b | Bahnübergang unter Verstoß gegen die Wartepflicht nach § 19 Absatz 2 StVO überquert | | | |
| 89b.1 | | in den Fällen des § 19 Absatz 2 Satz 1 Nummer 1 StVO | § 19 Absatz 2 Satz 1 Nummer 1<br>§ 49 Absatz 1 Nummer 19 Buchstabe a | 80 € |
| 89b.2 | | in den Fällen des § 19 Absatz 2 Satz 1 Nummer 2 bis 5 StVO (außer bei geschlossener Schranke) | § 19 Absatz 2 Satz 1 Nummer 2 bis 5<br>§ 49 Absatz 1 Nummer 19 Buchstabe a | 240 €<br>**Fahrverbot 1 Monat** |
| 90 | Vor einem Bahnübergang Wartepflichten verletzt | | § 19 Absatz 2 bis 5<br>§ 49 Absatz 1 Nummer 19 Buchstabe a | 10 € |
| | **Öffentliche Verkehrsmittel und Schulbusse** | | | |
| 91 | An einem Omnibus des Linienverkehrs, einer Straßenbahn oder einem gekennzeichneten Schulbus nicht mit Schrittgeschwindigkeit rechts vorbeigefahren, obwohl diese an einer Haltestelle (Zeichen 224) hielten und Fahrgäste ein- oder ausstiegen (soweit nicht von Nummer 11 erfasst) | | § 20 Absatz 2 Satz 1<br>§ 49 Absatz 1 Nummer 19 Buchstabe b | 15 € |

| Lfd. Nr. | Tatbestand | | Straßenverkehrs-Ordnung (StVO) | Regelsatz in Euro (€), Fahrverbot in Monaten |
|---|---|---|---|---|
| 92 | An einer Haltestelle (Zeichen 224) an einem haltenden Omnibus des Linienverkehrs, einer haltenden Straßenbahn oder einem haltenden gekennzeichneten Schulbus nicht mit Schrittgeschwindigkeit oder ohne ausreichenden Abstand rechts vorbeigefahren oder nicht gewartet, obwohl dies nötig war und Fahrgäste ein- oder aussteigen, und dadurch einen Fahrgast | | | |
| 92.1 | | behindert | § 20 Absatz 2<br>§ 49 Absatz 1 Nummer 19 Buchstabe b | 60 €, soweit sich nicht aus Nummer 11 ein höherer Regelsatz ergibt |
| 92.2 | | gefährdet | § 20 Absatz 2 Satz 1, 3<br>§ 1 Absatz 2<br>§ 49 Absatz 1 Nummer 1, 19 Buchstabe b | 70 €, soweit sich nicht aus Nummer 11, auch i.V.m. Tabelle 4, ein höherer Regelsatz ergibt |
| 93 | Omnibus des Linienverkehrs oder gekennzeichneten Schulbus, der sich mit eingeschaltetem Warnblinklicht einer Haltestelle (Zeichen 224) nähert, überholt | | § 20 Absatz 3<br>§ 49 Absatz 1 Nummer 19 Buchstabe b | 60 € |
| 94 | An einem Omnibus des Linienverkehrs oder einem gekennzeichneten Schulbus nicht mit Schrittgeschwindigkeit vorbeigefahren, obwohl dieser an einer Haltestelle (Zeichen 224) hielt und Warnblinklicht eingeschaltet hatte (soweit nicht von Nummer 11 erfasst) | | § 20 Absatz 4 Satz 1, 2<br>§ 49 Absatz 1 Nummer 19 Buchstabe b | 15 € |

| Lfd. Nr. | Tatbestand | | Straßenverkehrs-Ordnung (StVO) | Regelsatz in Euro (€), Fahrverbot in Monaten |
|---|---|---|---|---|
| 95 | An einem Omnibus des Linienverkehrs oder einem gekennzeichneten Schulbus, die an einer Haltestelle (Zeichen 224) hielten und Warnblinklicht eingeschaltet hatten, nicht mit Schrittgeschwindigkeit oder ohne ausreichendem Abstand vorbeigefahren oder nicht gewartet, obwohl dies nötig war, und dadurch einen Fahrgast | | | |
| 95.1 | | behindert | § 20 Absatz 4<br>§ 49 Absatz 1 Nummer 19 Buchstabe b | 60 €, soweit sich nicht aus Nummer 11 ein höherer Regelsatz ergibt |
| 95.2 | | gefährdet | § 20 Absatz 4 Satz 1, 2, 4<br>§ 1 Absatz 2<br>§ 49 Absatz 1 Nummer 1, 19 Buchstabe b | 70 €, soweit sich nicht aus Nummer 11, auch i.V.m. Tabelle 4, ein höherer Regelsatz ergibt |
| 96 | Einem Omnibus des Linienverkehrs oder einem Schulbus das Abfahren von einer gekennzeichneten Haltestelle nicht ermöglicht | | § 20 Absatz 5<br>§ 49 Absatz 1 Nummer 19 Buchstabe b | 5 € |
| 96.1 | | – mit Gefährdung | § 20 Absatz 5<br>§ 1 Absatz 2<br>§ 49 Absatz 1 Nummer 1, 19 Buchstabe b | 20 € |
| 96.2 | | – mit Sachbeschädigung | | 30 € |
| | **Personenbeförderung, Sicherungspflichten** | | | |
| 97 | Gegen eine Vorschrift über die Mitnahme von Personen auf oder in Fahrzeugen verstoßen | | § 21 Absatz 1, 2, 3<br>§ 49 Absatz 1 Nummer 20 | 5 € |

| Lfd. Nr. | Tatbestand | | Straßenverkehrs-Ordnung (StVO) | Regelsatz in Euro (€), Fahrverbot in Monaten |
|---|---|---|---|---|
| 98 | Ein Kind mitgenommen, ohne für die vorschriftsmäßige Sicherung zu sorgen (außer in KOM über 3,5 t zulässige Gesamtmasse) | | § 21 Absatz 1a Satz 1<br>§ 21a Absatz 1 Satz 1<br>§ 49 Absatz 1 Nummer 20, 20a | |
| 98.1 | | bei einem Kind | | 30 € |
| 98.2 | | bei mehreren Kindern | | 35 € |
| 99 | Ein Kind ohne Sicherung mitgenommen oder nicht für eine Sicherung eines Kindes in einem Kfz gesorgt (außer in Kraftomnibus über 3,5 t zulässige Gesamtmasse) oder beim Führen eines Kraftrades ein Kind befördert, obwohl es keinen Schutzhelm trug | | § 21 Absatz 1a Satz 1<br>§ 21a Absatz 1 Satz 1,<br>Absatz 2<br>§ 49 Absatz 1 Nummer 20, 20a | |
| 99.1 | | bei einem Kind | | 60 € |
| 99.2 | | bei mehreren Kindern | | 70 € |
| 100 | Vorgeschriebenen Sicherheitsgurt während der Fahrt nicht angelegt | | § 21a Absatz 1 Satz 1<br>§ 49 Absatz 1 Nummer 20a | 30 € |
| 100.1 | Vorgeschriebenes Rollstuhl-Rückhaltesystem oder Rollstuhlnutzer-Rückhaltesystem während der Fahrt nicht angelegt | | § 21a Absatz 1 Satz 1<br>§ 49 Absatz 1 Nummer 20a | 30 € |
| 101 | Während der Fahrt keinen geeigneten Schutzhelm getragen | | § 21a Absatz 2 Satz 1<br>§ 49 Absatz 1 Nummer 20a | 15 € |
| | **Ladung** | | | |
| 102 | Ladung oder Ladeeinrichtung nicht so verstaut oder gesichert, dass sie selbst bei Vollbremsung oder plötzlicher Ausweichbewegung nicht verrutschen, umfallen, hin- und herrollen oder herabfallen können | | | |
| 102.1 | | bei Lastkraftwagen oder Kraftomnibussen bzw. ihren Anhängern | § 22 Absatz 1<br>§ 49 Absatz 1 Nummer 21 | 60 € |

| Lfd. Nr. | Tatbestand | | Straßenverkehrs-Ordnung (StVO) | Regelsatz in Euro (€), Fahrverbot in Monaten |
|---|---|---|---|---|
| 102.1.1 | | – mit Gefährdung | § 22 Absatz 1<br>§ 1 Absatz 2<br>§ 49 Absatz 1 Nummer 1, 21 | 75 € |
| 102.2 | | bei anderen als in Nummer 102.1 genannten Kraftfahrzeugen bzw. ihren Anhängern | § 22 Absatz 1<br>§ 49 Absatz 1 Nummer 21 | 35 € |
| 102.2.1 | | – mit Gefährdung | § 22 Absatz 1<br>§ 1 Absatz 2<br>§ 49 Absatz 1 Nummer 1, 21 | 60 € |
| 103 | Ladung oder Ladeeinrichtung nicht so verstaut oder gesichert, dass sie keinen vermeidbaren Lärm erzeugen können | | § 22 Absatz 1<br>§ 49 Absatz 1 Nummer 21 | 10 € |
| 104 | Fahrzeug geführt, dessen Höhe zusammen mit der Ladung mehr als 4,20 m betrug | | § 22 Absatz 2 Satz 1<br>§ 49 Absatz 1 Nummer 21 | 60 € |
| 105 | Fahrzeug geführt, das zusammen mit der Ladung eine der höchstzulässigen Abmessungen überschritt, soweit die Gesamthöhe nicht mehr als 4,20 m betrug, oder dessen Ladung unzulässig über das Fahrzeug hinausragte | | § 22 Absatz 2, 3, 4 Satz 1, 2, Absatz 5 Satz 2<br>§ 49 Absatz 1 Nummer 21 | 20 € |
| 106 | Vorgeschriebene Sicherungsmittel nicht oder nicht ordnungsgemäß angebracht | | § 22 Absatz 4 Satz 3 bis 5, Absatz 5 Satz 1<br>§ 49 Absatz 1 Nummer 21 | 25 € |
| | **Sonstige Pflichten von Fahrzeugführenden** | | | |
| 107 | Beim Führen eines Fahrzeugs nicht dafür gesorgt, dass | | | |
| 107.1 | | seine Sicht oder das Gehör durch die Besetzung, Tiere, die Ladung, ein Gerät oder den Zustand des Fahrzeugs nicht beeinträchtigt waren | § 23 Absatz 1 Satz 1<br>§ 49 Absatz 1 Nummer 22 | 10 € |

| Lfd. Nr. | Tatbestand | | Straßenverkehrs-Ordnung (StVO) | Regelsatz in Euro (€), Fahrverbot in Monaten |
|---|---|---|---|---|
| 107.2 | | das Fahrzeug, der Zug, das Gespann, die Ladung oder die Besetzung vorschriftsmäßig waren oder die Verkehrssicherheit des Fahrzeugs durch die Ladung oder die Besetzung nicht litt | § 23 Absatz 1 Satz 2<br>§ 49 Absatz 1 Nummer 22 | 25 € |
| 107.3 | | die vorgeschriebenen Kennzeichen stets gut lesbar waren | § 23 Absatz 1 Satz 3<br>§ 49 Absatz 1 Nummer 22 | 5 € |
| 107.4 | | an einem Kraftfahrzeug, an dessen Anhänger oder an einem Fahrrad die vorgeschriebene Beleuchtungseinrichtung auch am Tage vorhanden oder betriebsbereit war | § 23 Absatz 1 Satz 4<br>§ 49 Absatz 1 Nummer 22 | 20 € |
| 107.4.1 | | – mit Gefährdung | § 23 Absatz 1 Satz 4<br>§ 1 Absatz 2<br>§ 49 Absatz 1 Nummer 1, 22 | 25 € |
| 107.4.2 | | – mit Sachbeschädigung | | 35 € |
| 108 | Beim Führen eines Fahrzeugs nicht dafür gesorgt, dass das Fahrzeug, der Zug, das Gespann, die Ladung oder die Besetzung vorschriftsmäßig waren, wenn dadurch die Verkehrssicherheit wesentlich beeinträchtigt war oder die Verkehrssicherheit des Fahrzeugs durch die Ladung oder die Besetzung wesentlich litt | | § 23 Absatz 1 Satz 2<br>§ 49 Absatz 1 Nummer 22 | 80 € |
| (109) | (aufgehoben) | | | |
| (109a) | (aufgehoben) | | | |
| 110 | Fahrzeug, Zug oder Gespann nicht auf dem kürzesten Weg aus dem Verkehr gezogen, obwohl unterwegs die Verkehrssicherheit wesentlich beeinträchtigende Mängel aufgetreten waren, die nicht alsbald beseitigt werden konnten | | § 23 Absatz 2 Halbsatz 1<br>§ 49 Absatz 1 Nummer 22 | 10 € |

| Lfd. Nr. | Tatbestand | Straßenverkehrs-Ordnung (StVO) | Regelsatz in Euro (€), Fahrverbot in Monaten |
|---|---|---|---|
| | **Fußgänger** | | |
| 111 | Trotz vorhandenen Gehwegs oder Seitenstreifens auf der Fahrbahn oder außerhalb geschlossener Ortschaften nicht am linken Fahrbahnrand gegangen | § 25 Absatz 1 Satz 2, 3 Halbsatz 2 § 49 Absatz 1 Nummer 24 Buchstabe a | 5 € |
| 112 | Fahrbahn ohne Beachtung des Fahrzeugverkehrs oder nicht zügig auf dem kürzesten Weg quer zur Fahrtrichtung oder an nicht vorgesehener Stelle überschritten | § 25 Absatz 3 Satz 1 § 49 Absatz 1 Nummer 24 Buchstabe a | |
| 112.1 | – mit Gefährdung | § 25 Absatz 3 Satz 1 § 1 Absatz 2 § 49 Absatz 1 Nummer 1, 24 Buchstabe a | 5 € |
| 112.2 | – mit Sachbeschädigung | | 10 € |
| | **Fußgängerüberweg** | | |
| 113 | An einem Fußgängerüberweg, den zu Fuß Gehende oder Fahrende von Krankenfahrstühlen oder Rollstühlen erkennbar benutzen wollten, das Überqueren der Fahrbahn nicht ermöglicht oder nicht mit mäßiger Geschwindigkeit herangefahren oder an einem Fußgängerüberweg überholt | § 26 Absatz 1, 3 § 49 Absatz 1 Nummer 24 Buchstabe b | 80 € |
| 114 | Bei stockendem Verkehr auf einen Fußgängerüberweg gefahren | § 26 Absatz 2 § 49 Absatz 1 Nummer 24 Buchstabe b | 5 € |
| | **Übermäßige Straßenbenutzung** | | |
| 115 | Als Veranstalter erlaubnispflichtige Veranstaltung ohne Erlaubnis durchgeführt | § 29 Absatz 2 Satz 1 § 49 Absatz 2 Nummer 6 | 40 € |

| Lfd. Nr. | Tatbestand | Straßenverkehrs-Ordnung (StVO) | Regelsatz in Euro (€), Fahrverbot in Monaten |
|---|---|---|---|
| 116 | Ohne Erlaubnis ein Fahrzeug oder einen Zug geführt, dessen Abmessungen, Achslasten oder Gesamtmasse die gesetzlich allgemein zugelassenen Grenzen tatsächlich überschritten oder dessen Bauart dem Fahrzeugführenden kein ausreichendes Sichtfeld ließ | § 29 Absatz 3<br>§ 49 Absatz 2 Nummer 7 | 60 € |
| | **Umweltschutz** | | |
| 117 | Bei Benutzung eines Fahrzeugs unnötigen Lärm oder vermeidbare Abgasbelästigungen verursacht | § 30 Absatz 1 Satz 1, 2<br>§ 49 Absatz 1 Nummer 25 | 80 € |
| 118 | Innerhalb einer geschlossenen Ortschaft unnütz hin- und hergefahren und dadurch Andere belästigt | § 30 Absatz 1 Satz 3<br>§ 49 Absatz 1 Nummer 25 | 100 € |
| | **Sonn- und Feiertagsfahrverbot** | | |
| 119 | Verbotswidrig an einem Sonntag oder Feiertag gefahren | § 30 Absatz 3 Satz 1<br>§ 49 Absatz 1 Nummer 25 | 120 € |
| 120 | Als Halter das verbotswidrige Fahren an einem Sonntag oder Feiertag angeordnet oder zugelassen | § 30 Absatz 3 Satz 1<br>§ 49 Absatz 1 Nummer 25 | 570 € |
| | **Inline-Skaten und Rollschuhfahren** | | |
| 120a | Beim Inline-Skaten oder Rollschuhfahren Fahrbahn, Seitenstreifen oder Radweg unzulässig benutzt oder bei durch Zusatzzeichen erlaubtem Inline-Skaten und Rollschuhfahren sich nicht mit äußerster Vorsicht und unter besonderer Rücksichtnahme auf den übrigen Verkehr am rechten Rand in Fahrtrichtung bewegt oder Fahrzeugen das Überholen nicht ermöglicht | § 31 Absatz 1 Satz 1, Absatz 2 Satz 3<br>§ 49 Absatz 1 Nummer 26 | 10 € |

| Lfd. Nr. | Tatbestand | Straßenverkehrs-Ordnung (StVO) | Regelsatz in Euro (€), Fahrverbot in Monaten |
|---|---|---|---|
| 120a.1 | – mit Behinderung | § 31 Absatz 1 Satz 1, Absatz 2 Satz 3 § 1 Absatz 2 § 49 Absatz 1 Nummer 1, 26 | 15 € |
| 120a.2 | – mit Gefährdung | | 20 € |
| | **Verkehrshindernisse** | | |
| 121 | Straße beschmutzt oder benetzt, obwohl dadurch der Verkehr gefährdet oder erschwert werden konnte | § 32 Absatz 1 Satz 1 § 49 Absatz 1 Nummer 27 | 10 € |
| 122 | Verkehrswidrigen Zustand nicht oder nicht rechtzeitig beseitigt oder nicht ausreichend kenntlich gemacht | § 32 Absatz 1 Satz 2 § 49 Absatz 1 Nummer 27 | 10 € |
| 123 | Gegenstand auf eine Straße gebracht oder dort liegen gelassen, obwohl dadurch der Verkehr gefährdet oder erschwert werden konnte | § 32 Absatz 1 Satz 1 § 49 Absatz 1 Nummer 27 | 60 € |
| 124 | Gefährliches Gerät nicht wirksam verkleidet | § 32 Absatz 2 § 49 Absatz 1 Nummer 27 | 5 € |
| | **Unfall** | | |
| 125 | Als an einem Unfall beteiligte Person den Verkehr nicht gesichert oder bei geringfügigem Schaden nicht unverzüglich beiseite gefahren | § 34 Absatz 1 Nummer 2 § 49 Absatz 1 Nummer 29 | 30 € |
| 125.1 | – mit Sachbeschädigung | § 34 Absatz 1 Nummer 2 § 1 Absatz 2 § 49 Absatz 1 Nummer 1, 29 | 35 € |
| 126 | Unfallspuren beseitigt, bevor die notwendigen Feststellungen getroffen worden waren | § 34 Absatz 3 § 49 Absatz 1 Nummer 29 | 30 € |

| Lfd. Nr. | Tatbestand | Straßenverkehrs-Ordnung (StVO) | Regelsatz in Euro (€), Fahrverbot in Monaten |
|---|---|---|---|
| | **Warnkleidung** | | |
| 127 | Bei Arbeiten außerhalb von Gehwegen oder Absperrungen keine auffällige Warnkleidung getragen | § 35 Absatz 6 Satz 4<br>§ 49 Absatz 4 Nummer 1a | 5 € |
| | **Zeichen und Weisungen der Polizeibeamten** | | |
| 128 | Weisung eines Polizeibeamten nicht befolgt | § 36 Absatz 1 Satz 1, Absatz 3, Absatz 5 Satz 4<br>§ 49 Absatz 3 Nummer 1 | 20 € |
| 129 | Zeichen oder Haltgebot eines Polizeibeamten nicht befolgt | § 36 Absatz 1 Satz 1, Absatz 2, Absatz 4, Absatz 5 Satz 4<br>§ 49 Absatz 3 Nummer 1 | 70 € |
| | **Wechsellichtzeichen, Dauerlichtzeichen und Grünpfeil** | | |
| 130 | Beim zu Fuß gehen rotes Wechsellichtzeichen nicht befolgt oder den Weg beim Überschreiten der Fahrbahn beim Wechsel von Grün auf Rot nicht zügig fortgesetzt | § 37 Absatz 2 Nummer 1 Satz 7, Nummer 2, 5 Satz 3<br>§ 49 Absatz 3 Nummer 2 | 5 € |
| 130.1 | – mit Gefährdung | § 37 Absatz 2 Nummer 1 Satz 7, Nummer 2, 5 Satz 3<br>§ 1 Absatz 2<br>§ 49 Absatz 1 Nummer 1, Absatz 3 Nummer 2 | 5 € |
| 130.2 | – mit Sachbeschädigung | | 10 € |

| Lfd. Nr. | Tatbestand | | Straßenverkehrs-Ordnung (StVO) | Regelsatz in Euro (€), Fahrverbot in Monaten |
|---|---|---|---|---|
| 131 | Beim Rechtsabbiegen mit Grünpfeil | | | |
| 131.1 | | aus einem anderen als dem rechten Fahrstreifen abgebogen | § 37 Absatz 2 Nummer 1 Satz 9<br>§ 49 Absatz 3 Nummer 2 | 15 € |
| 131.2 | | den Fahrzeugverkehr der freigegebenen Verkehrsrichtungen, ausgenommen den Fahrradverkehr auf Radwegfurten, behindert | § 37 Absatz 2 Nummer 1 Satz 12<br>§ 49 Absatz 3 Nummer 2 | 35 € |
| 132 | Als Kfz-Führer in anderen als den Fällen des Rechtsabbiegens mit Grünpfeil rotes Wechsellichtzeichen oder rotes Dauerlichtzeichen nicht befolgt | | § 37 Absatz 2 Nummer 1 Satz 7, 13, Nummer 2, Absatz 3 Satz 1, 2<br>§ 49 Absatz 3 Nummer 2 | 90 € |
| 132.1 | | – mit Gefährdung | § 37 Absatz 2 Nummer 1 Satz 7, 13, Nummer 2, Absatz 3 Satz 1, 2<br>§ 1 Absatz 2<br>§ 49 Absatz 1 Nummer 1, Absatz 3 Nummer 2 | 200 €<br>**Fahrverbot 1 Monat** |
| 132.2 | | – mit Sachbeschädigung | | 240 €<br>**Fahrverbot 1 Monat** |
| 132.3 | | bei schon länger als 1 Sekunde andauernder Rotphase eines Wechsellichtzeichens | § 37 Absatz 2 Nummer 1 Satz 7, 13, Nummer 2<br>§ 49 Absatz 3 Nummer 2 | 200 €<br>**Fahrverbot 1 Monat** |
| 132.3.1 | | – mit Gefährdung | § 37 Absatz 2 Nummer 1 Satz 7, 13, Nummer 2<br>§ 1 Absatz 2<br>§ 49 Absatz 1 Nummer 1, Absatz 3 Nummer 2 | 320 €<br>**Fahrverbot 1 Monat** |

| Lfd. Nr. | Tatbestand | | Straßenverkehrs-Ordnung (StVO) | Regelsatz in Euro (€), Fahrverbot in Monaten |
|---|---|---|---|---|
| 132.3.2 | | – mit Sachbeschädigung | | 360 €<br>**Fahrverbot 1 Monat** |
| 132a | | Als Radfahrer oder Fahrer eines Elektrokleinstfahrzeugs in anderen als den Fällen des Rechtsabbiegens mit Grünpfeil rotes Wechsellichtzeichen oder rotes Dauerlichtzeichen nicht befolgt | § 37 Absatz 2 Nummer 1 Satz 7, 13, Nummer 2, Absatz 3 Satz 1, 2<br>§ 49 Absatz 3 Nummer 2 | 60 € |
| 132a.1 | | – mit Gefährdung | § 37 Absatz 2 Nummer 1 Satz 7, 13, Nummer 2, Absatz 3 Satz 1, 2 | 100 € |
| 132a.2 | | – mit Sachbeschädigung | § 1 Absatz 2<br>§ 49 Absatz 1 Nummer 1, Absatz 3 Nummer 2 | 120 € |
| 132a.3 | | bei schon länger als 1 Sekunde andauernder Rotphase eines Wechsellichtzeichens | § 37 Absatz 2 Nummer 1 Satz 7, 13, Nummer 2<br>§ 49 Absatz 3 Nummer 2 | 100 € |
| 132a.3.1 | | – mit Gefährdung | § 37 Absatz 2 Nummer 1 Satz 7, 13, Nummer 2 | 160 € |
| 132a.3.2 | | – mit Sachbeschädigung | § 1 Absatz 2<br>§ 49 Absatz 1 Nummer 1, Absatz 3 Nummer 2 | 180 € |
| 133 | Beim Rechtsabbiegen mit Grünpfeil | | | |
| 133.1 | | vor dem Rechtsabbiegen nicht angehalten | § 37 Absatz 2 Nummer 1 Satz 7<br>§ 49 Absatz 3 Nummer 2 | 70 € |
| 133.2 | | den Fahrzeugverkehr der freigegebenen Verkehrsrichtungen, ausgenommen den Fahrradverkehr auf Radwegfurten, gefährdet | § 37 Absatz 2 Nummer 1 Satz 12<br>§ 49 Absatz 3 Nummer 2 | 100 € |

| Lfd. Nr. | Tatbestand | | Straßenverkehrs-Ordnung (StVO) | Regelsatz in Euro (€), Fahrverbot in Monaten |
|---|---|---|---|---|
| 133.3 | | den Fußgängerverkehr oder den Fahrradverkehr auf Radwegfurten der freigegebenen Verkehrsrichtungen | § 37 Absatz 2 Nummer 1 Satz 12<br>§ 49 Absatz 3 Nummer 2 | |
| 133.3.1 | | behindert | | 100 € |
| 133.3.2 | | gefährdet | | 150 € |
| | **Blaues und gelbes Blinklicht** | | | |
| 134 | Blaues Blinklicht zusammen mit dem Einsatzhorn oder allein oder gelbes Blinklicht missbräuchlich verwendet | | § 38 Absatz 1 Satz 1, Absatz 2, Absatz 3 Satz 3<br>§ 49 Absatz 3 Nummer 3 | 20 € |
| 135 | Einem Einsatzfahrzeug, das blaues Blinklicht zusammen mit dem Einsatzhorn verwendet hatte, nicht sofort freie Bahn geschaffen | | § 38 Absatz 1 Satz 2<br>§ 1 Absatz 2<br>§ 49 Absatz 1 Nummer 1, Absatz 3 Nummer 3 | 240 €<br>**Fahrverbot 1 Monat** |
| 135.1 | | – mit Gefährdung | | 280 €<br>**Fahrverbot 1 Monat** |
| 135.2 | | – mit Sachbeschädigung | | 320 €<br>**Fahrverbot 1 Monat** |
| | **Vorschriftzeichen** | | | |
| 136 | Dem Schienenverkehr nicht Vorrang gewährt | | § 41 Absatz 1 i.V.m. Anlage 2 lfd. Nr. 1 (Zeichen 201) Spalte 3 Nummer 1<br>§ 49 Absatz 3 Nummer 4 | 80 € |

| Lfd. Nr. | Tatbestand | Straßenverkehrs-Ordnung (StVO) | Regelsatz in Euro (€), Fahrverbot in Monaten |
|---|---|---|---|
| 136.1 | Zeichen 206 (Halt. Vorfahrt gewähren.) nicht befolgt | § 41 Absatz 1 i.V.m. Anlage 2 lfd. Nr. 3 (Zeichen 206) Spalte 3 Nummer 1, 3<br>§ 49 Absatz 3 Nummer 4 | 10 € |
| 137 | Bei verengter Fahrbahn (Zeichen 208) dem Gegenverkehr keinen Vorrang gewährt | § 41 Absatz 1 i.V.m. Anlage 2 lfd. Nr. 4 (Zeichen 208) Spalte 3<br>§ 49 Absatz 3 Nummer 4 | 5 € |
| 137.1 | – mit Gefährdung | § 41 Absatz 1 i.V.m. Anlage 2 lfd. Nr. 4 (Zeichen 208) Spalte 3<br>§ 1 Absatz 2<br>§ 49 Absatz 1 Nummer 1, Absatz 3 Nummer 4 | 10 € |
| 137.2 | – mit Sachbeschädigung | | 20 € |
| 138 | Die durch Vorschriftzeichen (Zeichen 209, 211, 214, 222) vorgeschriebene Fahrtrichtung oder Vorbeifahrt nicht befolgt | § 41 Absatz 1 i.V.m. Anlage 2 lfd. Nr. 5, 6, 7, 10 (Zeichen 209, 211, 214, 222) Spalte 3 Satz 1<br>§ 49 Absatz 3 Nummer 4 | 10 € |

| Lfd. Nr. | Tatbestand | | Straßenverkehrs-Ordnung (StVO) | Regelsatz in Euro (€), Fahrverbot in Monaten |
|---|---|---|---|---|
| 138.1 | | – mit Gefährdung | § 41 Absatz 1 i.V.m. Anlage 2 lfd. Nr. 5, 6, 7, 10 (Zeichen 209, 211, 214, 222) Spalte 3 Satz 1 § 1 Absatz 2 § 49 Absatz 1 Nummer 1, Absatz 3 Nummer 4 | 15 € |
| 138.2 | | – mit Sachbeschädigung | | 25 € |
| 139 | Die durch Zeichen 215 (Kreisverkehr) oder Zeichen 220 (Einbahnstraße) vorgeschriebene Fahrtrichtung nicht befolgt | | § 41 Absatz 1 i.V.m. Anlage 2 lfd. Nr. 8 (Zeichen 215) Spalte 3 Nummer 1, lfd. Nr. 9 (Zeichen 220) Spalte 3 Satz 1 § 49 Absatz 3 Nummer 4 | |
| 139.1 | | als Kfz-Führer | | 25 € |
| 139.2 | | als Radfahrer | | 20 € |
| 139.2.1 | | – mit Behinderung | § 41 Absatz 1 i.V.m. Anlage 2 lfd. Nr. 8 (Zeichen 215) Spalte 3 Nummer 1, lfd. Nr. 9 (Zeichen 220) Spalte 3 Satz 1 § 1 Absatz 2 § 49 Absatz 1 Nummer 1, Absatz 3 Nummer 4 | 25 € |

| Lfd. Nr. | Tatbestand | Straßenverkehrs-Ordnung (StVO) | Regelsatz in Euro (€), Fahrverbot in Monaten |
|---|---|---|---|
| 139.2.2 | – mit Gefährdung | | 30 € |
| 139.2.3 | – mit Sachbeschädigung | | 35 € |
| 139a | Beim berechtigten Überfahren der Mittelinsel eines Kreisverkehrs einen anderen Verkehrsteilnehmer gefährdet | § 41 Absatz 1 i.V.m. Anlage 2 lfd. Nr. 8 (Zeichen 215) Spalte 3 Nummer 2<br>§ 49 Absatz 3 Nummer 4 | 35 € |
| 140 | Vorschriftswidrig einen Radweg (Zeichen 237), einen sonstigen Sonderweg (Zeichen 238, 240, 241) benutzt oder mit einem Fahrzeug eine Fahrradstraße (Zeichen 244.1) oder Fahrradzone (Zeichen 244.3) benutzt | § 41 Absatz 1 i.V.m. Anlage 2 lfd. Nr. 16, 17, 19, 20 (Zeichen 237, 238, 240, 241) Spalte 3 Nummer 2, lfd. Nr. 23 (Zeichen 244.1) Spalte 3 Nummer 1, lfd. Nr. 24.1 (Zeichen 244.3) Spalte 3 Nummer 1<br>§ 49 Absatz 3 Nummer 4 | 15 € |
| 140.1 | – mit Behinderung | § 41 Absatz 1 i.V.m. Anlage 2 lfd. Nr. 16, 17, 19, 20 (Zeichen 237, 238, 240, 241) Spalte 3 Nummer 2, lfd. Nr. 23 (Zeichen 244.1) Spalte 3 Nummer 1, | 20 € |

| Lfd. Nr. | Tatbestand | | Straßenverkehrs-Ordnung (StVO) | Regelsatz in Euro (€), Fahrverbot in Monaten |
|---|---|---|---|---|
| | | | lfd. Nr. 24.1 (Zeichen 244.3) Spalte 3 Nummer 1<br>§ 1 Absatz 2<br>§ 49 Absatz 1 Nummer 1, Absatz 3 Nummer 4 | |
| 140.2 | | – mit Gefährdung | | 25 € |
| 140.3 | | – mit Sachbeschädigung | | 30 € |
| 141 | Entgegen Zeichen 239 einen Gehweg, Zeichen 240 einen gemeinsamen Geh- und Radweg, Zeichen 241 einen Gehweg des getrennten Geh- und Radwegs oder Zeichen 242.1 den Bereich einer Fußgängerzone befahren oder dort gehalten oder entgegen Zeichen 250, 251, 253, 254, 255, 260 der StVO das Verkehrsverbot nicht beachtet | | § 41 Absatz 1 i.V.m. Anlage 2 lfd. Nr. 18 (Zeichen 239) Spalte 3 Nummer 1, lfd. Nr. 19 (Zeichen 240) Spalte 3 Nummer 2, lfd. Nr. 20 (Zeichen 241) Spalte 3 Nummer 2, lfd. Nr. 21 (Zeichen 242.1) Spalte 3 Nummer 1, lfd. Nr. 26 Spalte 3 Satz 1 i. V. m. lfd. Nr. 28, 29, 30, 31, 32, 34 (Zeichen 250, 251, 253, 254, 255, 260) Spalte 3<br>§ 49 Absatz 3 Nummer 4 | |
| 141.1 | | mit Kraftfahrzeugen über 3,5 t zulässiger Gesamtmasse, ausgenommen Personenkraftwagen und Kraftomnibusse | | 100 € |
| 141.2 | | mit den übrigen Kraftfahrzeugen der in § 3 Absatz 3 Nummer 2 Buchstabe a oder b StVO genannten Art | | 55 € |

| Lfd. Nr. | Tatbestand | | Straßenverkehrs-Ordnung (StVO) | Regelsatz in Euro (€), Fahrverbot in Monaten |
|---|---|---|---|---|
| 141.3 | | mit anderen als in den Nummern 141.1 und 141.2 genannten Kraftfahrzeugen | | 50 € |
| 141.4 | | als Radfahrer | | 25 € |
| 141.4.1 | | – mit Behinderung | § 41 Absatz 1 i.V.m. Anlage 2 lfd. Nr. 18 (Zeichen 239) Spalte 3 Nummer 1, lfd. Nr. 19 (Zeichen 240) Spalte 3 Nummer 2, lfd. Nr. 20 (Zeichen 241) Spalte 3 Nummer 2, lfd. Nr. 21 (Zeichen 242.1) Spalte 3 Nummer 1, lfd. Nr. 26 Spalte 3 Satz 1 i. V. m. lfd. Nr. 28, 31 (Zeichen 250, 254) § 1 Absatz 2 § 49 Absatz 1 Nummer 1, Absatz 3 Nummer 4 | 30 € |
| 141.4.2 | | – mit Gefährdung | | 35 € |
| 141.4.3 | | – mit Sachbeschädigung | | 40 € |
| 142 | Verkehrsverbot (Zeichen 262 bis 266) nicht beachtet | | § 41 Absatz 1 i.V.m. Anlage 2 lfd. Nr. 36 bis 40 (Zeichen 262 bis 266) Spalte 3 § 49 Absatz 3 Nummer 4 | 40 € |

| Lfd. Nr. | Tatbestand | Straßenverkehrs-Ordnung (StVO) | Regelsatz in Euro (€), Fahrverbot in Monaten |
|---|---|---|---|
| 142a | Verbot des Einfahrens (Zeichen 267) nicht beachtet | § 41 Absatz 1 i.V.m. Anlage 2 lfd. Nr. 41 (Zeichen 267) Spalte 3 § 49 Absatz 3 Nummer 4 | 50 € |
| 143 | Beim Radfahren Verbot des Einfahrens (Zeichen 267) nicht beachtet | § 41 Absatz 1 i.V.m. Anlage 2 lfd. Nr. 41 (Zeichen 267) Spalte 3 § 49 Absatz 3 Nummer 4 | 20 € |
| 143.1 | – mit Behinderung | § 41 Absatz 1 i.V.m. Anlage 2 lfd. Nr. 41 (Zeichen 267) Spalte 3 § 1 Absatz 2 § 49 Absatz 1 Nummer 1, Absatz 3 Nummer 4 | 25 € |
| 143.2 | – mit Gefährdung | | 30 € |
| 143.3 | – mit Sachbeschädigung | | 35 € |
| 144 | Entgegen Zeichen 239 auf einem Gehweg, Zeichen 240 auf einem gemeinsamen Geh- und Radweg, Zeichen 241 auf einem Gehweg des getrennten Geh- und Radwegs, Zeichen 242.1 der StVO im Bereich einer Fußgängerzone oder entgegen Zeichen 250, 251, 253, 254, 255, 260 der StVO trotz eines Verkehrsverbots geparkt (§ 12 Absatz 2 StVO) | § 41 Absatz 1 i.V.m. Anlage 2 lfd. Nr. 18 (Zeichen 239) Spalte 3 Nummer 1, lfd. Nr. 19 (Zeichen 240) Spalte 3 Nummer 2, lfd. Nr. 20 (Zeichen 241) Spalte 3 Nummer 2, | 55 € |

| **Lfd. Nr.** | **Tatbestand** | | **Straßenverkehrs-Ordnung (StVO)** | **Regelsatz in Euro (€), Fahrverbot in Monaten** |
|---|---|---|---|---|
| | | | lfd. Nr. 21 (Zeichen 242.1) Spalte 3 Nummer 1, lfd. Nr. 26 Spalte 3 Satz 1 i. V. m. lfd. Nr. 28, 29, 30, 31, 32, 34 (Zeichen 250, 251, 253, 254, 255, 260) Spalte 3 § 49 Absatz 3 Nummer 4 | |
| 144.1 | | – mit Behinderung | § 41 Absatz 1 i.V.m. Anlage 2 lfd. Nr. 18 (Zeichen 239) Spalte 3 Nummer 1, lfd. Nr. 19 (Zeichen 240) Spalte 3 Nummer 2, lfd. Nr. 20 (Zeichen 241) Spalte 3 Nummer 2, lfd. Nr. 21 (Zeichen 242.1) Spalte 3 Nummer 1, lfd. Nr. 26 Spalte 3 Satz 1 i. V. m. lfd. Nr. 28, 29, 30, 31, 32, 34 (Zeichen 250, 251, 253, 254, 255, 260) Spalte 3 § 1 Absatz 2 § 49 Absatz 1 Nummer 1, Absatz 3 Nummer 4 | 70 € |

| Lfd. Nr. | Tatbestand | | Straßenverkehrs-Ordnung (StVO) | Regelsatz in Euro (€), Fahrverbot in Monaten |
|---|---|---|---|---|
| 144.2 | | länger als 3 Stunden | § 41 Absatz 1 i.V.m. Anlage 2 lfd. Nr. 18 (Zeichen 239) Spalte 3 Nummer 1, lfd. Nr. 19 (Zeichen 240) Spalte 3 Nummer 2, lfd. Nr. 20 (Zeichen 241) Spalte 3 Nummer 2, lfd. Nr. 21 (Zeichen 242.1) Spalte 3 Nummer 1, lfd. Nr. 26 Spalte 3 Satz 1 i. V. m. lfd. Nr. 28, 29, 30, 31, 32, 34 (Zeichen 250, 251, 253, 254, 255, 260) Spalte 3 § 49 Absatz 3 Nummer 4 | 70 € |
| (145 bis 145.3) | (aufgehoben) | | | |
| 146 | Bei zugelassenem Fahrzeugverkehr auf einem Gehweg (Zeichen 239) oder in einem Fußgängerbereich (Zeichen 242.1, 242.2) nicht mit Schrittgeschwindigkeit gefahren (soweit nicht von Nummer 11 erfasst) | | § 41 Absatz 1 i.V.m. Anlage 2 lfd. Nr. 18 (Zeichen 239) Spalte 3 Nummer 2 Satz 3 Halbsatz 2, lfd. Nr. 21 (Zeichen 242.1) Spalte 3 Nummer 2 § 49 Absatz 3 Nummer 4 | 15 € |

1 Fahrerlaubnis-Verordnung vom 13. Dezember 2010 (BGBl. I S. 1980), zuletzt geändert durch Artikel 12 des Gesetzes vom 12. Juli 2021 (BGBl. I S. 3091).

| Lfd. Nr. | Tatbestand | Straßenverkehrs-Ordnung (StVO) | Regelsatz in Euro (€), Fahrverbot in Monaten |
|---|---|---|---|
| 146a | Bei zugelassenem Fahrzeugverkehr auf einem Radweg (Zeichen 237), einem gemeinsamen Geh- und Radweg (Zeichen 240), einem getrennten Rad- und Gehweg (Zeichen 241) die Geschwindigkeit nicht angepasst (soweit nicht von lfd. Nr. 11 erfasst) | § 41 Absatz 1 i.V.m. Anlage 2 lfd. Nr. 16 (Zeichen 237) Spalte 3 Nummer 3, lfd. Nr. 19 (Zeichen 240) Spalte 3 Nummer 3 Satz 2, lfd. Nr. 20 (Zeichen 241) Spalte 3 Nummer 4 Satz 2 § 49 Absatz 3 Nummer 4 | 15 € |
| 147 | Unberechtigt mit einem Fahrzeug einen Bussonderfahrstreifen (Zeichen 245) benutzt | § 41 Absatz 1 i.V.m. Anlage 2 lfd. Nr. 25 (Zeichen 245) Spalte 3 Nummer 1 und 2 § 49 Absatz 3 Nummer 4 | 15 € |
| 147.1 | – mit Behinderung | § 41 Absatz 1 i.V.m. Anlage 2 lfd. Nr. 25 (Zeichen 245) Spalte 3 Nummer 1 und 2 § 1 Absatz 2 § 49 Absatz 1 Nummer 1, Absatz 3 Nummer 4 | 35 € |

| Lfd. Nr. | Tatbestand | Straßenverkehrs-Ordnung (StVO) | Regelsatz in Euro (€), Fahrverbot in Monaten |
|---|---|---|---|
| 148 | Wendeverbot (Zeichen 272) nicht beachtet | § 41 Absatz 1 i.V.m. Anlage 2 lfd. Nr. 47 (Zeichen 272) Spalte 3 § 49 Absatz 3 Nummer 4 | 20 € |
| 149 | Vorgeschriebenen Mindestabstand (Zeichen 273) zu einem vorausfahrenden Fahrzeug unterschritten | § 41 Absatz 1 i.V.m. Anlage 2 lfd. Nr. 48 (Zeichen 273) Spalte 3 Satz 1 § 49 Absatz 3 Nummer 4 | 25 € |
| 150 | Zeichen 206 (Halt. Vorfahrt gewähren.) nicht befolgt oder trotz Rotlicht nicht an der Haltlinie (Zeichen 294) gehalten und dadurch einen Anderen gefährdet | § 41 Absatz 1 i.V.m. Anlage 2 lfd. Nr. 3 (Zeichen 206) Spalte 3 Nummer 1, lfd. Nr. 67 (Zeichen 294) Spalte 3 § 1 Absatz 2 § 49 Absatz 1 Nummer 1, Absatz 3 Nummer 4 | 70 € |
| 151 | Beim Führen eines Fahrzeugs in einem Fußgängerbereich (Zeichen 239, 242.1, 242.2) einen Fußgänger gefährdet | | |

| Lfd. Nr. | Tatbestand | | Straßenverkehrs-Ordnung (StVO) | Regelsatz in Euro (€), Fahrverbot in Monaten |
|---|---|---|---|---|
| 151.1 | | bei zugelassenem Fahrzeugverkehr (Zeichen 239, 242.1 mit Zusatzzeichen) | § 41 Absatz 1 i.V.m. Anlage 2 lfd. Nr. 18, 21 (Zeichen 239, 242.1 mit Zusatzzeichen) Spalte 3 Nummer 2 § 49 Absatz 3 Nummer 4 | 60 € |
| 151.2 | | bei nicht zugelassenem Fahrzeugverkehr | § 41 Absatz 1 i.V.m. Anlage 2 lfd. Nr. 18, 21 (Zeichen 239, 242.1) Spalte 3 Nummer 2, § 49 Absatz 3 Nummer 4 | 70 € |
| 152 | Eine für kennzeichnungspflichtige Kraftfahrzeuge mit gefährlichen Gütern (Zeichen 261) oder für Kraftfahrzeuge mit wassergefährdender Ladung (Zeichen 269) gesperrte Straße befahren | | § 41 Absatz 1 i.V.m. Anlage 2 lfd. Nr. 35, 43 (Zeichen 261, 269) Spalte 3 § 49 Absatz 3 Nummer 4 | 100 € |
| 152.1 | | bei Eintragung von bereits einer Entscheidung wegen Verstoßes gegen Zeichen 261 oder 269 im Fahreignungsregister | | 250 € **Fahrverbot 1 Monat** |
| 153 | Mit einem Kraftfahrzeug trotz Verkehrsverbotes zur Verminderung schädlicher Luftverunreinigungen (Zeichen 270.1, 270.2) am Verkehr teilgenommen | | § 41 Absatz 1 i.V.m. Anlage 2 lfd. Nr. 44, 45 (Zeichen 270.1, 270.2) Spalte 3 § 49 Absatz 3 Nummer 4 | 100 € |

| Lfd. Nr. | Tatbestand | Straßenverkehrs-Ordnung (StVO) | Regelsatz in Euro (€), Fahrverbot in Monaten |
|---|---|---|---|
| 153a | Überholt unter Nichtbeachten von Verkehrszeichen (Zeichen 276, 277, 277.1) | § 41 Absatz 1 i.V.m. Anlage 2 zu lfd. Nr. 53, 54 und 54.4 und lfd. Nr. 53, 54, 54.4 (Zeichen 276, 277, 277.1) Spalte 3 § 49 Absatz 3 Nummer 4 | 70 € |
| 154 | An der Haltlinie (Zeichen 294) nicht gehalten | § 41 Absatz 1 i.V.m. Anlage 2 lfd. Nr. 67 (Zeichen 294) Spalte 3 § 49 Absatz 3 Nummer 4 | 10 € |
| 155 | Fahrstreifenbegrenzung (Zeichen 295, 296) überfahren oder durch Pfeile vorgeschriebener Fahrtrichtung (Zeichen 297) nicht gefolgt oder Sperrfläche (Zeichen 298) benutzt (außer Parken) | § 41 Absatz 1 i.V.m. Anlage 2 lfd. Nr. 68 (Zeichen 295) Spalte 3 Nummer 1a, lfd. Nr. 69 (Zeichen 296) Spalte 3 Nummer 1, lfd. Nr. 70 (Zeichen 297) Spalte 3 Nummer 1, lfd. Nr. 72 (Zeichen 298) Spalte 3 § 49 Absatz 3 Nummer 4 | 10 € |

| **Lfd. Nr.** | **Tatbestand** | | **Straßenverkehrs-Ordnung (StVO)** | **Regelsatz in Euro (€), Fahrverbot in Monaten** |
|---|---|---|---|---|
| 155.1 | | – mit Sachbeschädigung | § 41 Absatz 1 i.V.m. Anlage 2 lfd. Nr. 68 (Zeichen 295) Spalte 3 Nummer 1a, lfd. Nr. 69 (Zeichen 296) Spalte 3 Nummer 1, lfd. Nr. 70 (Zeichen 297) Spalte 3 Nummer 1, lfd. Nr. 72 (Zeichen 298) Spalte 3 § 1 Absatz 2 § 49 Absatz 1 Nummer 1, Absatz 3 Nummer 4 | 35 € |
| 155.2 | | und dabei überholt | § 41 Absatz 1 i.V.m. Anlage 2 lfd. Nr. 68 (Zeichen 295) Spalte 3 Nummer 1a, lfd. Nr. 69 (Zeichen 296) Spalte 3 Nummer 1, lfd. Nr. 70 (Zeichen 297) Spalte 3 Nummer 1, lfd. Nr. 72 (Zeichen 298) Spalte 3 § 49 Absatz 3 Nummer 4 | 30 € |

| Lfd. Nr. | Tatbestand | | Straßenverkehrs-Ordnung (StVO) | Regelsatz in Euro (€), Fahrverbot in Monaten |
|---|---|---|---|---|
| 155.3 | | und dabei nach links abgebogen oder gewendet | § 41 Absatz 1 i.V.m. Anlage 2 lfd. Nr. 68 (Zeichen 295) Spalte 3 Nummer 1a, lfd. Nr. 69 (Zeichen 296) Spalte 3 Nummer 1, lfd. Nr. 70 (Zeichen 297) Spalte 3 Nummer 1, lfd. Nr. 72 (Zeichen 298) Spalte 3 § 49 Absatz 3 Nummer 4 | 30 € |
| 155.3.1 | | – mit Gefährdung | § 41 Absatz 1 i.V.m. Anlage 2 lfd. Nr. 68 (Zeichen 295) Spalte 3 Nummer 1a, lfd. Nr. 69 (Zeichen 296) Spalte 3 Nummer 1, lfd. Nr. 70 (Zeichen 297) Spalte 3 Nummer 1, lfd. Nr. 72 (Zeichen 298) Spalte 3 § 1 Absatz 2 § 49 Absatz 1 Nummer 1, Absatz 3 Nummer 4 | 35 € |

2 Bußgeldkatalog.

| Lfd. Nr. | Tatbestand | Straßenverkehrs-Ordnung (StVO) | Regelsatz in Euro (€), Fahrverbot in Monaten |
|---|---|---|---|
| 156 | Sperrfläche (Zeichen 298) zum Parken benutzt | § 41 Absatz 1 i.V.m. Anlage 2 lfd. Nr. 72 (Zeichen 298) Spalte 3 § 49 Absatz 3 Nummer 4 | 25 € |
| | **Richtzeichen** | | |
| 157 | Beim Führen eines Fahrzeugs in einem verkehrsberuhigten Bereich (Zeichen 325.1, 325.2) | | |
| 157.1 | – Schrittgeschwindigkeit nicht eingehalten (soweit nicht von Nummer 11 erfasst) | § 42 Absatz 2 i.V.m. Anlage 3 lfd. Nr. 12 (Zeichen 325.1) Spalte 3 Nummer 1 § 49 Absatz 3 Nummer 5 | 15 € |
| 157.2 | – Fußgängerverkehr behindert | § 42 Absatz 2 i.V.m. Anlage 3 lfd. Nr. 12 (Zeichen 325.1) Spalte 3 Nummer 2 § 49 Absatz 3 Nummer 5 | 15 € |
| 157.3 | – Fußgängerverkehr gefährdet | | 60 € |
| (158) | (aufgehoben) | | |
| 159 | In einem verkehrsberuhigten Bereich (Zeichen 325.1, 325.2) außerhalb der zum Parken gekennzeichneten Flächen geparkt (§ 12 Absatz 2 StVO) | § 42 Absatz 2 i.V.m. Anlage 3 lfd. Nr. 12 (Zeichen 325.1) Spalte 3 Nummer 4 § 49 Absatz 3 Nummer 5 | 10 € |

| Lfd. Nr. | Tatbestand | | Straßenverkehrs-Ordnung (StVO) | Regelsatz in Euro (€), Fahrverbot in Monaten |
|---|---|---|---|---|
| 159.1 | | – mit Behinderung | § 42 Absatz 2 i.V.m. Anlage 3 lfd. Nr. 12 (Zeichen 325.1) Spalte 3 Nummer 4<br>§ 1 Absatz 2<br>§ 49 Absatz 1 Nummer 1, Absatz 3 Nummer 5 | 15 € |
| 159.2 | | länger als 3 Stunden | § 42 Absatz 2 i.V.m. Anlage 3 lfd. Nr. 12 (Zeichen 325.1) Spalte 3 Nummer 4<br>§ 49 Absatz 3 Nummer 5 | 20 € |
| 159.2.1 | | – mit Behinderung | § 42 Absatz 2 i.V.m. Anlage 3 lfd. Nr. 12 (Zeichen 325.1) Spalte 3 Nummer 4<br>§ 1 Absatz 2<br>§ 49 Absatz 1 Nummer 1, Absatz 3 Nummer 5 | 30 € |

1 Fahrerlaubnis-Verordnung vom 13. Dezember 2010 (BGBl. I S. 1980), zuletzt geändert durch Artikel 12 des Gesetzes vom 12. Juli 2021 (BGBl. I S. 3091).

| Lfd. Nr. | Tatbestand | | Straßenverkehrs-Ordnung (StVO) | Regelsatz in Euro (€), Fahrverbot in Monaten |
|---|---|---|---|---|
| 159a | In einem Tunnel (Zeichen 327) Abblendlicht nicht benutzt | | § 42 Absatz 2 i.V.m. Anlage 3 lfd. Nr. 14 (Zeichen 327) Spalte 3 Nummer 1 § 49 Absatz 3 Nummer 5 | 10 € |
| 159a.1 | | – mit Gefährdung | § 42 Absatz 2 i.V.m. Anlage 3 lfd. Nr. 14 (Zeichen 327) Spalte 3 Nummer 1 § 1 Absatz 2 § 49 Absatz 1 Nummer 1, Absatz 3 Nummer 5 | 15 € |
| 159a.2 | | – mit Sachbeschädigung | | 35 € |
| 159b | In einem Tunnel (Zeichen 327) gewendet | | § 42 Absatz 2 i.V.m. Anlage 3 lfd. Nr. 14 (Zeichen 327) Spalte 3 Nummer 1 § 49 Absatz 3 Nummer 5 | 60 € |
| 159c | In einer Nothalte- und Pannenbucht (Zeichen 328) unberechtigt | | § 42 Absatz 2 i.V.m. Anlage 3 lfd. Nr. 15 (Zeichen 328) Spalte 3 § 49 Absatz 3 Nummer 5 | |
| 159c.1 | | – gehalten | | 20 € |
| 159c.2 | | – geparkt | | 25 € |

| Lfd. Nr. | Tatbestand | Straßenverkehrs-Ordnung (StVO) | Regelsatz in Euro (€), Fahrverbot in Monaten |
|---|---|---|---|
| (160 bis 162) | (aufgehoben) | | |
| | **Verkehrseinrichtungen** | | |
| 163 | Durch Verkehrseinrichtungen abgesperrte Straßenfläche befahren | § 43 Absatz 3 Satz 2 i.V.m. Anlage 4 lfd. Nr. 1 bis 7 (Zeichen 600, 605, 628, 629, 610, 615, 616) Spalte 3 § 49 Absatz 3 Nummer 6 | 5 € |
| | **Andere verkehrsrechtliche Anordnungen** | | |
| 164 | Einer den Verkehr verbietenden oder beschränkenden Anordnung, die öffentlich bekannt gemacht wurde, zuwidergehandelt | § 45 Absatz 4 Halbsatz 2 § 49 Absatz 3 Nummer 7 | 60 € |
| 165 | Mit Arbeiten begonnen, ohne zuvor Anordnungen eingeholt zu haben, diese Anordnungen nicht befolgt oder Lichtzeichenanlagen nicht bedient | § 45 Absatz 6 § 49 Absatz 4 Nummer 3 | 75 € |
| | **Ausnahmegenehmigung und Erlaubnis** | | |
| 166 | Vollziehbare Auflage einer Ausnahmegenehmigung oder Erlaubnis nicht befolgt | § 46 Absatz 3 Satz 1 § 49 Absatz 4 Nummer 4 | 60 € |
| 167 | Genehmigungs- oder Erlaubnisbescheid nicht mitgeführt | § 46 Absatz 3 Satz 3 § 49 Absatz 4 Nummer 5 | 10 € |
| | **b) Fahrerlaubnis-Verordnung** | | |
| | **Mitführen von Führerscheinen und Bescheinigungen** | | |
| 168 | Führerschein oder Bescheinigung oder die Übersetzung des ausländischen Führerscheins nicht mitgeführt | § 75 Nummer 4 i.V.m. den dort genannten Vorschriften | 10 € |

| Lfd. Nr. | Tatbestand | Straßenverkehrs-Ordnung (StVO) | Regelsatz in Euro (€), Fahrverbot in Monaten |
|---|---|---|---|
| 168a | Führerscheinverlust nicht unverzüglich angezeigt und sich kein Ersatzdokument ausstellen lassen | § 75 Nummer 4 | 10 € |
| | **Einschränkung der Fahrerlaubnis** | | |
| 169 | Einer vollziehbaren Auflage nicht nachgekommen | § 10 Absatz 2 Satz 4<br>§ 23 Absatz 2 Satz 1<br>§ 28 Absatz 1 Satz 2<br>§ 46 Absatz 2<br>§ 74 Absatz 3<br>§ 75 Nummer 9, 14, 15 | 25 € |
| | **Ablieferung und Vorlage des Führerscheins** | | |
| 170 | Einer Pflicht zur Ablieferung oder zur Vorlage eines Führerscheins nicht oder nicht rechtzeitig nachgekommen | § 75 Nummer 10 i.V.m. den dort genannten Vorschriften | 25 € |
| | **Fahrerlaubnis zur Fahrgastbeförderung** | | |
| 171 | Ohne erforderliche Fahrerlaubnis zur Fahrgastbeförderung einen oder mehrere Fahrgäste in einem in § 48 Absatz 1 FeV genannten Fahrzeug befördert | § 48 Absatz 1<br>§ 75 Nummer 12 | 75 € |
| 172 | Als Halter die Fahrgastbeförderung in einem in § 48 Absatz 1 FeV genannten Fahrzeug angeordnet oder zugelassen, obwohl der Fahrzeugführer die erforderliche Fahrerlaubnis zur Fahrgastbeförderung nicht besaß | § 48 Absatz 8<br>§ 75 Nummer 12 | 75 € |
| | **Ortskenntnisse bei Fahrgastbeförderung** | | |

1 Fahrerlaubnis-Verordnung vom 13. Dezember 2010 (BGBl. I S. 1980), zuletzt geändert durch Artikel 12 des Gesetzes vom 12. Juli 2021 (BGBl. I S. 3091).

| Lfd. Nr. | Tatbestand | Straßenverkehrs-Ordnung (StVO) | Regelsatz in Euro (€), Fahrverbot in Monaten |
|---|---|---|---|
| 173 | Als Halter die Fahrgastbeförderung in einem in § 48 Absatz 1 i.V.m. § 48 Absatz 4 Nummer 7 FeV genannten Fahrzeug angeordnet oder zugelassen, obwohl der Fahrzeugführer die erforderlichen Ortskenntnisse nicht nachgewiesen hat | § 48 Absatz 8<br>§ 75 Nummer 12 | 35 € |
| | **c) Fahrzeug-Zulassungsverordnung** | | |
| | **Mitführen von Fahrzeugpapieren** | | |
| 174 | Die Zulassungsbescheinigung Teil I oder sonstige Bescheinigung nicht mitgeführt | § 4 Absatz 5 Satz 1<br>§ 11 Absatz 6<br>§ 26 Absatz 1 Satz 6<br>§ 48 Nummer 5 | 10 € |
| | **Zulassung** | | |
| 175 | Kraftfahrzeug oder Kraftfahrzeuganhänger ohne die erforderliche EG-Typgenehmigung, Einzelgenehmigung oder Zulassung auf einer öffentlichen Straße in Betrieb gesetzt | § 3 Absatz 1 Satz 1<br>§ 4 Absatz 1<br>§ 48 Nummer 1 | 70 € |
| 175a | Kraftfahrzeug oder Kraftfahrzeuganhänger außerhalb des auf dem Saisonkennzeichen angegebenen Betriebszeitraums oder nach dem auf dem Kurzzeitkennzeichen oder nach dem auf dem Ausfuhrkennzeichen angegebenen Ablaufdatum oder Fahrzeug mit Wechselkennzeichen ohne oder mit einem unvollständigen Wechselkennzeichen auf einer öffentlichen Straße in Betrieb gesetzt | § 8 Absatz 1a Satz 6<br>§ 9 Absatz 3 Satz 5<br>§ 16a Absatz 4 Satz 3<br>§ 19 Absatz 1 Nummer 4 Satz 3<br>§ 48 Nummer 1 | 50 € |
| 176 | Das vorgeschriebene Kennzeichen an einem von der Zulassungspflicht ausgenommenen Fahrzeug nicht geführt | § 4 Absatz 2 Satz 1,<br>Absatz 3 Satz 1, 2<br>§ 48 Nummer 3 | 40 € |
| 177 | Fahrzeug außerhalb des auf dem Saisonkennzeichen angegebenen Betriebszeitraums oder mit Wechselkennzeichen ohne oder mit einem unvollständigem Wechselkennzeichen auf einer öffentlichen Straße abgestellt | § 8 Absatz 1a Satz 6<br>§ 9 Absatz 3 Satz 5<br>§ 48 Nummer 9 | 40 € |

| Lfd. Nr. | Tatbestand | Straßenverkehrs-Ordnung (StVO) | Regelsatz in Euro (€), Fahrverbot in Monaten |
|---|---|---|---|
| | **Betriebsverbot und -beschränkungen** | | |
| (178) | (aufgehoben) | | |
| 178a | Betriebsverbot wegen Verstoßes gegen Mitteilungspflichten oder gegen die Pflichten beim Erwerb des Fahrzeugs nicht beachtet | § 13 Absatz 1 Satz 5, auch i.V.m. Absatz 4 Satz 7, Absatz 3 Satz 2 § 48 Nummer 7 | 40 € |
| 179 | Ein Fahrzeug in Betrieb gesetzt, dessen Kennzeichen nicht wie vorgeschrieben ausgestaltet oder angebracht ist; ausgenommen ist das Fehlen des vorgeschriebenen Kennzeichens | § 10 Absatz 12 i.V.m. § 10 Absatz 1, 2 Satz 2 und 3 Halbsatz 1, Absatz 6, 7, 8 Halbsatz 1, Absatz 9 Satz 1 auch i.V.m. § 16 Absatz 5 Satz 3 § 16a Absatz 3 Satz 4 § 17 Absatz 2 Satz 4 § 19 Absatz 1 Nummer 3 Satz 5 § 48 Nummer 1 | 10 € |
| 179a | Fahrzeug in Betrieb genommen, obwohl das vorgeschriebene Kennzeichen fehlt | § 10 Absatz 12 i.V.m. § 10 Absatz 5 Satz 1, Absatz 8 § 48 Nummer 1 | 60 € |
| 179b | Fahrzeug in Betrieb genommen, dessen Kennzeichen mit Glas, Folien oder ähnlichen Abdeckungen versehen ist | § 10 Absatz 12 i.V.m. § 10 Absatz 2 Satz 1, Absatz 8 § 48 Nummer 1 | 65 € |
| 179c | Fahrzeug mit CC- oder CD-Zeichen auf öffentlichen Straßen in Betrieb genommen, ohne dass hierzu eine Berechtigung besteht und diese in der Zulassungsbescheinigung Teil I eingetragen ist | § 10 Absatz 11 Satz 3 § 48 Nummer 9b | 10 € |

| Lfd. Nr. | Tatbestand | Straßenverkehrs-Ordnung (StVO) | Regelsatz in Euro (€), Fahrverbot in Monaten |
|---|---|---|---|
| | **Mitteilungs-, Anzeige- und Vorlagepflichten, Zurückziehen aus dem Verkehr, Verwertungsnachweis** | | |
| 180 | Gegen die Mitteilungspflicht bei Änderungen der tatsächlichen Verhältnisse, Wohnsitz- oder Sitzänderung des Halters, Standortverlegung des Fahrzeugs, Veräußerung oder Erwerb verstoßen | § 13 Absatz 1 Satz 1 bis 4, Absatz 3 Satz 1, Absatz 4 Satz 1 erster Halbsatz, Satz 3 oder 4 § 48 Nummer 12 | 15 € |
| 180a | Als Halter ein Fahrzeug nicht oder nicht ordnungsgemäß außer Betrieb setzen lassen | § 15 Absatz 1 Satz 1, Absatz 2 Satz 1 § 48 Nummer 8 Buchstabe b | 15 € |
| | **Internetbasierte Zulassung** | | |
| 180b | Als Halter einen Plakettenträger nicht, nicht rechtzeitig oder nicht ordnungsgemäß (ausgenommen auf einem anderen als dem zugehörigen zugeteilten Kennzeichen) angebracht | § 15i Absatz 5 Satz 1 § 48 Nummer 14 | 40 € |
| 180c | Plakettenträger auf einem Kennzeichenschild mit einem anderen als dem zugehörigen zugeteilten Kennzeichen angebracht | § 15i Absatz 5 Satz 2 § 48 Nummer 14a | 65 € |
| 180d | Fahrzeug ohne die dafür übersandten Plakettenträger oder mit einem anderen als den angebrachten Plakettenträgern zugehörigen zugeteilten Kennzeichen in Betrieb gesetzt | § 15i Absatz 5 Satz 3 § 48 Nummer 1 Buchstabe c | 70 € |
| 180e | Als Halter die Inbetriebnahme eines Fahrzeuges ohne die dafür übersandten Plakettenträger oder mit einem anderen als den angebrachten Plakettenträgern zugehörigen zugeteilten Kennzeichen zugelassen oder angeordnet | § 15i Absatz 5 Satz 4 § 48 Nummer 2 | 70 € |
| | **Rote Kennzeichen, Kurzzeitkennzeichen** | | |

| Lfd. Nr. | Tatbestand | Straßenverkehrs-Ordnung (StVO) | Regelsatz in Euro (€), Fahrverbot in Monaten |
|---|---|---|---|
| 181 | Gegen die Pflicht zur Eintragung in Fahrzeugscheinhefte verstoßen oder das rote Kennzeichen oder das Fahrzeugscheinheft nicht zurückgegeben | § 16 Absatz 2 Satz 3, 7<br>§ 48 Nummer 15, 18 | 10 € |
| 181a | (aufgehoben) | | |
| 181b | (aufgehoben) | | |
| 182 | Kurzzeitkennzeichen für unzulässige Fahrten oder an einem anderen Fahrzeug verwendet | § 16a Absatz 3 Satz 1<br>§ 48 Nummer 18a | 50 € |
| 183 | Gegen die Pflicht zum Fertigen, Aufbewahren oder Aushändigen von Aufzeichnungen über Prüfungs-, Probe- oder Überführungsfahrten verstoßen | § 16 Absatz 2 Satz 5, 6<br>§ 48 Nummer 6, 17 | 25 € |
| 183a | Fahrzeugscheinheft für Fahrzeuge mit rotem Kennzeichen oder Fahrzeugscheinheft für Oldtimerfahrzeuge mit roten Kennzeichen nicht mitgeführt | § 16 Absatz 2 Satz 4<br>§ 17 Absatz 2 Satz 1<br>§ 48 Nummer 5 | 10 € |
| 183b | Fahrzeugschein für Fahrzeuge mit Kurzzeitkennzeichen nicht mitgeführt | § 16a Absatz 5 Satz 3<br>§ 48 Nummer 5 | 20 € |
| | **Versicherungskennzeichen und -plaketten** | | |
| 184 | Fahrzeug in Betrieb genommen, dessen Versicherungskennzeichen oder -plakette nicht wie vorgeschrieben ausgestaltet ist, ausgenommen ist das Fehlen des vorgeschriebenen Versicherungskennzeichens oder der vorgeschriebenen Versicherungsplakette | § 27 Absatz 7<br>§ 29a Absatz 4<br>§ 48 Nummer 1 Buchstabe c | 10 € |
| | **Ausländische Kraftfahrzeuge** | | |
| 185 | Zulassungsbescheinigung oder die Übersetzung des ausländischen Zulassungsscheins nicht mitgeführt oder nicht ausgehändigt | § 20 Absatz 5<br>§ 48 Nummer 5 | 10 € |

| Lfd. Nr. | Tatbestand | | Straßenverkehrs-Ordnung (StVO) | Regelsatz in Euro (€), Fahrverbot in Monaten |
|---|---|---|---|---|
| 185a | An einem ausländischen Kraftfahrzeug oder ausländischen Kraftfahrzeuganhänger das heimische Kennzeichen oder das Unterscheidungszeichen unter Verstoß gegen eine Vorschrift über deren Anbringung geführt | | § 21 Absatz 1 Satz 1 Halbsatz 2, Absatz 2 Satz 1 Halbsatz 2<br>§ 48 Nummer 19 | 10 € |
| 185b | An einem ausländischen Kraftfahrzeug oder ausländischen Kraftfahrzeuganhänger das vorgeschriebene heimische Kennzeichen nicht geführt | | § 21 Absatz 1 Satz 1 Halbsatz 1<br>§ 48 Nummer 19 | 40 € |
| 185c | An einem ausländischen Kraftfahrzeug oder ausländischen Kraftfahrzeuganhänger das Unterscheidungszeichen nicht geführt | | § 21 Absatz 2 Satz 1 Halbsatz 1<br>§ 48 Nummer 19 | 15 € |
| | **d) Straßenverkehrs-Zulassungs-Ordnung** | | | |
| | **Untersuchung der Kraftfahrzeuge und Anhänger** | | | |
| 186 | Als Halter Fahrzeug zur Hauptuntersuchung oder zur Sicherheitsprüfung nicht vorgeführt | | § 29 Absatz 1 Satz 1 i.V.m. Nummer 2.1, 2.2, 2.6, 2.7 Satz 2, 3, Nummer 3.1.1, 3.1.2, 3.2.2 der Anlage VIII<br>§ 69a Absatz 2 Nummer 14 | |
| 186.1 | | bei Fahrzeugen, die nach Nummer 2.1 der Anlage VIII zu § 29 StVZO in bestimmten Zeitabständen einer Sicherheitsprüfung zu unterziehen sind, wenn der Vorführtermin überschritten worden ist um | | |
| 186.1.1 | | bis zu 2 Monate | | 15 € |
| 186.1.2 | | mehr als 2 bis zu 4 Monate | | 25 € |
| 186.1.3 | | mehr als 4 bis zu 8 Monate | | 60 € |

| Lfd. Nr. | Tatbestand | | Straßenverkehrs-Ordnung (StVO) | Regelsatz in Euro (€), Fahrverbot in Monaten |
|---|---|---|---|---|
| 186.1.4 | | mehr als 8 Monate | | 75 € |
| 186.2 | | bei anderen als in Nummer 186.1 genannten Fahrzeugen, wenn der Vorführtermin überschritten worden ist um | | |
| 186.2.1 | | mehr als 2 bis zu 4 Monate | | 15 € |
| 186.2.2 | | mehr als 4 bis zu 8 Monate | | 25 € |
| 186.2.3 | | mehr als 8 Monate | | 60 € |
| 187 | Fahrzeug zur Nachprüfung der Mängelbeseitigung nicht rechtzeitig vorgeführt | | § 29 Absatz 1 Satz 1 i.V.m. Nummer 3.1.4.3 Satz 2 Halbsatz 2 der Anlage VIII § 69a Absatz 2 Nummer 18 | 15 € |
| 187a | Betriebsverbot oder -beschränkung wegen Fehlens einer gültigen Prüfplakette oder Prüfmarke in Ver- bindung mit einem SP-Schild nicht beachtet | | § 29 Ab-satz 7 Satz 5 § 69a Absatz 2 Nummer 15 | 60 € |
| | **Vorstehende Außenkanten** | | | |
| 188 | Fahrzeug oder Fahrzeugkombination in Betrieb genommen, obwohl Teile, die den Verkehr mehr als unvermeidbar gefährdeten, an dessen Umriss hervorragten | | § 30c Absatz 1 § 69a Absatz 3 Nummer 1a | 20 € |
| | **Verantwortung für den Betrieb der Fahrzeuge** | | | |
| 189 | Als Halter die Inbetriebnahme eines Fahrzeugs oder Zuges angeordnet oder zugelassen, obwohl | | § 31 Absatz 2 § 69a Absatz 5 Nummer 3 | |
| 189.1 | | der Führer zur selbstständigen Leitung nicht geeignet war | | |
| 189.1.1 | | bei Lastkraftwagen oder Kraftomnibussen | | 180 € |
| 189.1.2 | | bei anderen als in Nummer 189.1.1 genannten Fahrzeugen | | 90 € |

| Lfd. Nr. | Tatbestand | | Straßenverkehrs-Ordnung (StVO) | Regelsatz in Euro (€), Fahrverbot in Monaten |
|---|---|---|---|---|
| 189.2 | | das Fahrzeug oder der Zug nicht vorschriftsmäßig war und dadurch die Verkehrssicherheit wesentlich beeinträchtigt war, | § 31 Absatz 2<br>§ 69a Absatz 5 Nummer 3 | |
| | | insbesondere unter Verstoß gegen eine Vorschrift über Lenkeinrichtungen, Bremsen, Einrichtungen zur Verbindung von Fahrzeugen | § 31 Absatz 2, jeweils i.V.m.<br>§ 38<br>§ 41 Absatz 1 bis 12, 15 bis 17<br>§ 43 Absatz 1 Satz 1 bis 3, Absatz 4 Satz 1, 3<br>§ 69a Absatz 5 Nummer 3 | |
| 189.2.1 | | bei Lastkraftwagen oder Kraftomnibussen bzw. ihren Anhängern | | 270 € |
| 189.2.2 | | bei anderen als in Nummer 189.2.1 genannten Fahrzeugen | | 135 € |
| 189.3 | | die Verkehrssicherheit des Fahrzeugs oder des<br>Zuges durch die Ladung oder die Besetzung<br>wesentlich litt | § 31 Absatz 2<br>§ 69a Absatz 5 Nummer 3 | |
| 189.3.1 | | bei Lastkraftwagen oder Kraftomnibussen bzw. ihren Anhängern | | 270 € |
| 189.3.2 | | bei anderen als in Nummer 189.3.1 genannten Fahrzeugen | | 135 € |
| 189a | Als Halter die Inbetriebnahme eines Fahrzeugs angeordnet oder zugelassen, obwohl die Betriebserlaubnis erloschen war, und dadurch die Verkehrssicherheit wesentlich beeinträchtigt | | § 19 Absatz 5 Satz 1<br>§ 69a Absatz 2 Nummer 1b | |
| 189a.1 | | bei Lastkraftwagen oder Kraftomnibussen | | 270 € |
| 189a.2 | | bei anderen als in Nummer 189a.1 genannten Fahrzeugen | | 135 € |

| Lfd. Nr. | Tatbestand | Straßenverkehrs-Ordnung (StVO) | Regelsatz in Euro (€), Fahrverbot in Monaten |
|---|---|---|---|
| 189b | Als Halter die Inbetriebnahme eines Fahrzeugs angeordnet oder zugelassen, obwohl die Betriebserlaubnis erloschen war, und dadurch die Umwelt wesentlich beeinträchtigt | | |
| 189b.1 | bei Lastkraftwagen oder Kraftomnibussen | | 270 € |
| 189b.2 | bei anderen als in Nummer 189b.1 genannten Fahrzeugen | | 135 € |
| | **Führung eines Fahrtenbuches** | | |
| 190 | Fahrtenbuch nicht ordnungsgemäß geführt, auf Verlangen nicht ausgehändigt oder nicht für die vorgeschriebene Dauer aufbewahrt | § 31a Absatz 2, 3<br>§ 69a Absatz 5 Nummer 4, 4a | 100 € |
| | **Überprüfung mitzuführender Gegenstände** | | |
| 191 | Mitzuführende Gegenstände auf Verlangen nicht vorgezeigt oder zur Prüfung nicht ausgehändigt | § 31b<br>§ 69a Absatz 5 Nummer 4b | 5 € |
| | **Abmessungen von Fahrzeugen und Fahrzeugkombinationen** | | |
| 192 | Kraftfahrzeug, Anhänger oder Fahrzeugkombination in Betrieb genommen, obwohl die höchstzulässige Breite, Höhe oder Länge überschritten war | § 32 Absatz 1 bis 4, 9<br>§ 69a Absatz 3 Nummer 2 | 60 € |
| 193 | Als Halter die Inbetriebnahme eines Kraftfahrzeugs, Anhängers oder einer Fahrzeugkombination angeordnet oder zugelassen, obwohl die höchstzulässige Breite, Höhe oder Länge überschritten war | § 31 Absatz 2 i.V.m.<br>§ 32 Absatz 1 bis 4, 9<br>§ 69a Absatz 5 Nummer 3 | 75 € |
| | **Unterfahrschutz** | | |
| 194 | Kraftfahrzeug, Anhänger oder Fahrzeug mit austauschbarem Ladungsträger ohne vorgeschriebenen Unterfahrschutz in Betrieb genommen | § 32b Absatz 1, 2, 4<br>§ 69a Absatz 3 Nummer 3a | 25 € |
| | **Kurvenlaufeigenschaften** | | |

| Lfd. Nr. | | Tatbestand | Straßenverkehrs-Ordnung (StVO) | Regelsatz in Euro (€), Fahrverbot in Monaten |
|---|---|---|---|---|
| 195 | Kraftfahrzeug oder Fahrzeugkombination in Betrieb genommen, obwohl die vorgeschriebenen Kurvenlaufeigenschaften nicht eingehalten waren | | § 32d Absatz 1, 2 Satz 1<br>§ 69a Absatz 3 Nummer 3c | 60 € |
| 196 | Als Halter die Inbetriebnahme eines Kraftfahrzeugs oder einer Fahrzeugkombination angeordnet oder zugelassen, obwohl die vorgeschriebenen Kurvenlaufeigenschaften nicht eingehalten waren | | § 31 Absatz 2 i.V.m.<br>§ 32d Absatz 1, 2 Satz 1<br>§ 69a Absatz 5 Nummer 3 | 75 € |
| | **Schleppen von Fahrzeugen** | | | |
| 197 | Fahrzeug unter Verstoß gegen eine Vorschrift über das Schleppen von Fahrzeugen in Betrieb genommen | | § 33 Absatz 1 Satz 1, Absatz 2 Nummer 1, 6<br>§ 69a Absatz 3 Nummer 3 | 25 € |
| | **Achslast, Gesamtgewicht, Anhängelast hinter Kraftfahrzeugen** | | | |
| 198 | Kraftfahrzeug, Anhänger oder Fahrzeugkombination in Betrieb genommen, obwohl die zulässige Achslast, das zulässige Gesamtgewicht oder die zulässige Anhängelast hinter einem Kraftfahrzeug überschritten war | | § 34 Absatz 3 Satz 3<br>§ 31d Absatz 1<br>§ 42 Absatz 1, 2 Satz 2<br>§ 69a Absatz 3 Nummer 4 | |
| 198.1 | | bei Kraftfahrzeugen mit einem zulässigen Gesamtgewicht über 7,5 t oder Kraftfahrzeugen mit Anhängern, deren zulässiges Gesamtgewicht 2 t übersteigt | | Tabelle 3 Buchstabe a |
| 198.2 | | bei anderen Kraftfahrzeugen bis 7,5 t zulässiges Gesamtgewicht | | Tabelle 3 Buchstabe b |

| Lfd. Nr. | Tatbestand | | Straßenverkehrs-Ordnung (StVO) | Regelsatz in Euro (€), Fahrverbot in Monaten |
|---|---|---|---|---|
| 199 | Als Halter die Inbetriebnahme eines Kraftfahrzeugs, eines Anhängers oder einer Fahrzeugkombination angeordnet oder zugelassen, obwohl die zulässige Achslast, das zulässige Gesamtgewicht oder die zulässige Anhängelast hinter einem Kraftfahrzeug überschritten war | | § 31 Absatz 2 i.V.m. § 34 Absatz 3 Satz 3 § 42 Absatz 1, 2 Satz 2 § 31d Absatz 1 § 69a Absatz 5 Nummer 3 | |
| 199.1 | | bei Kraftfahrzeugen mit einem zulässigen Gesamtgewicht über 7,5 t oder Kraftfahrzeugen mit Anhängern, deren zulässiges Gesamtgewicht 2 t übersteigt | | Tabelle 3 Buchstabe a |
| 199.2 | | bei anderen Kraftfahrzeugen bis 7,5 t zulässiges Gesamtgewicht | | Tabelle 3 Buchstabe b |
| (200) | (aufgehoben) | | | |
| | **Besetzung von Kraftomnibussen** | | | |
| 201 | Kraftomnibus in Betrieb genommen und dabei mehr Personen oder Gepäck befördert, als in der Zulassungsbescheinigung Teil I Sitz- und Stehplätze eingetragen sind, und die Summe der im Fahrzeug angeschriebenen Fahrgastplätze sowie die Angaben für die Höchstmasse des Gepäcks ausweisen | | § 34a Absatz 1 § 69a Absatz 3 Nummer 5 | 60 € |
| 202 | Als Halter die Inbetriebnahme eines Kraftomnibusses angeordnet oder zugelassen, obwohl mehr Personen befördert wurden, als in der Zulassungsbescheinigung Teil I Plätze ausgewiesen waren | | § 31 Absatz 2 i.V.m. § 34a Absatz 1 § 69a Absatz 5 Nummer 3 | 75 € |
| | **Kindersitze** | | | |
| 203 | Kraftfahrzeug in Betrieb genommen unter Verstoß gegen | | | |
| 203.1 | | das Verbot der Anbringung von nach hinten gerichteten Kinderrückhalteeinrichtungen auf Beifahrerplätzen mit Airbag | § 35a Absatz 8 Satz 1 § 69a Absatz 3 Nummer 7 | 25 € |

| Lfd. Nr. | Tatbestand | | Straßenverkehrs-Ordnung (StVO) | Regelsatz in Euro (€), Fahrverbot in Monaten |
|---|---|---|---|---|
| 203.2 | | die Pflicht zur Anbringung des Warnhinweises zur Verwendung von Kinderrückhalteeinrichtungen auf Beifahrerplätzen mit Airbag | § 35a Absatz 8 Satz 2, 4<br>§ 69a Absatz 3 Nummer 7 | 5 € |
| 203.3 | | die Pflicht zur rückwärts oder seitlich gerichteten Anbringung von Rückhalteeinrichtungen für Kinder bis zu einem Alter von 15 Monaten | § 35a Absatz 13<br>§ 69a Absatz 3 Nummer 7 | 25 € |
| | **Rollstuhlplätze und Rückhaltesysteme** | | | |
| 203a | Als Halter die Inbetriebnahme eines Personenkraftwagens, in dem ein Rollstuhlnutzer befördert wurde, angeordnet oder zugelassen, obwohl er nicht mit dem vorgeschriebenen Rollstuhlstellplatz ausgerüstet war | | § 35a Absatz 4a Satz 1<br>§ 31 Absatz 2<br>§ 69a Absatz 5 Nummer 3 | 35 € |
| 203b | Personenkraftwagen, in dem ein Rollstuhlnutzer befördert wurde, in Betrieb genommen, obwohl er nicht mit dem vorgeschriebenen Rollstuhlstellplatz ausgerüstet war | | § 35a Absatz 4a Satz 1<br>§ 69a Absatz 3 Nummer 7 | 35 € |
| 203c | Als Halter die Inbetriebnahme eines Personenkraftwagens, in dem ein Rollstuhlnutzer befördert wurde, angeordnet oder zugelassen, obwohl der Rollstuhlstellplatz nicht mit dem vorgeschriebenen Rollstuhl-Rückhaltesystem oder Rollstuhlnutzer-Rückhaltesystem ausgerüstet war | | § 35a Absatz 4a Satz 2, 3<br>§ 31 Absatz 2,<br>§ 69a Absatz 5 Nummer 3 | 30 € |
| 203d | Einen Personenkraftwagen, in dem ein Rollstuhlnutzer befördert wurde, in Betrieb genommen, obwohl der Rollstuhlstellplatz nicht mit dem vorgeschriebenen Rollstuhl-Rückhaltesystem oder Rollstuhlnutzer-Rückhaltesystem ausgerüstet war | | § 35a Absatz 4a Satz 2, 3<br>§ 69a Absatz 3 Nummer 7 | 30 € |
| 203e | Als Fahrer nicht sichergestellt, dass das Rollstuhl-Rückhaltesystem oder Rollstuhlnutzer-Rückhaltesystem in der vom Hersteller des jeweiligen Systems vorgesehenen Weise während der Fahrt betrieben wurde | | § 35a Absatz 4a Satz 4<br>§ 69a Absatz 3 Nummer 7 | 30 € |

| Lfd. Nr. | Tatbestand | | Straßenverkehrs-Ordnung (StVO) | Regelsatz in Euro (€), Fahrverbot in Monaten |
|---|---|---|---|---|
| 203f | Als Halter nicht sichergestellt, dass das Rollstuhl-Rückhaltesystem oder Rollstuhlnutzer-Rückhaltesystem in der vom Hersteller des jeweiligen Systems vorgesehenen Weise während der Fahrt betrieben wurde | | § 35a Absatz 4a Satz 4<br>§ 31 Absatz 2<br>§ 69a Absatz 5 Nummer 3 | 30 € |
| | **Feuerlöscher in Kraftomnibussen** | | | |
| 204 | Kraftomnibus unter Verstoß gegen eine Vorschrift über mitzuführende Feuerlöscher in Betrieb genommen | | § 35g Absatz 1, 2<br>§ 69a Absatz 3 Nummer 7c | 15 € |
| 205 | Als Halter die Inbetriebnahme eines Kraftomnibusses unter Verstoß gegen eine Vorschrift über mitzuführende Feuerlöscher angeordnet oder zugelassen | | § 31 Absatz 2 i.V.m.<br>§ 35g Absatz 1, 2<br>§ 69a Absatz 5 Nummer 3 | 20 € |
| | **Erste-Hilfe-Material in Kraftfahrzeugen** | | | |
| 206 | Unter Verstoß gegen eine Vorschrift über mitzuführendes Erste-Hilfe-Material | | | |
| 206.1 | | einen Kraftomnibus | § 35h Absatz 1, 2<br>§ 69a Absatz 3 Nummer 7c | 15 € |
| 206.2 | | ein anderes Kraftfahrzeug | § 35h Absatz 3<br>§ 69a Absatz 3 Nummer 7c | 5 € |
| | in Betrieb genommen | | | |
| 207 | Als Halter die Inbetriebnahme unter Verstoß gegen eine Vorschrift über mitzuführendes Erste-Hilfe-Material | | | |
| 207.1 | | eines Kraftomnibusses | § 31 Absatz 2 i.V.m.<br>§ 35h Absatz 1, 2<br>§ 69a Absatz 5 Nummer 3 | 25 € |
| 207.2 | | eines anderen Kraftfahrzeugs | § 31 Absatz 2 i.V.m.<br>§ 35h Absatz 3<br>§ 69a Absatz 5 Nummer 3 | 10 € |

| Lfd. Nr. | Tatbestand | Straßenverkehrs-Ordnung (StVO) | Regelsatz in Euro (€), Fahrverbot in Monaten |
|---|---|---|---|
| | angeordnet oder zugelassen | | |
| | **Bereifung und Laufflächen** | | |
| 208 | Kraftfahrzeug oder Anhänger, die unzulässig mit Diagonal- und mit Radialreifen ausgerüstet waren, in Betrieb genommen | § 36 Absatz 6 Satz 1, 2<br>§ 69a Absatz 3 Nummer 8 | 15 € |
| 209 | Als Halter die Inbetriebnahme eines Kraftfahrzeugs oder Anhängers, die unzulässig mit Diagonal- und mit Radialreifen ausgerüstet waren, angeordnet oder zugelassen | § 31 Absatz 2 i.V.m.<br>§ 36 Absatz 6 Satz 1, 2<br>§ 69a Absatz 5 Nummer 3 | 30 € |
| 210 | Mofa in Betrieb genommen, dessen Reifen keine ausreichenden Profilrillen oder Einschnitte oder keine ausreichende Profil- oder Einschnitttiefe besaß | § 36 Absatz 3 Satz 5<br>§ 31d Absatz 4 Satz 1<br>§ 69a Absatz 3 Nummer 1c, 8 | 25 € |
| 211 | Als Halter die Inbetriebnahme eines Mofas angeordnet oder zugelassen, dessen Reifen keine ausreichenden Profilrillen oder Einschnitte oder keine ausreichende Profil- oder Einschnitttiefe besaß | § 31 Absatz 2 i.V.m.<br>§ 36 Absatz 3 Satz 5<br>§ 31d Absatz 4 Satz 1<br>§ 69a Absatz 5 Nummer 3 | 35 € |
| 212 | Kraftfahrzeug (außer Mofa) oder Anhänger in Betrieb genommen, dessen Reifen keine ausreichenden Profilrillen oder Einschnitte oder keine ausreichende Profil- oder Einschnitttiefe besaß | § 36 Absatz 3 Satz 3 bis 5<br>§ 31d Absatz 4 Satz 1<br>§ 69a Absatz 3 Nummer 1c, 8 | 60 € |

| Lfd. Nr. | Tatbestand | Straßenverkehrs-Ordnung (StVO) | Regelsatz in Euro (€), Fahrverbot in Monaten |
|---|---|---|---|
| 213 | Als Halter die Inbetriebnahme eines Kraftfahrzeugs (außer Mofa) oder Anhängers angeordnet oder zugelassen, dessen Reifen keine ausreichenden Profilrillen oder Einschnitte oder keine ausreichende Profil- oder Einschnitttiefe besaß | § 31 Absatz 2 i.V.m. § 36 Absatz 3 Satz 3 bis 5 § 31d Absatz 4 Satz 1 § 69a Absatz 5 Nummer 3 | 75 € |
| 213a | Als Halter die Inbetriebnahme eines Kraftfahrzeugs bei Glatteis, Schneeglätte, Schneematsch, Eis- oder Reifglätte angeordnet oder zugelassen, dessen Bereifung, die in § 36 Absatz 4 oder Absatz 4a StVZO beschriebenen Eigenschaften nicht erfüllt, wenn das Kraftfahrzeug gemäß § 2 Absatz 3a StVO bei Glatteis, Schneeglätte, Schneematsch, Eis- oder Reifglätte nur mit solchen Reifen gefahren werden darf, die die in § 36 Absatz 4 StVZO beschriebenen Eigenschaften erfüllen | § 31 Absatz 2 i.V.m. § 36 Absatz 4 und 4a § 69a Absatz 5 Nummer 3 | 75 € |
| | **Sonstige Pflichten für den verkehrssicheren Zustand des Fahrzeugs** | | |
| 214 | Kraftfahrzeug oder Kraftfahrzeug mit Anhänger in Betrieb genommen, das sich in einem Zustand befand, der die Verkehrssicherheit wesentlich beeinträchtigt | § 30 Absatz 1 § 69a Absatz 3 Nummer 1 | |
| | insbesondere unter Verstoß gegen eine Vorschrift über Lenkeinrichtungen, Bremsen, Einrichtungen zur Verbindung von Fahrzeugen | § 38 § 41 Absatz 1 bis 12, 15 Satz 1, 3, 4, Absatz 16, 17 § 43 Absatz 1 Satz 1 bis 3, Absatz 4 Satz 1, 3 § 69a Absatz 3 Nummer 3, 9, 13 | |
| 214.1 | bei Lastkraftwagen oder Kraftomnibussen bzw. ihren Anhängern | | 180 € |
| 214.2 | bei anderen als in Nummer 214.1 genannten Fahrzeugen | | 90 € |

| Lfd. Nr. | Tatbestand | Straßenverkehrs-Ordnung (StVO) | Regelsatz in Euro (€), Fahrverbot in Monaten |
|---|---|---|---|
| | **Erlöschen der Betriebserlaubnis** | | |
| 214a | Fahrzeug trotz erloschener Betriebserlaubnis in Betrieb genommen und dadurch die Verkehrssicherheit wesentlich beeinträchtigt | § 19 Absatz 5 Satz 1 § 69a Absatz 2 Nummer 1b | |
| 214a.1 | bei Lastkraftwagen oder Kraftomnibussen | | 180 € |
| 214a.2 | bei anderen als in Nummer 214a.1 genannten Fahrzeugen | | 90 € |
| 214b | Fahrzeug trotz erloschener Betriebserlaubnis in Betrieb genommen und dadurch die Umwelt wesentlich beeinträchtigt | | |
| 214b.1 | bei Lastkraftwagen oder Kraftomnibussen | | 180 € |
| 214b.2 | bei anderen als in Nummer 214b.1 genannten Fahrzeugen | | 90 € |
| | **Mitführen von Anhängern hinter Kraftrad oder Personenkraftwagen** | | |
| 215 | Kraftrad oder Personenkraftwagen unter Verstoß gegen eine Vorschrift über das Mitführen von Anhängern in Betrieb genommen | § 42 Absatz 2 Satz 1 § 69a Absatz 3 Nummer 3 | 25 € |
| | **Einrichtungen zur Verbindung von Fahrzeugen** | | |
| 216 | Abschleppstange oder Abschleppseil nicht ausreichend erkennbar gemacht | § 43 Absatz 3 Satz 2 § 69a Absatz 3 Nummer 3 | 5 € |
| | **Stützlast** | | |
| 217 | Kraftfahrzeug mit einem einachsigen Anhänger in Betrieb genommen, dessen zulässige Stützlast um mehr als 50 % über- oder unterschritten wurde | § 44 Absatz 3 Satz 1 § 69a Absatz 3 Nummer 3 | 60 € |
| (218) | (aufgehoben) | | |
| | **Geräuschentwicklung und Schalldämpferanlage** | | |

| Lfd. Nr. | Tatbestand | | Straßenverkehrs-Ordnung (StVO) | Regelsatz in Euro (€), Fahrverbot in Monaten |
|---|---|---|---|---|
| 219 | Kraftfahrzeug, dessen Schalldämpferanlage defekt war, in Betrieb genommen | | § 49 Absatz 1<br>§ 69a Absatz 3 Nummer 17 | 20 € |
| 220 | Weisung, den Schallpegel im Nahfeld feststellen zu lassen, nicht befolgt | | § 49 Absatz 4 Satz 1<br>§ 69a Absatz 5 Nummer 5d | 10 € |
| | **Lichttechnische Einrichtungen** | | | |
| 221 | Kraftfahrzeug oder Anhänger in Betrieb genommen | | | |
| 221.1 | | unter Verstoß gegen eine allgemeine Vorschrift über lichttechnische Einrichtungen | § 49a Absatz 1 bis 4, 5 Satz 1, Absatz 6, 8, 9 Satz 2, Absatz 9a, 10 Satz 1<br>§ 69a Absatz 3 Nummer 18 | 5 € |
| 221.2 | | unter Verstoß gegen das Verbot zum Anbringen anderer als vorgeschriebener oder für zulässig erklärter lichttechnischer Einrichtungen | § 49a Absatz 1 Satz 1<br>§ 69a Absatz 3 Nummer 18 | 20 € |
| 222 | Kraftfahrzeug oder Anhänger in Betrieb genommen unter Verstoß gegen eine Vorschrift über | | | |
| 222.1 | | Scheinwerfer für Fern- oder Abblendlicht | § 50 Absatz 1, 2 Satz 1, 6 Halbsatz 2, Satz 7, Absatz 3 Satz 1, 2, Absatz 5, 6 Satz 1, 3, 4, 6, Absatz 6a Satz 2 bis 5, Absatz 9<br>§ 69a Absatz 3 Nummer 18a | 15 € |

| Lfd. Nr. | Tatbestand | | Straßenverkehrs-Ordnung (StVO) | Regelsatz in Euro (€), Fahrverbot in Monaten |
|---|---|---|---|---|
| 222.2 | | Begrenzungsleuchten oder vordere Richtstrahler | § 51 Absatz 1 Satz 1, 4 bis 6, Absatz 2 Satz 1, 4, Absatz 3 § 69a Absatz 3 Nummer 18b | 15 € |
| 222.3 | | seitliche Kenntlichmachung oder Umrissleuchten | § 51a Absatz 1 Satz 1 bis 7, Absatz 3 Satz 1, Absatz 4 Satz 2, Absatz 6 Satz 1, Absatz 7 Satz 1, 3 § 51b Absatz 2 Satz 1, 3, Absatz 5, 6 § 69a Absatz 3 Nummer 18c | 15 € |
| 222.4 | | zusätzliche Scheinwerfer oder Leuchten | § 52 Absatz 1 Satz 2 bis 5, Absatz 2 Satz 2, 3, Absatz 5 Satz 2, Absatz 7 Satz 2, 4, Absatz 9 Satz 2 § 69a Absatz 3 Nummer 18e | 15 € |
| 222.5 | | Schluss-, Nebelschluss-, Bremsleuchten oder Rückstrahler | § 53 Absatz 1 Satz 1, 3 bis 5, 7, Absatz 2 Satz 1, 2, 4 bis 6, Absatz 4 Satz 1 bis 4, 6, Absatz 5 Satz 1 bis 3, Absatz 6 Satz 2, Absatz 8, 9 Satz 1, § 53d Absatz 2, 3 § 69a Absatz 3 Nummer 18g, 19c | 15 € |

| **Lfd. Nr.** | **Tatbestand** | | **Straßenverkehrs-Ordnung (StVO)** | **Regelsatz in Euro (€), Fahrverbot in Monaten** |
|---|---|---|---|---|
| 222.6 | | Warndreieck, Warnleuchte oder Warnblinkanlage | § 53a Absatz 1, 2 Satz 1, Absatz 3 Satz 2, Absatz 4, 5 § 69a Absatz 3 Nummer 19 | 15 € |
| 222.7 | | Ausrüstung oder Kenntlichmachung von Anbaugeräten oder Hubladebühnen | § 53b Absatz 1 Satz 1 bis 3, 4 Halbsatz 2, Absatz 2 Satz 1 bis 3, 4 Halbsatz 2, Absatz 3 Satz 1, Absatz 4, 5 § 69a Absatz 3 Nummer 19a | 15 € |
| | **Arztschild** | | | |
| 222a | Bescheinigung zur Berechtigung der Führung des Schildes »Arzt Notfalleinsatz« nicht mitgeführt oder zur Prüfung nicht ausgehändigt | | § 52 Absatz 6 Satz 3 § 69a Absatz 5 Nummer 5f | 10 € |
| | **Geschwindigkeitsbegrenzer** | | | |
| 223 | Kraftfahrzeug in Betrieb genommen, das nicht mit dem vorgeschriebenen Geschwindigkeitsbegrenzer ausgerüstet war, oder den Geschwindigkeitsbegrenzer auf unzulässige Geschwindigkeit eingestellt oder nicht benutzt, auch wenn es sich um ein ausländisches Kfz handelt | | § 57c Absatz 2, 5 § 31d Absatz 3 § 69a Absatz 3 Nummer 1c, 25b | 100 € |
| 224 | Als Halter die Inbetriebnahme eines Kraftfahrzeugs angeordnet oder zugelassen, das nicht mit dem vorgeschriebenen Geschwindigkeitsbegrenzer ausgerüstet war oder dessen Geschwindigkeitsbegrenzer auf eine unzulässige Geschwindigkeit eingestellt war oder nicht benutzt wurde | | § 31 Absatz 2 i.V.m. § 57c Absatz 2, 5 § 31d Absatz 3 § 69a Absatz 5 Nummer 3 | 150 € |
| 225 | Als Halter den Geschwindigkeitsbegrenzer in den vorgeschriebenen Fällen nicht prüfen lassen, wenn seit fällig gewordener Prüfung | | | |

| Lfd. Nr. | Tatbestand | | Straßenverkehrs-Ordnung (StVO) | Regelsatz in Euro (€), Fahrverbot in Monaten |
|---|---|---|---|---|
| 225.1 | | nicht mehr als ein Monat | § 57d Absatz 2 Satz 1<br>§ 69a Absatz 5 Nummer 6d | 25 € |
| 225.2 | | mehr als ein Monat | § 57d Absatz 2 Satz 1<br>§ 69a Absatz 5 Nummer 6d | 40 € |
| | vergangen ist | | | |
| 226 | Bescheinigung über die Prüfung des Geschwindigkeitsbegrenzers nicht mitgeführt oder auf Verlangen nicht ausgehändigt | | § 57d Absatz 2 Satz 3<br>§ 69a Absatz 5 Nummer 6e | 10 € |
| (227) | (aufgehoben) | | | |
| (228) | (aufgehoben) | | | |
| | **Einrichtungen an Fahrrädern** | | | |
| 229 | Fahrrad unter Verstoß gegen eine Vorschrift über die Einrichtungen für Schallzeichen in Betrieb genommen | | § 64a<br>§ 69a Absatz 4 Nummer 4 | 15 € |
| 230 | Fahrrad oder Fahrradanhänger oder Fahrrad mit Beiwagen unter Verstoß gegen eine Vorschrift über lichttechnische Einrichtungen im öffentlichen Straßenverkehr in Betrieb genommen | | § 67<br>§ 67a<br>§ 69a Absatz 4 Nummer 8, 9 | 20 € |
| | **Ausnahmen** | | | |
| 231 | Urkunde über eine Ausnahmegenehmigung nicht mitgeführt | | § 70 Absatz 3a Satz 1<br>§ 69a Absatz 5 Nummer 7 | 10 € |
| | **Auflagen bei Ausnahmegenehmigungen** | | | |
| 232 | Als Fahrzeugführer, ohne Halter zu sein, einer vollziehbaren Auflage einer Ausnahmegenehmigung nicht nachgekommen | | § 71<br>§ 69a Absatz 5 Nummer 8 | 15 € |
| 233 | Als Halter einer vollziehbaren Auflage einer Ausnahmegenehmigung nicht nachgekommen | | § 71<br>§ 69a Absatz 5 Nummer 8 | 70 € |

| Lfd. Nr. | Tatbestand | Straßenverkehrs-Ordnung (StVO) | Regelsatz in Euro (€), Fahrverbot in Monaten |
|---|---|---|---|
| | **e) Elektrokleinstfahrzeuge-Verordnung (eKFV)** | | |
| | **Betriebsbeschränkungen** | | |
| 234 | Elektrokleinstfahrzeug ohne die erforderliche Allgemeine Betriebserlaubnis oder Einzelbetriebserlaubnis auf öffentlichen Straßen in Betrieb gesetzt | § 2 Absatz 1 Satz 1 Nummer 1 § 14 Nummer 1 | 70 € |
| 234a | Die Inbetriebnahme eines Elektrokleinstfahrzeugs ohne die erforderliche Allgemeine Betriebserlaubnis oder Einzelbetriebserlaubnis auf öffentlichen Straßen angeordnet oder zugelassen | § 2 Absatz 4 i.V.m. Absatz 1 Satz 1 Nummer 1 § 14 Nummer 3 | 70 € |
| 235 | Elektrokleinstfahrzeug ohne gültige Versicherungsplakette auf öffentlichen Straßen in Betrieb gesetzt | § 2 Absatz 1 Satz 1 Nummer 2 § 14 Nummer 1 | 40 € |
| 235a | Die Inbetriebnahme eines Elektrokleinstfahrzeugs auf öffentlichen Straßen ohne die erforderliche Versicherungsplakette angeordnet oder zugelassen | § 2 Absatz 4 i.V.m. Absatz 1 Satz 1 Nummer 2 § 14 Nummer 3 | 40 € |
| 236 | Elektrokleinstfahrzeug trotz erloschener Betriebserlaubnis auf öffentlichen Straßen in Betrieb gesetzt und dadurch die Verkehrssicherheit wesentlich beeinträchtigt | § 2 Absatz 3 Satz 2 i.V.m. Absatz 4 § 14 Nummer 1 | 30 € |
| 236a | Die Inbetriebnahme eines Elektrokleinstfahrzeugs auf öffentlichen Straßen trotz erloschener Betriebserlaubnis angeordnet oder zugelassen | § 2 Absatz 4 § 14 Nummer 3 | 30 € |
| 237 | Elektrokleinstfahrzeug unter Verstoß gegen die Vorschriften über die Anforderungen an die lichttechnischen Einrichtungen im öffentlichen Straßenverkehr in Betrieb gesetzt | § 2 Absatz 1 Nummer 4 Buchstabe b § 14 Nummer 1 | 20 € |
| 237a | Elektrokleinstfahrzeug unter Verstoß gegen die Vorschriften über die Anforderungen an die Schalleinrichtung im öffentlichen Straßenverkehr in Betrieb gesetzt | § 2 Absatz 1 Nummer 4 Buchstabe c § 14 Nummer 1 | 15 € |

| Lfd. Nr. | Tatbestand | Straßenverkehrs-Ordnung (StVO) | Regelsatz in Euro (€), Fahrverbot in Monaten |
|---|---|---|---|
| 237b | Elektrokleinstfahrzeug unter Verstoß gegen die Vorschriften über die Anforderungen an die sonstigen Sicherheitsanforderungen im öffentlichen Straßenverkehr in Betrieb gesetzt | § 2 Absatz 1 Nummer 4 Buchstabe d<br>§ 14 Nummer 1 | 25 € |
| | **Verhaltensrechtliche Anforderungen** | | |
| 238 | Mit einem Elektrokleinstfahrzeug eine nicht zulässige Verkehrsfläche befahren | § 10 Absatz 1 Satz 1, Absatz 2 Satz 1<br>§ 14 Nummer 5 | 15 € |
| 238.1 | – mit Behinderung | § 10 Absatz 1 Satz 1, Absatz 2 Satz 1<br>§ 14 Nummer 5<br>§ 1 Absatz 2 StVO<br>§ 49 Absatz 1 Nummer 1 StVO | 20 € |
| 238.2 | – mit Gefährdung | | 25 € |
| 238.3 | – mit Sachbeschädigung | | 30 € |
| 238a | Mit einem Elektrokleinstfahrzeug nebeneinander gefahren | § 11 Absatz 1<br>§ 14 Nummer 6 | 15 € |
| 238a.1 | – mit Behinderung | § 11 Absatz 1<br>§ 14 Nummer 6<br>§ 1 Absatz 2 StVO<br>§ 49 Absatz 1 Nummer 1 StVO | 20 € |
| 238a.2 | – mit Gefährdung | | 25 € |
| 238a.3 | – mit Sachbeschädigung | | 30 € |
| | **f) Ferienreise-Verordnung** | | |
| 239 | Kraftfahrzeug trotz eines Verkehrsverbots innerhalb der Verbotszeiten länger als 15 Minuten geführt | § 1<br>§ 5 Nummer 1 | 60 € |
| 240 | Als Halter das Führen eines Kraftfahrzeugs trotz eines Verkehrsverbots innerhalb der Verbotszeiten länger als 15 Minuten zugelassen | § 1<br>§ 5 Nummer 1 | 150 € |

| Lfd. Nr. | Tatbestand | Straßenverkehrsgesetz (StVG) | Regelsatz in Euro (€), Fahrverbot in Monaten |
|---|---|---|---|
| | **B. Zuwiderhandlungen gegen §§ 24a, 24c StVG** | | |
| | **0,5-Promille-Grenze** | | |
| 241 | Kraftfahrzeug geführt mit einer Atemalkoholkonzentration von 0,25 mg/l oder mehr oder mit einer Blutalkoholkonzentration von 0,5 Promille oder mehr oder mit einer Alkoholmenge im Körper, die zu einer solchen Atem- oder Blutalkoholkonzentration führt | § 24a Absatz 1 | 500 €<br>**Fahrverbot 1 Monat** |
| 241.1 | bei Eintragung von bereits einer Entscheidung nach § 24a StVG, § 316 oder § 315c Absatz 1 Nummer 1 Buchstabe a StGB im Fahreignungsregister | | 1 000 €<br>**Fahrverbot 3 Monate** |
| 241.2 | bei Eintragung von bereits mehreren Entscheidungen nach § 24a StVG, § 316 oder § 315c Absatz 1 Nummer 1 Buchstabe a StGB im Fahreignungsregister | | 1 500 €<br>**Fahrverbot 3 Monate** |
| | **Berauschende Mittel** | | |
| 242 | Kraftfahrzeug unter Wirkung eines in der Anlage zu § 24a Absatz 2 StVG genannten berauschenden Mittels geführt | § 24a Absatz 2 Satz 1 i.V.m. Absatz 3 | 500 €<br>**Fahrverbot 1 Monat** |
| 242.1 | bei Eintragung von bereits einer Entscheidung nach § 24a StVG, § 316 oder § 315c Absatz 1 Nummer 1 Buchstabe a StGB im Fahreignungsregister | | 1 000 €<br>**Fahrverbot 3 Monate** |
| 242.2 | bei Eintragung von bereits mehreren Entscheidungen nach § 24a StVG, § 316 oder § 315c Absatz 1 Nummer 1 Buchstabe a StGB im Fahreignungsregister | | 1 500 €<br>**Fahrverbot 3 Monate** |
| | **Alkoholverbot für Fahranfänger und Fahranfängerinnen** | | |

| | | | |
|---|---|---|---|
| 243 | In der Probezeit nach § 2a StVG oder vor Vollendung des 21. Lebensjahres als Führer eines Kraftfahrzeugs alkoholische Getränke zu sich genommen oder die Fahrt unter der Wirkung eines solchen Getränks angetreten | § 24c Absatz 1, 2 | 250 € |

Abschnitt II Vorsätzlich begangene Ordnungswidrigkeiten

| **Lfd. Nr.** | | **Tatbestand** | **StVO** | **Regelsatz in Euro (€), Fahrverbot in Monaten** |
|---|---|---|---|---|
| | **Zuwiderhandlungen gegen § 24 Absatz 1 StVG** | | | |
| | **a) Straßenverkehrs-Ordnung** | | | |
| | **Bahnübergänge** | | | |
| 244 | Beim Führen eines Kraftfahrzeugs Bahnübergang trotz geschlossener Schranke oder Halbschranke überquert | | § 19 Absatz 2 Satz 1 Nummer 3<br>§ 49 Absatz 1 Nummer 19 Buchstabe a | 700 €<br>**Fahrverbot 3 Monate** |
| 245 | Beim zu Fuß gehen, Rad fahren oder als andere nicht motorisierte am Verkehr teilnehmende Person Bahnübergang trotz geschlossener Schranke oder Halbschranke überquert | | § 19 Absatz 2 Satz 1 Nummer 3<br>§ 49 Absatz 1 Nummer 19 Buchstabe a | 350 € |
| | **Sonstige Pflichten von Fahrzeugführenden** | | | |
| 246 | Elektronisches Gerät rechtswidrig benutzt | | § 23 Absatz 1a<br>§ 49 Absatz 1 Nummer 22 | |
| 246.1 | | beim Führen eines Fahrzeugs | | 100 € |
| 246.2 | | – mit Gefährdung | § 23 Absatz 1a Satz 1, § 1 Absatz 2, § 49 Absatz 1 Nummer 1, 22 | 150 €<br>**Fahrverbot 1 Monat** |
| 246.3 | | – mit Sachbeschädigung | | 200 €<br>**Fahrverbot 1 Monat** |

| Lfd. Nr. | Tatbestand | StVO | Regelsatz in Euro (€), Fahrverbot in Monaten |
|---|---|---|---|
| 246.4 | beim Radfahren | § 23 Absatz 1a Satz 1, § 49 Absatz 1 Nummer 22 | 55 € |
| 247 | Beim Führen eines Kraftfahrzeugs verbotswidrig ein technisches Gerät zur Feststellung von Verkehrsüberwachungsmaßnahmen betrieben oder betriebsbereit mitgeführt | § 23 Absatz 1c § 49 Absatz 1 Nummer 22 | 75 € |
| 247a | Beim Führen eines Kraftfahrzeugs Gesicht verdeckt oder verhüllt | § 23 Absatz 4 Satz 1 § 49 Absatz 1 Nummer 22 | 60 € |
| 248 | (weggefallen) | | |
| 249 | (weggefallen) | | |
| | Genehmigungs- oder Erlaubnisbescheid | | |
| 250 | Genehmigungs- oder Erlaubnisbescheid auf Verlangen nicht ausgehändigt | § 46 Absatz 3 Satz 3 § 49 Absatz 4 Nummer 5 | 10 € |
| | **b) Fahrerlaubnis-Verordnung** | | |
| | **Verkehrseinrichtungen zum Schutz der Infrastruktur** | | |
| 250a | Vorschriftswidrig ein Verbot für Kraftwagen mit einem die Gesamtmasse beschränkenden Zusatzzeichen (Zeichen 251 mit Zusatzzeichen 1053–33) oder eine tatsächliche Höhenbeschränkung (Zeichen 265) nicht beachtet, wobei die Straßenfläche zusätzlich durch Verkehrseinrichtungen (Anlage 4 lfd. Nr. 1 bis 4 zu § 43 Absatz 3) gekennzeichnet ist. | § 41 Absatz 1 i.V.m. Anlage 2 lfd. Nr. 27 Spalte 3, lfd. Nr. 29 (Zeichen 251) Spalte 3, lfd. Nr. zu 36 bis 40, lfd. Nr. 39 (Zeichen 265) § 43 Absatz 3 Satz 2 § 49 Absatz 3 Nummer 4, 6 | 500 € **Fahrverbot 2 Monate** |

| Lfd. Nr. | Tatbestand | StVO | Regelsatz in Euro (€), Fahrverbot in Monaten |
|---|---|---|---|
| | **Aushändigen von Führerscheinen und Bescheinigungen** | | |
| 251 | Führerschein, Bescheinigung oder die Übersetzung des ausländischen Führerscheins auf Verlangen nicht ausgehändigt | § 4 Absatz 2 Satz 2, 3<br>§ 5 Absatz 4 Satz 2, 3<br>§ 48 Absatz 3 Satz 2<br>§ 48a Absatz 3 Satz 2<br>§ 74 Absatz 4 Satz 2<br>§ 75 Nummer 4<br>§ 75 Nummer 13 | 10 € |
| 251a | Beim begleiteten Fahren ab 17 Jahren ein Kraftfahrzeug der Klasse B oder BE ohne Begleitung geführt | § 48a Absatz 2 Satz 1<br>§ 75 Nummer 15 | 70 € |
| | **c) Fahrzeug-Zulassungsverordnung** | | |
| | **Aushändigen von Fahrzeugpapieren** | | |
| 252 | Die Zulassungsbescheinigung Teil I oder sonstige Bescheinigung auf Verlangen nicht ausgehändigt | § 4 Absatz 5 Satz 1<br>§ 11 Absatz 6<br>§ 26 Absatz 1 Satz 6<br>§ 48 Nummer 5 | 10 € |
| | **Betriebsverbot und Beschränkungen** | | |
| 253 | Einem Verbot, ein Fahrzeug in Betrieb zu setzen, zuwidergehandelt oder Beschränkung nicht beachtet | § 5 Absatz 1<br>§ 48 Nummer 7 | 70 € |
| | **d) Straßenverkehrs-Zulassungs-Ordnung** | | |
| | **Erlöschen der Betriebserlaubnis** | | |
| 253a | Änderungen am Fahrzeug vorgenommen oder vornehmen lassen, die zum Erlöschen der Betriebserlaubnis führen | § 19 Absatz 2 Satz 3<br>§ 69a Absatz 2 Nummer 1a | |
| 253a.1 | – als Hersteller oder Importeur | | 800 € |
| 253a.2 | – als Gewerbetreibender | | 400 € |
| | **Achslast, Gesamtgewicht, Anhängelast hinter Kraftfahrzeugen** | | |

| Lfd. Nr. | Tatbestand | StVO | Regelsatz in Euro (€), Fahrverbot in Monaten |
|---|---|---|---|
| 254 | Gegen die Pflicht zur Feststellung der zugelassenen Achslasten oder Gesamtgewichte oder gegen Vorschriften über das Um- oder Entladen bei Überlastung verstoßen | § 31c Satz 1, 4 Halbsatz 2<br>§ 69a Absatz 5 Nummer 4c | 50 € |
| | **Ausnahmen** | | |
| 255 | Urkunde über eine Ausnahmegenehmigung auf Verlangen nicht ausgehändigt | § 70 Absatz 3a Satz 1<br>§ 69a Absatz 5 Nummer 7 | 10 € |

## 2. Anhang
## (zu Nummer 11 der Anlage)

### Tabelle 1
### Geschwindigkeitsüberschreitungen

**a) Kraftfahrzeuge der in § 3 Absatz 3 Nummer 2 Buchstaben a oder b StVO genannten Art**

| Lfd. Nr. | Überschreitung in km/h | Regelsatz in Euro bei Begehung | |
|---|---|---|---|
| | | innerhalb | außerhalb |
| | | geschlossener Ortschaften (außer bei Überschreitung für mehr als 5 Minuten Dauer oder in mehr als zwei Fällen nach Fahrtantritt) | |
| 11.1.1 | bis 10 | 20 | 15 |
| 11.1.2 | 11 – 15 | 30 | 25 |

| Lfd. Nr. | Überschreitung in km/h | Regelsatz in Euro bei Begehung | | Fahrverbot in Monaten bei Begehung | |
|---|---|---|---|---|---|
| | | innerhalb | außerhalb | innerhalb | außerhalb |
| | | geschlossener Ortschaften | | geschlossener Ortschaften | |
| 11.1.3 | bis 15 für mehr als 5 Minuten Dauer oder in mehr als zwei Fällen nach Fahrtantritt | 80 | 70 | – | – |
| 11.1.4 | 16 – 20 | 80 | 70 | – | – |
| 11.1.5 | 21 – 25 | 95 | 80 | 1 Monat | – |
| 11.1.6 | 26 – 30 | 140 | 95 | 1 Monat | 1 Monat |
| 11.1.7 | 31 – 40 | 200 | 160 | 1 Monat | 1 Monat |
| 11.1.8 | 41 – 50 | 280 | 240 | 2 Monate | 1 Monat |
| 11.1.9 | 51 – 60 | 480 | 440 | 3 Monate | 2 Monate |
| 11.1.10 | über 60 | 680 | 600 | 3 Monate | 3 Monate |

**b) kennzeichnungspflichtige Kraftfahrzeuge der in Buchstabe a genannten Art mit gefährlichen Gütern oder Kraftomnibusse mit Fahrgästen**

| Lfd. Nr. | Überschreitung in km/h | Regelsatz in Euro bei Begehung | |
|---|---|---|---|
| | | innerhalb | außerhalb |
| | | geschlossener Ortschaften (außer bei Überschreitung für mehr als 5 Minuten Dauer oder in mehr als zwei Fällen nach Fahrtantritt) | |
| 11.2.1 | bis 10 | 35 | 30 |
| 11.2.2 | 11 – 15 | 60 | 35 |

Die nachfolgenden Regelsätze und Fahrverbote gelten auch für die Überschreitung der festgesetzten Höchstgeschwindigkeit bei Sichtweite unter 50 m durch Nebel, Schneefall oder Regen nach Nummer 9.2 der Anlage.

| Lfd. Nr. | Überschreitung in km/h | Regelsatz in Euro bei Begehung | | Fahrverbot in Monaten bei Begehung | |
|---|---|---|---|---|---|
| | | innerhalb | außerhalb | innerhalb | außerhalb |
| | | geschlossener Ortschaften | | geschlossener Ortschaften | |
| 11.2.3 | bis 15 für mehr als 5 Minuten Dauer oder in mehr als zwei Fällen nach Fahrtantritt | 160 | 120 | – | – |
| 11.2.4 | 16 – 20 | 160 | 120 | – | – |
| 11.2.5 | 21 – 25 | 200 | 160 | 1 Monat | – |
| 11.2.6 | 26 – 30 | 280 | 240 | 1 Monat | 1 Monat |
| 11.2.7 | 31 – 40 | 360 | 320 | 2 Monate | 1 Monat |
| 11.2.8 | 41 – 50 | 480 | 400 | 3 Monate | 2 Monate |
| 11.2.9 | 51 – 60 | 600 | 560 | 3 Monate | 3 Monate |
| 11.2.10 | über 60 | 760 | 680 | 3 Monate | 3 Monate |

**c) andere als die in Buchstaben a oder b genannten Kraftfahrzeuge**

| Lfd. Nr. | Überschreitung in km/h | Regelsatz in Euro bei Begehung innerhalb geschlossener Ortschaften | Regelsatz in Euro bei Begehung außerhalb geschlossener Ortschaften |
|---|---|---|---|
| 11.3.1 | bis 10 | 30 | 20 |
| 11.3.2 | 11 – 15 | 50 | 40 |
| 11.3.3 | 16 – 20 | 70 | 60 |

Die nachfolgenden Regelsätze und Fahrverbote gelten auch für die Überschreitung der festgesetzten Höchstgeschwindigkeit bei Sichtweite unter 50 m durch Nebel, Schneefall oder Regen nach Nummer 9.3 der Anlage.

| Lfd. Nr. | Überschreitung in km/h | Regelsatz in Euro bei Begehung innerhalb geschlossener Ortschaften | Regelsatz in Euro bei Begehung außerhalb geschlossener Ortschaften | Fahrverbot in Monaten bei Begehung innerhalb geschlossener Ortschaften | Fahrverbot in Monaten bei Begehung außerhalb geschlossener Ortschaften |
|---|---|---|---|---|---|
| 11.3.4 | 21 – 25 | 80 | 70 | 1 Monat | – |
| 11.3.5 | 26 – 30 | 100 | 80 | 1 Monat | 1 Monat |
| 11.3.6 | 31 – 40 | 160 | 120 | 1 Monat | 1 Monat |
| 11.3.7 | 41 – 50 | 200 | 160 | 1 Monat | 1 Monat |
| 11.3.8 | 51 – 60 | 280 | 240 | 2 Monate | 1 Monat |
| 11.3.9 | 61 – 70 | 480 | 440 | 3 Monate | 2 Monate |
| 11.3.10 | über 70 | 680 | 600 | 3 Monate | 3 Monate |

## 3. Anhang
## Anhang (zu Nummer 12 der Anlage)

### Tabelle 2
### Nichteinhalten des Abstandes von einem vorausfahrenden Fahrzeug

| Lfd. Nr. | | | Regelsatz in Euro | Fahrverbot |
|---|---|---|---|---|
| | Der Abstand von einem vorausfahrenden Fahrzeug betrug in Metern | | | |
| 12.5 | a) | bei einer Geschwindigkeit von mehr als 80 km/h | | |
| 12.5.1 | | weniger als 5/10 des halben Tachowertes .......... | 75 | |
| 12.5.2 | | weniger als 4/10 des halben Tachowertes .......... | 100 | |
| 12.5.3 | | weniger als 3/10 des halben Tachowertes .......... | 160 | |
| 12.5.4 | | weniger als 2/10 des halben Tachowertes .......... | 240 | |
| 12.5.5 | | weniger als 1/10 des halben Tachowertes .......... | 320 | |
| 12.6 | b) | bei einer Geschwindigkeit von mehr als 100 km/h | | |
| 12.6.1 | | weniger als 5/10 des halben Tachowertes .......... | 75 | |
| 12.6.2 | | weniger als 4/10 des halben Tachowertes .......... | 100 | |
| 12.6.3 | | weniger als 3/10 des halben Tachowertes .......... | 160 | Fahrverbot 1 Monat |
| 12.6.4 | | weniger als 2/10 des halben Tachowertes .......... | 240 | Fahrverbot 2 Monate |
| 12.6.5 | | weniger als 1/10 des halben Tachowertes .......... | 320 | Fahrverbot 3 Monate |
| 12.7 | c) | bei einer Geschwindigkeit von mehr als 130 km/h | | |
| 12.7.1 | | weniger als 5/10 des halben Tachowertes .......... | 100 | |

| Lfd. Nr. | | | Regelsatz in Euro | Fahrverbot |
|---|---|---|---|---|
| 12.7.2 | | weniger als 4/10 des halben Tachowertes .......... | 180 | |
| 12.7.3 | | weniger als 3/10 des halben Tachowertes .......... | 240 | Fahrverbot 1 Monat |
| 12.7.4 | | weniger als 2/10 des halben Tachowertes .......... | 320 | Fahrverbot 2 Monate |
| 12.7.5 | | weniger als 1/10 des halben Tachowertes .......... | 400 | Fahrverbot 3 Monate |

## 4. Anhang
Anhang (zu den Nummern 198 und 199 der Anlage)

### Tabelle 3
### Überschreiten der zulässigen Achslast oder zulässigen Gesamtgewichts

Überschreiten der zulässigen Achslast oder des zulässigen Gesamtgewichts von Kraftfahrzeugen, Anhängern, Fahrzeugkombinationen sowie der Anhängelast hinter Kraftfahrzeugen

a) bei Kraftfahrzeugen mit einem zulässigen Gesamtgewicht über 7,5 t sowie Kraftfahrzeugen mit Anhängern, deren zulässiges Gesamtgewicht 2 t übersteigt

| Lfd. Nr. | Überschreitung in v. H. | Regelsatz in Euro |
|---|---|---|
| 198.1 | **für Inbetriebnahme** | |
| 198.1.1 | 2 bis 5 | 30 |
| 198.1.2 | mehr als 5 | 80 |
| 198.1.3 | mehr als 10 | 110 |
| 198.1.4 | mehr als 15 | 140 |
| 198.1.5 | mehr als 20 | 190 |
| 198.1.6 | mehr als 25 | 285 |
| 198.1.7 | mehr als 30 | 380 |
| 199.1 | **für Anordnen oder Zulassen der Inbetriebnahme** | |
| 199.1.1 | 2 bis 5 | 35 |
| 199.1.2 | mehr als 5 | 140 |
| 199.1.3 | mehr als 10 | 235 |
| 199.1.4 | mehr als 15 | 285 |
| 199.1.5 | mehr als 20 | 380 |
| 199.1.6 | mehr als 25 | 425 |

**b) bei anderen Kraftfahrzeugen bis 7,5 t für Inbetriebnahme, Anordnen oder Zulassen der Inbetriebnahme**

| Lfd. Nr. | Überschreitung in v. H. | Regelsatz in Euro |
|---|---|---|
| 198.2.1 oder 199.2.1 | mehr als 5 bis 10 | 10 |
| 198.2.2 oder 199.2.2 | mehr als 10 bis 15 | 30 |
| 198.2.3 oder 199.2.3 | mehr als 15 bis 20 | 35 |
| 198.2.4 oder 199.2.4 | mehr als 20 | 95 |
| 198.2.5 oder 199.2.5 | mehr als 25 | 140 |
| 198.2.6 oder 199.2.6 | mehr als 30 | 235 |

## 5. Anhang
Anhang (zu § 3 Absatz 3)

### Tabelle 4
### Erhöhung der Regelsätze bei Hinzutreten einer Gefährdung oder Sachbeschädigung

**Die im Bußgeldkatalog bestimmten Regelsätze, die einen Betrag von mehr als 55 Euro vorsehen, erhöhen sich beim Hinzutreten einer Gefährdung oder Sachbeschädigung, soweit diese Merkmale nicht bereits im Grundtatbestand enthalten sind, wie folgt:**

| Bei einem Regelsatz für den Grundtatbestand von Euro | mit Gefährdung auf Euro | mit Sachbeschädigung auf Euro |
|---|---|---|
| 60 | 75 | 90 |
| 70 | 85 | 105 |
| 75 | 90 | 110 |
| 80 | 100 | 120 |
| 90 | 110 | 135 |
| 95 | 115 | 140 |
| 100 | 120 | 145 |
| 110 | 135 | 165 |
| 120 | 145 | 175 |
| 130 | 160 | 195 |
| 135 | 165 | 200 |
| 140 | 170 | 205 |
| 150 | 180 | 220 |
| 160 | 195 | 235 |
| 165 | 200 | 240 |
| 180 | 220 | 265 |
| 190 | 230 | 280 |
| 200 | 240 | 290 |
| 210 | 255 | 310 |
| 235 | 285 | 345 |
| 240 | 290 | 350 |

| Bei einem Regelsatz für den Grundtatbestand von Euro | mit Gefährdung auf Euro | mit Sachbeschädigung auf Euro |
|---|---|---|
| 250 | 300 | 360 |
| 270 | 325 | 390 |
| 280 | 340 | 410 |
| 285 | 345 | 415 |
| 290 | 350 | 420 |
| 320 | 385 | 465 |
| 350 | 420 | 505 |
| 360 | 435 | 525 |
| 380 | 460 | 555 |
| 400 | 480 | 580 |
| 405 | 490 | 590 |
| 425 | 510 | 615 |
| 440 | 530 | 640 |
| 480 | 580 | 700 |
| 500 | 600 | 720 |
| 560 | 675 | 810 |
| 570 | 685 | 825 |
| 600 | 720 | 865 |
| 635 | 765 | 920 |
| 680 | 820 | 985 |
| 700 | 840 | 1 000 |
| 760 | 915 | 1 000 |

**Enthält der Grundtatbestand bereits eine Gefährdung, führt Sachbeschädigung zu folgender Erhöhung:**

| Bei einem Regelsatz für den Grundtatbestand von Euro | mit Sachbeschädigung auf Euro |
|---|---|
| 60 | 75 |
| 70 | 85 |
| 75 | 90 |
| 80 | 100 |
| 100 | 120 |
| 150 | 180 |

## 6. Anlage
## (zu § 40 FeV)

### Anlage 13
### Bezeichnung und Bewertung der im Rahmen des Fahreignungs-Bewertungssystems zu berücksichtigenden Straftaten und Ordnungswidrigkeiten[1]

Im Fahreignungsregister sind nachfolgende Entscheidungen zu speichern und im Fahreignungs-Bewertungssystem wie folgt zu bewerten:

**1. mit drei Punkten folgende Straftaten, soweit die Entziehung der Fahrerlaubnis oder eine isolierte Sperre angeordnet worden ist:**

| laufende Nummer | Straftat | Vorschriften |
|---|---|---|
| 1.1 | Fahrlässige Tötung | § 222 StGB |
| 1.2 | Fahrlässige Körperverletzung | § 229 StGB |
| 1.3 | Nötigung | § 240 StGB |
| 1.3a | Gefährliche Eingriffe in den Bahn-, Schiffs- und Luftverkehr | § 315 StGB |
| 1.4 | Gefährliche Eingriffe in den Straßenverkehr | § 315b StGB |
| 1.5 | Gefährdung des Straßenverkehrs | § 315c StGB |
| 1.6 | Verbotene Kraftfahrzeugrennen | § 315d Absatz 1 Nummer 2 und 3, Absatz 2, 4 und 5 StGB |
| 1.7 | Unerlaubtes Entfernen vom Unfallort | § 142 StGB |
| 1.8 | Trunkenheit im Verkehr | § 316 StGB |
| 1.9 | Vollrausch | § 323a StGB |
| 1.10 | Unterlassene Hilfeleistung | § 323c StGB |
| 1.11 | Führen oder Anordnen oder Zulassen des Führens eines Kraftfahrzeugs ohne Fahrerlaubnis, trotz Fahrverbots oder trotz Verwahrung, Sicherstellung oder Beschlagnahme des Führerscheins | § 21 StVG |
| 1.12 | Kennzeichenmissbrauch | § 22 StVG |

1 Straßenverkehrsgesetz in der Fassung der Bekanntmachung vom 5. März 2003 (BGBl. I S. 310, 919), zuletzt geändert durch Artikel 1 des Gesetzes vom 12. Juli 2021 (BGBl. I S. 3108).

## 2. mit zwei Punkten:

### 2.1 folgende Straftaten, soweit sie nicht von Nummer 1 erfasst sind:

| lautende Nummer | Straftat | Vorschriften |
|---|---|---|
| 2.1.1 | Fahrlässige Tötung, soweit ein Fahrverbot angeordnet worden ist und die Tat im Zusammenhang mit dem Führen eines Kraftfahrzeugs oder unter Verletzung der Pflichten eines Kraftfahrzeugführers begangen wurde | § 222 StGB |
| 2.12 | Fahrlässige Körperverletzung, soweit ein Fahrverbot angeordnet worden ist und die Tat im Zusammenhang mit dem Führen eines Kraftfahrzeugs oder unter Verletzung der Pflichten eines Kraftfahrzeugführers begangen wurde | § 229 StGB |
| 2.1.3 | Nötigung, soweit ein Fahrverbot angeordnet worden ist und die Tat im Zusammenhang mit dem Führen eines Kraftfahrzeugs oder unter Verletzung der Pflichten eines Kraftfahrzeugführers begangen wurde | § 240 StGB |
| 2.1.4 | Gefährliche Eingriffe in den Straßenverkehr | § 315b StGB |
| 2.1.5 | Gefährdung des Straßenverkehrs | § 315c StGB |
| 2.1.6 | Verbotene Kraftfahrzeugrennen | § 315d Absatz 1 Nummer 2 und 3, Absatz 2, 4 und 5 StGB |
| 2.1.7 | Unerlaubtes Entfernen vom Unfallort | § 142 StGB |
| 2.1.8 | Trunkenheit im Verkehr | § 316 StGB |
| 2.1.9 | Vollrausch, soweit ein Fahrverbot angeordnet worden ist und die Tat im Zusammenhang mit dem Führen eines Kraftfahrzeugs oder unter Verletzung der Pflichten eines Kraftfahrzeugführers begangen wurde | § 323a StGB |
| 2.1.10 | Unterlassene Hilfeleistung, soweit ein Fahrverbot angeordnet worden ist und die Tat im Zusammenhang mit dem Führen eines Kraftfahrzeugs oder unter Verletzung der Pflichten eines Kraftfahrzeugführers begangen wurde | § 323c StGB |

| lautende Nummer | Straftat | Vorschriften |
|---|---|---|
| 2.1.11 | Führen oder Anordnen oder Zulassen des Führens eines Kraftfahrzeugs ohne Fahrerlaubnis, trotz Fahrverbots oder trotz Verwahrung, Sicherstellung oder Beschlagnahme des Führerscheins | § 21 StVG |
| 2.1.12 | Kennzeichenmissbrauch, soweit ein Fahrverbot angeordnet worden ist und die Tat im Zusammenhang mit dem Führen eines Kraftfahrzeugs oder unter Verletzung der Pflichten eines Kraftfahrzeugführers begangen wurde | § 22 StVG |

## 2.2 folgende besonders verkehrssicherheitsbeeinträchtigende Ordnungswidrigkeiten:

| laufende Nummer | Ordnungswidrigkeit | laufende Nummer der Anlage zur Bußgeldkatalog.-Verordnung (BKat)* |
|---|---|---|
| 2.2.1 | Kraftfahrzeug geführt mit einer Atemalkoholkonzentration von 0,25 mg/l oder mehr oder mit einer Blutalkoholkonzentration von 0,5 Promille oder mehr oder mit einer Alkoholmenge im Körper, die zu einer solchen Atem- oder Blutalkoholkonzentration führt | 241, 241.1, 241.2 |
| 2.2.2 | Kraftfahrzeug unter der Wirkung eines in der Anlage zu § 24a Absatz 2 des Straßenverkehrsgesetzes genannten berauschenden Mittels geführt | 242, 242.1, 242.2 |
| 2.2.3 | Zulässige Höchstgeschwindigkeit überschritten | 9.1 bis 9.3, 11.1 bis 11.3 jeweils in Verbindung mit 11.1.6 bis 11.1.10 der Tabelle 1 des Anhangs (11.1.6 nur innerhalb geschlossener Ortschaften), 11.2.5 bis 11.2.10 der Tabelle 1 des Anhangs (11.2.5 nur innerhalb geschlossener Ortschaften) oder 11.3.6 bis 11.3.10 der Tabelle 1 des Anhangs (11.3.6 nur innerhalb geschlossener Ortschaften) |

| laufende Nummer | Ordnungswidrigkeit | laufende Nummer der Anlage zur Bußgeldkatalog.-Verordnung (BKat)* |
|---|---|---|
| 2.2.4 | Erforderlichen Abstand von einem vorausfahrenden Fahrzeug nicht eingehalten | 12.6 in Verbindung mit 12.6.3, 12.6.4 oder 12.6.5 der Tabelle 2 des Anhangs sowie 12.7 in Verbindung mit 12.7.3, 12.7.4 oder 12.7.5 der Tabelle 2 des Anhangs |
| 2.2.5 | Überholvorschriften nicht eingehalten | 19.1.1, 19.1.2, 21.1, 21.2 |
| 2.2.5a | Bei stockendem Verkehr auf einer Autobahn oder Außerortsstraße für die Durchfahrt von Polizei- oder Hilfsfahrzeugen keine vorschriftsmäßige Gasse gebildet | 50, 50.1, 50.2, 50.3 |
| 2.2.5b | Unberechtigt mit einem Fahrzeug auf einer Autobahn oder Außerortsstraße eine freie Gasse für die Durchfahrt von Polizei- oder Hilfsfahrzeugen (§ 11 Absatz 2 StVO) benutzt | 50a, 50a.1, 50a.2, 50a.3 |
| 2.2.6 | Auf der durchgehenden Fahrbahn von Autobahnen oder Kraftfahrstraßen gewendet, rückwärts oder entgegen der Fahrtrichtung gefahren | 83.3 |
| 2.2.7 | Als Fahrzeugführer Bahnübergang unter Verstoß gegen die Wartepflicht oder trotz geschlossener Schranke oder Halbschranke überquert | 89b.2, 244 |
| 2.2.8 | Als Kraftfahrzeugführer rotes Wechsellichtzeichen oder rotes Dauerlichtzeichen nicht befolgt bei Gefährdung, mit Sachbeschädigung oder bei schon länger als einer Sekunde andauernder Rotphase eines Wechsellichtzeichens | 132.1, 132.2, 132.3, 132.3.1, 132.3.2 |
| 2.2.8a | Einem Einsatzfahrzeug, das blaues Blinklicht zusammen mit dem Einsatzhorn verwendet hatte, nicht sofort freie Bahn geschaffen | 135, 135.1, 135.2 |
| 2.2.8b | Beim Führen eines Kraftfahrzeugs elektronisches Gerät rechtswidrig benutzt mit Gefährdung oder mit Sachbeschädigung | 246.2, 246.3 |

**3. mit einem Punkt folgende verkehrssicherheitsbeeinträchtigende Ordnungswidrigkeiten:**

**3.1 folgende Verstöße gegen die Vorschriften des Straßenverkehrsgesetzes:**

| laufende Nummer | Verstöße gegen die Vorschriften | laufende Nummer des BKat * |
|---|---|---|
| 3.1.1 | des § 24c des Straßenverkehrsgesetzes | 243 |

## 3.2 folgende Verstöße gegen die Vorschriften der Straßenverkehrs-Ordnung:

| laufende Nummer | Verstöße gegen die Vorschriften | laufende Nummer des BKat * |
|---|---|---|
| 3.2.1 | die Straßenbenutzung durch Fahrzeuge | 4.1, 4.2, 5a, 5a.1, 6 |
| 3.2.2 | die Geschwindigkeit | 8.1, 9, 10, 11 in Verbindung mit 11.1.3, 11.1.4, 11.1.5, 11.1.6 der Tabelle 1 des Anhangs (11.1.6 nur außerhalb geschlossener Ortschaften), 11.2.2, 11.2.3, 11.2.4, 11.2.5 der Tabelle 1 des Anhangs (11.2.2 nur innerhalb, 11.2.5 nur außerhalb geschlossener Ortschaften), 11.3.4, 11.3.5, 11.3.6 der Tabelle 1 des Anhangs (11.3.6 nur außerhalb geschlossener Ortschaften) |
| 3.2.3 | den Abstand | 12.5 in Verbindung mit 12.5.1, 12.5.2, 12.5.3, 12.5.4 oder 12.5.5 der Tabelle 2 des Anhangs, 12.6 in Verbindung mit 12.6.1 oder 12.6.2 der Tabelle 2 des Anhangs, 12.7 in Verbindung mit 12.7.1 oder 12.7.2 der Tabelle 2 des Anhangs, 15 |
| 3.2.4 | das Überholen | 17, 18, 19, 19.1, 153a, 21, 22 |
| 3.2.5 | die Vorfahrt | 34 |
| 3.2.6 | das Abbiegen, Wenden und Rückwärtsfahren | 39.1, 41, 42.1, 44, 45 |
| 3.2.7 | Park- oder Halteverbote mit Behinderung von Rettungsfahrzeugen | 51b.3, 53.1 |
| 3.2.7a | Unzulässiges Halten in »zweiter Reihe« | 51a.1, 51a.2, 51a.3 |
| 3.2.7b | Unzulässiges Parken auf Geh- und Radwegen oder Radschnellwegen | 52a.1, 52a.2, 52a.2.1, 52a.3, 52a.4 |
| 3.2.7c | Unzulässiges Halten auf Schutzstreifen für den Radverkehr | 54a.1, 54a.2, 54a.3 |
| 3.2.7d | Unzulässiges Parken in »zweiter Reihe« | 58.1, 58.1.1, 58.1.2, 58.2, 58.2.1 |
| 3.2.8 | das Liegenbleiben von Fahrzeugen | 66 |
| 3.2.9 | die Beleuchtung | 76 |

| laufende Nummer | Verstöße gegen die Vorschriften | laufende Nummer des BKat * |
|---|---|---|
| 3.2.10 | die Benutzung von Autobahnen und Kraftfahrstraßen | 79, 80.1, 82, 83.1, 83.2, 85, 87a, 88 |
| 3.2.11 | das Verhalten an Bahnübergängen | 89, 89a, 89b.1, 245 |
| 3.2.12 | das Verhalten an öffentlichen Verkehrsmitteln und Schulbussen | 92.1, 92.2, 93, 95.1, 95.2 |
| 3.2.13 | die Personenbeförderung, die Sicherungspflichten | 99.1, 99.2 |
| 3.2.14 | die Ladung | 102.1, 102.1.1, 102.2.1, 104 |
| 3.2.15 | die sonstigen Pflichten des Fahrzeugführers | 108, 246.1, 247 |
| 3.2.16 | das Verhalten am Fußgängerüberweg | 113 |
| 3.2.17 | die übermäßige Straßenbenutzung | 116 |
| 3.2.18 | Verkehrshindernisse | 123 |
| 3.2.19 | das Verhalten gegenüber Zeichen oder Haltgebot eines Polizeibeamten sowie an Wechsellichtzeichen, Dauerlichtzeichen und Grünpfeil | 129, 132, 132a, 132a.1, 132a.2, 132a.3, 132a.3.1, 132a.3.2, 133.1, 133.2, 133.3.1, 133.3.2 |
| 3.2.20 | Vorschriftzeichen | 150, 151.1, 151.2, 152, 152.1 |
| 3.2.21 | Richtzeichen | 157.3, 159b |
| 3.2.22 | andere verkehrsrechtliche Anordnungen | 164 |
| 3.2.23 | Auflagen | 166 |

### 3.3 folgende Verstöße gegen die Vorschriften der Fahrerlaubnis-Verordnung:

| laufende Nummer | Verstöße gegen die Vorschriften | laufende Nummer des BKat* |
|---|---|---|
| 3.3.1 | die Fahrerlaubnis zur Fahrgastbeförderung | 171, 172 |
| 3.3.2 | das Führen von Kraftfahrzeugen ohne Begleitung | 251a |

### 3.4 folgende Verstöße gegen die Vorschriften der Fahrzeug-Zulassungsverordnung:

| laufende Nummer | Verstöße gegen die Vorschriften | laufende Nummer des BKat* |
|---|---|---|
| 3.4.1 | die Zulassung | 175 |
| 3.4.2 | ein Betriebsverbot und Beschränkungen | 253 |

### 3.5 folgende Verstöße gegen die Vorschriften der Straßenverkehrs-Zulassungs-Ordnung:

| laufende Nummer | Verstöße gegen die Vorschriften | laufende Nummer des BKat[2] |
|---|---|---|
| 3.5.1 | die Untersuchung der Kraftfahrzeuge und Anhänger | 186.1.3, 186.1.4, 186.2.3, 187a |
| 3.5.2 | die Verantwortung für den Betrieb der Fahrzeuge | 189.1.1, 189.1.2, 189.2.1, 189.2.2, 189.3.1, 189.3.2, 189a.1, 189a.2 |
| 3.5.3 | die Abmessungen von Fahrzeugen und Fahrzeugkombinationen | 192, 193 |
| 3.5.4 | die Kurvenlaufeigenschaften von Fahrzeugen | 195, 196 |
| 3.5.5 | die Achslast, das Gesamtgewicht, die Anhängelast hinter Kraftfahrzeugen | 198 und 199 jeweils in Verbindung mit 198.1.2 bis 198.1.7, 199.1.2 bis 199.1.6, 198.2.4 oder 199.2.4, 198.2.5 oder 199.2.5, 198.2.6 oder 199.2.6 der Tabelle 3 des Anhangs |
| 3.5.6 | die Besetzung von Kraftomnibussen | 201, 202 |
| 3.5.7 | Bereifung und Laufflächen | 212, 213, 213a |
| 3.5.8 | die sonstigen Pflichten für den verkehrssicheren Zustand des Fahrzeugs | 214.1, 214.2, 214a.1, 214a.2 |
| 3.5.9 | die Stützlast | 217 |
| 3.5.10 | den Geschwindigkeitsbegrenzer | 223, 224 |
| 3.5.11 | Auflagen | 233 |

### 3.6 folgende Verstöße gegen die Vorschriften der Gefahrgutverordnung Straße, Eisenbahn und Binnenschifffahrt (GGVSEB):

| laufende Nummer | Beschreibung der Zuwiderhandlung | gesetzliche Grundlage |
|---|---|---|
| 3.6.1 | Als tatsächlicher Verlader<br>Versandstücke, die gefährliche Güter enthalten, und unverpackte gefährliche Gegenstände nicht durch geeignete Mittel gesichert, die in der Lage sind, die Güter im Fahrzeug oder Container zurückzuhalten, sowie, wenn gefährliche Güter zusammen mit anderen Gütern befördert werden, nicht alle Güter in den Fahrzeugen oder Containern so gesichert oder verpackt, dass das Austreten gefährlicher Güter verhindert wird. | Unterabschnitt 7.5.7.1 ADR i.V.m. § 37 Absatz 1 Nummer 21 Buchstabe a GGVSEB |

| laufende Nummer | Beschreibung der Zuwiderhandlung | gesetzliche Grundlage |
|---|---|---|
| 3.6.2 | Als Fahrzeugführer Versandstücke, die gefährliche Güter enthalten, und unverpackte gefährliche Gegenstände nicht durch geeignete Mittel gesichert, die in der Lage sind, die Güter im Fahrzeug oder Container zurückzuhalten, sowie, wenn gefährliche Güter zusammen mit anderen Gütern befördert werden, nicht alle Güter in den Fahrzeugen oder Containern so gesichert oder verpackt, dass das Austreten gefährlicher Güter verhindert wird. | Unterabschnitt 7.5.7.1 ADR i.V.m. § 37 Absatz 1 Nummer 21 Buchstabe a GGVSEB |
| 3.6.3 | Als Beförderer und in der Funktion als Halter des Fahrzeugs entgegen § 19 Absatz 2 Nummer 15 GGVSEB dem Fahrzeugführer die erforderliche Ausrüstung zur Durchführung der Ladungssicherung nicht übergeben | Unterabschnitt 7.5.7.1 ADR i.V.m. § 37 Absatz 1 Nummer 6 Buchstabe o GGVSEB |

## 7. Anlage
## (zu § 34)[1]

### Anlage 12
### Bewertung der Straftaten und Ordnungswidrigkeiten im Rahmen der Fahrerlaubnis auf Probe (§ 2a des Straßenverkehrsgesetzes)

(Fundstelle: BGBl. I 2010, 2098 – 2099; bzgl. der einzelnen Änderungen vgl. Fußnoten)

A. Schwerwiegende Zuwiderhandlungen

1. Straftaten, soweit sie nicht bereits zur Entziehung der Fahrerlaubnis geführt haben:

1.1 Straftaten nach dem Strafgesetzbuch

**Unerlaubtes Entfernen vom Unfallort (§ 142)**

Fahrlässige Tötung (§ 222)*)

Fahrlässige Körperverletzung (§ 229)*)

Nötigung (§ 240)

Gefährliche Eingriffe in den Straßenverkehr (§ 315b)

Gefährdung des Straßenverkehrs (§ 315c)

Verbotene Kraftfahrzeugrennen (§ 315d Absatz 1 Nummer 2 und 3, Absatz 2, 4 und 5 StGB)

Trunkenheit im Verkehr (§ 316)

Vollrausch (§ 323a)

Unterlassene Hilfeleistung (§ 323c)

1.2 Straftaten nach dem Straßenverkehrsgesetz

Führen oder Anordnung oder Zulassen des Führens eines Kraftfahrzeugs ohne Fahrerlaubnis, trotz

Fahrverbots oder trotz Verwahrung, Sicherstellung oder Beschlagnahme des Führerscheins (§ 21)

1.3 (weggefallen)

2. Ordnungswidrigkeiten nach § 24 Absatz 1, § 24a und § 24c des Straßenverkehrsgesetzes und

weiterer straßenverkehrsrechtlicher Vorschriften:

## 2.1 Verstöße gegen die Vorschriften der Straßenverkehrs-Ordnung über

| | |
|---|---|
| das Rechtsfahrgebot | (§ 2 Absatz 2) |
| die Geschwindigkeit | (§ 3 Absatz 1, 2a, 3 und 4, § 41 Absatz 2, Anlage 3 zu § 42 Absatz 2) |
| den Abstand | (§ 4 Absatz 1, Anlage 2 zu § 41 Absatz 1) |
| das Überholen | (§ 5, Anlage 2 zu § 41 Absatz 1) |
| die Vorfahrt | (§ 8 Absatz 2, Anlage 2 zu § 41 Absatz 2) |
| das Abbiegen, Wenden und Rückwärtsfahren | (§ 9) |
| die Pflichten des Fahrzeugführers bei stockendem Verkehr auf einer Autobahn oder Außerortsstraße in Bezug auf das Bilden einer vorschriftsmäßigen Gasse sowie in Bezug auf das unberechtigte Nutzen einer freien Gasse | (§ 11 Absatz 2) |
| die Benutzung von Autobahnen und Kraftfahrstraßen | (§ 2 Absatz 1, § 18 Absatz 2 bis 5, Absatz 7, Anlage 3 zu § 42 Absatz 2) |
| das Verhalten an Bahnübergängen | (§ 19 Absatz 1 und 2, Anlage 1 zu § 40 Absatz 7, Anlage 2 zu § 41 Absatz 1) |
| das Verhalten an öffentlichen Verkehrsmitteln und Schulbussen | (§ 20 Absatz 2, 3 und 4, Anlage 2 zu § 41 Absatz 1) |
| die sonstigen Pflichten des Fahrzeugführers in Bezug auf den Betrieb eines elektronischen Gerätes | (§ 23 Absatz 1a) |
| das Verhalten an Fußgängerüberwegen | (§ 26, Anlage 2 zu § 41 Absatz 1) |
| übermäßige Straßenbenutzung | (§ 29) |
| das Verhalten an Wechsellichtzeichen, Dauerlichtzeichen und Zeichen 206 (Halt! Vorfahrt gewähren!) sowie gegenüber Haltzeichen von Polizeibeamten | (§ 36, § 37 Absatz 2, 3, Anlage 2 zu § 41 Absatz 1) |
| das Verhalten bei blauem Blinklicht zusammen mit dem Einsatzhorn | (§ 38 Absatz 1 Satz 2) |

2.2 Verstöße gegen die Vorschriften der Fahrzeug-Zulassungsverordnung über den Gebrauch oder das Gestatten des Gebrauchs von Fahrzeugen ohne die erforderliche Zulassung (§ 3 Absatz 1) oder ohne dass sie einem genehmigten Typ entsprechen oder eine Einzelgenehmigung erteilt ist (§ 4 Absatz 1)

2.3 Verstöße gegen § 24a oder § 24c des Straßenverkehrsgesetzes (Alkohol, berauschende Mittel)

2.4 Verstöße gegen die Vorschriften der Fahrerlaubnis-Verordnung über das Befördern von Fahrgästen ohne die erforderliche Fahrerlaubnis zur Fahrgastbeförderung oder das Anordnen oder Zulassen solcher Beförderungen (§ 48 Absatz 1 oder 8)

2.5 Verstöße gegen die Vorschriften der Fahrerlaubnis-Verordnung über das Führen von Kraftfahrzeugen in Begleitung, wenn der Fahrerlaubnisinhaber entgegen einer vollziehbaren Auflage ein Kraftfahrzeug ohne Begleitung führt (Begleitetes Fahren ab 17 Jahre – § 48a Absatz 2)

B. Wenigerschwerwiegende Zuwiderhandlungen

1. Straftaten, soweit sie nicht bereits zur Entziehung der Fahrerlaubnis geführt haben:

1.1 Straftaten nach dem Strafgesetzbuch

Fahrlässige Tötung (§ 222)*)

Fahrlässige Körperverletzung (§ 229)*)

Sonstige Straftaten, soweit im Zusammenhang mit dem Straßenverkehr begangen und nicht in Abschnitt A aufgeführt

1.2 Straftaten nach dem Straßenverkehrsgesetz

Kennzeichenmissbrauch (§ 22)

2. Ordnungswidrigkeiten nach § 24 Absatz 1 des Straßenverkehrsgesetzes, soweit nicht in Abschnitt A aufgeführt.

*) Für die Einordnung einer fahrlässigen Tötung oder fahrlässigen Körperverletzung in Abschnitt A oder B ist die Einordnung des der Tat zugrunde liegenden Verkehrsverstoßes maßgebend.

*) Für die Einordnung einer fahrlässigen Tötung oder fahrlässigen Körperverletzung in Abschnitt A oder B ist die Einordnung des der Tat zugrunde liegenden Verkehrsverstoßes maßgebend.

## 8. Anlage
## Auszug aus der FeV[1]

Die Fahrerlaubnis-Verordnung beinhaltet einige Vorschriften, die in direktem Zusammenhang mit dem Bußgeldrecht und der BKatV stehen. Dabei sind die im Bußgeldkatalog genannten Delikte Indizien für die charakterliche Fahreignung, die auf Verordnungsebene in Ausführungsvorschriften in der FeV geregelt ist.

### Voraussetzungen für die Erteilung einer Fahrerlaubnis

### § 11 Eignung

(1) Bewerber um eine Fahrerlaubnis müssen die hierfür notwendigen körperlichen und geistigen Anforderungen erfüllen. Die Anforderungen sind insbesondere nicht erfüllt, wenn eine Erkrankung oder ein Mangel nach Anlage 4 oder 5 vorliegt, wodurch die Eignung oder die bedingte Eignung zum Führen von Kraftfahrzeugen ausgeschlossen wird. Außerdem dürfen die Bewerber nicht erheblich oder nicht wiederholt gegen verkehrsrechtliche Vorschriften oder Strafgesetze verstoßen haben, sodass dadurch die Eignung ausgeschlossen wird. Bewerber um die Fahrerlaubnis der Klasse D oder D1 und der Fahrerlaubnis zur Fahrgastbeförderung gemäß § 48 müssen auch die Gewähr dafür bieten, dass sie der besonderen Verantwortung bei der Beförderung von Fahrgästen gerecht werden. Der Bewerber hat diese durch die Vorlage eines Führungszeugnisses nach § 30 Absatz 5 Satz 1 des Bundeszentralregistergesetzes nachzuweisen. …

(3) Die Beibringung eines Gutachtens einer amtlich anerkannten Begutachtungsstelle für Fahreignung (medizinisch-psychologisches Gutachten) kann zur Klärung von Eignungszweifeln für die Zwecke nach Absatz 1 und 2 angeordnet werden, …

3. bei erheblichen Auffälligkeiten, die im Rahmen einer Fahrerlaubnisprüfung nach § 18 Absatz 3 mitgeteilt worden sind,

4. bei einem erheblichen Verstoß oder wiederholten Verstößen gegen verkehrsrechtliche Vorschriften, …

(5) Für die Durchführung der ärztlichen und der medizinisch-psychologischen Untersuchung sowie für die Erstellung der entsprechenden Gutachten gelten die in der Anlage 4a genannten Grundsätze.

(6) Die Fahrerlaubnisbehörde legt unter Berücksichtigung der Besonderheiten des Einzelfalls und unter Beachtung der Anlagen 4 und 5 in der Anordnung zur Beibringung des Gutachtens fest, welche Fragen im Hinblick auf die Eignung des Betroffenen zum Führen von Kraftfahrzeugen zu klären sind. Die Behörde teilt dem Betroffenen unter Darlegung der Gründe für die Zweifel an seiner Eignung und unter Angabe der für die Untersuchung in Betracht kommenden Stelle oder Stellen mit, dass er sich innerhalb einer von ihr festgelegten Frist auf seine Kosten der Untersuchung zu unterziehen und das Gutachten beizubringen hat; sie teilt ihm außerdem mit, dass er die zu übersendenden Unterlagen einsehen kann. Der Betroffene hat die Fahrerlaubnisbehörde darüber zu unterrichten, welche Stelle er mit der Untersuchung beauftragt hat. Die Fahrerlaubnisbehörde teilt der untersuchenden Stelle mit, welche Fragen im Hinblick auf die Eignung des Betroffenen zum Führen

von Kraftfahrzeugen zu klären sind und übersendet ihr die vollständigen Unterlagen, soweit sie unter Beachtung der gesetzlichen Verwertungsverbote verwendet werden dürfen. Die Untersuchung erfolgt auf Grund eines Auftrags durch den Betroffenen.

(7) Steht die Nichteignung des Betroffenen zur Überzeugung der Fahrerlaubnisbehörde fest, unterbleibt die Anordnung zur Beibringung des Gutachtens.

(8) Weigert sich der Betroffene, sich untersuchen zu lassen, oder bringt er der Fahrerlaubnisbehörde das von ihr geforderte Gutachten nicht fristgerecht bei, darf sie bei ihrer Entscheidung auf die Nichteignung des Betroffenen schließen. Der Betroffene ist hierauf bei der Anordnung nach Absatz 6 hinzuweisen.

## § 13 Klärung von Eignungszweifeln bei Alkoholproblematik

Zur Vorbereitung von Entscheidungen über die Erteilung oder Verlängerung der Fahrerlaubnis oder über die Anordnung von Beschränkungen oder Auflagen ordnet die Fahrerlaubnisbehörde an, dass …
2. ein medizinisch-psychologisches Gutachten beizubringen ist, wenn …
b) wiederholt Zuwiderhandlungen im Straßenverkehr unter Alkoholeinfluss begangen wurden, …

## § 14 Klärung von Eignungszweifeln im Hinblick auf Betäubungsmittel und Arzneimittel

(2) Die Beibringung eines medizinisch-psychologischen Gutachtens ist für die Zwecke nach Absatz 1 anzuordnen, wenn …
3. wiederholt Zuwiderhandlungen im Straßenverkehr nach § 24a des Straßenverkehrsgesetzes begangen wurden. § 13 Nummer 2 Buchstabe b bleibt unberührt.

### Fahrerlaubnis auf Probe

## § 34 Bewertung der Straftaten und Ordnungswidrigkeiten im Rahmen der Fahrerlaubnis auf Probe und Anordnung des Aufbauseminars

(1) Die Bewertung der Straftaten und Ordnungswidrigkeiten im Rahmen der Fahrerlaubnis auf Probe erfolgt nach Anlage 12.

(2) Die Anordnung der Teilnahme an einem Aufbauseminar nach § 2a Absatz 2 des Straßenverkehrsgesetzes erfolgt schriftlich unter Angabe der Verkehrszuwiderhandlungen, die zu der Anordnung geführt haben; dabei ist eine angemessene Frist zu setzen. Die schriftliche Anordnung ist bei der Anmeldung zu einem Aufbauseminar dem Kursleiter vorzulegen.

### Fahreignungs-Bewertungssystem

## § 40 Bezeichnung und Bewertung nach dem Fahreignungs-Bewertungssystem

Dem Fahreignungs-Bewertungssystem sind die in Anlage 13 bezeichneten Zuwiderhandlungen mit der dort jeweils festgelegten Bewertung zu Grunde zu legen.

## Entziehung oder Beschränkung der Fahrerlaubnis, Anordnung von Auflagen

### § 46 Entziehung, Beschränkung, Auflagen

(1) Erweist sich der Inhaber einer Fahrerlaubnis als ungeeignet zum Führen von Kraftfahrzeugen, hat ihm die Fahrerlaubnisbehörde die Fahrerlaubnis zu entziehen. Dies gilt insbesondere, wenn Erkrankungen oder Mängel nach den Anlagen 4, 5 oder 6 vorliegen oder erheblich oder wiederholt gegen verkehrsrechtliche Vorschriften oder Strafgesetze verstoßen wurde und dadurch die Eignung zum Führen von Kraftfahrzeugen ausgeschlossen ist.

(2) Erweist sich der Inhaber einer Fahrerlaubnis noch als bedingt geeignet zum Führen von Kraftfahrzeugen, schränkt die Fahrerlaubnisbehörde die Fahrerlaubnis so weit wie notwendig ein oder ordnet die erforderlichen Auflagen an. Bei Inhabern ausländischer Fahrerlaubnisse schränkt die Fahrerlaubnisbehörde das Recht, von der ausländischen Fahrerlaubnis im Inland Gebrauch zu machen, so weit wie notwendig ein oder ordnet die erforderlichen Auflagen an. Die Anlagen 4, 5 und 6 sind zu berücksichtigen.

(3) Werden Tatsachen bekannt, die Bedenken begründen, dass der Inhaber einer Fahrerlaubnis zum Führen eines Kraftfahrzeugs ungeeignet oder bedingt geeignet ist, finden die §§ 11 bis 14 entsprechend Anwendung. (4) Die Fahrerlaubnis ist auch zu entziehen, wenn der Inhaber sich als nicht befähigt zum Führen von Kraftfahrzeugen erweist. Rechtfertigen Tatsachen eine solche Annahme, kann die Fahrerlaubnisbehörde zur Vorbereitung der Entscheidung über die Entziehung die Beibringung eines Gutachtens eines amtlich anerkannten Sachverständigen oder Prüfers für den Kraftfahrzeugverkehr anordnen. § 11 Absatz 6 bis 8 ist entsprechend anzuwenden.

(5) Bei einer ausländischen Fahrerlaubnis hat die Entziehung die Wirkung einer Aberkennung des Rechts, von der Fahrerlaubnis im Inland Gebrauch zu machen.

(6) Mit der Entziehung erlischt die Fahrerlaubnis. Bei einer ausländischen Fahrerlaubnis erlischt das Recht zum Führen von Kraftfahrzeugen im Inland.

## Sonderbestimmungen für das Führen von Taxen, Mietwagen und Krankenkraftwagen sowie von Personenkraftwagen im Linienverkehr und bei gewerbsmäßigen Ausflugsfahrten und Ferienziel-Reisen

### § 48 Fahrerlaubnis zur Fahrgastbeförderung

(8) Begründen Tatsachen Zweifel an der körperlichen und geistigen Eignung des Fahrerlaubnisinhabers oder an der Gewähr der besonderen Verantwortung bei der Beförderung von Fahrgästen des Inhabers einer Fahrerlaubnis zur Fahrgastbeförderung, finden die §§ 11 bis 14 entsprechende Anwendung. Auf Verlangen der Fahrerlaubnisbehörde hat der Inhaber der Erlaubnis seine Fachkunde erneut nachzuweisen, wenn Tatsachen Zweifel begründen, ob er diese Kenntnisse noch besitzt. Bestehen Bedenken an der Gewähr für die besondere Verantwortung bei der Beförderung von Fahrgästen, kann von der Fahrerlaubnisbehörde ein medizinisch-psychologisches Gutachten einer amtlich anerkannten Begutachtungsstelle für Fahreignung angeordnet werden.

## Begleitetes Fahren ab 17 Jahre

### § 48a Voraussetzungen

(2) Die Fahrerlaubnis ist für die Fahrerlaubnisklassen B und BE mit der Auflage zu versehen, dass von ihr nur dann Gebrauch gemacht werden darf, wenn der Fahrerlaubnisinhaber während des Führens des Kraftfahrzeugs von mindestens einer namentlich benannten Person, die den Anforderungen der Absätze 5 und 6 genügt, begleitet wird (begleitende Person). Die Auflage entfällt, wenn der Fahrerlaubnisinhaber das Mindestalter nach § 10 Absatz 1 Satz 1 Nummer 5 Buchstabe a erreicht hat. …

(5) Die begleitende Person

3. darf zum Zeitpunkt der Beantragung der Fahrerlaubnis im Fahreignungsregister mit nicht mehr als einem Punkt belastet sein.

Die Fahrerlaubnisbehörde hat bei Beantragung der Fahrerlaubnis oder bei Beantragung der Eintragung weiterer zur Begleitung vorgesehener Personen zu prüfen, ob diese Voraussetzungen vorliegen; sie hat die Auskunft nach Nummer 3 beim Fahreignungsregister einzuholen.

(6) Die begleitende Person darf den Inhaber einer Prüfungsbescheinigung nach Absatz 3 nicht begleiten, wenn sie

1. 0,25 mg/l oder mehr Alkohol in der Atemluft oder 0,5 Promille oder mehr Alkohol im Blut oder eine Alkoholmenge im Körper hat, die zu einer solchen Atem- oder Blutalkoholkonzentration führt,
2. unter der Wirkung eines in der Anlage zu § 24a des Straßenverkehrsgesetzes genannten berauschenden Mittels steht.

   Eine Wirkung im Sinne des Satzes 1 Nummer 2 liegt vor, wenn eine in der Anlage zu § 24a des Straßenverkehrsgesetzes genannte Substanz im Blut nachgewiesen wird. Satz 1 Nummer 2 gilt nicht, wenn die Substanz aus der bestimmungsgemäßen Einnahme eines für einen konkreten Krankheitsfall verschriebenen Arzneimittels herrührt.

## Fahreignungsregister

### § 59 Speicherung von Daten im Fahreignungsregister

(1) Im Fahreignungsregister sind im Rahmen von § 28 Absatz 3 des Straßenverkehrsgesetzes folgende Daten zu speichern:

5. bei Entscheidungen wegen einer Straftat oder einer Ordnungswidrigkeit die rechtliche Bezeichnung der Tat unter Angabe der angewendeten Vorschriften, bei sonstigen Entscheidungen die Art, die Rechtsgrundlagen sowie bei verwaltungsbehördlichen Entscheidungen nach § 28 Absatz 3 Nummer 4, 5, 6 und 8 des Straßenverkehrsgesetzes der Grund der Entscheidung, …

7. die vorgeschriebene Einstufung als

b) Straftat ohne Entziehung der Fahrerlaubnis und ohne isolierte Sperre oder als besonders verkehrssicherheitsbeeinträchtigende Ordnungswidrigkeit mit zwei Punkten oder

c) verkehrssicherheitsbeeinträchtigende Ordnungswidrigkeit mit einem Punkt

und die entsprechende Kennziffer,

11. bei einem Fahrverbot der Hinweis auf § 25 Absatz 2a Satz 1 des Straßenverkehrsgesetzes und der Tag des Fristablaufs sowie bei einem Verbot oder einer Beschränkung, ein fahrerlaubnisfreies Fahrzeug zu führen, der Tag des Ablaufs oder der Aufhebung der Maßnahme,
12. bei der Teilnahme an einem Fahreignungsseminar, einem Aufbauseminar, einem besonderen Aufbauseminar oder einer verkehrspsychologischen Beratung die rechtliche Grundlage, der Tag der Beendigung des Seminars, der Tag der Ausstellung der Teilnahmebescheinigung und der Tag, an dem die Bescheinigung der zuständigen Behörde vorgelegt wurde, ...

(4) Enthält eine Entscheidung wegen einer Ordnungswidrigkeit sowohl registerpflichtige als auch nicht registerpflichtige Teile, werden in Fällen der Tateinheit (§ 19 des Gesetzes über Ordnungswidrigkeiten) nur die registerpflichtigen Taten sowie die Folgen mit dem Hinweis eingetragen, dass sich die Geldbuße auch auf nicht registerpflichtige Taten bezieht. In Fällen der Tatmehrheit (§ 20 des Gesetzes über Ordnungswidrigkeiten) sind nur die registerpflichtigen Teile einzutragen.

# 9. Anlage
# Auszug aus dem StVG[1]

Das Straßenverkehrsgesetz beinhaltet einige Vorschriften, die in direktem Zusammenhang mit dem Bußgeldrecht und der BKatV stehen. Dabei sind die im Bußgeldkatalog genannten Delikte Indizien für die charakterliche Fahreignung, die im StVG gesetzlich geregelt ist.

## § 2 Fahrerlaubnis und Führerschein

(1) Wer auf öffentlichen Straßen ein Kraftfahrzeug führt, bedarf der Erlaubnis (Fahrerlaubnis) der zuständigen Behörde (Fahrerlaubnisbehörde). Die Fahrerlaubnis wird in bestimmten Klassen erteilt. Sie ist durch eine amtliche Bescheinigung (Führerschein) nachzuweisen. Nach näherer Bestimmung durch Rechtsverordnung auf Grund des § 6 Absatz 1 Satz 1 Nummer 1 Buchstabe a und Absatz 3 Nummer 2 kann die Gültigkeitsdauer der Führerscheine festgelegt werden. ...

(4) Geeignet zum Führen von Kraftfahrzeugen ist, wer die notwendigen körperlichen und geistigen Anforderungen erfüllt und nicht erheblich oder nicht wiederholt gegen verkehrsrechtliche Vorschriften oder gegen Strafgesetze verstoßen hat. Ist der Bewerber auf Grund körperlicher oder geistiger Mängel nur bedingt zum Führen von Kraftfahrzeugen geeignet, so erteilt die Fahrerlaubnisbehörde die Fahrerlaubnis mit Beschränkungen oder unter Auflagen, wenn dadurch das sichere Führen von Kraftfahrzeugen gewährleistet ist. ...

(8) Werden Tatsachen bekannt, die Bedenken gegen die Eignung oder Befähigung des Bewerbers begründen, so kann die Fahrerlaubnisbehörde anordnen, dass der Antragsteller ein Gutachten oder Zeugnis eines Facharztes oder Amtsarztes, ein Gutachten einer amtlich anerkannten Begutachtungsstelle für Fahreignung oder eines amtlichen anerkannten Sachverständigen oder Prüfers für den Kraftfahrzeugverkehr innerhalb einer angemessenen Frist beibringt. Anstelle eines erneuten Gutachtens einer amtlich anerkannten Begutachtungsstelle für Fahreignung genügt zum Nachweis der Wiederherstellung der Eignung in der Regel die Vorlage einer Bescheinigung über die Teilnahme an einem amtlich anerkannten Kurs zur Wiederherstellung der Kraftfahreignung, wenn

1. auf Grund eines Gutachtens einer amtlich anerkannten Begutachtungsstelle für Fahreignung die Teilnahme des Betroffenen an dieser Art von Kursen als geeignete Maßnahme angesehen wird, bestehende Eignungsmängel zu beseitigen, ...

Satz 2 gilt nicht, wenn die Beibringung eines Gutachtens einer amtlich anerkannten Begutachtungsstelle für Fahreignung nach § 4 Absatz 10 Satz 4 oder wegen erheblichen oder wiederholten Verstoßes gegen verkehrsrechtliche Vorschriften oder gegen Strafgesetze angeordnet wird. ...

(12) Die Polizei hat Informationen über Tatsachen, die auf nicht nur vorübergehende Mängel hinsichtlich der Eignung oder auf Mängel hinsichtlich der Befähigung einer Person zum Führen von Kraftfahrzeugen schließen lassen, den Fahrerlaubnisbehörden zu übermitteln, soweit dies für die Überprüfung der Eignung oder Befähigung aus der Sicht der übermittelnden Stelle erforderlich ist. Soweit die mitgeteilten Informationen für die

Beurteilung der Eignung oder Befähigung nicht erforderlich sind, sind die Unterlagen unverzüglich zu vernichten.

### § 2a Fahrerlaubnis auf Probe

(1) Bei erstmaligem Erwerb einer Fahrerlaubnis wird diese auf Probe erteilt; die Probezeit dauert zwei Jahre vom Zeitpunkt der Erteilung an. Bei Erteilung einer Fahrerlaubnis an den Inhaber einer im Ausland erteilten Fahrerlaubnis ist die Zeit seit deren Erwerb auf die Probezeit anzurechnen. Die Regelungen über die Fahrerlaubnis auf Probe finden auch Anwendung auf Inhaber einer gültigen Fahrerlaubnis aus einem Mitgliedstaat der Europäischen Union oder einem anderen Vertragsstaat des Abkommens über den Europäischen Wirtschaftsraum, die ihren ordentlichen Wohnsitz in das Inland verlegt haben. Die Zeit seit dem Erwerb der Fahrerlaubnis ist auf die Probezeit anzurechnen. Die Beschlagnahme, Sicherstellung oder Verwahrung von Führerscheinen nach § 94 der Strafprozessordnung, die vorläufige Entziehung nach § 111a der Strafprozessordnung und die sofort vollziehbare Entziehung durch die Fahrerlaubnisbehörde hemmen den Ablauf der Probezeit. Die Probezeit endet vorzeitig, wenn die Fahrerlaubnis entzogen wird oder der Inhaber auf sie verzichtet. In diesem Fall beginnt mit der Erteilung einer neuen Fahrerlaubnis eine neue Probezeit, jedoch nur im Umfang der Restdauer der vorherigen Probezeit.

(2) Ist gegen den Inhaber einer Fahrerlaubnis wegen einer innerhalb der Probezeit begangenen Straftat oder Ordnungswidrigkeit eine rechtskräftige Entscheidung ergangen, die nach § 28 Absatz 3 Nummer 1 oder 3 Buchstabe a oder c in das Fahreignungsregister einzutragen ist, so hat, auch wenn die Probezeit zwischenzeitlich abgelaufen oder die Fahrerlaubnis nach § 6e Absatz 2 widerrufen worden ist, die Fahrerlaubnisbehörde

1. seine Teilnahme an einem Aufbauseminar anzuordnen und hierfür eine Frist zu setzen, wenn er eine schwerwiegende oder zwei weniger schwerwiegende Zuwiderhandlungen begangen hat,
2. ihn schriftlich zu verwarnen und ihm nahezulegen, innerhalb von zwei Monaten an einer verkehrspsychologischen Beratung nach Absatz 7 teilzunehmen, wenn er nach Teilnahme an einem Aufbauseminar innerhalb der Probezeit eine weitere schwerwiegende oder zwei weitere weniger schwerwiegende Zuwiderhandlungen begangen hat,
3. ihm die Fahrerlaubnis zu entziehen, wenn er nach Ablauf der in Nummer 2 genannten Frist innerhalb der Probezeit eine weitere schwerwiegende oder zwei weitere weniger schwerwiegende Zuwiderhandlungen begangen hat.

Die Fahrerlaubnisbehörde ist bei den Maßnahmen nach den Nummern 1 bis 3 an die rechtskräftige Entscheidung über die Straftat oder Ordnungswidrigkeit gebunden.

(2a) Die Probezeit verlängert sich um zwei Jahre, wenn die Teilnahme an einem Aufbauseminar nach Absatz 2 Satz 1 Nr. 1 angeordnet worden ist. Die Probezeit verlängert sich außerdem um zwei Jahre, wenn die Anordnung nur deshalb nicht erfolgt ist, weil die Fahrerlaubnis entzogen worden ist oder der Inhaber der Fahrerlaubnis auf sie verzichtet hat.

(3) Ist der Inhaber einer Fahrerlaubnis einer vollziehbaren Anordnung der zuständigen Behörde nach Absatz 2 Satz 1 Nr. 1 in der festgesetzten Frist nicht nachgekommen, so ist die Fahrerlaubnis zu entziehen.

(4) Die Entziehung der Fahrerlaubnis nach § 3 bleibt unberührt; die zuständige Behörde kann insbesondere auch die Beibringung eines Gutachtens einer amtlich anerkannten Begutachtungsstelle für Fahreignung anordnen, wenn der Inhaber einer Fahrerlaubnis innerhalb der Probezeit Zuwiderhandlungen begangen hat, die nach den Umständen des Einzelfalls bereits Anlass zu der Annahme geben, dass er zum Führen von Kraftfahrzeugen ungeeignet ist. Hält die Behörde auf Grund des Gutachtens seine Nichteignung nicht für erwiesen, so hat sie die Teilnahme an einem Aufbauseminar anzuordnen, wenn der Inhaber der Fahrerlaubnis an einem solchen Kurs nicht bereits teilgenommen hatte. Absatz 3 gilt entsprechend. ...

(7) In der verkehrspsychologischen Beratung soll der Inhaber einer Fahrerlaubnis auf Probe veranlasst werden, Mängel in seiner Einstellung zum Straßenverkehr und im verkehrssicheren Verhalten zu erkennen und die Bereitschaft zu entwickeln, diese Mängel abzubauen. Die Beratung findet in Form eines Einzelgesprächs statt. Sie kann durch eine Fahrprobe ergänzt werden, wenn der Berater dies für erforderlich hält. Der Berater soll die Ursachen der Mängel aufklären und Wege zu ihrer Beseitigung aufzeigen. Erkenntnisse aus der Beratung sind nur für den Inhaber einer Fahrerlaubnis auf Probe bestimmt und nur diesem mitzuteilen. Der Inhaber einer Fahrerlaubnis auf Probe erhält jedoch eine Bescheinigung über die Teilnahme zur Vorlage bei der nach Landesrecht zuständigen Behörde. Die Beratung darf nur von einer Person durchgeführt werden, die hierfür amtlich anerkannt ist. Die amtliche Anerkennung ist zu erteilen, wenn der Bewerber

1. persönlich zuverlässig ist,
2. über den Abschluss eines Hochschulstudiums als Diplom-Psychologe oder eines gleichwertigen Masterabschlusses in Psychologie verfügt und
3. eine Ausbildung und Erfahrungen in der Verkehrspsychologie nach näherer Bestimmung durch Rechtsverordnung nach § 6 Absatz 1 Satz 1 Nummer 1 Buchstabe a und c in Verbindung mit Absatz 3 Nummer 3 nachweist.

§ 2b Aufbauseminar bei Zuwiderhandlungen innerhalb der Probezeit (1) Die Teilnehmer an Aufbauseminaren sollen durch Mitwirkung an Gruppengesprächen und an einer Fahrprobe veranlasst werden, eine risikobewusstere Einstellung im Straßenverkehr zu entwickeln und sich dort sicher und rücksichtsvoll zu verhalten. Auf Antrag kann die anordnende Behörde der betroffenen Person die Teilnahme an einem Einzelseminar gestatten.

(2) Die Aufbauseminare dürfen nur von Fahrlehrern durchgeführt werden, die Inhaber einer entsprechenden Erlaubnis nach dem Fahrlehrergesetz sind. Besondere Aufbauseminare für Inhaber einer Fahrerlaubnis auf Probe, die unter dem Einfluss von Alkohol oder anderer berauschender Mittel am Verkehr teilgenommen haben, werden nach näherer Bestimmung durch Rechtsverordnung gemäß § 6 Absatz 1 Satz 1 Nummer 1 Buchstabe a und c und Absatz 3 Nummer 3 von hierfür amtlich anerkannten anderen Seminarleitern durchgeführt.

(3) Ist der Teilnehmer an einem Aufbauseminar nicht Inhaber einer Fahrerlaubnis oder unterliegt er einem rechtskräftig angeordneten Fahrverbot, so gilt hinsichtlich der Fahrprobe § 2 Abs. 15 entsprechend.

§ 2c Unterrichtung der Fahrerlaubnisbehörden durch das Kraftfahrt-Bundesamt Das Kraftfahrt-Bundesamt hat die zuständige Behörde zu unterrichten, wenn über den Inhaber einer Fahrerlaubnis Entscheidungen in das Fahreignungsregister eingetragen werden, die

zu Anordnungen nach § 2a Abs. 2, 4 und 5 führen können. Hierzu übermittelt es die notwendigen Daten aus dem Zentralen Fahrerlaubnisregister sowie den Inhalt der Eintragungen im Fahreignungsregister über die innerhalb der Probezeit begangenen Straftaten und Ordnungswidrigkeiten. Hat bereits eine Unterrichtung nach Satz 1 stattgefunden, so hat das Kraftfahrt-Bundesamt bei weiteren Unterrichtungen auch hierauf hinzuweisen.
§ 3 Entziehung der Fahrerlaubnis Erweist sich jemand als ungeeignet oder nicht befähigt zum Führen von Kraftfahrzeugen, so hat ihm die Fahrerlaubnisbehörde die Fahrerlaubnis zu entziehen. Bei einer ausländischen Fahrerlaubnis hat die Entziehung – auch wenn sie nach anderen Vorschriften erfolgt – die Wirkung einer Aberkennung des Rechts, von der Fahrerlaubnis im Inland Gebrauch zu machen. § 2 Abs. 7 und 8 gilt entsprechend. …
§ 4 Fahreignungs-Bewertungssystem (1) Zum Schutz vor Gefahren, die von Inhabern einer Fahrerlaubnis ausgehen, die wiederholt gegen die die Sicherheit des Straßenverkehrs betreffenden straßenverkehrsrechtlichen oder gefahrgutbeförderungsrechtlichen Vorschriften verstoßen, hat die nach Landesrecht zuständige Behörde die in Absatz 5 genannten Maßnahmen (Fahreignungs-Bewertungssystem) zu ergreifen. Den in Satz 1 genannten Vorschriften stehen jeweils Vorschriften gleich, die dem Schutz
1. von Maßnahmen zur Rettung aus Gefahren für Leib und Leben von Menschen oder
2. zivilrechtlicher Ansprüche Unfallbeteiligter
dienen. Das Fahreignungs-Bewertungssystem ist nicht anzuwenden, wenn sich die Notwendigkeit früherer oder anderer die Fahreignung betreffender Maßnahmen nach den Vorschriften über die Entziehung der Fahrerlaubnis nach § 3 Absatz 1 oder einer auf Grund § 6 Absatz 1 Satz 1 Nummer 1 erlassenen Rechtsverordnung ergibt. Das Fahreignungs-Bewertungssystem und die Regelungen über die Fahrerlaubnis auf Probe sind nebeneinander anzuwenden.

(2) Für die Anwendung des Fahreignungs-Bewertungssystems sind die in einer Rechtsverordnung nach § 6 Absatz 1 Satz 1 Nummer 4 Buchstabe b bezeichneten Straftaten und Ordnungswidrigkeiten maßgeblich. Sie werden nach Maßgabe der in Satz 1 genannten Rechtsverordnung wie folgt bewertet: …

2. Straftaten mit Bezug auf die Verkehrssicherheit oder gleichgestellte Straftaten, sofern sie nicht von Nummer 1 erfasst sind, und besonders verkehrssicherheitsbeeinträchtigende oder gleichgestellte Ordnungswidrigkeiten jeweils mit zwei Punkten und

3. verkehrssicherheitsbeeinträchtigende oder gleichgestellte Ordnungswidrigkeiten mit einem Punkt.

Punkte ergeben sich mit der Begehung der Straftat oder Ordnungswidrigkeit, sofern sie rechtskräftig geahndet wird. Soweit in Entscheidungen über Straftaten oder Ordnungswidrigkeiten auf Tateinheit entschieden worden ist, wird nur die Zuwiderhandlung mit der höchsten Punktzahl berücksichtigt.

(3) Wird eine Fahrerlaubnis erteilt, dürfen Punkte für vor der Erteilung rechtskräftig gewordene Entscheidungen über Zuwiderhandlungen nicht mehr berücksichtigt werden. Diese Punkte werden gelöscht. …

(4) Inhaber einer Fahrerlaubnis mit einem Punktestand von einem Punkt bis zu drei Punkten sind mit der Speicherung der zugrunde liegenden Entscheidungen nach § 28 Absatz 3

Nummer 1 oder 3 Buchstabe a oder c für die Zwecke des Fahreignungs-Bewertungssystems vorgemerkt.

(5) Die nach Landesrecht zuständige Behörde hat gegenüber den Inhabern einer Fahrerlaubnis folgende Maßnahmen stufenweise zu ergreifen, sobald sich in der Summe folgende Punktestände ergeben:

1. Ergeben sich vier oder fünf Punkte, ist der Inhaber einer Fahrerlaubnis beim Erreichen eines dieser Punktestände schriftlich zu ermahnen;
2. ergeben sich sechs oder sieben Punkte, ist der Inhaber einer Fahrerlaubnis beim Erreichen eines dieser Punktestände schriftlich zu verwarnen;
3. ergeben sich acht oder mehr Punkte, gilt der Inhaber einer Fahrerlaubnis als ungeeignet zum Führen von Kraftfahrzeugen und die Fahrerlaubnis ist zu entziehen.

Die Ermahnung nach Satz 1 Nummer 1 und die Verwarnung nach Satz 1 Nummer 2 enthalten daneben den Hinweis, dass ein Fahreignungsseminar nach § 4a freiwillig besucht werden kann, um das Verkehrsverhalten zu verbessern; im Fall der Verwarnung erfolgt zusätzlich der Hinweis, dass hierfür kein Punktabzug gewährt wird. In der Verwarnung nach Satz 1 Nummer 2 ist darüber zu unterrichten, dass bei Erreichen von acht Punkten die Fahrerlaubnis entzogen wird. Die nach Landesrecht zuständige Behörde ist bei den Maßnahmen nach Satz 1 an die rechtskräftige Entscheidung über die Straftat oder die Ordnungswidrigkeit gebunden. Sie hat für das Ergreifen der Maßnahmen nach Satz 1 auf den Punktestand abzustellen, der sich zum Zeitpunkt der Begehung der letzten zur Ergreifung der Maßnahme führenden Straftat oder Ordnungswidrigkeit ergeben hat. Bei der Berechnung des Punktestandes werden Zuwiderhandlungen

1. unabhängig davon berücksichtigt, ob nach deren Begehung bereits Maßnahmen ergriffen worden sind,
2. nur dann berücksichtigt, wenn deren Tilgungsfrist zu dem in Satz 5 genannten Zeitpunkt noch nicht abgelaufen war.

Spätere Verringerungen des Punktestandes auf Grund von Tilgungen bleiben unberücksichtigt. …

### § 24a 0,5 Promille-Grenze

(1) Ordnungswidrig handelt, wer im Straßenverkehr ein Kraftfahrzeug führt, obwohl er 0,25 mg/l oder mehr Alkohol in der Atemluft oder 0,5 Promille oder mehr Alkohol im Blut oder eine Alkoholmenge im Körper hat, die zu einer solchen Atem- oder Blutalkoholkonzentration führt.

(2) Ordnungswidrig handelt, wer unter der Wirkung eines in der Anlage zu dieser Vorschrift genannten berauschenden Mittels im Straßenverkehr ein Kraftfahrzeug führt. Eine solche Wirkung liegt vor, wenn eine in dieser Anlage genannte Substanz im Blut nachgewiesen wird. Satz 1 gilt nicht, wenn die Substanz aus der bestimmungsgemäßen Einnahme eines für einen konkreten Krankheitsfall verschriebenen Arzneimittels herrührt.

(3) Ordnungswidrig handelt auch, wer die Tat fahrlässig begeht.

(4) Die Ordnungswidrigkeit kann mit einer Geldbuße bis zu dreitausend Euro geahndet werden.

(5) Das Bundesministerium für Verkehr und digitale Infrastruktur wird ermächtigt, durch Rechtsverordnung im Einvernehmen mit dem Bundesministerium für Gesundheit und dem Bundesministerium der Justiz und für Verbraucherschutz mit Zustimmung des Bundesrates die Liste der berauschenden Mittel und Substanzen in der Anlage zu dieser Vorschrift zu ändern oder zu ergänzen, wenn dies nach wissenschaftlicher Erkenntnis im Hinblick auf die Sicherheit des Straßenverkehrs erforderlich ist.

### § 24c Alkoholverbot für Fahranfänger und Fahranfängerinnen

(1) Ordnungswidrig handelt, wer in der Probezeit nach § 2a oder vor Vollendung des 21. Lebensjahres als Führer eines Kraftfahrzeugs im Straßenverkehr alkoholische Getränke zu sich nimmt oder die Fahrt antritt, obwohl er unter der Wirkung eines solchen Getränks steht.

(2) Ordnungswidrig handelt auch, wer die Tat fahrlässig begeht.

(3) Die Ordnungswidrigkeit kann mit einer Geldbuße geahndet werden.

### § 25 Fahrverbot

(1) Wird gegen die betroffene Person wegen einer Ordnungswidrigkeit nach § 24 Absatz 1, die sie unter grober oder beharrlicher Verletzung der Pflichten eines Kraftfahrzeugführers begangen hat, eine Geldbuße festgesetzt, so kann ihr die Verwaltungsbehörde oder das Gericht in der Bußgeldentscheidung für die Dauer von einem Monat bis zu drei Monaten verbieten, im Straßenverkehr Kraftfahrzeuge jeder oder einer bestimmten Art zu führen. Wird gegen die betroffene Person wegen einer Ordnungswidrigkeit nach § 24a eine Geldbuße festgesetzt, so ist in der Regel auch ein Fahrverbot anzuordnen.

(2) Das Fahrverbot wird mit der Rechtskraft der Bußgeldentscheidung wirksam. Für seine Dauer werden von einer deutschen Behörde ausgestellte nationale und internationale Führerscheine amtlich verwahrt. Dies gilt auch, wenn der Führerschein von einer Behörde eines Mitgliedstaates der Europäischen Union oder eines anderen Vertragsstaates des Abkommens über den Europäischen Wirtschaftsraum ausgestellt worden ist, sofern der Inhaber seinen ordentlichen Wohnsitz im Inland hat. Wird er nicht freiwillig herausgegeben, so ist er zu beschlagnahmen.

(2a) Ist in den zwei Jahren vor der Ordnungswidrigkeit ein Fahrverbot gegen die betroffene Person nicht verhängt worden und wird auch bis zur Bußgeldentscheidung ein Fahrverbot nicht verhängt, so bestimmt die Verwaltungsbehörde oder das Gericht abweichend von Absatz 2 Satz 1, dass das Fahrverbot erst wirksam wird, wenn der Führerschein nach Rechtskraft der Bußgeldentscheidung in amtliche Verwahrung gelangt, spätestens jedoch mit Ablauf von vier Monaten seit Eintritt der Rechtskraft.

(2b) Werden gegen die betroffene Person mehrere Fahrverbote rechtskräftig verhängt, so sind die Verbotsfristen nacheinander zu berechnen. Die Verbotsfrist auf Grund des früher wirksam gewordenen Fahrverbots läuft zuerst. Werden Fahrverbote gleichzeitig wirksam, so läuft die Verbotsfrist auf Grund des früher angeordneten Fahrverbots zuerst, bei gleichzeitiger Anordnung ist die frühere Tat maßgebend.

(3) In anderen als in Absatz 2 Satz 3 genannten ausländischen Führerscheinen wird das Fahrverbot vermerkt. Zu diesem Zweck kann der Führerschein beschlagnahmt werden.

(4) Wird der Führerschein in den Fällen des Absatzes 2 Satz 4 oder des Absatzes 3 Satz 2 bei der betroffenen Person nicht vorgefunden, so hat sie auf Antrag der Vollstreckungsbehörde (§ 92 des Gesetzes über Ordnungswidrigkeiten) bei dem Amtsgericht eine eidesstattliche Versicherung über den Verbleib des Führerscheins abzugeben. § 883 Abs. 2 und 3 der Zivilprozessordnung gilt entsprechend.

(5) Ist ein Führerschein amtlich zu verwahren oder das Fahrverbot in einem ausländischen Führerschein zu vermerken, so wird die Verbotsfrist erst von dem Tag an gerechnet, an dem dies geschieht. In die Verbotsfrist wird die Zeit nicht eingerechnet, in welcher der Täter auf behördliche Anordnung in einer Anstalt verwahrt wird.

(6) Die Dauer einer vorläufigen Entziehung der Fahrerlaubnis (§ 111a der Strafprozessordnung) wird auf das Fahrverbot angerechnet. Es kann jedoch angeordnet werden, dass die Anrechnung ganz oder zum Teil unterbleibt, wenn sie im Hinblick auf das Verhalten der betroffenen Person nach Begehung der Ordnungswidrigkeit nicht gerechtfertigt ist. Der vorläufigen Entziehung der Fahrerlaubnis steht die Verwahrung, Sicherstellung oder Beschlagnahme des Führerscheins (§ 94 der Strafprozessordnung) gleich.

(7) Wird das Fahrverbot nach Absatz 1 im Strafverfahren angeordnet (§ 82 des Gesetzes über Ordnungswidrigkeiten), so kann die Rückgabe eines in Verwahrung genommenen, sichergestellten oder beschlagnahmten Führerscheins aufgeschoben werden, wenn die betroffene Person nicht widerspricht. In diesem Fall ist die Zeit nach dem Urteil unverkürzt auf das Fahrverbot anzurechnen.

(8) Über den Zeitpunkt der Wirksamkeit des Fahrverbots nach Absatz 2 oder 2a Satz 1 und über den Beginn der Verbotsfrist nach Absatz 5 Satz 1 ist die betroffene Person bei der Zustellung der Bußgeldentscheidung oder im Anschluss an deren Verkündung zu belehren.

## § 25a Kostentragungspflicht des Halters

(1) Kann in einem Bußgeldverfahren wegen eines Halt- oder Parkverstoßes der Führer des Kraftfahrzeugs, der den Verstoß begangen hat, nicht vor Eintritt der Verfolgungsverjährung ermittelt werden oder würde seine Ermittlung einen unangemessenen Aufwand erfordern, so werden dem Halter des Kraftfahrzeugs oder seinem Beauftragten die Kosten des Verfahrens auferlegt; er hat dann auch seine Auslagen zu tragen. Entsprechendes gilt für den Halter eines Kraftfahrzeuganhängers, wenn mit diesem Kraftfahrzeuganhänger, ohne dass dieser an ein Kraftfahrzeug angehängt ist, ein Halt- oder Parkverstoß begangen wurde und derjenige, der den Verstoß begangen hat, nicht vor Eintritt der Verfolgungsverjährung ermittelt werden kann oder seine Ermittlung einen unangemessenen Aufwand erfordern würde. Von einer Entscheidung nach Satz 1 oder 2 wird abgesehen, wenn es unbillig wäre, den Halter oder seinen Beauftragten mit den Kosten zu belasten.

(2) Die Kostenentscheidung ergeht mit der Entscheidung, die das Verfahren abschließt; vor der Entscheidung ist derjenige zu hören, dem die Kosten auferlegt werden sollen.

(3) Gegen die Kostenentscheidung der Verwaltungsbehörde und der Staatsanwaltschaft kann innerhalb von zwei Wochen nach Zustellung gerichtliche Entscheidung beantragt werden. § 62 Abs. 2 des Gesetzes über Ordnungswidrigkeiten gilt entsprechend; für die Kostenentscheidung der Staatsanwaltschaft gelten auch § 50 Abs. 2 und § 52 des Gesetzes

über Ordnungswidrigkeiten entsprechend. Die Kostenentscheidung des Gerichts ist nicht anfechtbar.

**§ 26 Zuständige Verwaltungsbehörde; Verjährung**

(1) Bei Ordnungswidrigkeiten nach den § 24 Absatz 1, § 24a Absatz 1 bis 3 und § 24c Absatz 1 und 2 ist Verwaltungsbehörde im Sinne des § 36 Abs. 1 Nr. 1 des Gesetzes über Ordnungswidrigkeiten die Behörde oder Dienststelle der Polizei, die von der Landesregierung durch Rechtsverordnung näher bestimmt wird. Die Landesregierung kann die Ermächtigung auf die zuständige oberste Landesbehörde übertragen.

(2) Verwaltungsbehörde im Sinne des § 36 Absatz 1 Nummer 1 des Gesetzes über Ordnungswidrigkeiten ist das Kraftfahrt-Bundesamt

1. abweichend von Absatz 1 bei Ordnungswidrigkeiten nach § 24 Absatz 1, soweit es für den Vollzug der bewehrten Vorschriften zuständig ist, oder
2. bei Ordnungswidrigkeiten nach § 24 Absatz 2 Satz 1.

(3) Die Frist der Verfolgungsverjährung beträgt bei Ordnungswidrigkeiten nach § 24 Absatz 1 drei Monate, solange wegen der Handlung weder ein Bußgeldbescheid ergangen ist noch öffentliche Klage erhoben worden ist, danach sechs Monate. Abweichend von Satz 1 beträgt die Frist der Verfolgungsverjährung bei Ordnungswidrigkeiten nach § 24 Absatz 1 in Verbindung mit § 6 Absatz 1 Satz 1 Nummer 5 oder 10 zwei Jahre, soweit diese Ordnungswidrigkeiten Zuwiderhandlungen gegen Vorschriften mit Anforderungen an Fahrzeuge oder Fahrzeugteile betreffen, die der Genehmigung ihrer Bauart bedürfen. Die Frist der Verfolgungsverjährung beträgt bei Ordnungswidrigkeiten nach § 24 Absatz 2 Satz 1 Nummer 1 Buchstabe c und d und Nummer 2 Buchstabe c und d fünf Jahre.
§ 26a Bußgeldkatalog (1) Das Bundesministerium für Verkehr und digitale Infrastruktur wird ermächtigt, durch Rechtsverordnung mit Zustimmung des Bundesrates Vorschriften zu erlassen über

1. die Erteilung einer Verwarnung (§ 56 des Gesetzes über Ordnungswidrigkeiten) wegen einer Ordnungswidrigkeit nach § 24 Absatz 1,
2. Regelsätze für Geldbußen wegen einer Ordnungswidrigkeit nach den § 24 Absatz 1, § 24a Absatz 1 bis 3 und § 24c Absatz 1 und 2,
3. die Anordnung des Fahrverbots nach § 25.

(2) Die Vorschriften nach Absatz 1 bestimmen unter Berücksichtigung der Bedeutung der Ordnungswidrigkeit, in welchen Fällen, unter welchen Voraussetzungen und in welcher Höhe das Verwarnungsgeld erhoben, die Geldbuße festgesetzt und für welche Dauer das Fahrverbot angeordnet werden soll.
§ 27 Informationsschreiben (1) Hat die Verwaltungsbehörde in einem Bußgeldverfahren den Halter oder Eigentümer eines Kraftfahrzeugs auf Grund einer Abfrage im Sinne des Artikels 4 der Richtlinie (EU) 2015/413 des Europäischen Parlaments und des Rates vom 11. März 2015 zur Erleichterung des grenzüberschreitenden Austauschs von Informationen über die Straßenverkehrssicherheit gefährdende Verkehrsdelikte (ABl. L 68 vom 13.3.2015, S. 9) ermittelt, übersendet sie der ermittelten Person ein Informationsschreiben. In diesem Schreiben werden die Art des Verstoßes, Zeit und Ort seiner Begehung, das gegebenenfalls verwendete Überwachungsgerät, die anwendbaren Bußgeldvorschriften sowie die für einen solchen Verstoß vorgesehene Sanktion angegeben. Das Informationsschreiben

ist in der Sprache des Zulassungsdokuments des Kraftfahrzeugs oder in einer der Amtssprachen des Mitgliedstaates zu übermitteln, in dem das Kraftfahrzeug zugelassen ist.

(2) Absatz 1 gilt nicht, wenn die ermittelte Person ihren ordentlichen Wohnsitz im Inland hat.

## Anlage (zu § 24a)

(Fundstelle: BGBl. I 2007, 1045)

| Liste der berauschenden Mittel und Substanzen | |
|---|---|
| Berauschende Mittel | Substanzen |
| Cannabis | Tetrahydrocannabinol (THC) |
| Heroin | Morphin |
| Morphin | Morphin |
| Cocain | Cocain |
| Cocain | Benzoylecgonin |
| Amfetamin | Amfetamin |
| Designer-Amfetamin | Methylendioxyamfetamin (MDA) |
| Designer-Amfetamin | Methylendioxyethylamfetamin (MDE) |
| Designer-Amfetamin | Methylendioxymetamfetamin (MDMA) |
| Metamfetamin | Metamfetamin |

# Stichwortverzeichnis

Die fetten Ziffern beziehen sich auf den § und die mageren Ziffern auf die dazugehörige Randnummer.